传奇人生

蔡万坤◎著

UNITY PRESS 团结出版社

图书在版编目（CIP）数据

传奇人生／蔡万坤著. -- 北京：团结出版社，
2016.3
ISBN 978-7-5126-4034-4

Ⅰ. ①传… Ⅱ. ①蔡… Ⅲ. ①蔡万坤－回忆录 Ⅳ.
①K825.46

中国版本图书馆CIP数据核字(2016)第051188号

传奇人生

出　版：团结出版社
（北京市东城区东皇城根南街84号　邮编：100006）
电　话：（010）65228880　65244790
网　址：www.tjpress.com
E-mail：65244790@163.com
经　销：全国新华书店
印　刷：北京华忠兴业印刷有限公司

开　本：170mm×240mm
字　数：352千字
印　张：24.5
版　次：2016年9月第1版
印　次：2016年9月第1次印刷

书　号：978-7-5126-4034-4
定　价：38.00元

作者近照

在加拿大考察观光时留影

结婚 30 周年纪念

上海老城隍庙豫园留影

结婚纪念照

在酒店总经理研讨班上授课

书出版前全家福照片

在北京市专家座谈会上发言

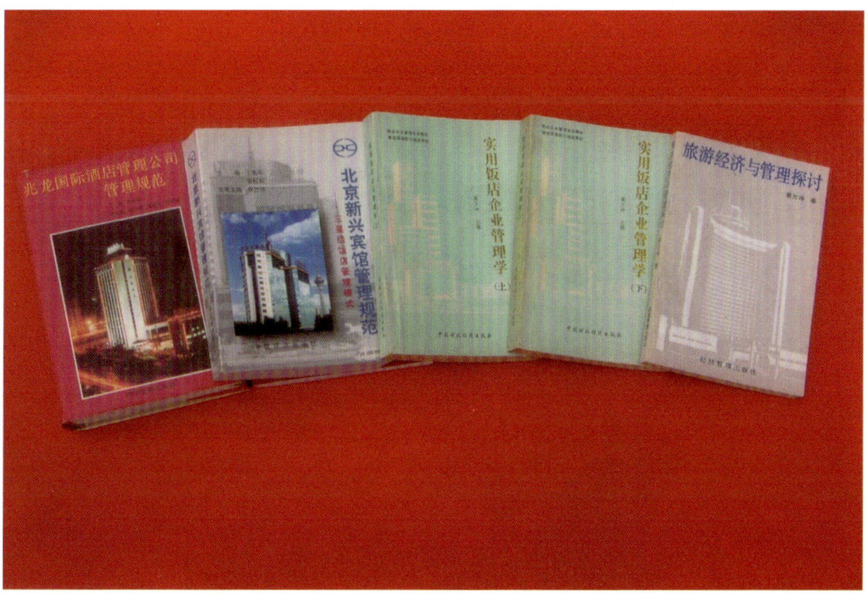

部分教材与专著

主编完成的省部级科研成果

公开出版的部分教材

证　书

蔡万坤　同志参加我室组织的《北京旅游发展战略研究》的

调查，调研报告于1987年11月获得北京市哲学社会科学和政策

研究优秀成果一等奖。特发给证书。

中共北京市委研究室

1988年1月10日

证　书

蔡万坤同志：

您的论文《中国餐饮市场发展趋势及其对策探讨》荣获北京联合大学旅游学院**2004**年科研周优秀论文奖。

特发此证

北京联合大学旅游学院

北京联合大学旅游学院学术委员会

二零零四年十二月

荣誉证书

蔡万坤同志：

您的论文《培养管理营养师队伍是我国学生营养与健康事业发展的必由之路》被“2005中国管理学家论坛暨第七届中国管理创新大会”确定为“**百篇重点交流论文**”。

特颁此证　以资鼓励

中国管理科学研究院

二〇〇五年六月十五日

入典证书

№ 005806

利在当代

功在千秋

江泽民

一九九二年五月卅日

蔡万坤先生：

鉴于您对科学技术的突出贡献，您的名字和成就已被载入《中国当代高级科技人才系列词典》。特颁此证。

一九九[illegible]年[illegible]二月八日

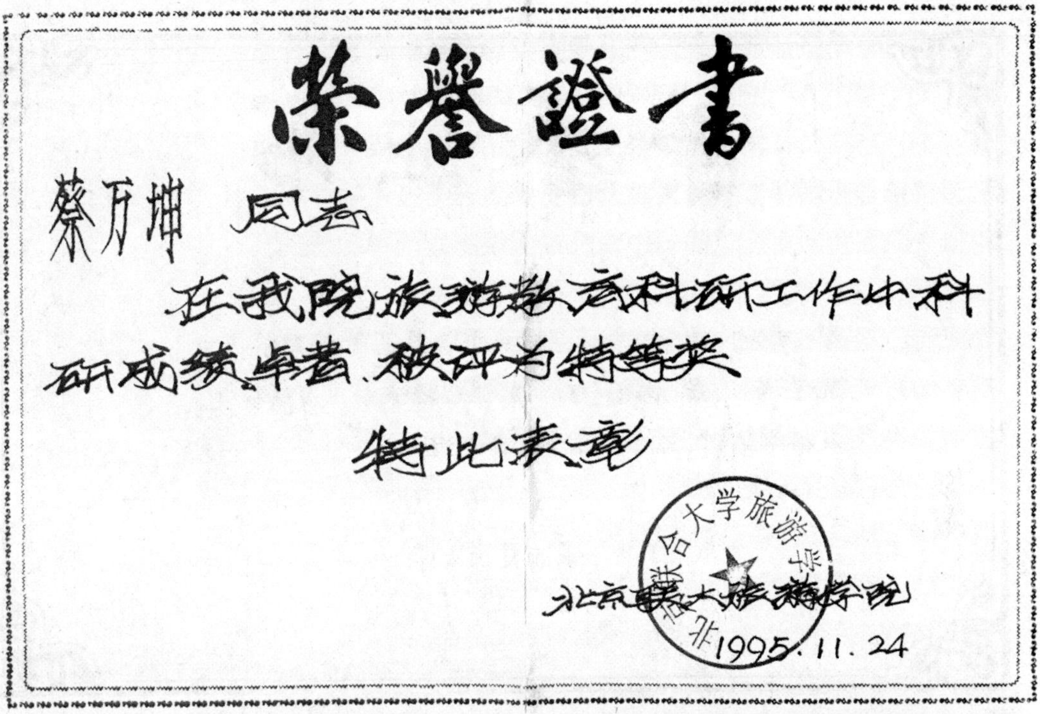
榮譽證書

蔡万坤 同志

在我院旅游教育科研工作中科研成绩卓著、被评为特等奖

特此表彰

北京联大旅游学院

1995.11.24

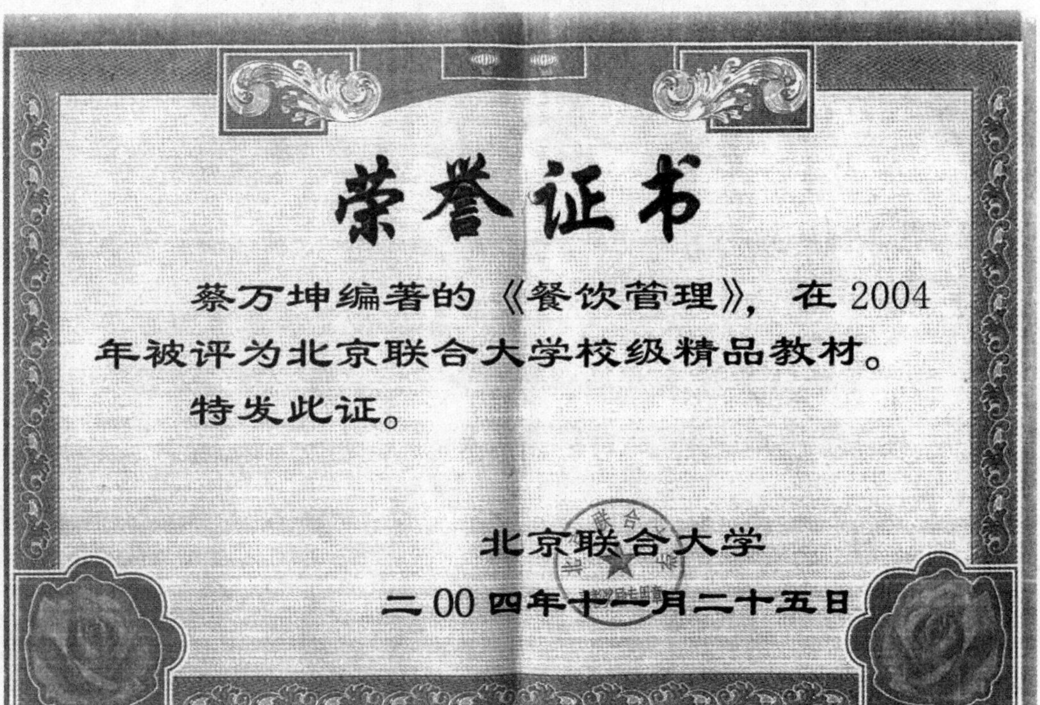
荣誉证书

蔡万坤编著的《餐饮管理》，在2004年被评为北京联合大学校级精品教材。

特发此证。

北京联合大学

二00四年十一月二十五日

荣誉证书

蔡万坤 教授 在 2000年7月高等教育学历文凭考试《餐饮管理》课程授课中，成绩优良，及格率达到 88.2 %，以资表彰。

北京建设大学

2000年11月20日

荣誉证书

蔡万坤老师：

在二OO三年一月，高等教育学历文凭考试《客房管理》课程授课中，成绩优良，及格率达到100%，以资表彰。

北京建设大学

二OO三年九月十日

荣誉证书

蔡万坤老师：

在二〇〇三年一月，高等教育学历文凭考试《饭店管理》课程授课中，成绩优良，及格率达到80%，以资表彰。

北京建设大学

二〇〇三年九月十日

北京日报

1997年10月13日 星期一 第七版

优势互补 共同发展

——京港经济合作专家座谈会发言摘登

由市政府研究室、市对外经济贸易委员会、市政府外事办公室和本报联合开展的京港经济合作有奖征文活动自7月中旬开始以来，收到社会各界有识之士撰写的数十篇来稿，本刊择优发表了10余篇。在征文截稿之际，主办单位邀请部分专家学者座谈，进一步探讨京港经济合作的领域及对策。现将会议发言摘要发表。 ——编者

共同发展旅游业大有可为

北京旅游学院教授 蔡万坤

北京和香港是中国南北两座著名旅游城市。香港回归为京港共同发展旅游业创造了很好的机遇与条件。一是京港联手，可以充分发挥各自的优势。北京的优势是首都和全国政治、文化中心及旅游中心。旅游资源丰富，基础设施较好，旅游接待能力居内地大城市之首，这对于国际旅游者、港澳台同胞有很大吸引力。香港的优势是国际金融中心、贸易中心和中国南部旅游中心，它对外国商务、会议旅游者和内地旅游者也有很大吸引力。二是京港联手，可以促进两地旅游业持续发展，形成新的经济增长点。北京要把目光投向在港旅游的外国人，吸引他们到北京来，同时也要吸引更多的港澳客人来京旅游。香港除需要吸引大批外国游客外，也需要吸引更多的北京与内地游客。但是，近年来北京接待的港澳游客呈递减趋势。而香港接待的北京和内地游客却呈强劲增长趋势，1996年比上年增长了17%。两地要客源互补，才能使旅游业在两地国民生产总值中的份额进一步提高。三是京港联手发展旅游业已经具备了较好的基础条件。京九铁路的开通，京港航班的频繁往来，更加便利了两地旅游者。同时还应进一步简化两地出入境手续。

京港共同持续发展旅游业，可选择的方式有多种：

一是两地政府和旅游主管部门可以成立旅游发展联谊会，共同研究联合发展、优势互补的形式，设计新的旅游组合产品，研究解决交通、食宿、景点等方面的问题，做好客源互补的规划安排。

二是两地大型旅游企业或企业集团可以建立客源互联网络。推出几条有特色的旅游路线，形成互联预订网络，具体组织客源，宣传特色旅游产品，加强客源互补的力度。

三是北京在贯彻党的十五大精神过程中，要尽快出台国有旅游企业股份制改革方案，在香港募集股份，广泛吸引香港客商前来投资，促进旅游管理水平和服务质量的提高，以吸引更多的外国旅游者和港澳台游客。

四是北京要尽快制定调整旅游产品结构的规划方案，推出几处有吸引力的度假旅游、休闲旅游、郊区农业旅游产品，克服以观光旅游为主、客人复游率低的被动局面。新规划的旅游项目应以股份制为主，形成大型旅游集团，并在用地、规划、设备进口、税收等方面适当制定优惠政策，吸引香港、海外和外省市客商前来投资，以解决资金、技术和管理水平方面存在的实际困难。

北京高等教育精品教材证书

教材名称：餐饮管理

主编姓名：蔡万坤

出版单位：高等教育出版社

北京市教育委员会

二〇〇五年六月

内容简介

本书是“中国旅游管理科学的开拓者和奠基人”、北京联合大学旅游学院资深教授蔡万坤先生一生奋斗的简洁回忆。书中叙述了在不同历史时期作者具有传奇色彩的不断奋斗的心路历程。全书内容主要包括童年愉快的“故乡岁月”；顺利成长的中学时代；大学期间的“北京二外的风雨人生”和接受再教育被打成“五一六”骨干分子的“军旅生涯”；跌入人生低谷又欲再起的8年中学教师生涯；重点则讲述了找到“新事业的起点和支点”，用丰硕的科研成果破格晋升为讲师和副教授而“扬起旅游业中的人生风帆”；在正教职称晋升中所遭受的长达10多年的压制、打击和迫害,却又因所取得的众多重要成果而成为“中国旅游管理科学的开拓者和奠基人背后的故事”；在教授生涯中所经历的三次著作高潮及其对中国旅游管理科学的发展贡献。同时还回忆了作者“事业成功离不开的家庭生活”进入“从心所欲”之年后的“养生之道”及其所坚持的心理、药物、食疗、运动、导引养生术和穴位按摩等养生方法、技巧的运用和效果。作者一生挫折不断，奋斗不止，贡献突出：主持完成了2项省部级科研课题，参加或独立完成了6项省部级科研项目，公开发表过60多篇论文，主编和独立出版了50多部专著和教材。主编发表的著述达2600多万字，个人独立完成和发表的著述达1600多万字。书中所反映的作者不断追求人生目标，敢于面对人生挫折和不幸遭遇，艰苦奋斗，永不屈服，永不言败及其所具有的“实干兴邦”的精神及其进入老年后的科学养生理念和方法技巧，无论是对广大青少年的健康成长，还是对各行各业的人们，都有良好的借鉴作用。

百度网站百科人物介绍摘录

蔡万坤　教授。男，1944 年 6 月出生，四川渠县人。农工党员。北京旅游学院教研室主任。1980 年起从事旅游教育和科研工作，主要从事旅游战略、旅游经济和旅游管理研究，是中国旅游管理科学研究的开拓者和奠基人。主要业绩：在旅游战略研究领域，1985、1995 年 2 次参加北京旅游战略规划研究，任课题组负责人和综合课题组负责人。1985 年完成重要课题《北京国际旅游市场战略规划和战略对策》《北京旅游发展战略基本研究方法浅析》。为此 1988 年获北京市哲学社会科学和政策研究优秀成果一等奖。1995 年完成重要课题《北京国内旅游专家评估预测指标分析》和综合研究课题《1995–2010 北京旅游购买力与客源市场规划研究》。与此同时，先后发表《建立国际旅游市场结构，迎接远东国际旅游中心的到来》《世界旅游业的发展趋势与我国旅游战略规划思考》等论文。在旅游经济研究领域发表的主要论文有《旅游商品的特点及其价格资金运动》《客房浮动价格管理的优化方法》《旅游企业集团发展道路的探讨》等论文 10 篇。在旅游管理研究领域的主要成果有《我国旅游管理体制改革探讨》、《我国饭店业发展的回顾与展望》等论文 10 多篇。在专著教材领域，先后主编国家旅游局的研究课题《中国旅游企业管理大全》和质量研究课题《中国旅游服务质量等级管理全书》（执行主编），参加了《中国涉外知识全书》的编写（常务副主编），出版个人论文集《旅游经济与管理探索》，主编出版大型工具书《中国旅游饭店业务管理实用经典全书》和教材《实用饭店企业管理学》《饭店客房管理》《餐饮管理》《饮食服务企业管理基本知识》《饭店宾馆优质服务知识》。在现代饭店管理领域，主编撰写并出版了《改革开放大潮中的北京建国饭店》《兆龙国际酒店管理公司管理规范》《北京新兴宾馆管理规范》《山东贵都大酒店管理模式与规范》。总字数共 1800 多万字，个人撰写字数 500 多万字。在教育培训领域，先后在本院和北京、上海、广州、桂林、河北、山东、河南、东北、内蒙古、西藏等地区为众多旅游院校讲授《饭店管理》《客房管理》《饮食管理》和《质量管理》等多门专业课，还为各地区饭店总经理、各部门经理培训班和饭店成建制培训做过各种专题讲座，并为北京自学考试讲授旅游管理专业课，培训学员总数 1 万人次以上，遍及全国各地，被誉为国内外著名旅游专家。

《中国人才辞典》词条摘录（2000年版）

蔡万坤　教授。1944年6月出生，四川渠县人，农工党员。1968年毕业于北京第二外语学院。北京联大旅游学院教研室主任。

主要业绩：1980年起从事旅游教育和科研工作，重点从事旅游战略、旅游经济和旅游管理研究，是中国旅游管理科学研究的开拓者和奠基人。在旅游战略研究领域，1985年和1995年2次参加北京旅游战略规划研究，任课题组负责人和综合课题组负责人。1985年完成重要课题《北京国际旅游市场战略结构和战略对策》《北京旅游发展战略基本研究方法浅析》《北京旅游事业战略思想和战略方针探讨》。为此，1988年获北京市哲学社会科学和政策研究优秀成果一等奖。1995年完成重要课题《北京国内旅游专家评估预测指标分析》和综合研究课题《1995 ~ 2010年北京旅游购买力与客源市场规划研究》。与此同时，先后发表《建立国际旅游市场结构，迎接远东国际旅游中心到来》《旅游战略规划研究中的几个理论问题》《旅游战略规划中供求关系的探讨》《世界旅游业的发展趋势与我国旅游规划思考》等论文近10篇。在旅游经济研究领域发表的主要论文有：《旅游商品的特点及其价格资金运动》《旅游资源商品的价值构成和价值补偿》《从我国实际出发，借鉴日本发展旅游的经验》《客房经营业务盈亏分析》《客房浮动价格管理的优化方法》《旅游企业集团发展道路的探讨》等论文10多篇。在旅游管理研究领域的主要成果有《我国旅游管理体制改革探讨》《北京建国饭店考察报告》《联合起来是我国饭店行业打入国际旅游市场的必由之路》《建国饭店体制改革经验和我国饭店旅馆企业经济体制改革》《广州地区饭店经营特点和我国饭店管理的转轨变型》《科学管理是国营老饭店的根本出路》《饭店行业竞争格局及其对策思考》《我国饭店行业发展的回顾与展望》等论文 10 多篇。在专著教材领域，先后主持国家旅游局的中国旅游企业管理和中国旅游服务质量管理两大课题研究，任其研究成果《中国旅游企业管理大全》和《中国旅游服务质量等级管理全书》的主编和执行主编。填补了这两大研究领域的空白。参加了《中国涉外知识全书》的编写（常务副主编）。出版个人论文集《旅游经济与管理探索》，主编出版大型专著《中国旅游饭店业务管理实用经典全书》和教材《实用饭店企业管理学》《饭店客房管理》《餐饮管理》《饮食服务企业管理基本知识》《饭店宾馆优质服务知识》。在现代饭店管理经验研究领域。主编撰写并出版了《改革开放大潮中的北京建国饭店》《兆龙国际酒店管理公司管理规范》《北京新兴宾馆管理规范》《山东贵都大酒店管理模式与规范》，总字数共 1800 多万字，个人撰写 500 多万字。在教育培训领域，先后在本院和北京、上海、广州、桂林、河北、山东、河南、东北、内蒙古、西藏等地区为众多旅游院校讲授《饭店管理》《客房管理》《餐饮管理》和《服务质量管理》等多门专业课。同时还为上述各地区饭店总经理、各部门经理培训班和饭店成建制培训做过各种专题讲座，并为北京自学考试讲授旅游管理专业课，培训学员总数 1 万人次以上，遍及全国各地，被誉为国内外著名旅游专家。

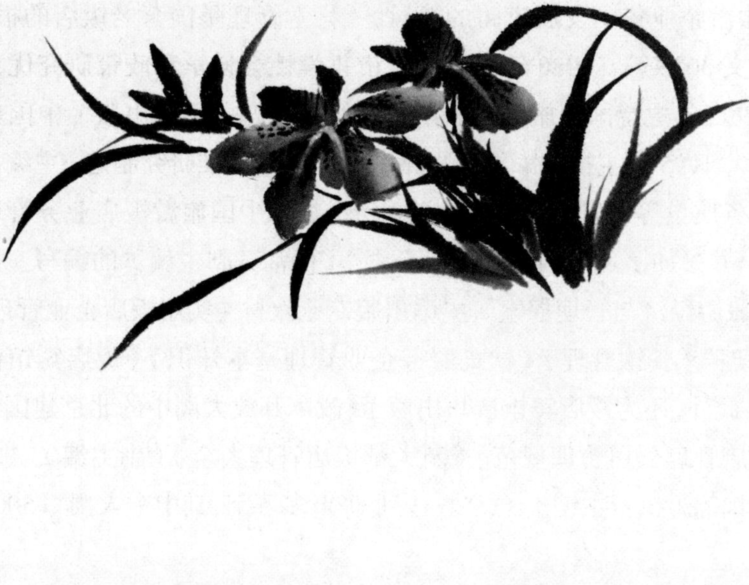

国魂《跨世纪中华兴国精英大典》词条摘录（1999年版）

蔡万坤　教授，1944年6月出生。四川渠县人，1968年毕业于北京第二外国语学院。现为北京联大旅游学院教授，教研室主任，北京市自学考试旅游专业课程委员，北京市8所院校客座教授。自1980年起从事旅游教育和科研工作，主要从事旅游战略、旅游经济和旅游饭店管理研究，是中国旅游管理科学研究的开拓者和奠基人。1985年和1995年两次参加北京旅游战略规划研究，任课题组负责人和综合课题组负责人。先后发表《我国国际旅游市场的战略结构和战略对策》《旅游战略规划中供关系的探讨》《旅游资源商品的价值构成和价值补偿》《旅游企业集团发展道路的探讨》《科学管理是国营老饭店的根本出路》等学术论文30多篇。1988年获“北京市哲学社会科学和政策研究优秀成果一等奖”。1992年主持国家旅游局旅游企业管理课题，主编出版《中国旅游企业管理大全》，1995年主持国家旅游局旅游服务质量标准研究制定，主编出版《中国旅游服务质量等级管理全书》，1998年主编《中国旅游饭店业务管理实用经典全书》，并参加了《中国涉外知识全书》（任常务副主编）的编写。出版个人论文集《旅游经济与管理探索》，主编出版专业教材《实用饭店企业管理学》《饭店客房管理》《餐饮管理》《饮食服务企业管理基本知识》《饭店宾馆优质服务知识》等。此外，还为饭店宾馆撰写出版了《改革开放大潮中的北京建国饭店》《兆龙国际酒店管理公司管理规范》《新大都饭店管理大全》（副主编）、《北京新兴宾馆管理规范》（执行主编）。总字数达到1800多万字，其中个人撰写500多万字。

在教育培训领域，先后在北京、上海、广州、桂林、河北等地区为众多院校和饭店宾馆讲授饭店管理、客房管理、餐饮管理等专业课和专题讲座。主要业绩载入《中国高级科技人才系列辞典》《中国高级技术人才辞典》《海峡两岸著名旅游专家》《世界名人录》。

《中国当代高级专业技术人员大辞典》词条摘要
（1995 年版）

蔡万坤，1944 年 6 月出生。O 型血，四川渠县人，汉族，本科学历。1968 年毕业于北京第二外国语学院。1980 年调北京联大旅游学院。现任饭店管理教研室主任，《旅游学刊》编委，北京旅游经济专业职称评委副主任。北京市自学高考旅游专业课程委员。我国饭店管理专业著名教授，著名旅游专家和教育工作者，我国旅游管理科学研究的开拓者和奠基人。

蔡万坤组织参加了商业部和国家旅游局全国经理统考教材编写，参加了北京旅游战略规划总体方案和分课题研究，获“北京市哲学社会科学和政策研究优秀成果一等奖”。率先出版全面系统的饭店管理专业教材，主持编写了中国旅游企业管理第一部大型专业工具书，奠定了中国旅游管理科学研究的基础。主要著述有《中国旅游企业管理大全》《实用饭店企业管理学》《饭店客房管理》、《饮食服务企业管理基本知识》《饭店宾馆优质服务知识》《经营与管理：改革开放大潮中的北京建国饭店》（副主编）、《中国涉外知识全书》（常务副主编）和个人论文集《旅游经济与管理探索》等。正在主持和主编《中国旅游服务质量等级管理全书》和饭店企业管理大型系列教材等专著。个人著述达 250 多万字，主编 700 多万字。擅长饭店总体管理、前厅与客房管理、饮食管理、质量管理等专业课教学。其教学活动遍及北京和全国众多饭店宾馆及旅游院校，为我国饭店业培养了大批高级、中级管理人才。在国内外旅游业界有广泛影响，是我国旅游业界著述丰富、功力深厚、教学经验丰富、活动范围广泛的著名专家。

序言：青山遮不住，逢时凌云飞

程 莹

蔡万坤先生是中国旅游管理科学的开拓者和奠基人，国内外旅游业界著名专家教授。他1968年毕业于北京第二外国语学院。“文革”期间，被打成了“五一六”反革命骨干分子。在北京175中学默默无闻的教学工作中，又成了先进工作者和优秀班主任。1980年初到北京联合大学旅游学院时被贬为“能力低下”、教不了大学“若到饭店连一个班组长都当不了的人”，20世纪80年代中后期，他又因贡献突出，先后破格晋升为旅游专业讲师和副教授。同期又被北京市饭店总公司（原第一服务局）和多家饭店聘为高级顾问。后又兼职当上了北京立波宾馆总经理和中江之旅酒店管理公司（集团）技术总监。蔡先生一门心思要用科学研究和教育成果回报祖国，潜心旅游科学研究和教育事业。他的学术论文不断，专著、教材连续出版。他在参加首次北京旅游战略规划研究中就因贡献突出，获得了“北京市哲学、社会科学和政策研究优秀成果一等奖。”先后发表了60多篇学术论文。他是中国旅游业界第一个出版个人专业论文集的人。他主持了两项省部级研究课题，并成为其成果的主要执笔人。他先后主持编写了《饭店管理概论》和《餐饮管理》等两部被审定为“十五”“十一五”国家级重点规划的专业教材。出版了六个版次，印刷发行36次，读者超过36万人。他先后出版了三代近20本旅游管理专业教材，主编出版了大型专著6部。为推广先进的合资和国有饭店经验，先后出版了5本饭店管理模式和规范的专著，担任执行主编或副主编。他公开发表的学术论文、专著和教材，个人完成的总字数1667.9万字。主编字数2546万字。他的论文、专著和教材在旅游业界广泛流传和使用。他每年完成标准课时300～400学时。并曾先后在全国28个省市自治区的大中型饭店宾馆和各种总经理、部门经理研讨班、培训班上做专题讲座，常常产生轰动性效果。按他的学术成果和突出贡献，他应该成为全国劳动模范或“五一”奖章获得者，应该成为国家级有突出贡献的科学家，但他却在“木秀于林”的特定时期极其恶劣环境中，在副教授的岗位上被打击压制了10多年。但“青山遮不住，毕竟东流去”。他仍然痴心不改，默默无闻地潜心从事旅游教育和科研工作。终于在近“耳顺”之年晋升教授。此后又经历了他人生中的三次著作高潮，出版了20多部教材和专著。这正是“盛世碧云天，逢时凌云飞”的真实写照。蔡万坤先生只有一个心愿，用他的实际学术和教学成果去报答他无限热爱及养育和培养他的祖国，推动国家旅游及其教育事业的发展。而进入老年，特别是“人到七十古来稀”之后的岁月里，他又认真钻研老年养生理论，潜心实践体验而过着健康幸福的老年生活，又成了养生专家。这就是本书的内容和实质所在。

蔡万坤先生是一个十分重视理论研究和实际工作相结合的资深著名专家。九十年代，他先后利用实习，参加学术会议、举办高层培训和专题讲座等机会，在全国上百家星级饭店实习、考察。他还先后担任过饭店集团管理的高级顾问和技术总监，担任饭店总经理和多家星级饭店顾问。20世纪80年代中期他发表的长篇调研论著《北京建国饭店考察报告》曾经选为国务院和国家旅游局开展的长达4年多的全国学建国活动的饭店总经理和部门经理的专项学习材料。此外，蔡万坤先生有一种对祖国的执着热爱，对事业的执着追求和潜心钻研、学习与孜孜不倦、永无休止的科学研究精神及较高和较全面的学术水平。这些，都是他能够成为中国旅游管理科学研究的开拓者和奠基人及国内外资深著名旅游专家、教授的原因所在。

蔡万坤先生曾任北京联合大学旅游学院教授、教研室主任。院学术委员《旅游学刊》编委。农工民主党成员。近60岁时加入中国共产党，成为中共党员。他担任过北京旅游管理专业和全国烹饪专业自学考试课程委员。20世纪80年代中后期，曾经担任过北京市旅游专业职称考试专业课主讲教师，职称评定委员会副主任。商业部饮食服务专业全国经理统考课程委员和专业课主讲教师、教材编写和出题、判卷负责人。蔡万坤先生处事低调。但成果丰硕，其主要学术成果包括：

在旅游战略研究领域，蔡万坤先生1985年和1995年两次参加北京旅游战略规划研究，任课题组负责人。1985年完成重要课题《北京国际旅游市场战略规划和战略对策》，并参与总体报告《发展首都旅游事业，建设我国国际旅游中心》的研制，完成《北京旅游发展战略基本研究方法浅析》和《北京旅游事业战略思想和战略方针探讨》。为此，1988年获“北京市哲学社会科学和政策研究优秀成果一等奖”。1995年完成重要课题《北京国内旅游专家评估预测指标分析》和综合研究课题《1995~2010北京旅游购买力与客源市场规划研究》。与此同时先后发表《建立国际旅游市场结构,迎接远东国际旅游中心的到来》《旅游战略规划研究中的几个理论问题》《旅游战略规划中供求关系的探讨》《世界旅游业的发展趋势与我国旅游战略规划思考》等论文。

在旅游经济研究领域发表的主要论文有《旅游商品的特点及其价格资金运动》《旅游资源商品的价值构成和价值补偿》《从我国国情出发，借鉴日本发展旅游的经验》《旅游资深商品的价值原理》《客房经营业务盈亏分析》等论文10多篇。

在旅游管理研究领域的主要成果有《我国旅游管理体制改革探讨》《北京建国饭店考察报告》《联合起来是我国饭店行业打入国际旅游市场的必由之路》《建国饭店体制改革的经验和我国饭店旅馆企业经济体制改革》《广州地区饭店经营特点和我国饭店管理的转轨变型》《科学管理是国营老饭店的根本出路》《中国餐饮市场发展趋势及其对策》（香港刊物转载）等论文10余篇。

在大型专著和教材研究领域先后主编国家旅游局的研究课题《中国旅游企业管理大全》和质量研究课题《中国旅游服务质量等级管理全书》（执行主编），参加了《中国涉外知识全书》的编写（常务副主编）。出版个人论文集《旅游经济与管理探索》。主编出版教材《实用饭店企业管理学》《饭店客房管理》《饭店宾馆集团管理实务》；全国统编和国家级“十五”“十一五”、重点规划教材《餐饮管理》（曾在中国台湾出版）、《饭店管理概论》，全国经理统考教材《饮食服务企业管理基本知识》。主编出版饭店宾馆职业经理和旅游院校21世纪专业教材《新编现代酒店管理学》《新编酒店客房管理》《新编酒店餐饮管理》《新编酒店财务管理》《新编酒店商品和康乐设施管理》等书籍。主编出版了21世纪餐饮企业职业经理人和旅游院校餐饮专业系列教材《餐饮企业市场准入管理》

《餐饮企业总经理管理》《餐饮企业人力资源管理》《餐饮企业市场营销管理》《餐饮企业行政总厨管理》和《餐饮企业楼面经理管理》。主编出版了21世纪酒店管理5G（第5代）系列教材《现代酒店人力资源管理》《现代酒店市场营销管理》《现代酒店工程设备管理》和《现代酒店财务管理》。还主编出版了大型专著《餐馆老板案头手册》《酒店总经理案头手册》等30多部。

在先进饭店管理经验总结方面还撰写出版了北京建国饭店的《经营与管理》即改革开放大潮中的北京建国饭店，《兆龙国际酒店管理公司管理规范》和《新大都饭店管理大全》（副主编）、《北京新兴宾馆管理规范》（执行主编）、《山东贵都大酒店管理模式与规范》（执行主编）、《北京友谊宾馆（集团）管理模式与规范》（执行主编），1999~2000年完成《中江之旅酒店管理有限公司管理模式与规范》，均已运用到实际工作中去。

在教育培训领域，先后在本院和北京、上海、广州、桂林、河北、山东、河南、东北、内蒙古、西藏等地区及军队系统为众多旅游院校和各地区饭店总经理、各部门经理培训班和饭店成建制培训讲授《饭店管理》《客房管理》《餐饮管理》和《质量管理》等多门专业课和各种专题讲座，并为北京市自学考试讲授旅游管理专业课，培训学员总数10000人次以上，遍及全国各地。故《中国高级科技人才系列辞典》《海峡两岸著名旅游专家》《中国高级技术人才辞典》、英国剑桥编辑的《世界名人录》香港出版的《世界名人录》和《跨世纪中华兴国精英大典》中国人事部组织编写的《中国人才辞典》和全国人才网等多家互联网站都曾专题登载过其主要事迹和贡献，被誉为国内外著名的资深旅游专家和中国旅游管理科学的开拓者和奠基人。

自序（代前言）

（一）人生自画像

一生坎坷一生缘，斗志春心托杜鹃。
扬帆秉笔思报国，蓝田日暖两千万。
开拓奠基凭谁说，华发苍颜已等闲。
流年屈顺九回肠，伏枥老骥寄华山。

（二）重点写生画

五折三死起尘间，梁父苍颜忆华年。
两大主持奠基业，六项省部耀华天。
横行阔视笔牛弩，旅业简留一千万。
功名不使上景钟，沧海珠泪叹惘然。

上面两首小诗是我在完成《传奇人生》的初稿后所写的一生事业的小结。诗中提到的事实真相在传记中都有记载。我的一生坎坷曲折，机缘随身。先后经历过五次较大起伏，三次面对死亡的威胁。但思恩报国之心不改，目标追求之志不断。在被当成“五一六”骨干分子狠批狠斗两年多，又长期背着沉重政治包袱时，仍怀有“斗志春心托杜鹃”的悲愤而美好的愿望。当时机成熟，在改革开放和旅游事业迅猛发展的大好形势和机遇到来时，有了“蓝田日暖”的平台，就迅速扬起了人生事业的风帆，先后主编、自编完成并发表了2600多万字的旅游专业学术成果，被誉为“中国旅游管理科学的开拓者和奠基人”。在这些成果中，有两次担任了国家旅游局大型重要科研课题的主持者，完成了6项省部级研究成果、两项“十五”和“十一五”国家级规划教材。个人公开发表、撰写出版的论文、专著和教材总字数达到1600多万字。然而这些成果大多是在长达10多年的正教职称评审遭到打击、压制和迫害的过程中完成的。所以才有了“流年屈顺九回肠”“功名不使上景钟”的感慨。虽然有些“月明珠泪叹惘然”的无奈，但仍深怀“伏枥老骥望华山”的殷切希望。这就是我一生事业的写照。

“文化革命”中大学毕业的一代人，大多经历过改革开放前艰苦的人生磨难。改革开放后，不少人又经历了长期政治上的不被信任，甚至连学术上也难以得到发展，被称为“过渡”的一代。因此，能够在各种艰难困苦中，脱颖而出，在各自的本职工作中做出骄人成绩，成为著名专家、“大家”的人实在是凤毛麟角。我的一生之所以有点传奇色彩，不仅在于多灾多难的人生经历，特别是在改革开放后的特定时间内的极个别的“普天光明，边角黑暗”中，能够始终具有忠贞不渝的报国之心，宁死不屈的坚强意志、不断奋斗的顽强精神。而且具有良好的人生事业发展的思想、智能、情商、能力与心理准备，能够不断地用比较丰富的科研成果来促进中国旅游事业的发展，来报答党和国家的养育之恩，从而实现人生的抱负。而进入老年后又能用追求事业时的精神、毅力和韧劲潜心学习老年养生的科学理论和知识，潜心实践与体验，使基础并不很好，又后天多损的机体得到恢复，心理得到调养，成为身心、心理和机体都健康的老人，并总结出了“禁怀宽如海，养生法古今”的老年养生经验。所以，我希望读者能够从我的这一传奇人生经历中去领会人生的真谛，吸收精神食粮，以便指导自己及其后人去创造更加美好的人生。这也是我对后辈儿孙的期望所在。

目　录

第一篇

读书方见道　成才历苦寒

（1944～2002年）

千　锤　万　凿　出　深　山，
烈　火　焚　烧　若　等　闲。
粉　骨　碎　身　浑　不　怕，
要　留　清　白　在　人　间。

前面的诗句是明代名臣，民族英雄于谦17岁时托物言志的《石灰吟》。它通过描写石灰的烧制过程，来表达自己的人生志向，具有刚正凛然不怕牺牲，执着坚定的人生态度。诗中石灰烧制的意境在一定程度上契合了我的出身、成长，读书奋斗的经历和精神状态。我出身贫寒，从小经历了巨大苦难和死神的召唤。开始懂事后，虽在和谐幸福的家族环境中和共产党的长时期正统教育下茁壮成长，但又经受了史无前例的“文化大革命”的磨难，被打成“五一六”反革命骨干分子。其经历真有些“千锤万击，烈火焚烧，粉身碎骨”味道了，但我并没有气馁和屈服，这大概也应验了《孟子·告子下》中的一段名言吧“天将降大任于斯人也，必先苦其心志，劳其筋骨，饿其体肤，空乏其身，行拂乱其所为……”从我青少年时期的成长经历与人生磨难中得出的切身体会是：读书方见道，成才历苦寒。

第一章　朦胧的故乡岁月（1944 ~ 1958 年）

一　贫寒家世

渠江发源于陕西和四川交界的万源山区，流经宣汉、达川、渠县，经广安、合川汇入嘉陵江。1944 年农历 4 月 29 日（阳历 6 月 10 日），我出生在四川省广安县白市乡渠江边上的苟家湾。第二年 10 月，当我还只有一岁半时，我家又搬到了苟家湾北边 30 多里外的渠县琅琊乡千蓬庵村的花朝门。我的幼年和童年就是在这个离渠江 5 里地左右的花朝门度过的。

我的祖籍在四川省广安县白市乡蔡家坝。到我祖父这一代，家已搬到离蔡家坝 3 里外的龙凤潜。1897 年农历 9 月 22 日，我父亲就是在龙凤潜出生的，并在这里度过他的青少年时期。我的祖父名仙亭，祖母娘家姓陈，出嫁后随夫姓，叫蔡陈氏。祖父育有三子：大伯父蔡德礼，20 世纪 50 年代已过世。二伯父蔡德福，在我出生时就已过世了；我父亲排行老三，名德财，字承先。

我的母亲娘家姓张，婚前家住花朝门西北 8 里地左右的张家拗。我外祖父叫张承双，他与外祖母育有二子三女。外祖父在我出生前，外祖母在我还很小的时候就先后过世了。两个舅舅也过世较早，没有给我留下什么印象。我母亲 1900 年农历 4 月 10 日出生，她是家中的大姐，出嫁后随夫姓，叫蔡张氏。她的大妹我们叫她二姨，嫁给渠县鲜渡乡徐家坝的徐天富为妻。幺姨嫁给花朝门南 2 里地外的蒋家湾蒋立仕为妻。我的外祖父、舅舅和姨父家都是农民，均以农耕和家庭副业为生。

我在家中排行老六。父亲 47 岁、母亲 44 岁才有了我，是家中最小的。我有两个哥哥。大哥蔡万仟，1933 年 9 月 16 日生。1950 年他参加了中国人民志愿军。入了党，当过副排长。1958 年转业回到老家。当过村主任、村支部书记（人民公社时期叫大队）与大嫂陈举碧婚后育有三子两女，已是儿孙满堂。不幸因股骨头坏死已于 2010 年 3 月 1 日去世。二哥蔡万政，1936 年 1 月 16 日生。10 多岁时，父母让他拜隔壁贺木匠为师。与二嫂陈良碧婚后育有二子五女，也已是儿孙满堂。不幸已于 2014 年春节后因病去世。我还有三个姐姐：大姐蔡万杰，1925 年 4 月 25 日生，与广安县观阁区苏家坨的苏万合成婚。靠种地兼做石匠为生，育有四子。两人 20 世纪 80 年代已过世；二姐蔡万福，1929 年 6 月 10 日生。嫁与广安县白市乡丁家坝的丁文奇为妻，育有二子二女。二姐夫是共产党员，当过村支部书记，也以务农为生。二人都已于 20 世纪 90 年代和 21 世纪初先后去世；三姐蔡万成，1940 年 7 月 20 日生。嫁给离花朝门只有 1.5 里地的七星村周绍轩为妻，务农为生。育有二子二女，也已儿孙满堂。

我的家世是比较贫寒的。听父亲说过，我的曾祖父、祖父到父亲一代，都是农民，靠种地和家庭副业为生。传到我们这一代，除我通过读书离开老家来到北京，成为知识分子外，其他全部以农耕持家。我的贫寒身世是与父亲、母亲一生的奋斗，为求生计与发展而不停地搬家密不可分的。四川省的广安、华蓥、渠县、达川一带，地处大巴山余脉。我的祖籍地广安和故乡渠县地区，以丘陵地貌为主，人多地少。农民的居住点特别分散，大多是三五家，十几家就形成一个居民点。几十家、上百家的居民点极少。这些居民点大多按宗族姓氏与地形结合取名。如上面提到的蔡家坝、苏家坨，有的以典故、传说取名。如我父亲和我的出生与成长地龙凤潜和花朝门等。听父亲、母亲断断续续地讲他们的身世得知，一生中他们都是在奔波劳碌中度过的，先后搬过 7 次家，住过 8 处分散的居民点。父亲 20 岁与母亲成婚，婚后不久独立成家，从广安县白市区龙凤潜的家中搬到 5 里外的“大地边”创立新家。这是父母独立支撑的第一个家庭，也是我们兄弟姐妹 6 人后来得以出生、长大成人的家庭起点。听父母说，当时家中只种了租来的 5 挑谷的土地（一挑谷大致相当于 0.2 亩的面积），租期 3 年。家具农具除母亲陪嫁的一张床和柜子外，都靠他们陆续购置。辛苦种来的粮食，部分交租，部分自用，其生活的艰辛可想而知。3 年租期满后，父亲在离大地边不远的唐家湾又重新租了田地，第 2 次搬了家。再过五六年，父亲第 3 次将家搬到了一个叫“新房子”的地方。以后每隔几年，父亲就搬一次家。第 4 次新家在王家沟，第 5 次到河东坪，第 6 次到荀家湾。直到父亲 48 岁，母亲 45 岁，第 7 次搬家到花朝门后，家庭住址才固定下来。这 7 次搬家，都在广安与渠县的交界处流动，所住过的 8 个居住点，也没有离开渠江两岸 5 里的范围。父亲和母亲频繁搬家的身世和经历，是随着他们的艰苦创业、辛勤劳动、勤俭持家和家庭人口的增加，租用和购置的土地面积的扩大而进行的。我父亲是一个勤劳、朴实、开朗、和善，具有艰苦奋斗与创业精神的庄稼人。他身材魁伟、体魄强健，身高一米八以上，大脸盘、高鼻梁、深眼窝、大眼睛。眉毛浓而长，两眼炯炯有神。额头较宽、颧骨略高、耳朵大而瘦长，下颌骨较宽而略高，颧骨与下颌之间的面部有点下陷。嘴偏大，上嘴唇略长，留有3~4寸长的胡子。面色红润，肩宽腰细，手脚粗大，平时给人的印象是面目和善、精神饱满、表情愉快而略显威严。具有丰富的人生阅历，说话有条理，能讲不少戏台上的历史故事。会打算盘，心算能力较强。虽然不识字，但有丰富的农耕知识和人生经验，善于为家庭的生计与发展而谋划和操持。我母亲是一个勤劳、善良、文静、很富感情、意志坚强、善于操持家务的农家妇女。她身材娇小，年轻时缠了小脚。身高一米五六左右。圆脸、皮肤白净，大眼睛、高鼻梁、肩宽腰细、身材匀称协调。眼神明亮而和善、性格温和、手脚勤快、做事干净利落，但平时言语不多。说话很有条理。

当父亲和母亲在广安县白市区的大地边组建自己的新家时，他们只有两口人，只租种了5挑谷的土地。到第3次搬家到“新房子”时，家中不仅有4口人，还有了自购的10挑谷的土地。种植的田地也增加到20多挑谷的面积。要知道，20世纪的三四十年代，在川东地区的广大农村，下层农民的生活是十分艰辛的。能够依靠租地种粮和从事家庭副业，在不仅要年年交租，还要养活不断增加的家庭人口的情况 下，能够积攒资金购置自家土地的农民，往往是百里挑一的。父亲和母亲的每一次搬家，都是一次新的创业、新的奋斗。每到一个新家，父亲就领着一家人辛苦耕耘，深耕细作。父亲十分熟悉一年中的各个季节、农时和天气变化。什么时候育种，什么季节插秧，什么时候种麦，什么季节种什么蔬菜瓜果，他都了然于胸，总是能够根据季节、农时、天气来安排家中各种农作物的栽种、培育、施肥、除虫、除草。所以单位面积能够收到的粮食比别人多一些。除主要从事农耕外，父亲总是利用农闲和有利时机，外出打工，挣一点零花钱。我母亲则是一个勤俭持家、相夫教子，具有强烈家庭责任感的贤妻良母。每到一个新家，母亲除帮助父亲做一些种菜、点豆的农活外，主要承担家务劳动和我们这些孩子的抚养。母亲会纺纱织布，年轻时，每月能织出1~2匹的土布。除供一家人的穿衣外，每年还能外卖积攒一点儿钱。此外，母亲每年要养2~3发猪，每发2~3头。还要养15~20只鸡鸭，一头牛。牛主要用于耕田。每年卖猪、鸡蛋、鸡鸭也能贴补家用，积攒一些资金。每次搬家，父亲都会看准时机和市场行情，卖掉自己上次搬家购置的土地，退掉上次租用的土地，再买下和租用新的田地。这样，在家庭人口不断增加的同时，自有和租用的土地也就有所增加。有时遇上天灾人祸，会使自有和租种的土地面积减少。所以，当父亲第 5 次搬到河东坪时，种植的土地面积已增加到 80 多挑谷了。其中，自有土地 30 多挑谷。但因严重旱灾，家中遇到盗贼，到第 6 次搬家到苟家湾时，家中的土地就剩下 24 挑谷，自有土地不到 10 挑谷了。直到最后一次到花朝门定居。家中也只有 30 多挑谷的土地。直到 20 世纪 50 年代的土地改革，我的大姐、二姐已经出嫁，家中人口增减为 6 人。自有土地只有不到 20 挑谷，所以被划为下中农成分。

我的父亲和母亲，为了不断扩大的一家人的生存和发展，从 20 世纪 20 年代末到 40 年代，在川东贫瘠的土地上，不断搬家，不断创业，奔波劳碌。虽然命运并没有让他们创下什么家业，但他们这种不屈不挠、艰苦奋斗、勤俭持家、永不言败的精神和坚强意志不仅是一份宝贵的精神遗产，而且对我性格的形成也是有一定影响的。他们一生中频繁的搬家次数，已经超过了具有冒险精神的 20 世纪 90 年代美国人的平均水平。这与旧中国广大农民十分恋故土，三代不离老家的传统风俗是大相径庭的。

二　童年趣事

我的幼年和童年是在渠县琅琊乡的花朝门度过的。听父母讲过，我的幼年曾经历过死神的召唤。当我还不满一岁的时候，父母已经有 6 个孩子了，我幺姨那时已年近 40 岁还没有小孩。经姨父母要求，我被送到了幺姨家寄养。但姨父家比我们家还穷。从此没有母乳，靠米汤和麦片、米粥过活，加之他们不会养孩子、卫生极差，导致我严重营养不良，而且头上生了脓疮。8 个月后，我骨瘦如柴，没有小孩的人形、奄奄一息了。父母一看心痛死了，立即将我接回家中精心喂养照料，用草药治我的脓疮，将我从死神的手中救了回来，第二次给了我生命。至今我的额角和左耳还有当时留下的疤痕。

我的童年是在自由、活泼，父母关爱、家庭团结的环境气氛中成长的。当我五六岁开始记事时，两个姐姐已出嫁，1950 年大哥参加了志愿军。家中还有父母、二哥、三姐和我 5 口人。我母亲十分贤惠，总是用言传身教来教育影响孩子成长。她纺纱织布、缝衣做鞋、做饭炒菜在当地都是有名的。她脾气好，关爱而不溺爱孩子。父亲则刚强、大度、友善。他们一辈子相濡以沫，互相关心爱护。在我的印象中，他们之间从未吵过架，也从不骂人。有事总是互相商量着办。正是在这种团结友爱的家庭环境和气氛里，我才能自由活泼地成长。父母对我的态度和做法是：一要能吃饱。和全家人吃一样的饭菜，从不给我单做。二要穿温和，但不一定穿得好。那时家庭贫困，常穿哥哥姐姐剩下而改做的衣服。但母亲总把它们做得合身、洗得干净。三要勤劳。当我开始懂事后，早上要牵牛到路边吃草或外出拾粪。放学回家、周日和寒暑假要和与我同龄的孩子一起出去割猪草或牛草。跑遍了周围六七个居民点，常到竹林、树上掏鸟窝。夏天的中午常到河里去摸鱼。有时跑得很远，早已过了午饭时间。回来后，父母也不会责备。母亲则总是一边看着我吃饭，一边问我到了什么地方，提醒我要注意安全。四要干净不得病。我母亲十分注重整洁。尽管家住农村、条件差，母亲总是将家里的地面、门窗、桌子、凳子擦得干干净净。特别是灶台、菜板和饮食卫生做得特别好。一家人的衣服，即使打过补丁，也总是经常洗涤，保持干净。四川的冬天室内室外一个温度，是很冷的。当我六七岁时，我的双脚长了冻疮，开始溃烂了。母亲很心疼。她弄来辣椒及其枝叶、萝卜皮等熬了一锅滚烫的开水，细心地给我浸泡，洗泡了2~3个小时后，用布包好。结果，我手脚长冻疮的毛病从此绝了根。五是对孩子的过错从不责备，也不呵斥和打骂，而是讲道理，让我自身吸取教训。这里有两件事给我的印象特别深刻，终身不忘。

我父母不识字，哥哥姐姐除三姐上过4年小学外，其他人都没有读过书。我上小学时学习成绩并不好。小学二年级时还留了一级。当学校老师将留级通知告知父母后，父亲和母亲既没有打我和骂我，也没有大声呵斥和责备。只是在吃晚饭时对我严肃地说：“坤哪，读书要靠自己，我们都没有上过学，帮不上你的忙。现在要重读一年，能够学到什么样子，那全靠你个人的造化了。”当邻居大人说起来时，父亲则调侃地说：“别人的孩子上学都是一直往前走，我们家坤娃儿是知道去还知道回来的。”这件事及父母对我的态度对我幼小的心灵是有相当影响的，从此后我知道要更努力地学习了。

另一件事是我上小学三年级时的那个夏天。那天家中卖了肥猪，买回来一些肉和大油。又赶上下大雨，母亲将部分猪油和肥肉炼了一罐油，足够一家人炒菜用半年了。我和三姐放学回家，三姐帮母亲烧火去了，我嘴馋找炸好的酥肉，一不小心，将刚刚炼好的滚烫的一罐猪油从头上淋了下来，烫得我高声哭喊，飞快地跑到门外水沟里，将全身浸泡在水中。好在冷水冲泡处理及时，满脸满身的烫泡也很快就好了，没有留下伤痕。当时家人将我从水沟边接回家后，父亲和母亲既没有呵斥和责备，也没有打骂，而是关心我的伤痛，找药擦拭。事后母亲给我分析嘴馋的危害，要我特别注意安全，不要莽撞，伤害身体。从此我克服了贪嘴的毛病。一辈子没有吃零食的习惯。所以，幼年时的家庭环境，父母的言传身教和教育方式对一个人的成长是会有长期影响的。

三　朦胧村小

1951 年的秋天，我 7 岁时开始上小学。学校地址在离家 3 里地外的千蓬庵村公所。千蓬庵本是一处庙产，1950 年，新中国成立后，家乡的村公所就设在这里。村里的第一所公办小学也设在这里。这座庙产的格局是：正面是一个烧香拜佛的庙堂。两边各有两间耳房，耳房延长线上是两排厢房，中间是一个较大的平地，进入山门后还有一座与正庙相对的山房。当时，村公所、小学校和烧香拜佛的宗教场所共用同一处庙宇。学生的读书声、村民前来办事的嘈杂声、烧香拜佛的各种声响交织在一起，其学校的办学环境可想而知。

我是新中国成立后千蓬庵村小学的第二届学生。当时农民的孩子大多不上学。我上学后才发现，两届学生不分班，在一起上课。因为全校当时只有一个老师，叫刘安碧。她当时还不到 20 岁，人长得很漂亮，听说是中学毕业。上课时，一半学生听她讲课，另一半学生在同一或隔壁的教室里上自习。对那些都是来自农村，在乡村玩耍惯了，又大多没有学习兴趣的小孩子来说，其学习效果是可想而知的。

我在千蓬庵的小学岁月是在朦胧中度过的。之所以说朦胧，一是只有一个老师，实在照顾不过来不分班级的几十个学生。轮流上课，意味着学生的一半时间是处于“放羊”状态。上三年级时，学校又来了一个年龄大一些的田老师。但仍然是两个年级一个老师，一个带 1、2 年级的课，一个带 3、4 年级的课。其课堂秩序、教学内容和水平是很难保证的。二是教学内容和教材存在不少问题。上 1、2 年级时，主要是学认字、写字，10~100 以内的加减法，基本没有什么教材，后来学一些童话故事，如《老公公拔大萝卜》《狐狸和公鸡》《十根筷子》等。有一点儿看图说话的教材。但教学内容在两个年级一个老师轮流上课的情况下，也常常是囫囵吞枣。至于教学计划当然也就很难完成了。三是本人的问题，一开始，我对上学并没有多少兴趣，与我同龄的孩子大多没有上学或上个一两年就回家干活了。所以我只是每天按时到校，学习并不努力，经常贪玩不用心。导致小学二年级后还留级重读了一年。大概正是这件事，使我开始重视学习，也更懂事一些了。从此，我上课认真多了，也能按时完成作业。所以学习成绩有了显著提高。

我上小学四年级时，千蓬庵小学发展少先队员，我被第一批吸收，不仅戴上了红领巾，而且还被老师和同学推举为少先队中队委员。在此后的近一年小学生活中，我每天按时到校，努力学习，帮助老师做一些力所能及的事情，关心班集体。因而学习成绩也有了较大提高。那时，初小升高小是要经过升学考试的。我们全区几十万人口，只有琅琊镇有一个高级小学。一年才招 2 个班 100 名左右的学生。所以，千蓬庵小学我的上一届学友毕业时，一个高小生都没有考上。到 1956 年的夏天，我有幸升入了琅琊区城关小学，成为千蓬安小学当年升入高小的三四个学生之一。当我家人知道我考上高小后，都很高兴。母亲为我缝制了一件新的衣服。父亲则说："坤哪，我们农村有一句老话叫'穷不丢猪，富不丢书'。你能考上学也是好事，要好好上学。只要你能考得上，就是砸锅卖铁，我和你妈也要供你把书读出来。"我的父亲和母亲虽然不识字，但他们在鼓励支持我上学的问题上，不管有多少困难，也是坚定不移，从来没有动摇过。这对当时的农民来说，是很有远见的。

四 区镇学堂

1956 年的秋季，我开始到离家 8 里地的琅琊区城关小学读书，这是全区的最高学堂。学校分为初小和高小。当时，初级小学每年招 4 个班，高级小学招 2 个班。学校建在区公所所在地琅琊镇。这是当地几十里范围内比较有名的一个大集镇。小学校建在一个有三层台阶的坡地上。呈长条大四合院格局。正面一排平房，是校长老师的办公室，两边呈台阶状是两排对称的教室，与正房相对的是在第三层台阶下的一排两层楼的教室。中间是呈台阶状的两个较大的平地，供学生玩耍、做课间操。初级小学主要在两排厢房，高小则在两层的楼房中上课。学校房屋都以木质结构为主，呈外走廊形式，比较舒适。与千蓬庵小学不可相提并论了。

我在琅琊区小学的两年学习期间都是走读的。每天早上母亲早早地为我准备早饭。饭后步行 8 里多路到学校上课。上午 4 节课后一般不回家。中午的两个小时在学校玩耍。有时做点作业或到街上玩耍。忍着饥饿，下午再上两节课后，4 : 00 左右才回家吃午饭。母亲每天都将饭菜放在锅里温着。饭后我帮助父母放牛、割草、做点家务或玩耍。直到晚上八九点，再和全家人一起吃晚饭。这一时期的生活虽然艰苦，中午要比一般孩子晚三四个小时吃午饭，总是有饥饿的感觉，也远离了不上学的小伙伴，但每天的生活是很有规律的，也过得比较愉快和充实。

琅琊区城关小学的教学秩序是很正规的。课程设有语文、算数、自然、历史、地理、音乐、美术、体育等，比较全面。每天上午 4 节课，下午 2 节课，都是分班上课，每位老师教两三门课，比较专业，再也不像千蓬庵小学一个老师要同时教所有的课程，还常常是两个年级要同时在一个教室里轮流上课。所以，在这两年的学习生活中，我也比在千蓬庵小学更懂事一些。虽然路程较远，但我每天都能按时上学，按老师的要求完成作业，从不迟到逃学，学习成绩在班里处于中等水平。

我的班主任老师叫闫玉碌，和当时大多数老师一样，也是中学毕业生。他教语文和音乐。除学习一些语文常识外，每两周要练习一次作文。“一次课外活动”“暑假生活”“我的理想”等，都是经常练习的题目。那时买不起钢笔，也没有圆珠笔，主要用毛笔，算术则用铅笔。还开设了写大字的课程。但学生大多没有字帖，我的毛笔字也写得极其一般。但我们的作文，闫老师每次都会修改错别字和不通的句子，有时也会讲评。我总是凭自己的想象去写，老师照例给我六七十分，我也无所谓。算术成绩也很一般，常常能得七八十分。这对当时农村的小学生来说，已是中等偏上的成绩了。

在高级小学两年中，能够给我留下深刻印象的知识实在不多了。只记得一个教自然课的教员，上课声音很洪亮。他说：“什么是宇宙呢？四方上下谓之宇，往古来今谓之宙，宇宙包括万事万物，是很大很宽广的。”一个教历史的教员，让我第一次知道了中国曾经经历过夏、商、周、春秋、战国、秦和两汉等不同的朝代。第一次知道了秦始皇、宋高祖、唐太宗、朱元璋等人的名字，还记得李世民讲过的一句话：“君，舟也；人，水也；水能载舟，亦能覆舟。”一个教地理的教员第一次让我知道了中国在地球的东方，形状像一只公鸡。长江、黄河是中国最大的河流。第一次知道地球是圆的，而且还在转动。地球上除了中国外，还有美国、英国、法国、苏联等国家。并且在地图上找到了它们的位置，这些都大大开阔了我童年时的眼界。

我在小学期间的课外生活是十分单调的。除课本和老师课堂讲授的知识外，我们没有课外书籍。每天只是上学、玩耍，更没有什么文娱、美术、音乐修养了。只记得在小学时第一次看到了露天电影。因为整个琅琊区也没有一个电影院。记得那是一个礼拜六的晚上，我约了几个小朋友，从八里路外的家赶到琅琊小学去看电影《天仙配》，当时看到电影里的风景很优美，人物打扮得很漂亮，故事情节很吸引人，感到十分新奇。这些就是我在区镇学堂的主要经历。与今天城市里的孩子们比较起来，其童年的幸福真可谓一个在天上，一个在地下了。但与我的那些大多数不能上学的童年伙伴比起来，我的童年是幸福的。

1958 年夏天，我小学毕业了。对于能否升入中学，我并没有必胜的把握。因为当时四川农村小学的升学率大概只有 20%。但我还是想去碰碰运气。我在中考前的复习是非常认真刻苦的。6 月底的一个下午，我带着母亲为我准备的麦面粑粑（准备作为中考时的饮食）穿了一件土布短袖衫和一双草鞋，带着毛笔和砚台，到琅琊区小学集合后，在一个姓张的教导主任的带领下，步行到 30 里外的李渡中学参加中考。当时的升学考试和现在城里的孩子大不相同，没有一个学生有家长陪伴。到达学校后，安排我们临时住了一个晚上，第二天参加中考。上场后我并不紧张，像平时做作业一样地答题、写作文。三顿饭则是要了一点开水，吃着母亲为我准备的粑粑就解决了。上午考语文，下午考算术。我在考试结束的铃声响以前交了卷。当天下午就和同学们一起返回学校回家了。然后就在家中等待，凭自己的能力帮助父母做家务、放牛、割草或打猪草。

这一年的 3 月，我的大哥从部队复员回家。当时，农村正在组建人民公社。我大哥是党员，当了生产队的大队长。8 月中旬，大哥从村里回来，带回了我被李渡中学录取的正式通知。这一年，我们班只有 15% 的同学考上了李渡中学。当消息传开后，花朝门和附近的乡亲都到我们家来祝贺。父亲和哥嫂赶集时，亲戚朋友们也都向他们表示祝贺。于是，我也成了千蓬庵村周围远近闻名的中学生了。因为那时，村里的孩子从初级小学考入高级小学，其升学率只有 10%。而从高级小学升入初中，往往又要淘汰 80% 以上。所以，能够升入初中的学生已经是十分稀少的了。

第二章　风华正茂的中学时代（1958 ~ 1964 年）

一　第一次离家

我的中学生活是从父亲和母亲为我筹集学杂费用，准备生活用品开始的。按照学校通知，一个学期的学费是 5 元、书本杂费 3 元，每月生活费 5 元，当时公办学校的住宿不收费。这在今天看来，大概是很便宜的。但在 20 世纪 50 年代后半期的川东农村，农民家庭一下子要拿出十几元钱，已经是一个沉重的负担了。因为当时 0.15 元钱能买 1 斤鸡蛋，0.26 元能买 1 斤猪肉，一头肥猪也只能卖 20 ~ 30 元钱左右。父亲为了我上学，卖了一头尚未养肥的架子猪，给我买了一个小箱子和一双胶鞋。母亲为我准备了一身干净的换洗衣服。除学杂费用和生活费用外，还给了我 1 元钱零花钱。临行前，父亲在全家人一起吃饭时对我严肃地说："坤哪，你上小学时吃住都在家里，学费也比现在少，没有觉得有什么困难。现在一下子要拿出这么多钱，以后每月还要按时交 5 元钱生活费，还真有些不容易。你也晓得，我们花朝门的陈家孩子，是我们村仅有的两个中学生，就是因为交不起学杂费与生活费用。已经上到初二年级了，去年也退学回家种地了。""你去了以后，要争点气，好好学习……"母亲也给了我一些嘱咐，要我好好学习，为家里人争气。注意冷暖，不要得病。由此可见，穷人家的孩子要想奋斗成才是多么的艰难！除自身条件与机遇外，经济条件也是十分重要的。

1958 年 8 月 30 日左右，我带着父母给我的学杂费、几本书和砚台与笔墨，提了一个小箱子，告别了家人和儿时的伙伴，第一次离开花朝门的老家，步行到 30 里外的李渡中学去求学。这是我风华 6 年中学时代的开始，也是我第一次离开父母独立生活。那一年，我 14 岁，虽然还是个孩子，但也正是外出求学，不断成长的黄金时代。

在家千日好，出门一日难。第一次离开父母和家人，离开幼年和童年生活过的地方，还真有些不适应。首先，这上学的路上就犯了难。从老家到李渡中学是一条高低起伏、弯弯曲曲，表面没有铺沥青和沙土的丘陵路段。虽然中考时我走过这条路。但那是和同学们一起，在老师带领下，又无行李，说说笑笑走到的，所以不觉累。而今天我一个14岁的小孩，一人提一个小箱子在路边行走，开始还较快，后来越走越慢，全身大汗。走到还不到20里左右的高坡上，两只脚都起了泡。越走越难，只好忍着。走一段歇一会儿。30里路，足足走了4个小时，到李渡镇掏3分钱过了渠江。下午快5:00才到学校。虽然走得很辛苦，但在过河时见到了来迎接新生的老师，仍然感到非常激动和高兴。因为这是我新生活的开始，也是我在长达30多里的旅途中战胜自我、克服困难和艰辛所取得的第一次胜利！

到达李渡中学后，班主任易红藻老师带我们注册、交费，分配了学生宿舍。我被分在初一（3）班，当年学校招了5个班的新生，共250人左右。两个年级的老生还有近300人，全校共有500多名学生，还有30 ~ 40人左右的教职员工。

第一次离家独立生活的不适应还有不少表现。一是集体宿舍的不习惯。学校宿舍按班组划分，当时学生中的男生要占65%~70%，一个班有30多名男生，占用四五个宿舍，每间屋7 ~ 8人，这么多人住在一起，脾气、秉性、生活习惯不同，一开始很不适应。二是学校饭食。当时500多名学生，都在一个大长条带拐弯的学生食堂用餐，按班编桌，每桌8人。食堂有桌子无凳子，都是站着吃饭。学生每月只有5元钱的伙食费。国家大概有补助，生活水平还是有保证的。早餐以米粥为主，加咸菜面食。中午和晚上均吃米饭和一种炒菜，以蔬菜为主。每周可以吃两次肉。但与在家时我母亲做的农家饭菜比较，其味道要差一些。粮食是按每人每天一斤粮的标准安排的。开始吃不饱，也很不习惯。三是想家。特别是开学的前几周，时常想到家人，也常想起从小一起玩耍的小伙伴，想起和他们一起割草、摸鱼、掏鸟窝的情景。有时上课也分心。晚上也常睡不着。当每周六回到家中看望了父母，见了小伙伴再回到学校后，上述想家与不习惯的情景就开始在发生变化。年轻人出来求学、闯荡，寻求出路。学会独立生活，学会自己照顾自己是起码的条件。如果老是想家，不能很快适应新的环境，那他还会有出息，能发展吗？当我从这个方面去努力克服自己的毛病时，不到一个月我就不再乱想家了，也很快适应了学校和班级的集体新生活，再次感到了战胜自我后的喜悦。

李渡中学位于琅琊镇北边30里处的李渡坝，与李渡镇隔江相望，离渠县城20里。听说学校是在20世纪30年代由天主教会建立的。学校与教堂一墙相隔，是一所初级中学。学校本身是由三个不完整的院落组成的。从李渡镇过渠江步行 1 里多路，即看到校门。学校门外从东到西是一个大操场，进门后的东边是教堂的外墙，西边有一排平房，形成一个院落，这里有几间教室和教工宿舍。穿过平房外的院落是一个小花园。花园的西边是一个四方形的较大院落。两层楼的东房和南房，楼上是男生宿舍，楼下是教室和教师办公室。西边和北边的平房是员工宿舍、厨房和一个较大的学生食堂。南边的南面大宽过道南是学校的礼堂，楼上是女生宿舍、图书馆、阅览室，楼下除礼堂外有校长办公室，部分教师办公室和宿舍。礼堂的东墙外又是一个较大的四方形的院落。这里是主要教学区。此外，周边还一些教工宿舍、后勤用房。食堂的外面当时还有一个养猪场。整个学校建筑虽然并不规则，但错落有致，环境雅静，离集镇较远，不受干扰，是一个读书学习的好地方。

李渡中学的学习与生活环境虽然较好，但我在学习上并没有太大起色。第一学期末，各门功课的学习成绩也大多在 60~70 多分。这大概是受了三个方面的影响：一是小学升初中，虽然考上的都是各小学的尖子生，但当尖子聚在一起时，我大概也相形见绌了。二是中学的课程不仅比小学增加了，其深度和广度也大不相同了。三是当年正搞大跃进、大炼钢铁，农村搞公社化运动。学校的上课时间也不正常。当年冬天，学校高年级老师和学生，还在食堂的北边建起了小型炼钢炉。他们轮流去炼钢，说是贯彻“大跃进”和当时第一次提出的“教育与生产劳动相结合”的教育方针。我们一年级学生还没有上到 2 个月的课，学校就组织各班轮流到离学校三四十里的山中挑煤和焦炭。说是炼钢，结果连铁锭也炼得不像。这种不正常的教学安排一直延续到初中二年级，也在一定程度上影响了学习。但那时整个教学秩序还没有打乱，教学计划还是基本能够完成的。这就是我第一次离家而独立生活的经历和转变过程。

二　裁员调整与县级三好学生

20 世纪 50 年代中后期是中国教育受政治运动干扰、突出政治、冲击教学的开始。即使是地处四川大巴山余脉边远农村的初级中学也不能幸免。李渡中学的前身是一个教会学校。学校教师大多是新中国成立前后的大学毕业生，文化程度较高。但也同样逃不脱这种冲击和影响。1958 年的“大炼钢铁”，学校办起了小高炉，让初级中学的孩子去挑煤、炼钢。我们初一年级的学习生活也从每周的 6 天改成了 5 天，老师们则自然成为炼钢的主力。哪里还有精力去研究教学、提高教学质量呢？学校“小高炉”草草收场后，在“三面红旗”“大放卫星”的狂热闹声中，学校也出现了“浮夸风”。接着，在贯彻当时首次提出的“教育必须为无产阶级政治服务，教育必须同生产劳动相结合”的口号声中，学校的教学计划也进行了调整：一是在文化课程的基础上，安排了每周 1 天（后改为半天）的生产劳动课。二是 1959 年的下半年学校扩建，组织学生到 30 多里路外的山上伐木抬树，在大巴山余脉的山里吃住大概有 2 个多月时间。

面对学校发生的这些变化，作为初中的学生，我们并没有感到有什么不正常，都是作为响应学校号召而去执行的。大炼钢铁期间，除正常上课外，我和同学们一起上山挑煤。在生产劳动课中，班里分了一亩多土地种植蔬菜，我们在班主任易红藻老师的带领下，积极参加播种、施肥、除草。班里种的甜菜产量很高，还在全校放了“卫星”。在上山抬树的劳动中，我也表现很积极，多次受到表扬。经历过这些劳动和正常上课学习后，随着年龄的增长，我对学习的态度也开始发生了深刻变化。

1960 年的春季，我刚刚加入共青团不久，学校发生了一件大事：学生大裁员。当时传达的原因是国家遇到了经济困难。学校按上级指示要裁减规模。开始我们学生并不知道，都是由学校领导和老师来组织这项工作。当裁员调整方案确定，公布重新分班结果后，才知道将年龄较大的农村学生调整出去，回家种地。那一年，我们 1958 年进校的 5 个班的学生，裁减了 100 人左右，留下了 3 个班级。我因年龄较小，幸免于难，留下被分配到 1961 级（2）班。

天有不测风云，人有旦夕祸福。学校裁员，对那些失去了上学机会和受教育权利的同学们来说，无疑是人生的转折和悲哀。我有幸能够留下来继续上学，也为我人生的发展和未来的奋斗提供了机遇。学校裁员后，教学秩序开始恢复，我也第一次开始感到学习机会的宝贵了。

学校裁员后，迎来了我中学时代的第一次奋斗。初一年级下学期，我的学习成绩仍然处于班里中下水平。刺激我迅速转变的原因主要有三件事情：一是进入李渡中学。当我克服了自我，学会了独立生活，思想和情绪稳定后，转入正常学习。第一年暑假回家，和家人一起参加农业劳动。在 38 ~ 40℃的高温下，在白薯和玉米地里松土、除草。没有多久，我就晕倒在了庄稼地里，浑身湿透，不省人事。母亲很心疼，扶我回家休息，主张不再让我干重活，二嫂却一直在劝家人：农村的孩子读书没有用。长大还得靠种地过日子。回家种地还能给家里多挣工分。这件事对我的刺激实在太大。一心想摆脱农村命运成了我要发奋学习的重要动力。二是在进入初中后的前一年半的学习生活中，通过对学校安排的劳动和课堂学习的比较，我也开始逐步明确了掌握科学知识的重要性，学习态度开始发生了变化。三是学校的裁员调整，看到班里不少年龄较大的同学，失去了求学和继续受教育的机会和权力。想到他们从此要一辈子在农村度过一生。如果我再不下决心努力学习，同样的命运也在等着我，实在有些不甘心。这种亲身的经历，使我开始模糊地感觉到要摆脱农村家庭的命运，求得自我解放和发展，唯一的出路是要努力学习，努力奋斗。这大概就是我中学时代第一次开始努力奋斗的动力来源吧。

我在中学时代的第一次奋斗，其动力并不完全来源于摆脱农村命运的想法，它和共产党的学校教育，青年时代争取个人进步的经历是融合在一起的。进入初二年级后，我的学习态度和在班里的表现发生了很大变化。一方面我积极努力地学习，上课认真听讲，早自习、晚自习、每节课从不迟到、早退。也克服了初一年级有时上课走神，有时小声说话、做小动作的毛病。语文、代数、历史、地理、植物、生物等各门课程都按时完成作业。学习成绩有了较大提高。另一方面，学校安排的炼钢挑煤、上山抬树、自种蔬菜和各种课外活动，我也积极参加。大概是班主任老师和学生干部看到了我的转变和进步，很快将我列入了争取入团的积极分子队伍。这时，我又开始关心班集体，帮助教师和学生干部做一些力所能及的事情。不久，我写了入团申请书，开始了我第一次争取入团的尝试。一个叫周廷文的老团员和另一个女同学（我已不记得她的名字了）成了我的入团介绍人。于是我很快成了班里的第一批新团员，还被选为了班里的生活委员，第一次当上了班干部。从这件事情上我意识到，一个人的学习和思想政治上的进步主要取决于精神力量的支配。意识、情欲和决心是成就任何事情的原动力。不幸的是我的入团介绍人周廷文因年龄较大，在学校的裁员中，被下放回家务农了。他和他的弟弟周廷武都是我当时的同学，他们热情、朴实，常关心帮助我们这些较小的同学，也与我建立了深厚的感情。后来的一次暑假期间，他们还邀请我到离我家30多里外的龙门峡的山区家中玩耍了一个多礼拜。我至今还很想念他们。

我中学时代的第一次奋斗并没有因入团而停止。因为初一年级的课程自我感觉学得不扎实，初二年级的课程也需要巩固和提高。这一年的寒假和暑假我只回家一两天看望了父母。假期报名参加了学校的勤工俭学，并分别制订了自我复习和课外学习计划。勤工俭学的劳动较轻。于是我用这两个假期，把学过的语文、代数、物理等主要课程进行了系统复习，课后作业大多重新做一遍。其他时间则利用我和图书馆一个姓董的老师的良好关系，借来不少课外书籍，主要是一些历史故事和小说，一本一本地阅读。这件事对我的学习产生了深刻的影响，到初二年级的第二学期，我的学习成绩已经处于班里前几名了。

进入初三年级后，学校干部进行调整，在班主任老师易红藻的推荐下，我成了班里的团支部组织委员兼学习委员。一个叫罗文相的老师还让我当上了校团委委员。政治上的进步使我更加主动积极地学习和工作。这时，学校的教学秩序已恢复正常，追求升学率的初三年级的学生干部安排的杂事也相对较少。我一方面更加努力地学习，一方面积极参加班级和学校组织的学生干部活动，积极帮助老师做一些事情。到初三年级后，我的学习成绩已经上到班里和整个年级的前几名了，还被推选为县级三好学生和优秀团干部。1961 年的春天，在罗文相老师的带领下，我还和几位学生干部一起，到渠县县城出席了县级三好学生和优秀团干部的代表会议和表彰大会。这一年的 7 月初升学考试后，我顺利地考上了全县最高学府渠县中学。我们班当年有近 50 个毕业生，只有 10 来个学生升入了高中。在我的家乡教育资源极其匮乏的 20 世纪 60 年代初，全班 75% 以上的学生都失去了继续学习的机会和受教育的权利。这就是我中学时代第一次奋斗的结果。

三　李渡中学之忆

我在李渡中学三年的学习生活是愉快的。随着岁月的流逝，对当年大多数老师和同学的印象都已经模糊了。但有一些人和事还继续留在我的脑海中，追述一下，还是觉得有意思的。

李渡中学当年的校长兼政治课教员叫邓俊卿，他教我们的“社会主义常识”课程。虽然与他直接的交往不多，所讲课程的具体内容也都忘记了。但他是一个严肃认真，很负责的人。作为校长，工作肯定是繁忙的，但他在当年的“大跃进”“浮夸风”，随意停课劳动等政治运动的冲击下，能够很快停下学校的“小高炉”，只安排学生半天的生产劳动课，基本维持了学校正常的教学秩序和教学计划，尽可能让学生多学习文化知识，应该说是难能可贵的。他在教政治课的时候，从来不因工作忙和政治活动的冲击而让学生随意停课。特别是我在争取进步、入团后，他所讲的课程，还曾经激起了我的一些政治热情。从他那里，我第一次知道了马克思、恩格斯、列宁、斯大林的名字，知道了一些革命历史知识。其中，马克思的一句话:“在科学的道路上是没有平坦的大路可走的。只有那些在崎岖小路上攀登的不畏劳苦的人，才有希望达到光辉的顶点。”还曾经成了我第一次刻苦读书奋斗的座右铭。

负责学生工作的专职干部罗文相是一个平易近人、善于帮助学生干部成长的好老师，也是我在政治上成长进步的领路人。他人长得高大，平时总是穿戴得很干净整齐，两只大眼睛很有神，对人和蔼。让学生干部做工作、召开干部会议等活动时从不占用上课时间。他对学生干部要求严格，特别是要求他们在学习、生活和劳动中要起模范带头作用，不能产生优越感和特殊感。所以在我入团、成为班干部、校团委委员、县级三好学生和优秀团干部，参加全县表彰大会等一年多的时间里，我在同学之中也没有什么特殊的想法和表现。他还有一个特点，不训人，凡属布置的学生工作，尽可能让干部自己去做，这对培养学生干部的工作能力是有一定作用的。尽管在我后来的人生中因为不幸遭遇没有从政，但他在我的记忆中仍然留下了较深刻的印象，至今仍存感激之情。

我们的班主任易红藻老师，他教体育课，年轻时是篮球队员，听说在重庆、成都等地打过球，因身体受伤而当了中学教员。他对我们的要求既严格又宽松。严格主要表现在学生的学习纪律方面。他的集体荣誉感较强，在学校组织的体育、文娱、劳动竞赛中，他总是精心组织，认真安排，带领我们为集体荣誉而努力。我们班多次得奖，放过“卫星”。特别是在班级学习成绩的评比中，也曾得过奖励。这也较好地培养了我们的集体主义精神。宽松是在对学生干部严格要求的同时，总是将班里的一些事情布置给学生干部，让他们主动积极地去完成。

初中二年级时，一位姓董的教导处的誊写员，写得一手好字。学校的各种考卷、毕业班的各种复习材料，大多是由他刻钢板复印的。他同时兼图书馆的管理员，叫什么名字，我已记不清了。他的个子比较矮，头较大、脖子很短。他待人和善，乐于帮助同学，对图书馆和阅览室的工作比较尽心负责。大概是我初一时常到图书馆和阅览室去看小人书和杂志，引起了他的注意。于是借给我一些课外书阅读。进入初二后，他让我当了图书馆的业余管理员，主要是帮他整理乱了的书籍和杂志。直到初三年级准备升学考试前，我都利用这个有利条件，经常从图书馆借来一些课外书籍阅读。我很诚实，从来没有私自拿过学校的一本书（本来是很好拿的，因为董老师对我很信任，从没有来管过我借书的事）。所以，我在这一时期，除了上课、认真学习、完成作业外，还尽可能读了一些课外书籍，大致有三种类型：一是在语文历史课程学习的基础上，读了一些历史故事；二是读了一些诸如《星火燎原》《红旗飘飘》《革命烈士诗抄》等书籍；三是《水浒传》《西游记》《杨家将》《说岳传》《三侠五义》等历史小说和反映抗日战争、解放战争的一些现代小说。这些都较好地增长了我的知识，开阔了我的眼界。所以，我至今难忘那位姓董的老师，心存感激之情。大概是由于那一时期所读的行侠仗义的小说和故事更多一些，对我产生了较深刻的影响。所以，在我的性格之中，正义感较强，理想主义的成分较重，爱讲真话。这对我后来一生的发展，也产生了不小的影响。

在我的初中同学中，一个叫毛育全的同学是我的路友，在学校时住同一间宿舍，也是我的好朋友。他家在望溪镇的农村，离我家只有5里路左右。上学回家，我们总是一路同行，平时则无话不说。他初中毕业时，可能也是家庭方面的原因一心要上不收费用的师范学校。后来在望溪小学教书，改革开放后，琅琊建立了中学，他成了那里的中学教员。我们的友谊一直未断，直到2008年我和爱人回家探亲时，还去拜访过他。这时，他的家已在琅琊中学的学校里了。

一个叫杨玉洁的女同学，曾经和我有过一段友情。她是我的同班同学，家住学校东北面15里左右的农村。初中二年级后开始和我有一些交往。她个子不高，身材匀称、宽肩膀、小细腰、浓眉大眼、皮肤白净细腻又透出一些红晕，属于农村里那种漂亮型的女孩。那时的农村中学，男女学生之间平时见面大多都是打个招呼，是极少单独交往的。大概是初二年级的下学期相互间有些好感，她常找我问学习中的问题，有时周六下午回家也常一路同行，互相交谈一些同学间的情况、兴趣、故事等。相互之间只有友情和好感。她比较文静、朴实、友善，人又长得漂亮，所以给我留下了深刻印象。

四　县城最高学府

渠县中学是县城最高学府，而1961年我却是在“国难家破”的闹声中进入渠县中学的。国难是由极“左”的政治运动和经济政策造成的。1957年的

“反右”斗争，1958 年的“大跃进”和“人民公社”运动，1959 年的“庐山会议”和由此开展的反击“右倾机会主义”运动，和当地并不十分严重的“自然灾害”融合在一起，不仅在政治上形成了“万马齐喑”的可悲局面，而且将国家经济拖入了破产的边缘，使广大农民陷入了十分严重的灾难之中。到我初中毕业进入高中的时候，天府之国的广大农村，特别是我的家乡巴山余脉一带，大批农民吃糠咽菜，已经开始浮肿，甚至已出现了饿死人的现象。“家破”则与当时国家严重经济困难的形势密切相关。新中国成立后，我们家被定为下中农。土地改革后，一家人的辛勤劳动换来了丰衣足食。互助组和初级合作社时期，土地仍归农民所有，农民的生活还是很有保障的。到高级合作社，特别是 1958 年的人民公社化后，土地划归集体所有，农民靠挣工分分粮食吃饭，还以生产队为单位吃过一阵子“提前进入共产主义”的“大锅饭”。这些严重脱离农村实际情况的经济政策，极大地破坏了广大农村的生产力，极大地挫伤了广大农民的生产积极性，也使农民的家庭生活陷入了严重的经济困难。我家则处于分家裂变中。1952 年二哥结婚，1955 年大哥第一次结婚（大嫂邓理英因怀孕后不慎滑入小河中而亡，后大哥才再次结婚），1958 年大哥复员，到 1959 年三姐出嫁后，我的家还是一个有近 10 口人的大家庭。在严重经济困难的冲击下，第一次分家是 1960 年大哥二次结婚后，从家中分出去单过。第二次则是因为我的二嫂坚决反对我继续上高中。初中毕业时我产生了强烈的升学愿望，而且一定要考高中，父亲和母亲则以儿子的自愿为准，也希望我继续上高中。当我拿到渠县中学的录取通知书后，很快在村里传开了。花朝门的父老乡亲也来向父母表示祝贺：说：“蔡老汉，蔡老婆婆，你们家‘么娃儿’考上‘举人’了，不简单啊，这么多年来我们村还从来没有听说过谁家的孩子考上高中的，祝贺你们啊！”当热闹过去后，父母为我准备费用时，二嫂却坚决不同意。父亲和母亲为了保证我今后的学习，很快决定了又一次分家。二哥二嫂搬走。一个父子相依的 3 人小家庭诞生了。当年我父亲已经 64 岁，母亲已 61 岁，却仍然要用自己的辛勤劳动来供养我继续完成学业，所以我是终身不能忘怀的。而我风华正茂的高中三年也是在国家和家庭都最困难的环境中度过的。

四川渠县属达州专署管辖，北邻达县、南接广安、西接营山，东邻大竹，是川东巴山余脉的 1 个大县。全县有 100 多万人口。当年，整个渠县却只有这所学校才有高中。1961 年 8 月 30 日，我本来要自己前去的。父亲不放心，说是要去看看全县最高学府，特地陪我步行50多里，将我送到渠县中学后，当天又返回家中。进入中学，学校挂起了迎接新生的横幅。交费注册后，看了分班名单，我被分配到1964级（3）班，刘德华老师是我们的班主任。这样，我算是正式进入了县城最高学府，再一次获得了继续求学，为未来的发展而奋斗的机会。

渠县中学地处县城西北，离城北街道1里多地，建在一个面临渠江的丘陵高地上，进入东门，左边是学校大礼堂。右边是传达室。与传达室相邻的坡地上是一排向西延伸的二层楼房，这里有实验室、办公室和教工宿舍。礼堂和门前过道的西面是四排对称、中间有大通道的两层楼房，并有耳房的教学区。再往西则是学校的大操场。礼堂西向北坡地下，还有三处较大的院落，一是呈四合院形的两层楼的教工区，校长、副校长的办公室，教师食堂和老师宿舍大多集中在这里。院外的大走廊面对渠江，还有对称的房屋和台阶下的球场。穿过大走廊的西边院落是男生宿舍和女生宿舍。男子宿舍再往北，是一长排的学生食堂和厨房。此外，在这些建筑物的周围还有少量平房。东门外到渠江边的路上还有一排砖房。这就是渠县中学当年的建筑格局。从整体看，学校建筑以木质结构为主，设计布局紧凑，分区功能合理，花草树木、各种花坛散布在教室、过道之间，也是一个环境优雅的读书学习的好地方。

刚进入学校的学习与生活还是活泼愉快的。学校教学秩序很正常，十分重视课堂学习和教学质量，学校纪律也非常好。高中一年级，班主任刘德华推荐我当了班长，王问明当了学习委员，熊少英为生活委员，王方明为体育委员。学生很快转入了正常、充实的学习生活，除每天上午4节课、下午两节课外。早上有早操和早自习，晚上还有2节课的晚自习。下午两节课后的各种课外活动也很丰富。进入高中后，虽然是各个初级中学的尖子生聚在了一起，但由于我初中的课程学得比较扎实，进入高中后也相对努力。所以，各门功课的学习成绩也都还处在班里比较靠前的水平。

五　自带干粮的激励

俗话说“祸不单行，福无双至”。进入渠县中学不久，又一次灾难向我们袭来。本来，20世纪五六十年代，学校在精英教育制度的思想指导下，是以向高一级学校培养输送人才为主要目的的。在这项制度下，农村的孩子如果考上中学，就可以享受国家“商品粮供应”，不会再为当时的农村严重缺粮，经常因吃了上顿无下顿而困苦发愁。如果考上大学，就能脱离农村，今后成为国家干部。但天有不测风云，从 1957 年的“反右”斗争，1958 年的“大跃进”和人民公社运动到 1959 年的反击“右倾机会主义”和当年开始的所谓“严重自然灾害”，已经使社会生产力遭到了严重破坏。国家已经贫穷到了城市职工严重缺粮，连国家机关的各级领导干部也很难养活，要纷纷降低口粮供应标准。所以，1962 年渠县中学根据上级指示，停止了家住农村的学生的“商品粮供应”，要学生将户口迁回老家，自带粮食才能继续求学。否则，就只能退学回家种地。自带口粮的标准是每人每月 27 斤粮食。这在今天的年轻人看来，简直会觉得是不可思议的事情。但在 20 世纪五六十年代的中国社会经济条件下，全国粮食全部统购统销，口粮按户口定量配给。发生这样的事情，对农村的学生来说，也实在是一件大事和不小的灾难了。在严重缺粮的条件下，同学们从家中交来的粮食，开始还有一些大米，很快就变成了高粱、豌豆、蚕豆等杂粮和红薯了。红薯则按 1 ∶ 3 的比例交纳。所以，在我们正长身体，急需营养的一年多时间内，虽然每月自带了 27 斤粮食，但都主要是靠杂粮和红薯度过的。尽管如此，和当时农村那些因严重缺粮，身体浮肿，甚至饿死的不少农民比起来，已经是很幸运的事情了。

在自带粮食求学的年代，我的父亲和母亲也是在艰难中度过的。1962 年，父亲已 65 岁，母亲 62 岁。哥哥嫂嫂分家自立后，家中只有父母和我三口人。当时，父亲在 60 多岁高龄条件下，每天参加生产队劳动挣工分。而一天辛勤劳动所挣的工分只值 0.2 ~ 0.3 元钱。所分的粮食寥寥无几，根本不够吃。母亲长年的辛苦已累坏了身体，得了严重的肺结核病，但仍然要操持家务、喂猪养鸡，和父亲一起耕耘那点有限的自留地，为我筹集学杂费用和自带的粮食。在各自的家庭自顾不暇的日子里，哥哥姐姐们有时也给了我一点粮食资助。自带的粮食，主要是杂粮和红薯，除我利用周末回家从 50 多里外步行带回学校外，父亲还亲自为我送粮。“皇帝爱长子，百姓爱幺儿”。父母为了他们最小的儿子能够继续完成学业所付出的艰辛，我是永远也无法报答的。对于哥哥姐姐在艰难困苦中的资助，我也是终身感激不尽的。直到 1962 年底至 1963 年初，刘少奇、邓小平同志提出“三自一包”的农村政策，老家农民的日子开始好转。到 1963 年的秋天，学校恢复了农村学生的“商品粮供应”，户口也迁回了学校，自带干粮这种特殊政策才基本结束。但“三自一包”的阳光政策及其给农民带来的希望，很快被当作严重的“走资本主义道路”的政治错误受到了批判，被掐死在摇篮中了。

自带干粮求学的时间虽然是短暂的，但对我们农村的孩子却是很大的刺激，也对我产生了不小的激励。它让我们意识到在当年那种特殊条件下农村的孩子只有刻苦努力地学习，才是唯一的出路。这一时期，渠县中学的教学秩序很正常，课堂教学也抓得很扎实。我按照学校教学安排每天认真学习语文、代数、几何、物理、化学，辩证唯物主义和政治经济学常识等各门课程，利用早晚自习时间完成作业，温习功课，掌握了不少知识，学习成绩也较好。同时，也利用课余时间阅读了不少课外书籍。其阅读范围大致包括三个方面。一是部分传记小说，如《朱元璋传》《屈原传》《包公志》《说岳传》《施公案》等等。二是部分近代和现代小说：如巴金的《家》《春》《秋》，曲波的《林海雪原》，欧阳山的《三家巷》，刘流的《烈火金刚》。还有《青春之歌》《野火春风斗古城》《钢铁是怎样炼成的》等等。三是部分革命故事，如《革命烈士诗抄》等。有时也到阅览室去翻阅一些科学杂志等书籍。这些课外书籍较好地开阔了我的眼界，增长了知识。中苏分歧公开后，我还逐渐对政治时事产生了兴趣，很关心中苏论战，不仅每天听广播，还详细阅读了《九评》《关于论无产阶级专政的历史经验和列宁主义万岁》等文章。课余时间，也和班里的好同学、好朋友刘承煊、王问明等一起议论。这些课外书籍和时事政治阅读，激发了我努力学习的意愿，同时也培养了我正统的思想意识，为后来的人生奋斗打下了一定的知识基础。

六　从班干部到校团委

我在县城最高学府渠县中学的三年期间，虽然物质生活和家庭环境都是比较艰难的，但学习却是比较愉快和顺利的。高中一年级，我当了班长，和同学们的关系都比较融洽，学习成绩也较好。高二时，班主任刘德华老师推荐我到校学生会当了宣传部长。进入高中三年级后，学校学生干部调整，在班主任老师的推荐下，学校专职做学生工作的团委书记罗述清老师让我当了校团委的宣传委员，组织委员是 64 级高三（1）班宁国富同学。他后来成了我在北京第二外国语学院的大学同学和终身的朋友。

20 世纪 60 年代初，国家经济虽然严重困难，但在强大的政治思想教育及党和国家领导人廉洁自律的精神带动下，全国的社会风气极好，学校则成为精神文明的教育圣地。诸如现在存在各种请客送礼、行贿受贿、考试作弊、升学舞弊、升官送礼等不正之风，是极其少见的。学生都接受正统教育，所以渠县中学那时的学生干部一般需要具备三个条件，一是学习成绩好，在同学中有一定威信。二是品行好，关心集体，表现突出。三是性格好、开朗活泼，有一定工作能力。我在从班干部到校团委宣传委员的三年高中生活中，除努力学习外，一些能力也得到了锻炼和提高：一是利用当学生干部的机会，参加班级和学校组织一些活动，帮助老师和同学做一些事情，从中受到锻炼。如在班里组织的集体读报活动，锻炼了我的阅读能力，一些讨论和会议发言，锻炼了思维和说话能力。二是利用当校学生会宣传部长和校团委宣传委员期间，建立了全校宣传通讯员网络。组织了学校 5~6 多块黑板报的设计，锻炼了自己的组织能力。三是积极写稿、投稿、修改同学的稿件，也选择报纸杂志的内容摘录。在一定程度上培养了自己的写作能力、逻辑思维能力。因为这些事，在风华正茂的中学时代，我又一次在全校出了名。

正是由于从班干部到校团委的学生干部经历，更由于共同的学习兴趣和日常交往，使我与不少同学之间产生了友谊，有的还成了终身的朋友，至今不能忘怀。刘承煊——一个为人忠厚、善良，说话慢条斯理，但有一定深度的老同学。考入成都工学院，毕业后在自贡市自来水公司上班直到退休。黄正东——动作敏捷、反应灵敏、说话速度快，学习成绩也很好的一位老同学。考入西南师范学院，毕业后在重庆市教中学，在高级教师的工作岗位上退休。王问明——班里学习委员，学习成绩很好。平时有点腼腆，走路说话快速。对人诚恳，言语不多的老同学。考入重庆交通学院，毕业后在重庆公路局上班，直到高级工程师、总工程师位上退休。王方明——班里体育委员，爱好文娱体育活动，心直口快、活泼大方，学习成绩中上程度。未考上大学，后参加了中国人民解放军。转业后到庐州老窑酒厂办公室，直到办公室主任后退休。冠秉成——个子比我们高，文雅、坦诚，学习成绩好，比较乐观。考入南京炮兵工程学院后改为华东理工学院。毕业后在上海工作，高级工程师位上退休。何海生——班里学习委员，个子不高，学习成绩好，对人热情，考入天津大学，毕业后留校，后成为中国汽车工业方面的著名专家，而长期在岗工作，为汽车工业发展做出了重要的贡献。熊绍英——班里生活委员，个子不高，圆脸。为人诚恳和善，常带笑容、乐于助人。未考上大学，毕业后留在渠县商业局工作。退休后到成都居住。叶本茂——平时言语不多、对人诚恳，学习努力，但成绩一般。未考上大学。上学期间还曾利用假期请我到他家玩过 2 天。至今难忘其情谊。此外，还有苏忠智、刘克玉、杨德奎、熊运高、李玉林、唐瑶琪、胡洪瑞等同学，也给我留下了较深刻的印象，至今难忘。

家住渠县土溪镇，比我们低两个年级的董述宇同学还和我有过一段交往。她是一个活泼天真又美丽的女孩。中等身材，皮肤细白，圆脸、高鼻梁，眼睛大而有神，嘴小常常微笑。喜欢文娱活动，会跳舞。我和她的交往是在当校团委宣传委员时，她是学生会文娱委员。相互有些交往，也产生了好感。那时，相互之间有时谈些理想、兴趣爱好，有一些感情。我考入大学后还有过 1 年多的书信往来。1967 年春天“文革”期间，我和宁国富同学一起“串联”回到渠县中学，又和她有过较密切的交往。我们相互倾诉离别后的思念，见面时的喜悦，也交流对“文革”的看法。当年，她和渠中的同学一起到北京串联，也到二外看过我。本来，按她的智力和成绩是应该能考上大学的，但因为“文化大革命”停止了大学招生而失去了继续受教育的可能。后来，因人生际遇我们之间渐渐失去了联系，但对那时的情感至今难以忘怀。

七　圆大学梦的奋斗

我想升入大学的梦想是在高中二年级下学期开始逐步形成的。说它是“梦想”，这在今天大多数的高中学生看来，也许会觉得有些不可思议，抬高了它的困难度。但对 20 世纪 60 年代初期的中学生，特别是教育水平比大中城市更低的农村中学的绝大多数高中毕业生来说，则纯粹是一场没有什么结果的“梦想”。在当时“精英教育”的制度下，全国 8 亿多人口每年大学生的招生人数却只有十几万到 20 多万人。农村中学的大学升学率一般只有 8% ~ 10%，能达到 20% 的中学已经是很好的学校了。这与现在大学生的年度招生人数 800 多万，升学率 70% 以上比较，是不可同日而语的。所以，对当时农村中学 80% 以上的高中毕业生来说，升入大学也当然只能是梦想了。1963 年夏季，渠县中学我们的上一级学友有部分人考上了大学。其中，有 2 人对我产生了直接影响，一是考上北京大学哲学系的陈金全，他是班干部，我们原先就认识。考上北大后我还特地到他县城城北的家中去拜访取经。一是考上四川大学中文系的杜江。

他是校学生会主席，在当学生干部时我曾和他有过接触。他们对我的主要影响是：作为学生干部考上大学是可能的。如果认真努力，比普通学生的可能性大一些。他们使我看到了升入大学的希望，拉近了梦想和现实的距离。后来知道，陈金全和杜江两人都有较好的事业，陈金全大学毕业后，经过“文化大革命”的磨难，最后主要从事大学教育和科研工作，在西南政法大学的教授职务位上退休。杜江则走了政途，听说当过省委宣传部副部长和教委副主任。

在风华正茂的中学时代，我的第二次奋斗是从对大学生活和人生理想的想象中开始的。1963 年秋进入高中三年级后，高中毕业班还未分文科和理科，主要还是完成正常的教学计划。但我们除正常上课外，已经在相互议论谁将报考文科、谁准备报考理科，谁考上大学的可能性较大了。我是准备报考文科的。这一方面是当时的兴趣使然，另一方面是因为我在高二年级大量地阅读课外书，特别是读小说，有时在物理、化学课上也悄悄阅读，有一段时间对功课有一定影响。进入高三后，我的精力都主要转到课堂学习上了。那时，我不仅一心想要考上大学，而且对大学的学习生活也想入非非。觉得大学生活是非常美好、幸福的。学生都住在洋楼里，环境很优美。两个人住一个房间，有沙发、床铺。每人一张书桌、一个书架，书籍很多，要什么有什么。除上课外，主要是靠自学。没有什么活动，一切都由自己来安排，没有人来打扰你。这种乌托邦似的不切实际的幻想给我后来的大学生活带来过影响。这时，我也产生了一些人生理想：一是想当一个哲学家。觉得哲学是比较高深的，从事哲学研究很有意思，它能指导人们的生活。二是想当一个文学家，文学能反映历史和现实，能深入人的内心世界。今后如果能研究文学，写一些小说也很不错。有时也想当一个经济学家，觉得中国的经济，特别是农村的经济太不像样了，老是没有饭吃。这种状况必须尽快地得到改变……但就是没有想过要当管理科学的专家，因为那时就从来没有接触过管理科学方面的知识。

1964 年春季开学后 2 个月，高三学生文理分科，开始高考前的复习准备，我的“圆大学梦的奋斗”才真正开始了实际活动。这一时期的所谓“奋斗”主要表现在三个方面：一是按照学校高考复习和毕业考试的教学安排，认真参加语文、外语、数学、历史、地理各门文科高考科目的复习、练习与模拟测试。同时积极参加文科不考的物理、化学等课程的毕业复习与考试，力争取得较好的毕业成绩。二是在毕业考试完成后，全面转入高考前的系统复习，在各门科目老师的带领下，按照复习大纲，系统温习各门课程的内容，揣摩高考的知识点，背诵相关内容，同时做一些复习考试题目。三是针对自己的弱点或重点，制定一个补充复习计划。如政治课的考试内容加进时事政治方面的知识后会比较宽泛，重点难以掌握，该怎么准备；我的外语本来就学得不很扎实，该怎样通过高考复习得到弥补；再如语文课的重点肯定是作文，该怎样处理语文知识和作文的关系，加强作文练习。

为了实现考上大学的梦想，在1964年上半年的那几个月中，按照上述三个方面的安排，我们的高考复习是十分辛苦的，毕业前的中学生活也是很充实的。那时，我首先是每天紧跟学校复习计划，按老师的要求系统复习、理解、背诵各门科目的知识点和重点内容，其次是利用早自习阅读与背诵弱点和重点，利用2小时的晚自习时间做课后和老师布置的各门课程的复习题，三是每周周末不再回家，增加复习时间和强度。有时则利用2~3个小时的时间和刘承煊、王问明、黄正东、王方明等同学一起到渠县城里转一转，一边散步、交流复习心得，一边聊天放松。有时也下馆子，一起吃上一角钱一碗的四川臊子面，就算是改善生活了。我们大多不熬夜，也没有文化娱乐生活，因为我们都住集体宿舍，晚自习后10：00必须关灯。宿舍里既无电视，也无广播。由于时间抓得比较紧，注重了劳逸结合，还是比较有效果的。到6月中旬，我对各门考试科目的知识点已基本熟悉了。对老师指出的重点、难点也大多了然于胸，甚至也能背下来了。在以应试教育为主，千军万马都过高考这一“独木桥”的条件下，学生升学率的高低主要取决于招生时的学生质量，学校老师的日常教学水平和高考前学校老师提供给学生考试知识点的准确程度这三个条件。这就是我在圆大学梦的奋斗中所面对的客观环境和现实条件。

在正式考试前填写高考志愿时，我也不知所措，记得填过北京大学的哲学系，四川大学的中文系，还有一个什么大学的政治经济学系。对于外语我本没有多少兴趣，但听说西班牙语是冷门，全国只有很少的几十个人学它，所以也想去碰碰运气，报考了北京二外的西班牙语专业。正式的高考是在渠县中学内进行的，没有像我参加初中升学考试那样要步行到几十里外的学校去。6月底高考很快结束，虽然感到有些题目答得不十分圆满，但整体感觉还是比较满意的。

高考结束后，我回到琅琊区花朝门的家中，一边参加生产队的劳动挣点工分，一边帮助父母种那点可怜的自留地，做一些家务，同时也焦急地等待高考的结果。到 8 月 10 日左右，实在有些坐不住了。我按事先与王问明、刘承煊、黄正东等同学的约定，又回到渠县中学去住了几天。我们一边焦急地等待，一边到县城和渠江边上散步、玩耍、交谈。谈得最多的就是谁会考上大学，最先拿到录取通知书。而每个人都大声烦闷地说自己可能考不上，没有什么希望了。可见我们当时的心情是多么焦急与烦躁。还好，2~3 天内，我们都陆续收到了大学录取通知书。我考上了北京第二外国语学院的西语专业。王问明、刘承煊、黄正东等则考进了成都和重庆的大学。当年，渠县中学共有 5 人考进北京。与我同班的杨德奎考进北京化工学院，一班的宁国富、唐瑶琪，张国斌和我一起考进北京第二外国语学院。我们高一（3）班共有 11 人考进大学，升学率为 20%，是当年 4 个毕业班中升学率最高的班级。

当我第一次拿到大学录取通知书时，一颗悬着的心终于落了地。回到家中，当父母和周围的乡邻知道后，都来家中问候与祝贺。那几天父亲、哥嫂和我到琅琊、望溪赶集、也有很多认识的人来祝贺。我当然也很高兴。想到从此可以脱离“面朝黄土背朝天，一年四季不得闲”的艰苦的农村，享受国家商品粮供应的另一样的生活，其心情是复杂的。特别是当初的热闹退去，“鲤鱼跳龙门”的幻觉消失后，我开始陷入了沉思：未来的在北京的大学生活会怎么样呢……

八　难忘师生情谊

韩愈曰：古之学者必有师。师者所以传道、授业、解惑也。我在渠县中学的三年，虽然经济上比较艰苦，但学习上比较扎实，政治上要求进步，思想上比较愉快。这与渠县中学那些道德高尚、学业精进的老师们兢兢业业的传道、授业、解惑是密不可分的。几十年的岁月流逝也没有抹去他们在我心中的印象。

我的班主任刘德华老师是一位正直、严肃、对人诚恳、又善于帮助学生成长的共产党员。他教《社会发展简史》《辩证唯物主义常识》《政治经济学常识》等课程。因为是班主任的课程，我们上课时大多很认真。从他的教学中，让我知道了国家、阶级、人类是怎么回事，学到了辩证唯物主义的知识和看问题的一些方法，了解到马克思理论中的商品原理、价值理论等知识。这对我后来一生的发展都产生了重要影响。他一般一周召开一次学生干部会，检查和布置工作。除重要事情他亲自到班里布置、讲话、动员外，一般事情都让班干部去完成，注重培养他们大胆而独立工作的能力。即使有偏差，他也不随意训人。以开导帮助为主。特别是对学生干部的选拔、任用、推荐、提升或撤换，他从不以个人的好恶，而是以学生干部的用人标准和同学们的意见为主。这在一定程度上，培养了我们独立工作的能力，也使我得到了从班干部到校团委等不同学生干部岗位的锻炼，所以让我至今难忘。

渠县中学专职做学生工作的罗述清老师也给我留下了较深刻的印象。罗老师高高的身体，头发浓黑、高鼻梁、深眼窝。对人和气，说话文雅，我在高中二年级和三年级担任校学生会宣传部长和校团委宣传委员期间，曾经在他的领导下得到关怀和帮助。他和刘德华老师一样，注重培养学生干部的独立工作能力，喜欢放手让大家去做事情。他还十分重视学生干部的团结和模范带头作用，总是利用课余时间召开会议，不影响学生干部的正常学习。这在一定程度上让我们得到了锻炼，所以，他和刘德华老师都是我在县城最高学府时思想政治上的领路人，至今心存感激。

渠县中学的校长冯秋是一个很注重仪容仪表和行为举止，又比较严肃的人。我们与他很少接触，只是开全校大会时听他讲话，所讲内容也早已忘记了。但他在经济环境严峻，学生自带干粮和我们临毕业前政治风浪又起，高呼“阶级斗争”和“无产阶级专政”的政治环境中，没有头脑发胀，始终牢牢抓住“教学”这一中心，将全校1200多人的教学秩序搞得井井有条，使我们能够在良好的校园环境中，安心踏实地完成三年学业。听说后来他还为此受到过“思想右倾”的指责。现在想来，也是十分难能可贵的。另外，在我们高三毕业前后，我曾和他有几次单独接触，才发现他和他的夫人都是很随和，很关心学生成长的。改革开放后，随着教育事业的发展，听说冯秋校长调到达县师范专科学院当了领导。退休后，大概是听到渠县中学的老同学谈起我或从报刊、网络上看到了有关我已成为中国旅游管理科学方面的著名专家，还给我来过信息，并表示自己正在力争成为百岁老人。我感到很欣慰。2011年听说他已过世，活至90多岁的高寿。所以，对他至今也是难以忘却的。

第三章　北京二外与风雨人生（1964 ~ 1972 年）

一　进入北京二外

1964 年 8 月 25 日左右，我怀着对首都北京的崇敬与向往，怀着对大学生活的美好憧憬，带着父母的嘱托和简单的行李，同渠县中学的校友宁国富、张国斌、唐瑶琪一起，先坐汽车到重庆，然后乘三天三夜的火车到达北京车站，在接站老师的陪同下，乘车进入了位于北京市东郊定福庄的北京二外。到校后得知，北京第二外国语学院是当年建立的一所外语类专业性大学。学校当时归教育部和中华人民共和国对外文化联络委员会（简称对外文委）双重领导，与北京外国语学院一起，同为国家外事工作培养专门人才。北京外国语学院以培养专门外交人才为主，二外以培养对外文化交往的专门人才为主。

二外办学之初，开设了英语系、法语系、西阿系、德日系、干训部等 5 个部系，首届招生 500 多人，后逐步扩大，现已发展成以外国语言文学为主体学科，以旅游管理为特色学科，文学、管理学、经济学、法学等多学科门类，研究生、本科生、留学生教育等相结合的综合性大学。进入二外后，我被分在西阿系西语专业 1964 级（5）班。外语专业以小班上课为主，每班 16~20 名学生。从此，我们开始了正式的大学生活。

进入二外后，开初的大学生活还是比较正常的，也是比较愉快的。开学典礼上，学院院长、对外文委党组书记兼副主任李昌，副院长兼党委书记张天恩和翟良超、彭平等副院长均到场。他们介绍了学院成立的背景，筹建情况、办学宗旨、对新生的要求等。我们西阿系当时的系主任兼党总支书记是苏绍增，他是部队团级干部转业。对大学教育，特别是知识分子工作并不熟悉。这在当时“四清”运动已经开始，“无产阶级专政”呼声越来越高，政治统率一切的社会背景下也是很普遍的。副主任楚文彬也是部队转业干部，他工作负责，为人和善。只有一位叫沈澄如的副主任比较熟悉教学工作。当时的大学不设班主任。全系设几名辅导员，负责学生的生活与杂务。当时的课程设置除现代汉语、哲学、政治经济学、体育等公共课程外，专业外语开设有西语口语、语音阅读、西语会话。二年级后增设西语语法与翻译课程等。我们一年级的西语老师主要有克拉拉（Clana）。她原是一名古巴的中学校长。身体肥胖，面部熏黑，两眼明亮有神，说话较快。对人友善，又有点急躁是她的主要特点。她教西班牙语的语音课程，课时量较多。开始教字母和发音，然后自编会话和小课文，但她不会中文，一开始，学生大多听不懂，特别是我们农村中学来的学生都觉得有点儿像听天书，而她大概有点好大喜功，进度又比较快，后来就只喜欢那几个北京、上海来的学生了。这给我们大多数农村来的学生的后来学习带来了不少困难。除克拉拉外朱光明老师是我们的辅导老师，给我们批改、讲评作业。蒋桂良老师教西语阅读，俞德贤老师教翻译。她是北外毕业的高才生，又有较丰富的工作和教学经验，能够流利地现场翻译。特别是对有困难的农村学生很耐心，多给学生回答问题的机会，耐心纠正错误。所以，我们都很尊敬她、崇拜她，也很喜欢她。不幸的是俞德贤教授已于21世纪初因病去世。我为过早地失去了我们的恩师而感到惋惜，也十分怀念。

初进二外时，一般学生都很重视外语。对其他公共课程普遍不是很重视。我却很重视现代汉语、哲学和政治经济学等课程的学习。徐祖武老师教我们现代汉语课程，她中等身材、皮肤白净、面相俊美、两眼有神，对人和气，知识宽广，教学态度认真，对学生的学习十分负责。除课堂讲授外，还要求学生每1 ~ 2周写一篇作文。我对这件事特别认真，总是精心构思，尽力写好，徐老师总是给我5分。有一次大概是写得不够好，她给了我4分。我就主动找她要求重写。重写的作文她又给了5分。教我们政治经济学的老师我已忘记了他的名字，他教学也很认真，讲授的内容加深了我对马克思价值理论的理解，还记得他所举的北京“东来顺”饭庄老板靠卖黄土、开粥铺起家的生动事例。记得这门课程的考试是要学生写一篇论文，我也很认真。老师还将我的论文作为讲评范文之一。这些大学公共课程的学习使我的逻辑思维和语言文字表达能力得到了较好的锻炼和提高。

靠家庭支付学杂生活费用是我自初中以来一直面临的难题，进入北京二外后，这一难题得到了彻底解决。开学初，学校根据国家精英教育制度的有关政策和标准，组织了大学生助学金的申报和评审。记得当时的标准是每人每月伙食费15元，助学金分为15元、12元和8元三个等级，均用于伙食费用补助。家庭特别困难的学生，特别是农村家庭的学生每人每月可再补助2~3.5元的日常生活费用，其余需要的住房、水电、书本、资料印刷等各项开支，学生均不用再交钱。我因家住农村，家庭经济十分困难。学校给我评了个 15+3.5 元的特等助学金。这件事不仅让我的父母摆脱了长期以来为我上学所需的经费发愁的困苦（从此我也再没有向家中要过钱），而且也为我们这些农村家庭贫困的大学生创造了良好的生活与学习条件，不致因为家庭经济困难而失去享受国家大学教育的权利和机会。孔子说："君子喻于义"。人是要讲道义的，而人的思想意识又是由客观现实决定的。在人生最重要的增长知识、增长才干而家庭经济又十分困难的青年时期，由国家出钱资助培养，这怎能不让人终身感激呢？虽然国家是一个抽象的概念，但国家又是需要大家来维护和建设的。所以感激的最好方式就是要努力学习，终生奋斗，用自己的工作业绩为国家建设添砖加瓦，这就是我一生中从未丧失的"一定要用自己的知识、才干和成果来报答国家养育与培养之恩"的思想根源。即使遇到困难、挫折、委屈和不公正对待时，也未动摇过这一信念。

初期的大学生活并不都是一帆风顺的。当那短暂的新鲜感退去，进入现实生活后，长期存在的工农差别、城乡差别、家庭出身与社会地位差别的思想意识也在同学之间、师生之间有所反映。我出生于四川农村的贫困家庭，从小学到中学，从初中到高中，其思想、学习和生活，特别是人际关系都是比较单纯和顺利的，这大概与当时农村学生的纯朴、善良、勤劳、直率等有关。进入二外后，班里和系里的同学和老师来自五湖四海，家庭环境地位、思想意识、生活习惯、个性特点各不相同，相处的难度也随之加大。开学不久，系里推选学生干部，大概是因为高中时的基础较好，我被推选为班里的团支部书记，另一位山东农村的同学当了班长。还有几位城里的同学包括干部子弟组成了班委和团支部。就工作而言，我和在高中时一样努力完成系领导交代的事情，主动和同学相处，但不久就发现同学之间存在不少问题：一是城里的同学有些瞧不起农村的同学，干部子弟有些瞧不起工农子弟，外语基础好、成绩好的有些瞧不起基础较差的，大城市来的有些瞧不起小城市来的。记得刚进大学时我们这些农村来的"土包子"，还是很注意自己的言行举止的，生怕被城里的同学笑话。渐渐发现吃饭、穿衣、走路、洗脚甚至刷牙漱口等都有人来指点或指责，而且大家说的和要求的标准并不一致，出于礼貌又不便于反驳。这常常让我们感到很伤自尊心。二是同学之间存在的矛盾和问题往往难以直接交流。作为学生干部我曾分别找过一些同学征求意见，希望消除误解与隔阂，但除了鸡毛蒜皮的琐事外，几乎说不出具体的内容。我也曾向系领导反映，希望领导做一些消除思想认识差异，强调团结的教育工作。结果也不了了之。三是城里和农村来的同学之间的外语学习存在一定差距，特别是在语音、西班牙语的发音和会话方面，农村来的同学普遍不如城里，特别是北京和沿海城市的孩子，这也使一些城里的同学更瞧不起农村的同学了。这些矛盾和问题的存在，并没有引起有关领导的重视，也没有专门召开学生或学生干部的有关会议来研究解决，到大学二年级上学期时，我们这些农村来的学生干部也都被逐步调整下去了。

上述这些事情在我的人生旅途中是微不足道的。但它却让我明白了这样一个道理：顺利和挫折常常会在人生的旅途中交替出现。只有正确地认识和对待它，才能找准自己的方向。从小学到中学，我的学习、思想和生活都很顺利，可以说是一帆风顺。但进入大学不久，就在外语的学习、学生干部的工作、人际关系等方面遇到了挫折，但我并没有在人生的第一次挫折中败下阵来，而是很快振作起来重新投入到新的学习生活中。所以，挫折是坏事，但只要不气馁和消沉，重新奋斗，它就会变成好事，给人带来希望。这也是我接下来将要讲述的内容。

二　为外交官梦想而苦读

北京第二外国语学院是经周恩来总理提议、邓小平同志做出批示而成立的。办学初期，学校归中华人民共和国对外文化联络委员会主管，其办学宗旨是为国家对外文化交往培养专业干部。当时，一些老师和同学形象地称为对外文化交往联络的外交官。当我们这些首届招收的学生进入二外后，经过入学教育，对这种所谓的外交官大多缺乏感性认识，也不知道具体是干什么的。对国际形势的认识也十分模糊。使我们快速树立了专业思想，培养了职业素质，对文化外交官有所认识，主要是由建校初期发生的两件大事引起的。

二外办学初期，其教学计划、培养目标、教材建设、各项制度建设，教学秩序建设等都处于初创阶段。各系部的主要干部大多刚从部队转业。正式开学后，虽然课堂教学都在正常进行。但整个学校在办学思想、教学内容、学生专业思想、专业素质培养、外语教学的方向和重点等方面都存在不同认识，需要尽快解决。这时，以张天恩为首的院党委做出了一项重要决定：在全院大会上动员师生就怎样办好北京二外提出意见和建议。可以直接给院党委写信，也可以在院党委所在的办公楼贴大字报。提出的原则是“不抓辫子、不打棍子，不戴帽子”，“畅所欲言、百花齐放、百家争鸣”。结果，在全院师生，特别是教职工和干训部学员中引起了巨大反响，很快贴出了1000多张大字报。其中，加强学生专业思想、职业理想教育，请国家领导人做重要形势报告等建议就是在这次活动中提出的。二外建院初期的这件大事，对我们大多数本科学生的日常生活影响不大，也大多是看看大字报，参与议论而已。但很快就对“文革”开始前的近两年的专业学习产生了两个方面的重大影响：一是建议中“加强专业思想、职业理想教育和请国家领导人做形势报告”的落实很快激发了广大学生争当对外文化交往联络“外交官”的学习热情，二是使二外的外语教学很快形成了以“听、说、读、写”为重点的专业教学思路和内容。

在鸣放建议结束后，学校领导研究各种意见和建议，制定新的办学方案时，学校发生了建校初期的第二件大事：院党委请来了国务院副总理兼外交部部长陈毅、教育部部长蒋南翔、对外文委主任楚图南和对外文委党组书记兼副主任、二外院长李昌等党和国家领导人做形势报告，进行专业思想、职业素质教育。这次报告会上，陈毅元帅的对外形势报告，李昌院长的对外文化工作专业干部的工作意义、内容和素质要求，蒋南翔部长的大学形势和对二外专业教育的要求等讲得生动、活泼、形象、具体，对广大师生，特别是对我们这些刚进大学不久的学生产生了强烈而巨大的影响，使我们明确了今后从事外事工作的重要意义、工作方向、工作内容及学好外语的重要作用。极大地鼓舞和激发了学生的学习热情，对我们正确树立专业思想，培养职业素质起到了巨大的推动作用。报告会议结束后，很快在全院掀起了努力学好外语专业的学习热潮，同时也很快激起了我为争当对外文化交往“外交官”而苦读的热情、勇气、信心和实际行动。

进入北京二外的初期，由于农村中学的外语教学基础比较薄弱，边远农村地方方言和口音的影响，加之初期学习方法的不适应，我的西班牙语专业很不理想，学习兴趣也不强。所以，学习成绩相对较差。形势报告后，我很快调整了心态，树立了坚强的信心和艰苦奋斗的决心。从六个方面开始了为“外交官”梦想而苦读的实际行动：一是调整了学习时间，除课堂认真听讲，积极配合老师多说多练外，每天早上5：30左右起床，晚自习后再自动延长一段时间，认真阅读、理解、练习西班牙语，提高学习兴趣。二是狠抓听力练习。除课堂认真听讲外，我总是在自习和课余时间充分利用班里的录音机，反复听课文和讲义的录音，并采用自读、自录、自听的办法来提高听力。有时，一篇课文要常常听 3~4 次，直到听懂听会为止。三是培养会话能力，主要是在课堂上改变刚入学时不敢开口，怕同学、老师笑话的心理，积极争取发言，课后则主动找同学练习西语会话，先以西语会话的课堂练习内容为主，后来则逐步在同学的交往中争取多用外语交流。四是加强阅读练习。重点是以老师要求的阅读课文为主，反复阅读，直到读熟，甚至能够背诵为止，使阅读能力有了较大提高。五是练习书写能力。主要采用边阅读，边拼写的办法。一段课文，一篇会话和阅读材料，常常反复拼写多次，力争单词、前置词、语气词等少出错、不出错。六是进入二年级后，在提高听说读写能力的基础上，加强语法和翻译练习。大概是我的汉语基础较好，经过听、说、读、写练习，我也能够较准确地翻译一些课文和简单材料。用词造句也比较通顺和准确了。

在党和国家领导人报告精神的鼓舞下，经过一年多的艰苦奋斗和刻苦学习，我的外语学习成绩又有了较大提高，基本上达到了班里中间偏上的水平。不幸的是我的为争当对外文化交流“外交官”而苦读的计划和行动，只延续了不到一年半左右的时间。到 1966 年 5~6 月间，史无前例的“文化大革命”就开始了。学生停课闹革命，我的外语学习计划也就泡汤了。不仅外语专业尚未达到“过关”的程度，而且争当对外文化交流“外交官”的理想也真的成了“梦想”。但平心而论，这种不怕挫折、不怕失败、敢于奋斗，艰苦努力的精神对我后来人生的形成还是很有作用的。大学生活结束后，我虽然无缘从事西班牙语的专业工作，也没有当上对外文化交往的“外交官”，但我后来从事旅游教育和科研工作后，到 1987 年在破格晋升为副教授时的外语考试中，还独立完成了一篇西班牙语的翻译考试文章，取得了 80 多分的成绩。这大概也是我那时“为成为外交官而苦读”后，又在 10 多年无缘接触外语情况下的意外收获吧。

三　“文革”中的风雨人生

我在 20 多岁时，曾经写过一篇《随笔》，抒发青年时代的感悟。其中，有这样一段文字：“年青的一代，当他们进入社会的时候，就要遇到历史早已给他们准备好了的一定的现存条件。只有当他们正确认识了这些条件，并懂得和善于去改变这些条件时，他们的生活才有意义，他们的活动才会对历史的发展有一定价值。”事实上，20世纪60年代的大学生，社会为他们准备的一定的现实条件就是毛泽东“以阶级斗争为纲”的无穷的政治运动，就是用强大的政治宣传所形成的对毛泽东的个人崇拜。“无产阶级文化大革命”就是在这种个人崇拜的思想指导下所形成的一场政治灾难。凡是经历过这场运动的年轻人，大多是很难逃脱的。我作为20世纪60年代的大学生，也和当时大多数年轻人一样，参与了这场运动，但并没有正确认识这场运动，也不可能懂得和善于去改变当时存在的那种所谓的现实条件。

从20世纪50年代开始，我们都是在共产党、毛泽东思想的正统教育下成长起来的。毛泽东主席作为一代历史伟人，在中国革命和新中国的建立及其初期建设中是有伟大功绩的。长期的正统教育、朴素的阶级感情，较长时期的学生干部经历，使我比较自然地关心政治和国家大事。1966年上半年，当我正在为争当对外文化交往的“外交官”而苦读时，人民日报发表了姚文元的《评新编历史剧“海瑞罢官”》，接着，各种评论、批判海瑞罢官和“三家村”（邓拓、吴晗、廖沫沙）的文章铺天盖地而来。开始，我对这些文章的内容并不了解，只是茶余饭后和个别同学简单议论一下，感到震惊而已。到中共中央《关于进行无产阶级“文化大革命”的决定》（即所谓“五一六”通知）和北京大学聂元梓的《炮打司令部》的大字报公开发表，大学派工作组，停课闹革命，我也开始被裹挟到这场史无前例的“文化大革命”中去了。

人物传记和回忆录的首要条件是真实。仔细回忆我从1966年6月到1968年10月大学毕业的2年多时间内参与的初期“文化大革命”的经历，基本上是一个以朴素的阶级感情为基础，对国家社会主义前途和命运的担忧，对毛泽东主席及其思想、号召的无限崇拜和信任而盲目地跟随、参与的过程。停课闹革命的前夕，我一方面还在继续我的外语苦读，认真上课，完成作业，坚持西班牙语听、说、读、写的练习。而同时，《人民日报》《解放军报》《红旗杂志》《光明日报》《文汇报》等各种报纸杂志和广播以批判《海瑞罢官》《三家村札记》，批判新中国成立后的教育路线、文艺路线为中心的批判文章已经铺天盖地、势不可当。面对这种形势，作为一个长期接受正统教育、关心国家前途和命运的大学生，要想完全置身事外是不可能的，当然也没有高瞻远瞩，看清形势和方向的能力。于是我开始利用课余时间走进二外阅览室，仔细阅读这些社论、文章，梳理各种观点，发现文章、社论都是从两个阶级、两条道路、两条路线的高度来进行批判的。中心是要维护毛泽东主席的权威，坚持所谓的社会主义方向。我对这些文章所批判的人物、事实、观点大多都不了解。所以，也没有完全盲从，只是感到震惊、新奇，作为关心“文化大革命”形势的课外阅读而已。

毛泽东主席批转的北京大学聂元梓的大字报公开发表后，“停课闹革命”开始了。北京各个高等学校掀起了抓“走资本主义道路的当权派”为中心的极左运动，刘少奇、邓小平、陶铸等党和国家领导人也成了党内最大的走资派，遭到无情批判，北京各个高校的党委书记、院长也都成为走资本主义道路的当权派而遭到批斗。红卫兵运动也开始兴起，并很快发展到全国各地。这时，工作组已进入各个高等院校，二外内部贴出了炮打院党委、反对院党委的所谓错误路线的大字报，党委书记、主持二外工作的副院长张天恩、翟良超等院系领导也成了大大小小的走资派而遭到了批判。我对这些院系领导的所谓走资本主义道路的错误和行为没有什么感性认识。开始感到吃惊，继而感觉不对，因此成了站在院系领导和工作组一边的保皇派。但随着运动的深入，大字报越来越多，各种批斗会不断召开，部分院领导在强大政治压力下也承认了自己贯彻了所谓十七年（1950~1966）的资产阶级教育路线，走了资本主义道路。这时，我才感觉到既然党中央毛主席都说了 17 年的整个教育路线，都是走资本主义道路的错误路线，一些院领导都已承认自己贯彻了错误路线，走了资本主义道路，那么，大学的各级领导也就必然是贯彻这种错误路线的执行人。所以，在两派意见的争论中，我改变了看法。这时，工作组的人要我坚守立场，顶住而不要改变立场。于是我写了一篇《我顶不住了》的大字报，表明了自己要反对院党委错误路线的立场。大概是这张大字报的标题很新颖，虽然只有短短的一张多纸，还曾在二外初期的“文化大革命”中引起了很大轰动。连续几天都有不少人围观。记得当年 7 月 24 日周恩来总理到二外视察“文化大革命”时，还较注意地站在那儿，看了几分钟这张大字报。在接下来的批判工作组和院党委的所谓错误路线的运动中，我实在没有什么作为，除针对“文革”初期的工作组写过一篇《步步为营、且战且退》的大字报，指出当时的工作组从维护院党委的错误路线到承认犯了阻碍“文化大革命”的错误行为外，就只是随大溜看看大字报了。

“文革”初期二外的工作组撤走后，全国的红卫兵大串联已经兴起。毛泽东、周恩来、林彪等当时的党和国家领导人以党中央、国务院和中央军委的名义，组织了多次在天安门广场接见全国红卫兵的盛大活动。那时，我还是个逍遥派，除随大溜参加过 1966 年毛泽东第一次在天安门接见红卫兵的活动外，基本上处于整天无所事事的状态，看看大字报，与同学一起聊天、打扑克牌成了当时的日常生活。

为了响应毛泽东主席支持红卫兵大串联，到工农兵中去经风雨、见世面的号召，从 1966 年 8 月到 1967 年 4 月，我外出参加了两次大串联。第一次是和校友宁国富、唐瑶琪等一起。本来计划的路线是北京—武汉—长沙—广州—上海—济南—北京。由于宁国富和我都较长时期地担任学生干部，对国家大事是比较关心的。所以，一到武汉，唐瑶琪等同学就和我们分开了。我和宁国富则在武汉参加“文化大革命”。这时，北京大学、清华大学、人民大学、北京师范大学等高校很多学生都到了武汉。实际上红卫兵大串联的运动已经使全国的大中城市都陷入了一个十分混乱的局面。到处都在抓走资派，武汉也掀起了批判湖北省委书记张体学为首的走资派的运动，也有不少人是保张体学的，形成了两派严重的对立。北京到武汉串联的学生大多是支持当地造反派的。我和宁国富在参加当地开展的“文化大革命”中，大致做了四件事：一是和全国各地到武汉的同学交谈，了解各校所谓“文化大革命”的情况。二是通过看大字报，与湖北大学及当地一些学校的同学交谈，了解武汉“文化大革命”的一些情况、两派斗争的形势。三是参加当地的“文化大革命”。所谓参加，也就是围观、倾听当地的两派辩论，参加他们组织的会议、游行，喊喊口号而已，表示支持当地的造反派。四是向当地一些学校的同学介绍北京开展“文化大革命”的情况，包括毛泽东主席接见红卫兵的盛况等。我们在武汉所参与的这些活动，既无固定的联系人员，也无一定的活动计划，纯粹是乱串漫游。而当时还把它当作是响应毛主席的号召，经风雨、见世面，支持“文化大革命”的所谓革命激情和实际行动。现在想来，实在是很无聊的事情。至于所经历的具体的人和事，也都随着岁月的流逝淡忘了。我们在武汉的串联大致经历了 1 个多月到 1966 年 11 月前后回到了二外。

回到二外的生活仍然是无所事事的。学校早已不上课。我虽然在到武汉的串联中戴上了红卫兵的袖标，冒充了一回红卫兵，但实际上没有加入任何红卫兵组织。这时，二外的两大红卫兵组织，即二外红卫兵团和二外首都红卫兵团早已成立。我们西阿系的杨发金、黄士杰、吴文华等几个同学还成立了一个“国际红卫兵”组织，大概共有十几个人参加。我因为平时和他们的交往较好，相互之间也比较谈得来。又不愿参加二外红卫兵，于是就加入了他们的“国际红卫兵”。加入这个红卫兵组织后，也基本上没有什么活动。只是在有新的所谓最高指示、重要社论发表后，一起读读报，议论一下了事。其余时间睡懒觉、打扑克牌、看看大字报或闲书而已，基本上仍然是无所事事地打发日子。

1967 年春节刚过，我们四川渠县中学的老同学董述宇、秦弟章等人到北京串联。董述宇是我高中时的好朋友，他们邀请我们回渠县参加运动。于是，我又和宁国富一起进行第二次串联。这次串联，我们的主要活动地点一是我们的母校渠县中学，二是重庆市的重庆大学。在渠县中学待了 20 天左右。其主要活动：一是向渠县中学的同学介绍北京“文化大革命”的情况；二是参加组织的一些会议活动，主要是一起学习和讨论；三是参加学校和县城的一些辩论，了解当地开展“文化大革命”的情况。但在批判学校校长冯秋为首的所谓走资派的问题上，由于宁国富、董述宇和我等人都曾经是渠县中学的学生会和校团委的学生干部，所以，没有什么热情，更没有什么实际的内容和行动，也就草草收兵了。

离开渠县中学，我回到渠县琅琊乡花朝门的老家看望了我的家人。这时，我母亲已于 1965 年过世。因家庭贫困，父亲又怕耽误我的学业。母亲过世后，丧事办完已过了快 20 天，我才收到她老人家过世的信函。父亲劝我不用回家了。母亲一生辛苦操劳，养育了我这个不肖的儿子，不仅因我尚未工作，未能报答她的养育之恩。甚至她过世也未能回家看望，听听她老人家的临终嘱托。只好在二外的学生宿舍伤心落泪。现在想起，始终感到遗憾。回到家中，我到母亲的坟前悼念，十分悲痛。父亲身体还好，住在二哥家中，但已苍老了很多。看到他最小的儿子回来，也十分高兴。说到“文化大革命”，父亲还再三嘱托，说“现在外面的世道很乱，一定要多加小心，注意安全”。这也验证了“儿行千里父母忧”的那句老话。在家住了几天后，我就告别了父亲和家人，按事先与宁国富约好的时间，先乘车到南充，再到重庆参加“文化大革命”。

到达重庆后，我们住在重庆大学。当时，重庆的运动主要是批判重庆市委所谓最大的走资派。群众则分成 8・15 红卫兵和山城红卫兵两大派。双方阵容都很强大，斗争很激烈，整个学校和以解放碑为中心的市区到处都在辩论游行，高呼口号。已经开始发生一些小规模的武斗了。我和宁国富虽然也和当地同学一起，支持造反派参加这些活动，但基本上只是随大溜，敲边鼓而已，同样没有固定的联系人，也没有参加运动的计划和日程安排。到 1967 年的 4 月中旬左右我们又回到了北京。这就是我在“文化大革命”中的第二次串联。

回校后，从 1967 年 4 月到 1968 年 10 月的一年半左右的时间，我一直在二外参加“文化大革命”。所谓参加；先是因同学之间的兴趣感情和观点，参加了二外首都红卫兵团。后来在首都兵团内组织了一个所谓的“横空出世”战斗队,主要是开展所谓的大批判和打派仗。其实大多数时间是无所事事,睡懒觉，看书，打扑克牌。到 1967 年 5~6 月和年底前后，首都红卫兵团的大头头张广武因犯了极严重的政治错误被开除。高占明要准备回原单位对外文委。这时首都兵团将我吸收到总部。主要任务是随中国人民解放军进校开展大联合，派我代表首都红军兵团与二外红卫兵团开展联合谈判。在军训团领导下，到 1968 年 4 月，成立了北京二外大联合筹备委员会。我成了“大筹委”中首都红卫兵团的代表。到 8 月，以“大筹委”为基础，在军训团的领导下，成立了北京第二外国语学院革命委员会。我也成了革委会的副主任。这就是我在这一年半左右参加二外文化大革命最简单的经历。到当年 10 月，我们 1964 级的大学生就离开学校，被送到天津南郊小站农场去接受中国人民解放军的再教育。

四　并不完整的大学学历

从 1964 年 9 月到 1968 年 10 月，我们的大学生活结束了，从正常教学计划、内容和学习时间来看，它并不具备完整的大学学历。如果从正反两方面学到的知识、经验、教训，特别是观察问题、分析问题和解决问题能力的角度看,和现在具有完整大学学历的毕业生比较虽然大不相同，但却是有过之无不及的，当然具体情况因人而异。就我在二外 4 年的大学经历而言，所谓并不完整的大学学历，大致包括三方面的内容，略做补充回忆与说明。

专业教育的大项安排和在校时间是基本完整的。大学教育的大项安排主要包括基础课程、专业课程和实践课程、毕业设计或毕业论文等 4 个大项，在校时间多为 4~5 年。我们在二外期间的基础课程，包括当时的哲学、政治经济学等是基本学完了的，专业课程以西班牙语为主。那时，每周 6 天上课，有时周六下午也要上 2 节课。与现在每周 5 天上课比较，一年的实际课时量已多出了 230~240 学时。在二外的头 2 年，专业课时量很大，每周达到 20~24 节，外教亲自上课的时间平均在 40%~45%，第 2 年已经开设翻译课程。实践课程现在的大学大多安排一个学期，以专业实习为主。我们那时当然没有专业实习，但参加了 2 年的“文化大革命”，如果从另一个角度来看，它已是最好的实践课程了，因为它让当时的学生从正反两个方面受到了最好的教育，得到了锻炼，从错误中吸取了经验。虽然最后没有写毕业论文，但也在学校待了 4 年，所以我说，我们在大学期间的专业教育的大项安排和在校时间是基本完整的。所谓基本，就是还有缺项。

大学生专业教育的上课时间和基本内容按大学学历的要求是并不完整的，这里存在三个缺项。一是因参加“文化大革命”，只有 2 年时间正规地接受基础课和专业课教育，因而专业课的内容和时间必然缺项。二是参加的 2 年“文化大革命”虽然是最好的社会实践，但并不属于专业实习的范围。三是 1968 年离开二外前，学校并没有，也不可能组织我们写毕业论文。所以，没有毕业论文也是一个缺项。正因为如此，并不完整的大学学历也是符合实际情况的。我们的大学毕业证书也是 1975 年前后补发的。当然，如果抛开两派之间的派性斗争，就论文写作的能力和水平而言，我在 1967 年 ~1968 年初所写的产生巨大反响的几篇长篇大字报，实际上已经达到了研究生的水平。

从对大学生的实际能力培养与锻炼效果的角度来看，我们又是完全达到，甚至超越大学毕业生的程度的，当然这方面的具体情况要因人而异。就我个人在二外大学 4 年，包括参加“文化大革命”2 年的情况而言，它让我从正反两个方面增长了知识、能力，也吸取了深刻教训。就其能力而言，主要是让我的学习能力，观察问题、迅速抓住事物的本质和核心方面的能力，深刻性、敏感性的思维能力以及文字写作与口头表达能力等方面都得了很大的锻炼和提高。就其教训而言，最大的教训是要学会稳重，但绝不气馁，要有在哪里跌倒就在哪里爬起，敢于重新奋斗的精神和意志。要始终有一颗热爱祖国、关心党的事业，用自己的事业和成果来报答学习期间国家对我们的养育之恩的火热的心。这就是我从并不完整的大学学历中得到的经验、能力和教训。但它在当时还不能得到发挥，接下来又经历了一个漫长、艰难和十分痛苦的过程，直到党的十一届三中全会，特别是改革开放后，我有机会从事大学旅游专业教育和科研工作。个人在大学期间从正反两个方面所学到的知识，积累的能力才得到比较充分的发挥，为党和国家做出了一些必要的贡献。当然，这也是我们那一代的大学生无法逃脱的命运。是毛泽东所发动的“无产阶级文化大革命”的历史为我们所准备的一定的现存条件。

五 4702部队的五好战士

年青的一代在人生的道路上最易遇到的三大难关：一是歧途；二是气馁；三是被命运所击中。只有正确对待，即刻醒悟，才能重新振作起来。误入歧途，不能反省，遇到挫折，萎靡不振，稍碰困难，灰心丧气，是人生最大的不幸，是绝对干不好事情的。

1968年10月，按照上级安排，我和二外1964级的大学毕业生来到天津南郊八一农场，接受中国人民解放军的再教育。学生男女分开，按解放军的连排编队。英语专业和西班牙语专业编入4701部队的3连，我被编入了3排4班。法语、日语、德语和阿拉伯语专业的学生编入4703部队，女生单独编队，连长和排长都是解放军的基层干部，班长则由学生担任。“文革”期间，我所在的西班牙语5班的同学，大概是因派性斗争十分激烈，二外红卫兵最著名的骨干团队——七·二四师的主要成员王福学、文永然、宋心德等人和首都红卫兵团最著名的骨干团队“横空出世”的主要负责人都是5班的同学，所以我从在校时的5班被分到了部队3连3排的4班，班长是钟兴耀。这时，我成了最普通的接受再教育的学员了。这对我来说，政治上又一次回到了原点。当然也是被命运所击中的一次不小的挫折，但我并没有气馁和消沉，而是勇敢地迎接青年时期的人生的一次转折。

天津南郊小站地区离天津市有70多公里，是一个地处偏僻、人烟稀少、土地肥沃，以种小站稻为主的地方，也是段祺瑞、曹锟、袁世凯等军阀曾经垦荒屯兵的地方。到达部队后，我们所住的房屋全部都是部队自建的低矮、简陋的土坯房。每班一间，10多人都住在两排对称，中间只能走一个人的大土坑上。每天的吃、住、开会、学习都在土坑上。出门都是烂泥土路。除连队学生外，四周几乎看不见人烟，全是稻田、水塘。各个连队之间的距离在3公里以上。部队规定，接受再教育期间，任何人不许离开连队，也不许到其他连队互相探望、串联，更不许家在北京、天津等较近的同学回家探亲。学生伙食需要的蔬菜、肉食是连队司务长和炊事班负责到几十里以外的军粮城采购。日常生活需要的毛巾、牙具、香烟和糖果由连队小卖部从近十里以外的团部批发来销售。我们

4 班的王玉西同学除参加连队的正常集体活动外，业余负责小卖部的业务经营。这就是我们到达农场后的生活环境和居住条件。它比我在四川老家农村还要艰苦得多。

在天津南郊 4702 部队最初的日子里，虽然生活条件十分艰苦，政治上又遇到比较严重的挫折，但我仍然怀着极大的政治热情接受解放军的再教育。这一时期，两派派性斗争的观念也逐步从思想意识中淡出。我总是集中精力参加军事训练和政治学习，当时的军事训练是极其严格的。每天早上 6：00 起床出早操。早饭后，上下午有时政治学习，有时军事训练，有时安排翻整田地，准备来年的水稻育种和插秧。军事训练的科目开始是立正、稍息、走步、跑步、队形训练等，后来增加了紧急集合、长途拉练、射击训练、参加部队演习等。要求都十分严格，稍有一些问题，都会受到批评。完全按照野战军的新兵来训练。我是怀着极大的热情，作为响应毛泽东主席的号召来对待这件事情的，所以表现非常积极。每次集合、训练、拉练、演习等都能冲在前面。无论是三九天或三伏天，每次训练完毕，都是大汗淋漓，也没有任何牢骚和怨言，还会在政治学习中积极发言讲出自己参加军事训练的感想、体会和个人思想的变化。所以，没有过多久，引起了我们三排的解放军排长的注意。主动找我谈话，鼓励我的进步和思想转变。当时的政治学习和军事训练穿插进行。一般晚上要安排 1~2 个小时的学习和讨论。开始的学习以毛主席著作和斗私批修为主，没过多久，又和学习雷锋做好事、争当五好战士结合起来。所谓五好战士的标准是思想政治好、军事训练好、政治学习好、劳动表现好、卫生内务（即床铺用品整理、个人生活卫生等）好。这些都要以实际表现为客观依据，绝不以听汇报、拍马屁为标准。解放军的这种实事求是的优良传统对我的思想触动很大，与我在二外和后来在北京联大旅游学院所接触的一些地方上的干部有天壤之别。所以，至今让我印象深刻、终生难忘。特别是我们当时的排长宋金诚，一个谦虚、稳健、少言寡语的优秀共产党员。在坚持实事求是的这一点上表现非常突出。我们大家都十分信任、喜欢和尊重他。正因为如此，除军事训练外，在连队开展的种水稻、学习雷锋做好事和争当五好战士的活动中，我都表现得很积极。我本身是农民出身，在家也参加过农业劳动。所以，我在整理田地、挖沟排水、育种插秧、收割水稻等各种劳动中，都表现突出，效率高，还主动帮助其他同学。每次劳动结束，都帮助班长做好收尾工作。在学习雷锋做好事的活动中，我总是和班里的王玉西等同学一起，帮助整理内务、卫生，到炊事班帮厨，表现十分积极。至于政治学习，我在二外的“文化革命”中，曾经系统地阅读过四卷《毛泽东选集》和毛泽东主席的内部讲话。所以，每次学习我都积极参加、发言，争当毛泽东思想学习的积极分子，还代表我们班写过几篇较长的学习毛泽东思想的文章和发言稿，在连里组织的会议上宣讲学习心得体会，受到连长、指导员和排长宋金诚同志的表扬。所以，到1969年底，在部队组织的评选“五好战士”的活动中，我也被评为全连的五好战士，还得了证书和奖状。

到1969年底至1970年初，随着生产劳动的时间稳定，政治学习和军事训练的相对减少，我们想到接受再教育的时间肯定不会无限延长，我们总是要出去工作的。这时，我和班里的杨发金、王玉西等同学开始考虑未来的出路，感到必须加强学习，以便今后参加工作能够做出一些事情。所以，我们除参加连队正常的各种训练、劳动和政治学习外，开始利用一切空余时间学习一些书本知识。这时，我们想尽一切办法搞来了一些政治、历史和人物介绍的书籍。如《马克思的青年时代》、黑格尔的书籍和传记、文艺复兴时期的一些名人介绍、介绍毛泽东的《西行漫记》等。开始我们如饥似渴地阅读、摘抄。因晚上10点必须关灯睡觉，我们就打着手电筒在被窝里面学习到12：00以后。那时我们4班的同学是比较包容的，既不制止我们，也不向连里汇报。杨发金和我还利用饭后和晚上散步的时间，相互交流学习的体会和心得。这时，我们的学习再也不停留在书本知识上了，慢慢地总是将书本上的人物、他们的行为和人生的道路结合起来，探讨年轻人应该怎样度过自己的一生，应该怎样充分利用时间，怎样去奋斗。杨发金还把我们之间讨论的问题写成了文章，让我们阅读。其中，有两篇文章虽然现在看来并不一定完美，但都写得很深刻，对我的思想意识甚至世界观的形成产生了终身的影响。大概是因为那一时期的思想影响，又有了改革开放后的人生的机遇。杨发金同学后来经过努力，调到外交部，从中国古巴大使馆的三等秘书开始做起，当上了我国驻外领事馆和大使馆的馆长和大使，成了国家外交官。我也成了大学教授和中国旅游管理科学的开拓者和奠基人。这里，我将当时文章的个别句子摘录出来，作为我军旅生涯时期思想变化的佐证。在一篇长约一万字左右的名为《奋斗》的文章中，有这样一些句子：

“就在这个清朗高远的蓝天下、美丽宽阔的大地上，生活着伟大的人类。

“一旦人们来到这个世界，社会就在他的面前树起一个巨大的问号：你怎样度过自己的一生？

“人类历史的发展分为几个社会阶段，每一个阶段都有自己的标准。社会用自己的标准教育、培养、吸引、安排人们的一生，考察人们忠诚的程度，衡量人们的生命价值。社会用自己的最大力量封锁、堵塞、打击人们向标准的相反方向起程和发展。有史以来，绝大多数人都接受了社会安排，只有少数人踏上了奋斗的征程。他们走得最高、最远，他们高耸在人类历史之上。

“在人生的道路上，我主张奋斗。古今中外的伟大事业无一不是奋斗得来，沿着奋斗的道路前进，常常到达天才的顶峰。古今中外伟大人物的一生无一不是奋斗的一生。我们要选择远大的目标，踏上奋斗的征程，把兴趣和生命引向那里，我们决不放弃自己的远大目标，要把它变成活的东西，让它奔走全世界。

“到达目标要克服阻力，历史上没有不克服阻力而到达目标的……艰苦使怯懦的人抬不起头来，但使敢于奋斗的人生闪射出战斗的火花。鸡舍里练不出雄鹰、猪圈里跑不出骏马。我们无论如何要奋斗、要争取，要像鹰一样往峭壁上飞，要像马一样在草原上跑。只要奋斗就可以达到光辉的顶点。历史就会给我们安排一个位置。

“我们不要羡慕那些名垂千古的名誉，要羡慕那些名垂千古的事业。名誉并不能给人以智慧，更不能给人们以实际利益。唯有事业才能让人类富裕起来。不要让别人念颂我们的名字，要让别人享受我们的劳动。享受我们的劳动比念颂我们的名字要幸福千百倍。

“我们要用奋斗的武器向社会的需要勇猛地冲锋，建立起谦虚的星星一样的事业。把自己的一切以物质的方式和精神的方式还给人民。那么，人生的道路上何只鲜花和笑语，我们的生命将和天地共长存，与日月同光辉。

“如果我们到达了日夜向往的远大目标，当我们闭上眼睛，呼出最后一口气的时候，我们就可以微笑着，满意地离开繁闹的人间。”

在一篇论述青年人该怎样珍惜时间的名为《过去、现在和将来》的短文中，有这样一些句子：

“过去是现在变成的，现在是将来的过去。将来是无止境的，随着时间的推移，将来部分的变成现在，变成过去。将来不是空的，它包含着现在和过去。

“见了上帝的人是没有现在和将来的。他只有过去，只有历史。活着的人有现在和将来。过去一去不复返，过去的时间延伸到人生的边缘，一个人也就见了上帝，他即失去了现在和将来，一切属于过去。

“过去属于历史，将来是自己的。一个人的将来不是没有止境的。现在是不稳固的，它有两重性，你抓住它就属于自己，不抓它就属于历史。它比将来的属性更迫切。稍纵即逝、不可犹豫，犹豫是时间的盗贼。过去的属性是最固定的，什么力量也不能改变它。

“现在最重要，它即将成为过去，又会给将来打下基础。现在的好坏决定着过去的意义和将来的价值。一刻也不放松，紧紧抓住现在，则肯定有光明的将来。到了将来的时候，现在就成了过去，而过去就不是没有意义的了。两手紧紧抓住现在，两眼死死盯住将来，脑子里常常翻习过去，从而作为决定现在言论与行动的借鉴，寻求通往光明的将来的道路，那么，他就是有希望的。

“感叹过去，放松现在而单寄希望于将来，他什么也没有。对于那些庸俗无聊的瞎混日子的人，现在和将来都是一片黑暗。他们永远属于过去，永远属于历史！”

上述这些充满思想火花的语言和精神实质，对我那时的思想和后来的行为产生了深刻和长期的影响，使我十分崇敬各种艰苦奋斗、至死不屈的英雄人物。记得结合读史书，还填了一首词颂扬孙膑和司马迁。也让我逐步走上了人生的奋斗征程。其词为：

浪淘沙令

孙司两残翁，忍辱负重。
一遭膑刑一受宫。
倘使当时志不坚，老死穷通。

雄才加胆识，风虎云龙。
文韬武略有奇功。
英雄美名千代传，谁与争功。

六　再回二外的风雨简历与第二次分配

当我在天津南郊 4702 部队接受再教育，于 1969 年底被评为货真价实的五好战士不久。根据正式文件，全国开展了一场清查“五一六”反革命集团的运动。我们所在连队的运动是1970年春节刚过开始的。运动开始后不到一个星期，我就被专案组原五班的同班同学认定为参加了“五一六”组织，是“五一六”反革命组织的骨干分子，逼迫我承认和隔离交代自己的罪行。我致死不承认。经过8个多月的审查和批斗，到当年10月，二外1964级的同学就算正式毕业，分配工作了。我和黄向铨、齐明山、杜福祥等人因不承认参加五一六组织。问题不清，被押送到北京二外在河南明港办的五·七干校，继续审查。这样，我们又回到了二外。

到河南明港后，我分到干校五连五班。又经过1年左右的审查批判。我仍然不承认与事实完全不符的参加“五一六”组织及其所谓的反革命罪行。到1971年底，河南明港的二外干校撤销，搬到天津南郊茶店大港农场。于是我又被押送到天津茶店大港农场，继续接受审查。这以后，主要是接受劳动改造。到1972年7~8月，二外在天津茶店大港农场的干校撤销。于是我又回到了二外在北京的校本部。

回到二外后，1965级的学生已进入毕业前的结束和毕业鉴定阶段。这时，我也已无心回西阿系去上西班牙语的课程。每天睡懒觉，和二外首都兵团的教职工聊天，打牌，无所事事。到1972年10~11月，西阿系对我的问题做出了政治鉴定。说我参加了“五一六”组织，是“五一六”组织的骨干分子，犯了严重政治错误，给予记过处分。因结论与事实不符。虽多次要我签字认可，我也坚决反对不签字认可。到12月底我就带着大量不实的运动档案材料，被分配到当时的北京市崇文区教育局报到。随即就到了175中学，算是随下一届学生一起，第二次分配参加了工作。

从1970年10月到1972年12月回到二处的日子。我因运动受审与二外不少教职工有所接触。他们中一些人的正义感、同情心和实事求是的精神，给我留下了深刻印象。简单回忆记述，是感到很欣慰的。

刘兰英老师——“文革”前的北大研究生，二外最早的正教授，“童怀周”的骨干成员。当我在河南明港干校全院大会上被批斗的那天，会后一起回五连。路上她塞给我2个熟鸡蛋。要我“不要往心里去，注意身体”，“不实的事情不用承认，最后是会搞清楚的。人生的路很长……”她的这种大无畏、不怕牵连、坚持正义的精神至今让我怀念、终生难忘。

雷文处长——审查我的组长。当认真听完我诚恳的交代后，很快就判断出其真实可靠的程度。从此不再穷追猛打，而是应付专案组。在一个宿舍住时还鼓励我说："小蔡啊，你这个人有坚强意志、脑子也灵活。犯了点错误，实事求是地认识和改正就好了。今后很可能是会有作为的……"。在当时的那种条件下，他能对我说那样的话，我至今感到难忘。

彭平副院长——在明港时我常常去帮他畏马，和他聊天。他总是鼓励我说："要想得开，看得远一些。青年学生犯了点小错误，没有什么了不起。认识了改正了就好了。今后的路还长着呢！"在最困难、绝望的时候我从他的话中感到了希望，得到了温暖。到 1979 年我调工作的时候，他还为我的工作调动向联大旅游学院当时的院长李越然写了推荐信，也让我终生难忘。

王辉先生——二外政工干部。在明港干校我被剥夺一切政治权利而隔离审查期间，尽管他的处境也很困难，但他利用上厕所的机会悄悄向我透露一些学校和社会上的消息，包括林彪被摔死在蒙古温都尔汗的消息等。在天津农场，也常向我们传递一些二外运动的进展消息。到 1975 年左右，他担任了二外人事处处长，有关我们"五一六"问题个人档案中不实材料的处理，也是他负责的。至今使我难以忘怀。总之，回到二外的日子，并不都是完全黑暗、残酷，没有人性的，还是有正义、同情、鼓励、关爱等光明的一面。

第二篇

盛世碧云天　逢时凌云飞

（1975～2003年）

咬　定　青　山　不　放　松，

立　根　原　在　破　岩　中。

千　磨　万　击　还　坚　劲，

任　尔　东　南　西　北　风。

竹、兰、梅、菊并称“四君子”。清代著名书画家，文学家郑板桥为其画作所做的《竹石》高度赞扬了竹石的坚定立场、坚韧不屈、屹立不倒的高贵品质。抒发了诗人的高尚情怀。作者出身贫寒，幼时经历过死亡的召唤，“文化大革命”中又遭遇冤假错案，被打成了“五一六”反革命骨干分子。确有些“立根原在破岩中”的情形。但其自身所具有的热爱党和国家，坚持党的方针政策，一心要用自己的实际成果来报答党和国家养育之恩的那种“咬定青山不放松”的坚强意志，终于在得到工作机会，特别是在改革开放的大好形势和“盛世碧云天”的大好环境中，能够以“实干兴邦”的精神，刻苦学习，潜心钻研业务，即使在正教职称申报过程中又遭到长达 10 多年的压制、打击和迫害，也仍然坚贞不屈，艰苦奋斗，终于成为比较著名的“中国旅游管理科学的开拓者和奠基人”，为中国旅游教育和旅游管理科学的发展做出了突出贡献，所以，郑板桥的诗句在一定程度上也是作者一生主要的事业追求、艰苦奋斗、忠贞报国的精神写照。

第四章　人类灵魂的工程师（1972~1980 年）

一　普通中学的西语教员

1972 年 12 月，我带着大量不实的清查“五一六”的档案材料和政治记过处分，和二外 1969 级毕业的几名同学来到了位于北京市崇文区东城区西河沿（正义路南口）的 175 中学。学校是为适应“文化大革命”前后，在无计划生育的情况下，生育高峰带来中小学生数量大量增加而新建的一所完全中学。学校 1973 年正式开学。高中学生是由家住附近的其他中学为减轻压力而划拨来的 4 个班。初中则在西河沿、打么厂等附近招收。当年按就近入学原则共招了 6 个初中班。175 中学的校长（当时称革委会主任）姓别，原是崇文区龙潭街道的主任。所以大家都叫他别主任。教务处主任叫叶祖孚。他们都是刚从崇文区的干校调回来工作。学校教师主要来自两个方面：一是高中老师主要从崇文区其他学校调剂而来。初中老师以当年分来的大学生和中专毕业生为主，也有个别的从小学抽调上来。由此形成了一个混合的教师队伍。好在中学教育与大学不同，一是课程固定。二是教材都是统编的，内容比较简单。三是在当时“文革”尚未结束，教育比较混乱，要求又不很严的情况下，大家都能应付差事。那时老师的精力，都不在研究学问，研究教材和教学方法上，而主要是放在怎样管好学生纪律，课堂秩序，少发生打架、斗殴等事情上。这就是我们刚进入 175 中学所面临的教育环境和现实状况。

刚刚进入 175 中学时，我是背着沉重的政治包袱，带着沉重的思想负担参加工作的。这时，我反复想起离开二外时，汉语教研室的人大高才生，在河南干校五连一起劳动的季绍德老师对我的教诲和忠告：“小蔡啊，你这个人头脑灵活，知识面宽，能量较大，又是个笔杆子。清查‘五一六’犯了点错误，算不了什么。但今后不管到什么单位，一定要大智若愚，夹起尾巴做人……如果在这方面做好了，能坚持下去，你将来很可能是会有较大作为的。”但那时我更多的是想到要“夹起尾巴做人”这句话。所以，我很少与人交往，总是上面让干什么就干什么，整天也很少说话。从 12 月到 2 月，经过校舍整理、桌椅配备、教室卫生整理等比较紧张的准备。1973 年春节过后，175 中学就正式开学了。

到175中学后，我的第一份工作是担任初一4班西班牙语的外语课教学，并和韩春秀老师一起当初一4班的班主任，我当她的副手，向她学习。韩老师是北京外国语学院附属中学毕业，也学西班牙语，因未考上大学而改行在小学当数学老师，她对人热情、工作认真、责任心较强，管教学生很有一套办法。一些顽皮的学生都比较怕她。我当她的副手，对她也很尊重，总是虚心学习请教，从不越权。她让我去做事情，如每天早上提前到教室前面钉住学生纪律，参加班里的学生干部会议，同她一起家访，找学生谈话等，我都尽力做好。我有做得不到位的地方，她也尽力给我补台。所以，我们相互之间的关系十分融洽，互相尊重、互相帮助，这样一直维持了三年，直到学生升入高中，我接手这个班的班主任，她接另一个初中班的班主任为止。应该说，在那一时期的班主任工作中，我还真是做到了"不张狂""夹起尾巴做人"的境界，通过辛勤、烦琐的工作，也使我的思想负担、包袱稍有一点儿放松。

20世纪50年代至70年代，北京市普通中学的外语课程设置历来都是英语和俄语两个语种，除专业外语学校和北外附中以外，都以英语为主。大概是1972年二外和北外部分西班牙语专业毕业的大学生分到了北京市的部分中学。所以部分普通中学的外语课程改成了西班牙语。我和二外几位分到175中学的同学也就成了普通中学的西班牙语教员。当时，我们外语教研室的主任叫叶天雄。他教英语，学生中凡是从其他附近学校划拨过来的学生都学英语，初一新招的学生则学西班牙语。叶天雄老师是一位民主人士。他对人热情、乐于助人，也谨小慎微，说话办事都很小心细致，但工作主动积极，责任心较强。和我们这些刚参加工作的年轻人关系很融洽。我在二外的大学学历虽然并不完整，但我也曾经为争当对外文化交往的"外交官"而苦读过一段时间，所以教起中学西班牙语的课程来还是比较轻松自如的。除了熟悉一下教材内容外，也很认真备课、准备教案、编一些简单的会话油印材料给学生，这样延续了几年。自我感觉还是一个比较称职的普通中学的西班牙语教员。

二　较受欢迎的政治课教师

北京市普通中学开设的西班牙语课程没有几年就随学校西语专业毕业的老师的逐步调离、教学计划的改变，转而开设英语课程了。原初中开设西语的班级，则将他们送到高中毕业为止。大概是由于这方面的原因，加之当时中学的政治课程十分难教，大多数人都不愿意去当政治教员，所以，到 1976 年，175 中学的别主任及有关领导决定将我从外语教研室调到政治课教研室，主要讲授高三年级的《辩证唯物主义常识》和《政治经济学常识》两门课程。从此，我又成了普通中学的政治课教员。当时，我曾对别主任表示："调我去当政治教员是不是有点欠妥。我的'五一六'骨干问题尚不清楚，还带着政治上的'记过'处分。这和政治教员在政治上的要求是否有些不相符合？"别主任明确告诉我说："让你去教政治课是组织上对你的信任，不要背包袱，不要有思想负担。你到 175 中学后的表现是好的，是值得信任的。过去的事情随时间的推移也是会搞清楚的，重要的是我们领导是信任你的，希望你要继续努力，把政治课教好，把工作做好。"所以，我至今十分感激别主任对我的信任。在我的记忆中，别主任并不懂教育，其工作能力也是比较一般的。但他人品好、为人正直、坦率，关心帮助年轻人。不因青年学生时期的问题而歧视人，敢于根据年轻人的现实表现来信任、使用他们。这就是共产党人的高贵品质。所以，当时我们大家都十分尊重别主任的为人。他与我后来遇到的品质败坏、以权治人、以权压人、以权整人的个别所谓"领导"比起来，简直有天壤之别。

调到政治教研室后，教研室主任叫杨启昌。他是一个工作认真负责、学问精益求精、对人热情诚恳、乐于助人的长者。20 世纪 70 年代中期，"文革"尚未结束，在四人帮大肆吹捧"不好好学习的黄帅""白卷"先生张铁生为"英雄"的恶劣政治条件下，"读书无用论""知识无用论"的思潮十分泛滥。政治课的内容和观点总是经常变化，互相矛盾，今天打昨天的嘴巴，所以十分难教。但在杨启昌老师的领导下，我对自己新的工作十分认真。每学期开学前我就将要讲授的内容认真备好课。利用我过去读书较多，知识面较宽的长处，结合《政治经济学常识》中的观点，准备了大量的故事。上课时，虽然也有个别学生不好好学习，认为政治课无用。但由于我总是以政治课教材的内容和观点为主线，以讲故事为主来吸引学生，并用以说明教材的内容和观点，有点类似现在的案例教学。所以，大多数同学还是比较认真听讲的，课堂纪律也相对较好。这对当时的普通中学既无高考压力（国家尚未恢复高考），又无统考压力（市区教育局不组织统考），学生毕业就上山下乡的教育环境来说，能够让学生对政治课的讲授持欢迎态度，乐于认真听讲，还能回答老师的问题，应该说，也是难能可贵的了。对政治课每学期的期中、期末考试，我和杨启昌老师则以基本概念，基础知识，基本原理等的表述和记忆为主，绝不放松要求。结果，也收到了较好的效果。记得“文革”刚结束，十一届三中全会刚刚开过的1979年的夏季，在一次统考中，175中学高三年级的政治课成绩，其平均分数处于比较靠前的位置，受到了学校领导的表扬。正是由于那一时期有了几年讲授中学政治课的经历，对我后来从事旅游管理科学的研究也是大有裨益的。

三　175中学的优秀班主任

人的一生是会遇到很多挫折的。所谓人生不如意者，往往十之八九。但只要有了一颗心系国家和自我追求的恒心，只要有了坚强不屈的意志、坚定不移的奋斗精神，任何挫折和失败都是可以战胜和超越而又重新爬起来，勇敢面向未来而前进的。

自从1972年我带着违背事实根据的政治上的“记过”处分离开二外，从在175中学参加工作起，在个人的政治前途上我被打入了冷宫，遭到了人生发展道路上的第一次最严重的挫折。所以，我总是牢记着“要夹起尾巴做人”这句警言。平时小心谨慎、默默无闻地工作，尽量少说话，多做事。因而也使我丧失了在政治上自我追求与发展的奋斗精神。“不求有功、但求无过”，“不求功名、但求平庸”是我那一时期的主要心态。大概是由于三件事情对我产生了影响，让我在时机成熟时又重新爬了起来，成了175中学高中部的优秀班集体的优秀班主任。这虽然不是政治上的翻身，但对工作始终比较平淡的中学老师来说，也还是让同学和老师都感到高兴的事情。对我产生影响的事情是：其一，从1973年到1975年，我一直是初中部1973级4班的副班主任。1976年开始，原初中班升为高中班。我被确定为高中部1976级4班的班主任，另给我配了教化学课的年轻老师高建华为副手。这时，如果班级搞不好，出了问题，主要责任就会由我来承担。第二，175中学的别主任将我从外语教员调去教政治课而成为政治教员，并明确告诉我是领导对我的信任。并没有因档案中的问题而受到歧视。第三，1975年邓小平恢复工作后，国家形势迅速好转。特别是恢复高考和粉碎“四人帮”后，形势发生了根本变化。175中学当时开展了建校后从不曾开展过的争创优秀班集体的活动。这些都引发了我内心深处长期存在的奋斗精神，乐于将工作做好。

在1976年我接手175中学高中部1976级4班的班主任工作之后，才感到在“文化大革命”快要结束时，社会上“读书无用论”“知识无用论”的思潮十分泛滥，在高中学生毕业后还要上山下乡接受再教育的条件下，要想带好一个普通中学的班集体，并不是一件容易的事情。当然，如果只是“应付差事”，不让班级学生发生打架斗殴或严重的纪律问题，也不是很困难的。当时和我一起当班主任的高建华老师是一个热情大方、工作负责的年轻女老师。她教化学课，我开始转行教政治课。而我们所带的班级原是韩春秀老师带的初中即1973级4班。韩老师对学生要求很严格，所以她离开后，班里一些调皮的孩子感到获得了“解放”。特别是班里还有两三个全校出名的“刺头”，是家长和老师都觉得不好管教的。所以，我们接手班主任工作后采取的办法是先稳定局面，确保每天正常上课，基本无人捣乱，上下学班里学生不发生大的问题。然后通过每周班会、班干部会，针对问题的讲评会等反复给学生讲道理，树立正气，纠正不正之风，通过组织集体活动，发挥后进学生的长处，培养学生的集体荣誉感。同时改变家访策略，少告状、多报喜。减少后进学生同老师之间的对立情绪。这样确实收到了良好的效果。1976级4班没有发生过较严重的纪律问题，比较平稳地度过了高中一年级，同学们的学习兴趣和成绩也有些微提高。

1977年进入高中二年级后，175中学新的领导（别主任已调走）对学校工作做了新的调整，主要是成立年级组，班主任和学校纪律以年级组为主。班主任同时向教务处主任和年级组长负责，并决定在全校开展争创“优秀班集体”的活动。当时的高中年级组长是刚调来不久的张文练老师。他教地理课程，是一个典型的外向型人才，工作认真负责、敢管爱管、雷厉风行。结合争创“优秀班集体”的活动，学校和年级组制定了每天检查班级纪律卫生，每节课老师填写上课记录表，每周年级组点评制度。严格期中、期末考试纪律，并制定了出题、判卷、优秀班集体的评比标准和办法等。这既给班主任的工作带来了压力，也是对学生工作的促进和推动。应该说在刚刚粉碎“四人帮”，党的十一届三中全会召开前夕，175中学韩梅林校长及其领导班子能够组织开展这样的活动，也是难能可贵的。

自从争创优秀班集体的活动开展后，我和高建华老师商量，与其被动地被年级和学校点评，不如积极争取。于是我们决定重点从四个方面来做好班主任的工作：一是在高一年级已经比较稳定的基础上，紧紧抓住班干部，让他们充分发挥在日常管理上的以身作则、信息沟通等方面的作用。为此，我们每周都要召开2~4次班干部会，听取汇报，了解情况，分析处理问题，并将一位有了进步的“后进生”拉进了班干部的队伍。二是利用班干部每天抓好班级课堂纪律和卫生整理，力争不让年级点评时受到批评，多受表扬。为此，我们每天甚至每节课上课前都要到教室去巡视。发现问题当即处理，并利用早自习和班会时间随时讲评。多表扬、少批评。三是尽力抓好课堂学习，培养学生学习兴趣，提高学习成绩。应该承认，这在当时是相当困难的。为此，我们先抓学习骨干，不断表扬平时和考试有进步的同学。并在各种班会上反复强调学习成绩的重要性。四是积极参加年级和学校组织的各种集体活动。包括文娱、体育、卫生、纪律检查评比、校运动会等。每次活动都要在班里开展动员，组织报名，掌握动态、适时汇报，做好事前或事后的讲评等。通过这四个方面的工作。班级面貌逐步发生了变化。课堂纪律好转了，教室卫生整洁了，逐步成为年级中经常受到表扬的班级，学生的成绩逐步有所提高。在学校组织的学工活动中（组织学生到工厂和一些服务单位劳动）很多学生受到用工单位的表扬，并将相关材料转到了学校，特别是在期中、期末考试中，考场纪律良好，未发现作弊现象，班里的平均成绩又达到了年级里的先进水平。所以在当年的评比中，1976级4班被评为了北京市175中学的“优秀班集体”，我和高建华老师也被评为了当年的“优秀班主任”。应该承认，那一时期的班主任工作是十分辛苦的。其突出特点是工作零星、琐碎，事无巨细，终日繁忙，常提心吊胆怕学生捅娄子。当然，现在看来，在中学工作，带好一个班集体，当过一次“优秀班主任”，实在是算不了什么。但对当时带着犯有所谓“严重政治错误”，背着“行政记过处分”，受到人生第一次重大挫折的我来说，在以阶级斗争为纲的政治气息还未结束的环境中，又是一件并不容易的事情了。这就是我成为175中学优秀班主任的原因，也是我遭受重大挫折后的又一次人生奋斗的尝试。

四　迟到而又较和谐的婚姻

事业和家庭是人生征途的两大车轮，对绝大多数人来说，是缺一不可的。婚姻则是年轻一代成家立业的起点。20世纪50年代至70年代，中国没有计划生育的概念。早婚早育是社会的普遍意识。年轻人23~24岁左右还未结婚，已经是大龄青年中的“困难户”了。而我到175中学当教员时，已经28岁，尚未结婚。当然是“困难户”中的“佼佼者”了。

人们的婚姻状况是由家庭和个人的社会地位、经济条件、个人资质、男女双方的情感即所谓爱情等多种因素决定的。本来，我在20多岁的适婚年龄时期，应该说，在婚姻方面的基本条件还是不错的。虽然出身贫苦，但在当时注重阶级成分的社会条件下，工人阶级和贫下中农都是最好的成分，是很受欢迎的。当时的大学贯彻的是精英教育制度，能够上大学的人是很稀少的，大学毕业即可拥有国家干部的身份，大多都会有高于一般人的社会地位。“文革”期间，虽然知识分子都被打成了“臭老九”。但在多数人心理“臭老九”实质上是“臭豆腐”，并不会成为大学毕业生的婚姻障碍。就个人资质而言，除身高1.62米属中等偏下外，其仪容仪表，身体的协调性、体型和体质都属于中上水平。当时大学生的婚姻不少是同学间的相互结合，大多是在校期间，特别是临近毕业时就互相恋爱或有了感情基础。我在二外的大学期间，先是学生干部，“文革”中又是活动能力很强的“横空出世”战团和首都红卫兵团的负责人，是当时二外比较有名的笔杆子，还当过二外革委会副主任。在同一派中，我和英语系、西阿系、德日系等的一些女同学都有良好的关系。其中还有与我个人感情和交往都相当好，又长得比较漂亮的女同学，但因为我个人方面的原因，即清查“五一六”运动而耽误和影响了自己的婚姻。

清查“五一六”运动，给我婚姻方面带来的影响是：其一，在农场和回到二外后大大小小的批斗会和专案审查，在我的同学中造成了我是“五一六”骨干分子，犯了严重政治错误的广泛影响，使不少同学，即使是同一派而同情我的同学，也不敢和我接触和联系了。第二，在婚姻问题上，我的思想很单纯，对我有感情和关系很好的女同学，我怕因为自己的问题影响她的前途，越爱越不能耽误和影响她。所以不敢也不愿和她联系与交往，自然也就时过境迁，耽误过去了。第三，由于我的严重政治错误和记过处分。过去的熟人、朋友，原二外的老师和新单位的同事同学大多不敢、也不愿关心我的个人问题，这是人之常情。第四，我的家庭远离北京，鞭长莫及，更何况我也不愿意回老家去找一个农村的媳妇。由此可以看出，“文化大革命”及冤假错案在当时及其后来一个较长时期，不仅给当事人带来了巨大政治灾难和严重的心灵伤害，而且给他们的婚姻、家庭、生活也带来了严重的不利影响和伤害。这大概也是命运对我的惩罚吧！

男大当婚，女大当嫁。眼看我就到了“而立”之年，个人的婚姻问题还没有解决。到达175中学后，在带学生参加北京同仁堂药厂的“学工”劳动中，厂里的一个青工曾与我有过一段短暂的交往。她人长得还算不错，个子不高、身材匀称、大眼睛、高鼻梁、皮肤较白，但文化程度只有初中，家庭条件较差。考虑到当时我的处境，我也准备继续发展下去。她母亲也对我印象很好。但没过多久，她表示不乐意。她母亲说是她又在和一个年轻的工人交往，于是我立即和她断绝了关系。现在看来，大概是她文化程度低，也没有什么眼光。如果我们继续下去结了婚，大概她后来也能成为教授夫人吧。

1974年7月，175中学传达室的老工人给我当了一次红娘。他原在北京市崇文区（东城区）的工厂工作，退休后到175中学传达室，我们都叫他赵大爷。赵大爷办事认真，对人热情，工作也很负责。我们几个住校的年轻老师晚上无处去，就常在校门口和赵大爷聊天。他知道我没有对象，所以主动给我介绍了他原单位的工人刘胜玉——就是我现在的夫人。刘胜玉当时是崇文区阀门厂的统计员。经过介绍和见面交谈，我知道她家住永定门外木樨园，家中有母亲，一个哥哥和她姥爷。她母亲与她父亲在她很小的时候就离了婚，断绝了关系。听说她父亲有历史问题。我因为自己也有“五一六”问题的黑锅，感觉今后政治上也没有希望和出路。又想到在她3岁时父母就已离婚，而她的大爷还是中央档案馆馆长，当过中央候补委员，是国家高级干部。她父亲和她大爷之间是亲兄弟都没什么影响。所以，对她父亲的问题我并没有在意，也没有深问。刘胜玉本人给我的印象是较好的，她身高1.62米，与我相当，身材苗条、大眼睛，高鼻梁、皮肤细白，脸型姣好，留了一对大长辫子，对人热情、诚恳，说话办事都比较稳重大方。大概是她和她母亲对我的印象不错，所以没有过多久，我们之间的关系也就定下来了。又经过半年左右的交往，到1975年的1月登记结婚，春节时我和刘胜玉以旅行结婚的名义到我的老家探望了父亲和哥嫂，就算是正式结婚了。

回想起来，我们的婚姻是和谐的。首先，我们双方都对婚姻报有严肃认真的态度，婚前相互之间都很诚恳，对各自的家庭及个人的情况介绍都很真实、坦诚，没有藏着掖着的现象和想法。双方都是从实际出发，诚心想结婚成家过日子，没有现在部分大龄青年在找对象时那种过于功利、患得患失、盲目挑拣而长期拖延的心态。其次，婚前相互之间交往的时间虽然不很长，但彼此的了解还比较深入，互相间有较好的感情基础。所以，婚后时间长了有时也拌嘴，但从不过心，特别是她在勤俭持家、相夫教子，管理家务等方面是一把好手。穷时勤俭，富了也从不铺张浪费，更不沾沾自喜、忘乎所以。第三，双方都有孝顺父母的良好心态和行为。无论贫贱、从来没有因为经济上的问题而影响家庭和睦。刚结婚不久，我们连房子也没有，我提出想将父亲接来北京安享晚年。她坚决支持，积极准备，没有任何犹豫。她母亲退休后，因家庭原因我们将她接来一起住。她的退休金我们却一分钱不要，都给了她儿子。我们为她送终时，所有丧事的花费全由我们办理，相互之间都没有任何怨言。最后，双方都能互相关心与爱护，不仅是在生活上和有病时，她对我十分照顾和关心，而且在我较长时期内遇到严重不公正待遇，心情极其压抑、不顺畅时，她总能尽力劝解、安慰我，以缓解心理压力。这些都充分地体现了我们之间的婚姻与家庭的和谐，也为我后来的艰苦奋斗和事业的追求与发展创造了良好、和睦和宽松的家庭条件。

俗话说，人没有吃不了的苦，却有享不了的福。我们最初的婚姻及其家庭生活都是极其艰苦的，只能依靠我们的艰苦奋斗才能创造幸福的生活。记得结婚时，我每月的全部收入即月工资只有 56 元，爱人刘胜玉只有 32 元。双方都要交或寄一部分钱给各自的老人。所以，结婚时只有 200 来元钱，只好从 175 中学的叶天雄老师处借了 300 元作为旅行结婚的费用。在还款阶段，我们每月的生活费只剩 40 元，半年还完借款后，每月收入也只有 90 元。这时，爱人刘胜玉已经怀孕快半年了，仍然没有房子住，不久，我们到永定门外的宋家庄农村租了一间只有 3.2 米，没有前后窗，进门就是土坑的茅草房。到 1975 年 11 月，爱人生下大儿子蔡华莹后，175 中学才在西河沿给了我一间只有 7.2 米，四处漏水，无人愿要的平房。这就是我们婚后在北京的第一个家。尽管如此，我们也感到十分高兴，将家收拾得干干净净。但好景不长，1976 年的唐山大地震波及北京，我们又只得带着孩子在地震棚里住了半年多，才回到房管局修好的原西河沿那 7.2 米的家中。好在过了 1 年左右，赶上了我们家原驻地几个破院子的拆迁，才让我们搬进了崇文门西大街 6 号楼的楼房中，得到了一处小两居室，共 34.2 米的新家。这对当时像我们这样的北京市最底层的普通居民来说，已经是最好的位置，最好的房屋了。所以，当刚搬进新家时，我们都有“一个天上，一个地下”的十分幸福的感觉，当然也就特别高兴了。我在那一时期苦苦煎熬，四处找房，不怕破旧而艰难等待，终于盼来了“时来运转”。这些就是我最初的婚姻和家庭的写照。尽管迟到而艰辛，但它又是比较和谐而幸福的。

五　寻求人生价值的出路

马克思在《青年在选择职业时的考虑》中有这样一段论述："自然本身给动物规定了不可逾越的活动范围。而动物也就安心地在这个范围里活动，并不企图越出这个范围，甚至根本不考虑还有别的什么范围。同样，神氏给人们也指定了一个总的目标：使人类自身趋于高尚。但是，神氏要人们自己去寻找达到这一目标的手段。神氏使人们在社会上占有一定地位。这个地位对于人们最为合适，使人们有最大的可能来提高自己和社会。"

20 世纪 80 年代以前，中国社会强大的计划经济体系，严格的户籍制度严重束缚着人们的职业选择。城镇职工，包括大学毕业生的工作，绝大多数都是一次分配和安排而定终身的，就像自然给动物规定的活动范围一样，是不可逾越的。所以，绝大多数人都是几十年，甚至终身都在一个单位工作。很难，也很少有人流动的。在良好的市场经济条件下，价值规律就像马克思所讲的"神氏"一样，促使人们不断地去追求人生的价值，寻找适合自己的工作岗位，开创符合社会发展要求的人生事业。20 世纪 70 年代末到 80~90 年代，中国社会正处在从计划经济到市场经济的重大变革的初期，特别是 1978 年党的十一届三中全会后，国家正处在粉碎"四人帮"和"文化大革命"结束，百废待兴的变动中，社会上开始出现了有一定限制的人才流动的曙光，因而使我看到了"寻求人生价值出路"的一线希望。

1978 年 11 月的中央工作会议和 12 月召开的党的十一届三中全会，纠正了"文化大革命"的错误，否定了"文革"中的"批邓、反击右倾翻案风"、批判"二月逆流"和 1976 年"天安门事件"的所谓反革命性质，平反了六十一人大冤案。平反了 1976 年的"天安门事件"，"文革"中的"批邓、反击右倾翻案风""二月逆流""六十一人冤案"等重大事件，"文化革命"中的大量冤假错案正在得到纠正。"清查五一六集团"这一"文化革命"中的重大错误也随之得到纠正。到 1979 年，二外人事处派人到 175 中学处理我的遗留问题。当时曾通知我说："清查五一六的运动存在严重过失行为和扩大化的问题，是错误的。'文革'中，社会上根本没有'五一六反革命集团'这个组织，是逼供信等过失行为搞出来的。"并说"你的问题是'文化革命'中青年学生所犯的一般性错误，属于自我教育的范畴。不应该做政治结论和给记过处分”。所以，档案中的不实和处分材料已经撤出。至此长期压得我抬不起头来，多次申诉的个人问题，才算基本解决。这已是我大学毕业后的第 11 个年头了。人生最美好、最有发展前途和希望的时间已经失去得太多了。

1972 年到北京市 175 中学后，经过一段时间的锻炼和实践，自己的工作还是比较轻松、愉快的。领导对我也比较信任，人际关系也是相当良好的。但随着时间的推移，总感觉这些工作与自己过去的人生理想有很大差距，自己的人生价值似乎没有体现出来。记得高中考大学时，曾比较强烈地想今后成为一名文学家或科学家。最好是整天读书，写作，以笔头工作为主，能创造精神产品。进入大学后，又曾经为争当“外交官”而苦读。所以，从 1975 年开始，当我还背着沉重的“五一六”问题的包袱时，因听说有的同学已经在开始活动，准备调动工作，我就在开始考虑自己的未来出路。那一时期，我曾经重新拾起我的西班牙语专业。但一想到从事外交工作政治门槛要求很高，我还背着沉重政治包袱，结婚后爱人的档案中也有一定问题，看来是根本不可能的，所以只好放弃。我也曾想去从事文学创作。当时在 175 中学的汪兆骞老师在文学上有很深功底，他教高中语文课，我还曾经拜他为师（他后来离开 175 中学，成了著名文学刊物《十月》的编辑、主编和著名作家）。我努力阅读小说，也练习过短文和诗歌写作。遗憾的是那时自我感觉良好，也有较好意境的一首名为《溪流》的长诗因多次搬家而遗失了。由于缺乏年轻时的激情，现在实在无法回想起来。只记得开头的几句是：“啊，涓涓溪流，从丘陵、从平原、从山涧、从山谷，一点一滴，逐步汇集，从小到大，奔流而来……”全诗以“溪流”寓意各项事业，人生征途的发展和无限光明的前途，歌颂了溪流那坚强不屈、坚韧不拔的意志，能屈能伸，勇往直前、奔流不息的高尚品格和奋斗精神。到 1979 年，北京市各个大学的分校正在向专业院校的方向发展，与校本部脱钩。这时，我从老同学齐明山处听说了二外分校正在转向，办成北京旅游学院，需要专业课教师。我感到这是一个难得的机会。于是，就利用当时社会上正在落实知识分子政策，强调专业对口的机会，决定设法调到北京联大旅游学院工作。

1979 年我了解到正在筹建中的旅游学院院长是二外当时的副院长李越然，原二外政教处的王洪滨老师已调入旅游学院，是正在筹建中的旅游管理专业的负责人。于是，我直接到王洪滨老师的家中拜访。在二外“文化革命”中，我们属于同一派，相互之间虽没有深入交谈，但彼此都是认识的。大概是我在二外期间曾经是兵团负责人、院革委会副主任，后又回校成了全院大会批判的对象，所以，交谈起来他对我的情况十分熟悉。谈到我的工作调动，他说："现在正缺专业课教师，在饭店管理的方向上，准备配一名饭店总体管理，一名饭店客房管理和一名饮食管理的教员。饭店总体管理和饮食管理教员已有人选，正在办调动。"并说"你想调来工作，我本人是同意的。但我还做不了主。你原在二外学的是西班牙语，毕业后教中学。如果要来，可以担任饭店客房管理课程。但这是一个崭新的专业课，国内又没有这方面的书籍和参考资料，对你来说，可能难度更大。所以，能否调来，还要由李越然院长同意，也要你原单位放行。我同意你来，希望你去努力争取"。

在关于我工作调动的问题上，我感到王洪滨老师的态度是真诚的，所讲看法也是实事求是的。我很快感到这是一个难得的机会，机不可失，时不再来。于是，我一方面继续保持与王洪滨老师的联系，另一方面回到二外想法打开李越然院长这一关键关口。这时我找到了在河南干校时曾经帮助他喂过马的二外老院长彭平同志。他与李越然很熟悉。经过交谈，他在知道了我的现状，想调动工作的想法和要求后，十分高兴，也主动表示乐于推荐，并对我说："小蔡啊，你在二外是有点名气的，能力也较强。在河南干校时，你常来帮我喂马、聊天，我知道你是农民的孩子、出身好，根子正，'五一六'的问题现在也解决了，还在中学有点屈才。我给你写个推荐信，直接去找李院长，我也会和李越然院长联系。放心，就这么办，错不了。"与此同时，我又找了曾教我们汉语课程，总是给我的作文5分的，同李越然院长很熟悉的二外徐祖武教授，请她帮助在李院长处说说情。经过努力，到1979年的下半年，我调到北京联大旅游学院的申请就得到了批准。但175中学新来的一位女校长却不想放我走。经再三交涉，她同意了，但要我完成一个学期的工作后才能调走。结果，直到1980年的4月，我才正式调到了北京联大旅游学院，在旅游管理系担任饭店客房管理专业课教学和科研工作。这就是我在改革开放刚刚开始的时候寻找人生价值的出路，调动工作的基本过程。

如果将我当时的工作调动和现在的人才流动比较，其手续的繁杂程度已是不可同日而语了。但就社会风气而言，我在长达一年多的工作调动过程中，基本没有经济上的开支。没有请客送礼的不正之风。在这一点上，大概也是今非昔比，不可同日而语的了。正是由于那一次的工作调动，使我找到了比较符合我中学时代想当科学家的理想，又接触了旅游管理科学这个崭新专业，为我又一次的人生奋斗和人生价值的追求搭建了平台，创造了机遇，这大概也是马克思所谓的“神氏”给我指出的一个“总目标”吧！

第五章　旅游业中的人生风帆（1980~1989 年）

一　新事业的起点和支点

1980 年 4 月，经过一年多的艰苦努力，我终于来到了全国第一所专业性质的旅游院校——北京联大旅游学院，被安排在管理系，从事旅游管理专业的教学和科研工作。在当时，无论对国家还是对我个人来说，这都是一项崭新的事业。在国际上，旅游业最早是 1841 年以英国人托马斯·库克（Themas Cook）组织 570 人参加禁酒大会的集体包价旅游活动为标志而发展起来的。经过 170 多年后，已发展成为与石油、钢铁、军火交易并列的世界最大产业。但在我国，旅游业主要是 1978 年改革开放后逐步发展起来的。20 世纪 80 年代，我国旅游业刚刚起步，还是一个崭新的尚待开发的新兴产业。所以，对国家和刚刚成立的联大旅游学院来说，都是一项崭新的事业。对我个人来说，大学学的是西班牙语、中学教过西语、然后教政治课，现在改行从事旅游管理专业的教学和科研工作，就更是从未接触过的崭新的事业了。

但是从 20 世纪 80 年代起，改革开放的大潮，一方面促进了国家各项事业的迅速发展，同时也促进了旅游业及其旅游教育和科研事业的崛起和发展，另一方面也为我个人事业的发展提供了良好机遇和平台。任何人要想从事一项新的事业，尽快做出点成绩来，必须首先找到新事业的起点和支撑点，打下良好的基础。万丈高楼平地起。离开了良好的基础，必将一事无成。那么，我的从事旅游管理专业教学和科研工作的“新事业的起点和支点”何在呢？应该怎样正确认识这一事业的起点和支点呢？经过认真思索和对当时旅游业形势的了解，我比较明确地意识到，我所面临的“新事业的起点和支点”包括两个方面的含义：一是旅游事业、旅游教育和科学研究的各个专业领域和学科，都是崭新的，处于空白状态，处在尚待开发和研究的起点。但它对我来说只是提供了一个事业发展的机遇和平台，提供了可能的领域，却并不一定必然成功。后来的事实也证明，与我同时或前后从事旅游教育和科研的人中，也有不少是半途而废或徒有虚名而并无建树的。二是我个人的专业已经完全不对口了。所从事的饭店、客房管理专业课程不仅在全国是崭新的一张白纸，处于尚待开发和研究的起点，而且对我这个刚刚半路出家的人来说，就更是新事业了。因为当时国内大学没有旅游专业，所以我就只能通过艰苦奋斗、自学成才，才能找到这一新事业的起点。而我的起点又比具有管理学、经济学等相关专业基础的人更低，难度更大。

但是，天下无难事，只怕有心人。我感觉到我还有三个长处：一是自觉智能条件较好，受过大学教育，经历过生死磨难和“文革”中众多的风风雨雨。观察分析和处理问题的能力较强，接受新事物较快。二是有较强的独立思维和逻辑思维能力以及口头，特别是笔头的表达能力。三是具有坚强的意志，有艰苦奋斗和坚韧不拔的精神，绝不会一遇困难和挫折就退缩、消沉和气馁。当认清了自己所面临的客观环境、自身的长处和不足之后，一种长期蕴藏在我内心深处的奋斗精神油然而生。从此我又开始了人生征途中时间最长、最为艰苦的一次奋斗。经过认真思索，我很快确定了在旅游学院的新事业的起点和未来事业的支撑点。

起点与支点之一：刻苦学习经济学与管理学的基础知识

20 世纪 80 年代初期，中国大地，万象更新。改革大潮，波涌神州。伴随着改革开放的步伐，经济建设、教育和科研事业迅速恢复和发展。从 1978 年开始，中国的旅游事业也迅速发展起来。国门初开，旅游业以海外入境旅游为主。虽然客人接待量的基数较低，但入境旅游的接待人次、销售收入等年度增长率达到了 120%~160%，大批外国人和华侨、港澳同胞像潮水般涌来。与此同时，各种类型的旅行社、饭店宾馆、酒楼饭庄、旅游景点等旅游企业像雨后春笋般地迅速建立起来。一个崭新的迅速发展的旅游产业正在形成，生机无限。面对这样的形势，对一个改行而想从事旅游管理科学的专业教育和科研工作的新手来说，唯一的办法就是首先打好基础，刻苦学习经济学、管理学等基础知识、基础理论，掌握各种概念、原理和方法。所谓万丈高楼平地起，只有掌握了经济学、管理学中的这些概念、原理和方法，才能结合旅游企业管理的实际而运用。然后才谈得上消化、吸收与创造，形成相对独立的旅游管理科学。而我刚进入旅游学院时，有一年半左右的专业准备时间，上完两个学期的专业课后，因新老学生招生的交替，又有一年多的准备和科研工作的时间。真是天赐良机，为我初期的刻苦学习提供了良好的机遇。于是我潜下心来，夜以继日地刻苦学习大学经济学和管理学方面的专业知识，同时深入饭店宾馆实地考察和参加实际操作。回想起来，这种学习是艰苦的、枯燥的。我的办法是一边读书，找出书中的基本概念、基础知识、基本原理、管理方法，一边将重点和要点摘录下来，形成读书笔记。同类书籍当中的概念、原理、方法如果雷同，则进行比较、分析，找出它们的区别，联系，分析其实质和侧重点有何不同。并将它们和我在饭店宾馆的考察与实际操作结合起来。这样先后读过的工业经济、商业经济、经济学原理、西方经济学、政治经济学、管理学原理、工业企业管理、商业企业管理等专业书籍大概有 10 多本，整理出来的笔记也有 4~5 本，近 60 万字。同时又读了一些当时企业管理实务和体制改革的书籍。在刻苦学习管理学、经济学理论的基础上，我开始分析这些教材编写的体例、提纲、章、节的观点提炼、理论观点和主要内容等方面的特点、区别和联系。就像我在“文革”期间学习毛泽东选集时曾经分析过他的不少文章的写作特点和文字技巧一样。慢慢地使我对管理学、经济学产生了较强的兴趣，也对经济学和企业管理的学科体系、基本概念、基本原理、管理方法等内容和写作技巧有了越来越清楚的认识。这对我接下来所从事的饭店管理、客房管理等旅游管理科学的教材编写、专业教学和科研工作的发展都打下了良好的基础，成了我刚刚开始从事的新事业的真正起点和支点。至今感到难以忘怀。

起点和支点之二：尽力熟悉旅游科研与行业管理的基本动态

20 世纪 80 年代初期，中国旅游业刚刚起步。在旅游科学理论研究方面能够找到的书籍极少，但在报纸杂志上已经开始发表了一些论文。行业和企业内部的专业会议也有一些打印或油印的材料，尽管极少也不成熟，但也是难得的。很显然，要想成为旅游管理专业方面的大学教师，要想在旅游科研方面有所作为,不了解和熟悉这方面的研究动态那简直就是痴心妄想,是无异于“白日做梦”和“异想天开”的。因此，在这一时期，我在刻苦学习经济学、管理学等基础知识的同时，也在积极收集和学习旅游经济、旅游市场、旅游企业管理等方面的知识及其研究成果，以便尽力熟悉旅游科学研究方面的基本动态，从而为我在旅游管理科学的研究中打下了良好的知识基础。由于受到当时的限制，我采取的主要办法是：其一，以人民大学报刊资料社翻印的《旅游经济》报刊资料为主，收集学术刊物发表出来的专家学者的学术论文。仔细阅读、摘录各种学术观点，形成读书笔记。可以说，那几年报纸杂志上的大部分论文我都阅读过，掌握了主要学术观点和学术动态。第二，利用可能的机会，参加行业内部的专业会议，收集行业和企业内部的相关材料，掌握旅游企业内部现实问题和管理动态，如当时召开的全国饭店经理工作会议，全国旅游系统先进单位、先进个人表彰大会，中国社科院财贸所召开的全国旅游经济理论研讨会，当时北京市旅游局和饭店总公司召开的部分干部工作会议等。通过参加这些内部专业会议，不仅同行业和企业高中层管理人员进行了交流，了解到他们在当时最关心的问题，而且每次都能收集到不少内部打印材料，便于掌握行业和企业内部的管理动态。第三，尽可能参加一些行业内部组织的专业培训与研讨会议。20 世纪 80~90 年代中期，国家旅游局和北京市旅游局不时都请一些国外的旅游专家来北京，举办专业培训与研讨会议。对旅游院校的专业教师，一般都是免费参加的。通过参加这种会议，不仅能够得到一定的专业培训机会，也能收集到一些内部打印资料，如饭店管理培训提纲，前厅、客房、餐厅管理与服务资料等。这也能从中掌握一些企业和行业内部的工作动态。

起点与支点之三：深入实践掌握旅游企业管理的运行规律

饭店、客房与餐饮等旅游管理都是实践性很强的科学。我国饭店业从 20 世纪 80 年代开始，通过举办合资企业而同国际接轨。而当时我国的工业与商业企业管理教材和书籍，虽然其原理、理论都是正确的，但并不很先进，也很难直接套用到旅游企业。只有摸清饭店企业的特点、运行状态、运行规律、管理方法才能研究出符合实际的饭店管理科学，也才能写出理论与实际结合，具有较强的可操作性的专业教材。所以，那一时期我将深入实践掌握饭店企业管理的运行规律作为我新事业的第三个重要起点和支点。基本做法是：一边刻苦学习管理学、经济学、旅游专业及其企业管理等专业书籍，一边深入饭店宾馆实地考察、参加实践、虚心向饭店管理人员学习，力求掌握饭店企业管理的运行状态和基本规律。

20 世纪 80 年代初期，我第一次进入的饭店是北京华侨大厦，当时是一家国营老饭店。其设施设备和消费环境都是较舒适的，但管理上还是在采用事业单位的办法。我的任务是在前厅和客房参加实习，时间一个月左右。进入饭店后，我提出的办法是先在前厅和客房各跟班劳动一周，学习铺床、折餐巾、整理卫生、办理入住登记、退房结账手续等知识。然后随班长和客房管理员（现在的主管）一起活动。参加他们的会议，了解他们研究问题、处理问题的方法，观察他们检查前厅服务、客房卫生与服务、用品管理的方法等。最后再跟客房科长（现客房部经理）学习。参加部门工作会议，学习了解部门管理工作的内容和方法。离开时再和总经理谈话，一方面汇报实习情况，一方面请教一些问题，也提出一些改进工作的建议。好在那时大学教师到饭店实习是极其稀少的。华侨大厦对我的实习也很重视，给我创造了很好的条件。所以，这次实习虽然时间不长，但让我比较全面地学习和了解到饭店管理，特别是前厅与客房管理的基本状况，包括机构设置、人员分工、接待服务过程、劳动组织、用品消耗等，也大大增强了我对饭店管理、客房管理的感性认识。

继华侨大厦实习后，1981 年到 1983 年，我又先后到几家国营饭店进行了实习或带队组织学生实习，进一步学习、体验和了解饭店与客房、餐饮管理的实践知识。第一次是参加导游实习，以客人和导游的身份，体验饭店前厅接待、客房服务、餐厅服务，进而领会饭店及各部门的管理。第二次是到北京饭店实习，仍以前厅和客房为主，时间也是一个月左右。我在北京饭店的实习办法基本与在华侨大厦时类似。但北京饭店的设施设备、消费环境更舒适、更豪华，客人档次更高，管理效率和服务质量也更好一些。但就其管理体制、经营思想、管理方法等而言，则是与华侨大厦基本雷同的。第三次是带旅游学院的首届毕业生到北京燕祥饭店实习。这次任务与前几次不同，其重点是组织学生实习。所以我除了参加部分劳动外，主要是检查督导学生。特别是组织学生在服务劳动的基础上，参加管理实习，分别组织前厅、客房、餐厅、厨房、工程、财务等各级主管人员和学生座谈，介绍管理制度、管理方法和经验，让学生受到良好的实践训练。当然也让我从中学习到了不少饭店与各部门管理的知识和经验，收集了一些国有饭店的管理资料。

20 世纪 80 年代，中国的国有饭店还处于“事业单位、企业管理”阶段，经验式管理、运动式管理、招待所式的管理方式还广泛存在，因而，其管理水平、服务质量和经济效益都远不如合资饭店。当时，合资饭店的科学管理方法和经验都不对外公开，还被神秘面纱包裹着。恰在这时，我被学校派到比较著名的北京建国饭店组织学生实习。我紧紧抓住这次难得的机会，充分利用学生实习的条件。有近两个月的时间，每天深入饭店，从基层做起，发动学生收集饭店的管理制度、工作程序、各种表格、有关数据。然后有计划地组织前厅、客房、餐厅、厨房、商品和工程、财务、人事等各部门的管理人员分别座谈，请他们介绍各级、各部门的管理经验、科学方法、指导思想、经营效果与国营饭店管理的区别等等。同时，我又事先布置学生提问，甚至连饭店的工会、库房、员工食堂等后勤管理的情况我也不放过。最后，我又组织了学生与饭店中外双方的总经理、董事长等高管人员之间的座谈会。从而了解饭店高层管理的指导思想、相关政策、科学方法。这次实习，不仅使学生感到收获极大，也让我比较充分地掌握了建国饭店合资管理的科学体制、机构设置、人员编制、职权划分、垂直领导、逐级负责的科学方法，各级各部门的科学制度、工作程序、操作方法、质量标准和所取得的经济效益。当将这次实习的结果和国营饭店比较后，再将它们同我通过刻苦学习所掌握的经济学、管理学、企业管理和旅游专业知识相结合，在我的潜意识中，已经比较明显地感觉到我已经找到了我的“新事业的起点和支点”，看到了我所从事的旅游企业管理科学的研究方向、方法、突破口和着力点。

在北京建国饭店的实习结束 2 年后，1986 年我又带学生到广州白天鹅宾馆、花园酒店、中国大饭店、广州东方宾馆等五星级饭店进行了较长时间和比较全面系统的实习。同一时期，我还考察过南京的金陵饭店、苏州的南林饭店、桂林的榕湖饭店和深圳、珠海、肇庆等一些比较先进的饭店。从而找到了我新事业的第三个起点和支点。

阿基米德曾经说过：“给我一个支点，我将撬动地球。”在现代旅游管理科学的研究与发展中，比较扎实的专业与行业知识就是最好的杠杆，而理论与实际的结合则是撬动科学管理的最好支点。20 世纪 80 年代初期，当我经过艰苦努力找到上述三个方面的起点之后，似乎也找到了即将开始的旅游管理科学研究的杠杆和支点，它对我后来的工作及其事业的发展都产生了极其重要的影响，也发挥了极其重大的作用。

二　扬起旅游业中的人生风帆

鲁迅先生说过：“优良的人物，有时候是要靠别种人来比较、衬托的。例如上等与下等、好与坏、雅与俗、小气与大度之类。没有别人，即无以显示这一面之优。所谓‘相反而相成者’是也。”我虽不是优良人物，但也会碰到一些自认为优良的人拿我同别人做比较。20 世纪 80 年代初期，正当我潜心而刻苦学习，尽力熟悉旅游科研动态，努力深入实践，力图掌握旅游企业管理的运行规律，寻找“新事业的起点和支点”的时候，却成了学校部分人的议论和比较对象。当时，常常听到的议论是：xxx 是北京大学毕业，xxx 是人民大学毕业……他们改行从事旅游，但都有一定专业背景。唯独蔡万坤，什么专业基础都没有，敢来教大学旅游专业课。也不知道这小子是钻的什么路子。甚至还有人当面对我说：“小蔡，你大学只学了两年西班牙语，中学教政治课，现在教饭店客房管理专业课。你教得了大学专业课吗？搞得了旅游科研吗？”面对这种议论和比较和指责，我还是冷静和客观的。一方面承认自己没有任何专业背景的事实，要“夹起尾巴做人”，好好学习，虚心请教；另一方面，在经过努力，找到新事业的“起点”和“支点”的过程中，必须下决心，认真做出一点事情来，用事实来证明自己是有潜力，也有能力做好旅游专业教育和科研工作的，从而扬起自己人生的风帆。那么，对我来说，人生的风帆是什么呢？在哪里呢？应该从什么地方着手呢，经过认真思索，我决定把旅游科研、教材建设和专业教学三方面的工作作为我扬起人生风帆的体现，尽快做出成绩来。回想起来，在这三个方面所做的主要工作是：

风帆之一：科学研究领航

科学研究的能力和水平是大学专业课教师能否提高教学质量，促进国家科研事业和“四化”建设发展的重要体现。一个大学的专业课教师，如果不能自己搞好科学研究，出版专业教材，发表学术论文和出版专著，那他事实上就不够专业课教师的水平，当然也就扬不起大学专业课教师的人生风帆了。为此，20 世纪 80 年代初期，我就一边通过努力学习和亲身实践寻找事业发展的起点和支撑点，一边潜心从事旅游经济、旅游战略、旅游管理等方面的科研工作。从 1982 年起开始发表专业文章和学术论文，到 1983 年破格晋升为讲师，两年时间已经发表了 4 篇专业文章、8 篇学术论文。公开发表的字数达 8.4 万字。其中学术论文 7.45 万字。这在当时北京联大旅游学院首批晋升讲师的专业课教师中，是名列第一的。所以，当时的副院长兼职称领导小组组长王景荣和旅游管理系主任王洪滨老师都极力主张我破格晋升为讲师。对那些瞧不起我、公开议论我无能、不能当大学专业课教师而又对我破格晋升持反对态度的少数人，领导的态度很明确，说：“你们反对小蔡晋升讲师，人家 2 年就发表了十几篇论文。你们呢，连一篇公开发表的论文也没有，能与他比吗？”事实证明，当时北京联大旅游学院的领导是比较正派的，也是重视人才培养的。它使我至今记忆犹新。

在大学工作的专业教师，开展专业领域的科学研究是十分重要的，它具有人生事业的领航作用。首先，科学研究的成果可以不断充实补充到教材之中，不断提高教材和教学质量，引导教学深入与发展，培养与时俱进的人才。其次，针对国家科研事业的研究成果可以促进和引导国家科学技术的发展。第三，针对国家“四化”建设中各项事业的科研成果、政策建议，可以促进国家和地方政府改进工作，推动相关行业“四化”建设的深入与发展。最后，上述科学研究工作的不断深入，会不断引导专业教师人生事业的发展和自我价值的实现。对于这种科学研究的领航作用，我是有深刻的切身体会的。如我出版的《饭店客房管理》《实用饭店企业管理学》和后来出版的“十五”和“十一五”国家级规划教材《餐饮管理》《前厅与客房管理》《现代饭店管理学》等都使我的专业课教学，在各种场合和各个饭店为企业总经理、各部门经理举办的专业讲座，总是能够将科研与实践中得到的理论、方法和案例结合起来，受到学生和学员的广泛欢迎和称赞。至于旅游科研工作中提出的有关政策建议而得到采纳。广泛推动旅游事业发展的事例那就更多了。特别是《北京建国饭店考察报告》引起全国学建国活动，则更是典型的事例。

正是在这种思想认识的指引下，晋升讲师后，我对科研工作的兴趣更浓了，主动性和积极性更高了。那一时期总有一个想法：大学毕业后，经过长达 12 年的艰苦磨难，才找到了一个崭新的事业和具体专业。可我已经 36 岁了，事业上最美好最重要的打基础的青年时代已经过去，现在的我正处在思想最活跃、创新性最好的从事科研的黄金时期，却还一事无成。再不珍惜而尽快做出点事情来，就必将碌碌无为，了此一生。所以，我对自己的工作，对所得到的从事旅游专业教育和科学研究的机会是十分珍惜的。因而也更加艰苦努力，潜心调查研究，做好科研工作。

1984 年到 1990 年，我的科研工作以学术论文为主。这一时期，我的学术研究涉及四个领域：一是国家和地区的旅游战略发展研究。先后发表了《世界旅游发展趋势和我国旅游战略规划思考》《旅游战略规划研究中的几个理论问题》《旅游战略规划中供求比例关系的探讨》《我国国际旅游市场的战略结构》《北京国际旅游市场的战略结构和战略对策》《建立国际旅游市场战略结构，迎接远东国际旅游中心的到来》等重要学术论文。这些文章在国内旅游业界产生了广泛影响，不少成了研究、制定旅游战略规划的依据。二是旅游经济理论研究。先后发表了《旅游商品的特点及其价格资金运动》《旅游资源商品的二重性初探》《旅游资源商品的价值原理探讨》《试论客房商品的性质》《旅游资源商品的价值构成和价值补偿》等学术文章。这些论文所提出与阐述的观点在当时大多具有创新性。三是旅游经济体制改革研究。先后发表了《从我国国情出发，借鉴日本发展旅游的经验》《我国旅游管理体制的改革》《我国旅游外联管理体制必须改革》《联合起来是我国饭店行业的改革方向》《饭店行业的竞争格局及其对策思考》《当前旅游业面临的困难及其对策思考》《宾馆和涉外餐馆厨房生产管理改革》。《北京旅游事业的进一步发展》《中国旅游饭店集团发展道路的探讨》等重要学术论文。这些文章大多针对国家和企业经济管理体制中存在的问题进行了理论探讨，提出了有关政策与体制方面的改革建议，并在后来的实践中大多得到了国家有关部门的采纳，促进了我国旅游事业的发展。四是饭店业及其集团管理研究，先后发表了《北京建国饭店考察报告》《广州地区饭店经营特点和我国饭店管理的转轨变型》《建国饭店体制改革经验和我国饭店旅馆企业的经济体制改革》《北京民族饭店的系统管理》《搞好经营承包、深化企业改革》《科学管理是国营老饭店的根本出路》《困难与希望同在，挑战与机遇并存》《客房经营业务的盈亏分析》等论文。这些文章大多推广介绍了合资饭店、国营先进饭店的改革和经验，宣传了国家改革开放政策，促进了饭店管理水平、服务质量和经济效益的提高，在旅游和饭店业界都产生了广泛的影响。总之，在1984~1990年的那一时期，我的学术研究领域是相当广泛的。发表的学术论文和专业文章也很多。共有39篇，公开发表总字数25.62万字。这就是我在那一时期扬起的人生第一只风帆。它不仅始终引导我在旅游科学研究的道路上乘风破浪、不断前进，也让我在旅游业界产生了广泛而良好的影响，站稳了脚跟，有了继续发展的一席之地。

风帆之二：专业教材开路

教材建设是大专院校教学质量的根本保证和重要出路。根据专业设置、抓住教材建设，写出讲义，在不断使用的过程中，再不断修改、补充和完善，形成特色教材，公开出版，是大专院校教材建设的必由之路。一个大学的专业课教师，如果不能参与或自己出版而总是用别人的教材，是难以提高教学质量的。这也是大学专业课教师和中学教师的主要区别之一。专业教材的开路作用主要表现是：其一，它是落实教学计划、确定教学内容和专业知识结构的主要载体，对整个教学内容的安排有引导和开路作用。第二，教材的不断调整和提高对教学计划有促进作用，如果大学专业课教材和教学计划5年都不变化，那就必然落后于实际需要。所以，专业教材的编写既要有一定前瞻性，又要不断修改、补充和完善，因而也具有引导、跟进专业发展的引路作用。第三，大学专业课教学质量的高低，首先是由教材质量决定的。没有高质量的教材，也就没有高质量的教师和教学质量。所以，教材对提高教学质量而言，也具有引导和开路的作用。正因为如此，我在努力寻找"新事业的起点和支撑点"的基础上，在认真开展旅游科研工作的同时，又十分重视专业课程的教材建设。1982年，我根据在华侨大厦、北京饭店、建国饭店、华都饭店等的实习考察资料，编写了有10章39节12.5万多字的《旅游饭店客房管理》内部讲义。经过5年多的教学使用，又根据教学体会、饭店经理们的意见，参考在北京建国饭店、广州白天鹅宾馆、花园酒店、东方宾馆、中国大饭店等的前厅与客房管理的经验，吸收了合资饭店的科学管理思想、体制和方法，形成了全国第一本客房管理专业教材，并于1987年2月由广东旅游出版社正式出版发行，填补了当时客房管理专业教材的空白，也很快成了旅游专业的畅销书，受到各旅游院校和饭店宾馆的广泛欢迎。

在编写《饭店客房管理》的同时，1982年6月和1983年6月，国家旅游局教育司为适应旅游教育发展需要，先后在桂林和上海召开了旅游专业教材编写会议。我作为参编人员,承担并完成了《旅游饭店管理》一书中的第三章《总服务台的经营与管理》、第四章《旅游饭店客房管理》和第六章《旅游饭店综合服务设施管理》，共6.2万字的编写任务。该书于1987年2月由中国旅游出版社出版发行。作为专业课教材，也填补了当时饭店管理的教材空白。后又被国家旅游局指定为旅游经济专业职称考试的专用教材，产生了较大影响。

1983年，北京市饭店总公司为培养饭店管理的专业人才，在立水桥服务学校办了两期3年制的旅游管理专业中专班。我被聘请为专业课教师，主讲饭店管理。为了适应这项教学工作的需要，我按照中专程度的要求，集中精力编写了一本《饭店旅馆企业经营管理》的专业教材，1983~1987年，在立水桥旅游服务学校和北京市第二服务局办的旅游管理中专班内部使用。经过5年的试用，我又进行了认真修改、补充和完善。到1987年12月由新华出版社出版时考虑到当时旅游专业的中等教育以职业高中为主，中专生较少，所以采用了《饭店旅馆管理常识读本》的书名。这也是我当时出版的第一本专著。

1985 年，北京市饭店总公司为了培养在职的饭店高中级管理人才，同中国科学院管理干部学院合作，在立水桥服务学校办了两届干部专修班。学员都是饭店中主管、领班以上的人，也有不少部门经理和副总经理。当时我担任《饭店企业管理》专业课的教学任务。与此同时，我院的旅游管理干部专修班和夜大学也开设了旅游管理专业，由我担任《饭店客房管理》和《饭店企业管理》专业课的教学任务。为了适应教学工作需要、保证教学质量，我又在《饭店旅馆管理常识读本》的基础上，重新设计了一个比较全面系统的教材内容和书稿结构，拟定了比较详细的编写提纲。然后，除完成正常教学任务，参加实习考察外，我就集中精力、夜以继日地投入编写工作。到 1986 年底，已经完成了有 80 多万字，分上下册的《实用饭店企业管理学》的教材编写任务，并在我院夜大、立水桥服务学校、青岛大学、广州财贸管理干部学院、桂林冶金地质学院等院校试用。同时，其中的内容又分别在北京西苑饭店、京伦饭店、新侨饭店、建国饭店、京丰宾馆、东方饭店、瀛州饭店、石景山区农委下属饭店等众多饭店以讲座的形式使用。到 1987 年北京市开始组织旅游经济专业职称考试，《实用饭店企业管理学》被指定为专业教材。当年 2 月，由我起草并打印了《饭店管理统考复习大纲》，1988 年，又由我录制了 40 个课时的教学录像带，成为北京市当时所有参加旅游经济专业职称考试培训的指定教材，在北京市几百家饭店得到广泛运用。到 1989 年 2 月，该书由中国财政经济出版社出版发行后，很快成为全国众多旅游院校选用的教材，也成为当时全国 3000 多家饭店所欢迎的畅销书。仅经过本人销售到全国各个饭店管理人员手中的书就超过了 6000 套。所以《实用饭店企业管理学》（上、下册）这本专业书籍在当时的旅游院校和饭店行业中产生了巨大影响，对促进饭店业的科学管理也发挥了重要作用。

除此之外，1984~1987 年，在参加由商业部饮食服务公司组织的全国厂长经理国家统考工作中，我应邀承担了统考教材《饮食服务企业管理基本知识》的编写、任出题判卷的负责人，完成了该书第三章《饮食服务企业经营管理》、第五章《饮食服务企业质量与卫生管理》和第六章《饮食服务企业设备管理和技术管理》，计 9.6 万字的编写任务和全书 27.2 万字的总撰修订工作，同时完成了该书统考复习大纲 2.5 万字的起草，并于 1985 年 5 月刊登在《中国商业报》上面投入实际使用。

大学教材的编写和出版必须与课程设置和教学计划相适应，以保证教材的针对性。从 1982~1989 年，我针对不同教学对象、不同学校的课程设置和教学要求，先后编著了《饭店客房管理》《饭店旅馆管理常识读本》和《实用饭店企业管理学》（上、下册），参编了《旅游饭店管理》《饮食服务企业管理基本知识》等 5 本教材和专著，总字数达 138 .12 万字，其中《饭店客房管理》和《实用饭店企业管理学》（上、下册）均成了当时旅游业界的畅销书。这就是我潜心开展旅游科研工作的同时，在旅游管理的专业教材建设领域扬起的人生事业的第二只风帆。它不仅成为提高专业教学质量的载体和保证，也始终引导我在旅游管理科学的研究领域中不断开拓、创新和发展。

风帆之三：专业教育奋飞

韩愈曾经说过："古之学者必有师。师者，所以传道授业解惑也。"上好专业课，不断提高教学质量。让学生做好就业前的专业素质、知识与技能准备，是大学专业课教师的天职所在。为此，我在潜心搞好旅游科学研究，撰写学术论文和专业文章，出版旅游管理专业教材的同时，总是认真备课、积极准备教案和案例，从学生实际出发，认真上好每一节专业课。从 1982 年开始承担专业课教学任务，到 1992 年的 8 年时间内，我在专业教育方面的奋飞，主要通过三个方面表现出来：一是本科教育领先，不断提高质量。1982 和 1983 年，我院第一、二届本科毕业生是由我主讲《饭店客房管理》专业课的。当时的教学内容就在一定程度上体现了理论性、实用性和可操作性的结合，受到绝大多数学生的认可和欢迎。此后，北京二外旅游专业的首届本科毕业生也是由我主讲的"客房管理"专业课，其教学效果更好，受到学生的广泛欢迎。到 20 世纪 80 年代中后期，我承担的本科生客房管理、餐饮管理的专业课教学，其教学质量、教学方法都在不断改进和提高，受到学生的广泛赞扬。那时，本科生的毕业论文指导教师由学生自选，每年 20 多个本科毕业生中选我担任毕业论文导师的人数均达到 45~50% 以上。二是大专教育跟进，促进教学相长。20 世纪 80 年代旅游专业的大专生，大多都是饭店宾馆、酒楼等旅游企业的职工。其中，主管和领班以上学员大多占到班级人数的 20%~30% 以上，还有部分人员是部门经理或副经理，也有极少量的副总经理。这些人都有丰富的实践经验，只是缺乏学历。所以，一些大学为他们专门开设了旅游管理专业的干部专修班。就专业课的教学而言，其教学难度要比本科班没有实践经验，难以提出问题的学生困难得多。讲不好，他们在同业内的口口相传，对专业课教师教学声誉的影响也最大。其好处是教这类学生的旅游管理专业课可以互相提问、讨论，从而达到促进教学相长的作用。那一时期，我先后在本院、立水桥旅游服务学校、北京财贸职业技术学院、北京市第二服务局、广州市财贸管理干部学院、中国科学院管理干部学院等所办的这种类型的大专班主讲旅游管理专业课，不仅十分重视自己的教学内容，教案、案例准备和课堂讲授，而且十分重视与各类学员，特别是曾经担任一定职务的学员交流，虚心请教、互相探讨、互相学习。从而达到了教学相长，提高教学质量的目的，广泛提高了我在旅游业界的教学声誉和社会影响。也为教材内容的不断修改和提高创造了条件。三是拓展学员对象，扩大教学领域。在 1982~1990 年的教学工作中，我所教授的学员类型，既有本科生、大专类型的干部专修班，也有中专班和青鸟大学、桂林冶金地质学院、海淀走读大学等院校从高中直接考进大学的大专班。此外还有各饭店宾馆、商业部饮食服务公司等单位请我去讲授的培训课程。从教学内容来看，既有比较系统的客房管理、饭店管理、餐饮（即饮食）管理，又有半天，一天或两天以上的专题讲座。那一时期，除本院教学任务外，请我讲课或开讲座的单位越来越多，连北京大学的计算机开发公司、人民大学、北京民族学院等单位都请我去讲过旅游管理专业课或开过讲座。所以，从被人怀疑，被人瞧不起的旅游业界的新兵，经过 8 年艰苦奋斗，到破格晋升为副教授，进而成为旅游业界名人，这就是 20 世纪 80 到 90 年代初，在寻找“新事业的起点和支撑点”的同时，我所扬起的三个人生事业发展的风帆。

三　握好教学与科研工作的助推器

在旅游管理专业的教学和科研工作中，要想扬起人生的风帆，除主观努力外，还是需要一定的外力推动的。这就是参加行业内的学术会议和专业工作会议。它能够帮助专业课教师与同行专家学者、实际工作者接触，了解学术研究动态，收集研究资料，掌握业内实际工作者关心的热点、难点，从而开阔视野，促进自己科研和教学工作的发展。所以，我把参加这种活动称为握好旅游管理专业教学与科研工作的助推器，它能够给扬起的教学和科研工作的“风帆”加力鼓风，更好更快地前行。事实上，如果不能参加这些活动，老是坐井观天，必然影响自己的视野和研究水平。20 世纪 80 年代，国家和各地旅游管理部门都忙于饭店建设、旅客接待等实际工作，旅游理论研究工作还比较薄弱。那时，全国挂牌的旅游研究机构只有中国社会科学院财贸研究所下属的旅游经济研究室和上海社科院经济研究所下属的旅游经济研究室两个单位。所以，全国旅游专业研究人员能够交流的机会很少。

1981 年 12 月，中国社科院财贸所旅游经济研究室与国家旅游局协调，组织召开了全国第二次旅游经济理论讨论会，后称杭州会议。那是我第一次参加这样的会议，与旅游业界的专家学者见面，在他们面前首次亮相。第一次全国旅游经济理论讨论会是 1980 年在北京召开的。那时我刚到旅游学院，将主要精力放在学习管理学、经济学和各种旅游理论与专业知识上，对旅游理论研究工作还“摸不着门”，但看过第一次会议的一些理论文章，也熟悉了旅游业界的专家学者姓名及其发表过的论文，因而是比较熟悉有关理论动态的。

杭州会议前我根据事先得到的通知精神，准备了三篇论文。即《旅游资源商品的价值构成和价值补偿》《旅游商品的特点及其价格资金运动》和《掌握旅游服务劳动特点，提高旅游服务质量》，都属于旅游经济理论的研究范围。会议开始前我提前到上海社科院拜访了老专家黄辉实先生，也结识了正在上海社科院读研究生的王大悟先生。

杭州会议由财贸所的乔玉霸、张广瑞负责。财贸所的所长、国家旅游局副局长、杭州市旅游局局长都到会祝贺并发了言。国内比较有名的专家大多都到会。北京市、天津市、辽宁、黑龙江、河北、山西、云南、江苏、甘肃等不少省市旅游局的局长、副局长或处长都出席了会议。会议主要讨论旅游业的性质、旅游经济的研究对象、旅游业和对外开放的关系等。其范围较宽、理论性较强。开幕式发言后，既转入小组讨论。我们华北组由北京市旅游局副局长和一位专家任组长，实际工作者人数较多。由于我是第一次参加这样的会议，开始不敢发言。小组会快结束时，我结合自己在饭店实习考察的体会和平时的专业理论学习，做了一次有观点、有阐述和建议的发言。中心思想是怎样以旅游经济理论为指导，结合中国国情实际发展旅游事业，此次发言引起广泛重视。经华北组组长，北京市旅游局侯锡久局长和天津、吉林、黑龙江省旅游局长推荐，小组专家同意，决定由我代表华北组做汇报发言。结果，我跳出当时会议两派的争论，做了《因地制宜、实事求是，走中国式旅游道路》的大会发言。中心讲了三个观点：一是旅游业是经济事业，但同时要为改革开放这个当时最大的政治服务，要研究与此相关的理论，正确处理两者的关系。二是中国当时的旅游以入境旅游为主。国情是经济落后，管理落后，但资源丰富，要坚持改革开放办旅游，以吸收外汇、增加收入、改革管理体制、增加劳动就业为主要方向。三是针对当时存在的问题，中国旅游发展重点要解决转变指导思想、调整管理体制、搞好对外开放、加快饭店建设和改造、切实提高服务质量、重视接待服务的经济效益等几个突出的问题，从而走出中国式旅游发展道路。这个发言受到与会者的广泛欢迎和较长时间的热烈掌声。会后争论的双方专家学者都向我表示祝贺。我当然也表示对他们的感谢，并征求他们的意见。这就是我第一次在全国旅游经济理论讨论会中的亮相。回校后，李越然院长听说了会议情况，还特别对我表示了祝贺。

杭州会议后，1982 年 12 月，财贸所召开了第三次全国旅游经济理论——以旅游经济效益为主题的讨论会。我因忙于带学生实习和我院首届毕业生 20 多人的毕业论文辅导工作，未能参加。但我提前给会议送去了一篇《旅游饭店经营管理必须重视经济效果》的学术论文。会后的 1983 年 1 月，这篇文章就在《西北大学学报》上公开发表了。顺带说一句，在当年我辅导的毕业论文中，还有一篇论文获得了北京市高等学校文科类专业“优秀毕业论文奖”，参加全市论文答辩。这在当时的联大旅游学院也是难能可贵的。

又经过近一年的教学和科研工作后，1983 年 11 月，由中国科学院的最优化学术委员会组织的“全国现代化最优学术交流会”在上海召开。我应邀参加了这次大会，并在会上做了《北京建国饭店经营管理方法》的重点发言，在会上引起了很大反响。会后，很多企业参会领导找我详细介绍情况。这篇文章于第 2 年的 1 月发表在《管理现代化》第 1 期上。到 1984 年的 5~6 月间，大会组委会还让我参加了《全国最优管理案例集》编辑工作，书中也收录了我的论文《客房商品的价格、成本和利润》。全书 25 万字，用全国最优设计与管理研究会的名义印制发行。

上海会议刚完，1983 年 12 月，中国社科院财贸所在郑州召开全国旅游经济学术理论讨论会。学校派了某老师参会，但他没有论文。我事先给乔玉霞、张广瑞的会务组送去了《试论中国旅游管理体制改革》和《试论我国旅游市场的动向和特点》两篇论文。他们很欢迎，给我发了正式的参会邀请函。于是我拿着邀请函先向系里申请，后向当时的教务处主任申请参会。他也很支持，说是专业老师就要多参加这样的会议，才能了解学术动态，提高教学质量，并嘱咐我把课程安排好。到达郑州国际饭店报到后，乔玉霸安排我为会议小组长，做讨论记录、准备会议文件。并宣讲了学术论文。但这次会议却让我首次感到了普通教师要想潜心科研，从事学术研究的不易。由于当时担任系教师党支部书记的参会人想垄断参会权，指责我无权参加这个学术会议。我明确指出我是事先提供了参会论文得到正式邀请，向系领导请假，院教务处批准而参会的。我不是党员，无须征得系党支部书记同意。结果是院系有关人员互相指责，互推责任，不敢担当。事情不了了之。会议的吃住当时由会务组解决，而我参会出差的交通费用 40 多元最终不能报销，由我自付了。这在当时已是我一个月工资的 55% 左右了。

除了旅游经济理论讨论会外，那一时期我还参加过几次全国旅游业界的专项工作会议。1982 年 1 月，全国旅游饭店经理工作会议在北京友谊宾馆召开。经过国家旅游局管理司会务组同意，我参加了会议，不仅收集了大量先进饭店的管理资料，还了解了当时的饭店管理动态以及经理们最关心的问题、难点、热点。1983 年 1 月，全国旅游系统先进单位和职工表彰大会在北京前门饭店召开。我同样经过会务组同意参加了会议，不仅听取了各种先进经验的介绍，也收集了很多先进单位的经验材料。这些对我的教材编写、教学案例的收集都是十分重要的。不幸的是，这次会后，我遭到了更加不公正的对待。在担任系教师党支部书记的个别人的鼓动下，以我没有请示汇报为由，采用类似"文革"中的办法，对我召开了一次管理系全体教师参加的检查批判会议。但形势不由人，本来只有 7~8 名教师，到会人数不到 2/3。中间又走了 2 人。尽管他在会上严厉指责我目无领导、无组织纪律、不事先请示就去参加国家旅游局的会议，是严重成名成家、白专道路……但我当时发言指出：我是利用没有课、不坐班的时间和条件去旁听会议，目的是了解情况、收集资料和事例，以便更好地提高教学质量。不知道要请示、请假和汇报。院和系里的制度中没有这一条（当时确实没有这个规定）。我不是党员，也无须向系教师支部书记汇报。更不存在白专道路、成名成家。我离成名成家还远着呢……结果，因为会议内容和当时拨乱反正，纠正冤假错案和改革开放的大好形势完全格格不入，也就只好不了了之了。

除此之外，1982 年 6 月和 1983 年 6 月，我还参加了在桂林和上海召开的《旅游饭店管理》教材编写的专题会议。1984 年 10 月、1985 年 5 月、1985 年 7 月，还参加了商业部饮食服务局和教育司组织召开的国家统考教材、大纲编写的专题会议。上述这些活动都对我在扬起人生风帆，努力做好旅游管理专业的教学和科研工作的过程中，发挥了积极的推动作用。同时，通过这些活动，特别是与最早从事旅游专业理论研究的各类人员接触后，我得出了一个结论：中国还没有真正的旅游理论研究，特别是旅游管理科学研究方面的专家。已有的专家都是原先从事经济理论、地理历史研究，取得了高级职称又兼职或转行从事旅游理论研究的人员。所以，从现在（20 世纪 80 年代）起，谁走得最快，谁最能吃苦而最先做出重要成果，谁就能最先成为旅游理论和企业管理科学研究方面的专家。这种思想意识也和参加旅游学术及专业会议一样，在一定程度上成了鼓舞我在旅游管理科学的教学和科研工作中继续勇敢前行的助推器和思想动力。

四　在全国学“建国”的背后

如果说 20 世纪 80 年代的旅游科研、教材建设、专业教学是我在旅游业中扬起的人生风帆的话，那么，全国学“建国”就是 20 世纪 80 年代在中国旅游企业中扬起的科学管理的风帆。而全国学“建国”这件事情又与我的科研活动及其成果推广密切相关。也是我在旅游科研工作中扬起的重要风帆之一。

1984 年 7 月 24 日，国务院下发了国发（1984）100 号文件：《国务院批转国家旅游局关于推广北京建国饭店经营管理方法有关事项的请示的通知》。通知指出；“选择五十个饭店做试点、推广建国饭店的经营管理方法，是我国饭店管理的一项重大改革。”在国家旅游局的“请示”中，还明确了要学习解决好的四个问题：一是所选择的五十家饭店必须具备的条件；二是饭店必须采用的垂直领导的体制建立；三是饭店必须扩大的人事、经营和财务方面的自主权；四是职务和技术津贴的改革与落实。这些都是建国饭店最重要的科学管理经验。

“全国学建国”在 20 世纪 80 年代是我国旅游行业中的一件大事。从 1984~1987 年，旅游局系统先后两次各选了 50 家饭店学习建国，商业部系统也先后两次各选了 50 家饭店试点，时间长达 4 年多。其结果是将我国饭店管理最早推向了与国际接轨的科学化、企业化管理的道路，大大提高了饭店行业的科学管理水平、服务质量和经济效益，使饭店行业最早与国际接轨，在科学管理方面走在了当时各行业的前列。

应该指出的是：全国学“建国”这件事情与我当时的科研活动及其成果推广是密切相关的。其事情的经过是：1982 年底到 1983 年初，学院派我分别带领各 30 名左右的首届毕业生先到燕祥饭店，后到北京建国饭店毕业实习。建国饭店是由中央高层领导直接批准的全国第一家合资与合作管理的饭店，经营管理是否成功也直接影响刚刚开始的对外开放政策的形象和声誉。建国饭店当年开业后，虽然经营管理很好、很成功，但在社会上，特别是在旅游和饭店业界都还不被理解。大多将其看成是资本主义的东西，社会上流传着“建国饭店不要党的领导，搞资本主义的一套”“靠色情、妓女招揽客人”等议论。饭店高层管理者顶着较大的政治压力，所以他们也希望外界能够尽快理解，以便站稳脚跟。当时，饭店聘请香港丰岛集团为主管理，采用了一整套先进科学的管理方法。对大学生的实习安排也非常重视，采用的基本方法是将入店培训、跟班上岗、逐级轮岗、管理实习、操作与服务、座谈与介绍等结合起来。我对这次实习非常重视，看成是一次十分难得的机会。除认真做好学生实习的组织工作外，我每天深入到饭店的前厅、客房、餐厅、厨房等各部门的各个服务项目，向中外双方的管理人员学习、了解饭店及各部门的管理体制、机构设置、人员编制、业务流程、工作程序、管理方法和各种规章制度。广泛收集各种资料和表格。除业务部门外，我也深入到饭店工程、财务、人事等部门虚心学习。在此基础上，又按部门逐级组织学生同领班、主管和部门经理召开座谈会，请他们向学生介绍饭店各部门、各环节的管理经验和方法，最后又请王留庄副董事长和副总理座谈。从而比较全面和系统掌握了建国饭店合资与合作管理的基本情况、经验、相关数据与方法。

建国饭店实习结束后，我的思想受到了很大的震撼。与国营饭店长期的“高级招待”所的管理思想、方法比较，实在是太好了，对外开放、合资合作的道路实在是太好太及时了。于是我下定决心，一定要“解破麻雀”将建国饭店的先进经验总结出来，以便于推广。当然，我也知道困难较大，学院和社会上先于我到建国饭店实习（考察的）已有好几人，都想写，也没有写出来。但是，怎么写呢？我首先想到的是采用毛泽东主席《湖南农民运动考察报告》的写作方法。解剖麻雀，效果会更好。当时，我还专门将毛主席的文章摆在案前翻了好几遍，然后将收集到的各种资料进行了阅读，进行“去粗取精、去伪存真、由此及彼、由表及里”的深入分析和思考，先写了一个提纲。文章一开头，就紧紧抓住建国饭店的科学方法、经营效果，针对人们的疑虑，用 7 个反问句来说明写作这篇考察报告的原因和目的，以引起读者的重视。然后从六个方面逐一介绍考察内容和结果：一是《深谋远虑的经营方针和崭露头角的经营实效》，主要介绍建国饭店的由来。深谋远虑的方针制定、内容和执行措施、贯彻落实方针所取得的各方面的优良经济效益，均用数字说明。二是《优雅的环境和舒适的设备》，采用对比方法介绍建国饭店在前厅、客房、餐厅、公共场所等的优雅环境和舒适设备，体现出合资饭店的享受成分和硬件建设的管理理念。进而介绍饭店硬件管理经验。三是《合理的管理机构和科学管理方法》，从管理体制、机构设置、各种科学方法运用的角度介绍建国饭店的先进经验。四是《严格的规章制度和高质量高效率的服务工作》，从规章制度的内容、落实和质量管理方法的角度介绍饭店的服务质量和成功经验。五是《需要研究的几个问题》，在总结经验的基础上提出了对外开放、合资合作需要注意的三个问题：一是合作各方利益关系的协调问题；二是怎样将外方的管理技术和科学方法学到手，以便消化吸收和推广问题；三是降低合资管理的成本问题。六是《几点结论》，明确提出了合资合作、对外开放的道路是正确的，建国饭店的合资合作经营是成功的，经验丰富、值得推广。

这篇考察报告，仅开头的前言部分就写了 4 次，内容写过 5 稿，最长的一稿已写到1.5万字,因为不满意而推倒重写。到第7稿完成后,心里感到无比畅快。感觉自己写出了一篇最满意的考察报告。到 1983 年 4 月左右，我将长达 3.6 万字的《北京建国饭店考察报告》交给著名饭店管理专家、实业家、北京建国饭店董事长兼北京市旅游局副局长侯锡久先生审察，征求意见。过了几天，我去取文章。侯局长对我说:“小蔡，你的文章我认真仔细地读了两遍，写得非常好，也完全符合建国饭店的实际情况。我们非常需要这样的对实际工作很有用的文章发表，但苦于没有时间坐下来总结。你的这篇文章我已经复印了，准备在旅游局系统的饭店总经理和党委书记中组织学习，推广建国饭店的经验。”听到侯局长的赞扬，我感到十分高兴和欣慰。从此，我和侯局长成了莫逆之交，在后来的多次活动中，侯局长都对我表示了关心和支持。

不久《北京建国饭店考察报告》于 1983 年 11 月在于光远先生主办的《经济研究参考资料》上全文发表。接着《经济信息月刊》发表了我的《旅游饭店的佼佼者》《北京建国饭店的经营管理方法考察》，到5月7日《世界经济导报》又发表了我的《建国效益从何而来？》。这些文章都是在国务院转发国家旅游局的“请示”前发表的。它无疑对全国学“建国”起到了一定的促进作用。特别是“国务院批转国家旅游局关于推广北京建国饭店经营管理方法有关事项的请示的通知”发表后，在全国200多家饭店学建国的4年左右的时间内，我的《北京建国饭店考察报告》一文被广泛翻印或转载，成为全国众多饭店总经理和各部门经理的学习材料。这在全国旅游学术领域是没有过的事情。到1985年4月，为了配合全国学“建国”运动的深入开展，我又发表了长篇论文《建国饭店体制改革的经验和我国饭店旅馆企业的经济体制改革》。文章内容是：其一，问题的提出，明确指出建国饭店经验和其成功的根本原因是在领导管理体制改革。其二，建国饭店是怎样做出体制改革决策的。主要从中外合资合作经营的角度阐述高层是怎样做出体制改革，选择先进科学的领导管理体制的。其三，建国饭店体制改革的主要经验何在。具体介绍建国饭店的机构设置、垂直领导制度、招工用人制度、劳动管理与考核制度、信息管理制度、劳动分配制度等的经验、做法与效果。其四，建国饭店的经验适合我国国情，值得推广。阐述了其具体原因。其五，借鉴“建国”经验，加快我国饭店旅馆企业经济体制改革的步伐。主要介绍应该怎样从实际出发，根据存在的问题借鉴建国经验，做好体制改革，并说明其方法步骤。其六，几点结论。提出了改革是中国的大趋势，经济体制改革是中央的决定。饭店行业作为对外开放的窗口，应向“建国”学习，尽快做好改革。这篇文章与《北京建国饭店考察报告》结合，紧密配合了“全国学建国”活动的开展，又成了很多饭店经理和部门经理的学习材料，推动了“全国学建国”运动的深入发展。

在近四年的全国学“建国”的活动过程中，我的科研成果对推广建国饭店的经验，促进活动的深入开展主要起了四个方面的作用：

1. 配合了国家对饭店行业管理重大改革政策的出台和推广。这两篇文章成为全国饭店学习建国饭店的管理经验和科学方法的具体学习材料，这在当时是绝无仅有的。

2. 帮助饭店行业在学习“建国”的过程中逐步提高了管理水平，使饭店行业逐步走上了与国际接轨的科学管理道路。

3. 帮助饭店行业在学“建国”的过程中逐步提高了饭店的服务质量，开始走上了程序化、制度化、规范化的质量管理道路。

4. 帮助饭店行业在学建国的过程中逐步摆脱了不计成本、实报实销的财务管理办法，转而采用了比较先进的以预算管理为先导的财务管理的科学方法，从而大大提高了饭店管理的经济效益。在全国学“建国”的过程中，我国饭店行业的规模还较小，能接待海外客人的饭店有 400 多家。指定学建国的试点饭店 200 家。4 年中，我国涉外饭店的平均营业额 3.92 亿美元。指定学“建国”的都是大饭店，平均收入占全国总营业额的 80% 左右，增收额在 20% 左右。由此推算，全国学“建国”的饭店每年所增加的营业收入在 6400 万美元，4 年合计增收 2.56 亿美元。这就是国家重大改革措施的落实所带来的实际效果。特别是全国学“建国”对我国饭店管理和国际接轨及其管理水平、服务质量和经济效益提高所形成的长期影响，那就更加巨大，是难以估量的。

回想起在全国学“建国”的背后，我能运用自己的学术成果在促成、促进和推动这项活动中做出一点事情，至今是感到十分欣慰的。事实证明“全国学建国”这项重大决定像一只巨大的风帆，使中国饭店行业从此走上了与国际接轨的科学发展的康庄大道。

五　市级科研课题的核心成员

在全国饭店行业开展学习建国饭店先进经验和科学管理方法的热潮中，1985 年 10 月，在北京华都饭店举办的庆祝北京联合大学旅游学院建院 8 周年的校庆大会上，北京市委政策研究室副主任，时任“北京旅游发展战略规划”研究课题组组长于英士先生，在旅游管理系主任王洪滨先生的引导下找到了我，邀请我参加“1986~2000 年北京旅游发展战略规划”的研究工作。我愉快地接受了邀请。当时，我和于先生是第一次见面，相互都不了解。但此后共同的工作才知道于先生是一位热情、正直、有很深厚的研究功底，乐于扶持和帮助年轻人的著名科研工作者。他说：“我们规划小组已经找了你 10 多天了。之所以邀请你参加，一是因为你发表的《北京建国饭店考察报告》《我国国际旅游市场的战略结构》《借鉴日本经验发展我国旅游事业》等长篇论文，具有很好的思想性和创新性，具有广泛影响。二是从论文中能够看出你有较强的科研能力，视野比较开阔，有较强的观察分析问题的能力。”当时面对于英士先生的赞誉和信任，我感到受宠若惊，十分感激，真有“士为知己者死”的感觉。所以，我决定认真参加这项工作。这大概也是我在省部级研究课题这一层次上的初次尝试而扬起的旅游科研方面的又一只风帆吧！

事实上，“1986~2000年北京旅游发展战略规划”研究，是同期北京市整体战略规划的配套研究项目，是为适应北京地区旅游事业的发展需要，解决好旅游供给的配套发展而组织的一项省部级性质的研究课题，在当时的全国旅游业界也是第一次，具有填补旅游科研项目空白的性质和特点。课题组由北京市委政策研究室牵头，会同北京旅游局、市政府规划、经委、建委、城建、园林等部门共同成立了研究小组。组长是政策研究室副主任于英士，副组长是市委政策研究室国际处处长李庚先生。所以，我很珍惜这次难得的给我在旅游科研工作中提供的平台和机会。

从1985年10月~1987年近两年的时间内，规划小组组织我们召开过很多次会议，做了大量的工作。1985年10月25日左右，我第一次走进市委大楼的小会议室参加规划工作的研讨会。会上来了不少专家学者，主要讨论市旅游战略规划研究的内容、思路、方法。不少专家发言后，我就战略规划需要研究的国际国内背景和环境、规划需要研究的内容、层次、思想和方法谈了些看法和建议。大概是发言比较切题和中肯，所以引起了专家学者的重视。会后，于英士和李庚先生询问了我准备承担的子课题。于是决定我参加核心组的研究工作，成为总体战略（即核心组）规划研究的主要成员之一，并承担旅游市场战略的子课题研究。这在当时的北京联大旅游学院既是第一次，也是科研工作的最高层次。

“1986~2000年北京旅游发展战略”的课题研究工作主要是在1985~1986年完成的。课题涉及的内容十分广泛。我主要参加总体战略，即核心组的会议。经过多次研究，课题组将研究内容分为总体战略、市场战略、旅游资源战略、设施建设、商品供应、人才培养和法规建设等六个子课题。每个子课题再由相关层面的专家学者和主管政府官员共同研究。我在整个战略规划研究过程中，就主要工作和成果而言，大致体现在三个方面：

（一）提出了战略研究的基本思路和方法

20世纪80年代中期，应该怎样开展一个地区的旅游战略研究？其研究思路、指导思想是什么？基本研究方法是什么？在当时的旅游业界还是个新问题。我在参加北京旅游战略规划研究的过程中，深入思考、认真探索，并结合我过去的研究体会，逐步提出了北京旅游战略规划的研究思路和基本研究方法。这种研究思路和方法，概括地说包括三个方面：一是注重层次研究，建立参照体系。即要将国际性、全国性、区域性和地方性四个层次的研究结合起来，形成立足北京，辐射华北、面向全国，促进地区和全国旅游业长期发展的格局。二是要以城市为中心，研究纵深产业结构的规划构成。既要将旅游战略纳入城市整体战略规划之中，又要和全国及地区旅游发展结合起来，形成整体上的纵深布局；三是要以城市为中心，将旅游资源、交通、基础设施、饭店餐馆等设施规划结合起来，保证协调发展。我当时提出的这种研究思路和方法不仅得到了课题组领导的认可和运用，我撰写的《北京旅游发展战略基本研究方法浅析》也被《北京旅游发展战略》一书收录。

（二）在总体战略中提出了一些政策性建议

"1986~2000 年北京旅游发展战略"规划研究中的总体战略由于英士、李庚两位组长负责，他们同时指导其他子课题的研究工作。当时，课题组的研究气氛很好。尽管没有报酬，但大家都很认真，能够敞开思想、集思广益，充分发表自己的观点和看法。所以，在总体战略的研究中，两位组长总是针对要解决的问题，组织核心组成员的小组讨论会议。总体战略规划的思想、观点、规划的内容大多由于英士、李庚在听取各方面意见的基础上总结提炼出来。作为课题组的核心成员，我主要在北京旅游发展战略的总体方针的提法、战略指导思想、旅游设施建设规划、旅游目标的确定和依据、旅游教育配套规划等几个方面提出过一些理论观点和政策建议。这些观点和建议最终都体现在《发展首都旅游事业，建设我国国际旅游中心》的总体报告中。其中，在我 1992 年出版的个人论文集《旅游经济与管理探索》中的《北京旅游事业战略思想和战略方针探讨》和 1986 年 7 月我在《未定稿》上发表的《北京旅游事业的进一步发展》两篇论文中也有部分体现。

（三）子课题《北京国际旅游市场的战略结构和对策》研究

"1986~2000 年北京旅游发展战略"研究中的市场战略分为国际市场和国内市场。我主要承担并完成了《北京国际旅游市场的战略结构和战略对策》这一子课题的研究工作。文中从国际旅游重心东移、沿海 14 个城市和特区开放、北京城市的性质功能三个方面论述了建立北京国际旅游市场战略结构的客观依据，进而阐述了这一市场战略结构的基本模式，包括客源结构的主体构成、基本模式、发展目标和实施步骤。最后提出了建立北京国际旅游市场战略结构的对策措施，包括外联体制改革、驻外推销机构建立、客源立体结构调整、预订网络建立、国内和国际旅游的关系处理、旅游价格体系改革等六个方面。这一研究成果在当时不仅有较好的广度、深度和新意，而且作为主体战略的子战略具有很好的支撑作用和较强的说服力。这一研究成果被收入《北京旅游发展战略》一书中，受到课题组和社会上专家学者的好评。

"1986~2000 年北京旅游发展战略" 规划的研究工作到 1987 年春基本结束。由市政策研究室上报市政府和国家旅游局，得到了肯定，并作为北京市旅游事业发展的未来战略而投入了使用。1988 年由燕山出版社出版《北京旅游发展战略》一书，同时经市政策研究室于英士、李庚先生上报，该书参加了北京市社会科学研究成果评选，获得了 "北京市哲学、社会科学和政策研究优秀成果一等奖"，我也获得了一张大红的奖状。这就是我首次参加的省部级研究课题——北京旅游战略规划研究工作的简单回忆。

六　国家统考和职称考试的专业负责人

（一）国家厂长经理统考专业工作

20 世纪 80 年代开始的全国厂长经理统一考试是改革开放后第一次由国家经委开展的提高企业高级管理人员基本素质的一件大事。当时的考试，除政策形势方面的内容外，以各行业的专业技术知识为主。很显然，厂长经理作为企业的最高领导者，如果专业知识考试的成绩较低，甚至不及格，不仅对他们来说是一件极不光彩的事情，而且也说明其个人素质太差，缺乏担任企业最高领导者的基本条件。所以，企业及其各行各业的上级领导对这件事情都是十分重视的。

我担任商业部饮食服务行业厂长经理国家统考的专业技术工作的负责人是从 1984 年 10 月开始的。事情的经过是这样的：1984 年 3 月，我受当时的北京市饭店总公司党委书杨葆安先生邀请到总公司担任顾问，为公司发展提供咨询服务，同时担任总公司正在筹办的中专和大专班的专业课老师。当年 7 月，根据北京市人事局的通知精神，北京市饭店总公司组织开展了总公司的人才预测工作。在总公司人事处和教育处的直接领导下，我无偿完成《北京市饭店总公司人才预测报告》《饭店总公司管理用人规范》和《饭店总公司人才培养规划》

三个主要文件。在北京市人事局召开的人才预测工作经验交流大会上总公司陈自民处长用上述文件去介绍了经验。这时商业部饮食服务局和教育局在天津召开全国饮食服务行业厂长经理国家统考专业工作会议。经陈自民处长推荐，杨葆安局长决定让我代表饭店总公司去参加这项工作。大概是由于北京市饭店总公司在当时的北京乃至全国服务行业的地位很高，我又是当时很少的旅游专业课教师。所以，会上决定由我和天津商学院餐旅服务系的主任周寿田先生担任国家统考的专业教材《饮食服务企业管理基本知识》的编写、出题、判卷工作的负责人。周寿田先生因工作较忙，所以后来这项工作的大部分文字起草和修改总撰都主要由我来完成了，周先生在修改、把关等方面也做了大量工作，发挥了十分重要的作用。

从 1984 年 10 月 ~1986 年 8 月的近两年时间内，在担任全国饮食服务行业厂长经理国家统考专业工作负责人的过程中，我重点完成了 6 个方面的工作：

1. 参会研究。1984 年 10 月在天津、1985 年 7 月在秦皇岛、1986 年 5 月在武汉先后三次参加了厂长经理国家统考的专业工作会议，主要研究教材编写、教师培训、统考出题、标准答案、试卷评判等方面的问题。我作为专业工作的负责人之一，和周寿田先生一起，按商业部要求履行了职责，完成了会议方面和会后的相关工作。

2. 教材编写。与周寿田先生一起完成了统考教材《饮食服务企业管理基本知识》中个人承担的三章文字的编写工作和全书文字的修改、补充、完善，即总撰工作，保证了书稿的质量和出版使用。

3. 统考大纲编写。编写完成了饮食服务企业管理的《国家统考复习大纲》，经商业部审核，于 1985 年 5 月 14 日在《中国商业报》上公开发表，为全国饮食服务行业的国家统考工作提供了培训和考试依据。

4. 师资培训。1985 年 4 月 8~14 日，在商业部举办的全国饮食服务行业厂长经理国家统考师资培训班上讲授《饮食服务企业管理基本知识》及考试培训工作的注意事项，完成了专业课教师培训的相关任务。

5. 统考出题。1985 年 5 月和 1986 年 6 月，先后两次完成第三批和第五批厂长经理统考的试卷和标准答案的起草工作。经商业部审批后，投入实际使用。

6. 判卷评分。1985 年 8 月和 1986 年 8 月，先后在呼和浩特市和吉林市完成国家统考的判卷与审核工作，履行了专业技术负责人的职责。为提高全国饮食服务行业的企业总经理、副总经理的专业素质做出了自己的贡献。虽然在当时所做的这些工作基本上没有什么报酬。如参加会议无补助，讲半天课才20元，但能为国家的事业发展而做出贡献，至今感到很愉快，不后悔。

（二）旅游专业职称评定工作

参加北京市旅游经济专业职称评定的培训与考试工作，成为专业负责人的事情经过是这样的：1986年商业部的厂长经理国家统考结束后，当年下半年，北京市组织开展企业领导干部的专业技术职称评定工作。饭店行业的这项工作首先在北京民族饭店试点，然后在全市推广。从1986年民族饭店职称改革的试点工作开始到1992年后的“以考代评”为止，我重点参与并完成了以下几个方面的工作：

1. 参加北京民族饭店职务聘任制度改革的试点工作。北京民族饭店的试点是经市职称领导小组、市科干局、市经委、商贸部和旅游局等有关部门批准，并在其指导下开展的。我和市旅游局的赵克非处长都直接参加了这项工作。前后经历了近八个月左右的时间，其主要工作内容大致包括三个方面：一是饭店旅游经济专业职称改革的工作研究，包括指导思想、方法、步骤的确定等。二是民族饭店专业技术岗位的设置，各部门各岗位职责的制定等。三是专业技术职称改革的有关政策，包括专业技术职务的设定，不同专业技术职务的任职与聘任条件、考核标准、考核与聘任办法的制定等。这些工作都是在民族饭店试点领导小组的组织下，经过无数次专业或专项工作会议的讨论研究，再形成文字而逐步完成的。我在其中主要是参加会议讨论，做部分文字起草审阅，特别是最后成书《饭店旅游经济专业职称改革》的文字修改、编辑等，从而为民族饭店职称改革的经验总结和推广做了点贡献。

2. 完成职称考试《饭店管理统考复习大纲》的制定和课堂主讲录像带的制作。在民族饭店进行试点的同时，1987年2月，受市科干局、旅游局委托，根据联大旅游学院安排，以指定教材《实用饭店企业管理学》（上、下册）为依据，由我编写了北京市旅游经济专业职称统考《饭店管理统考复习大纲》，打印后供培训使用。1988年4月，又由我主讲、录制了40个课时的《饭店管理》专业课录像带，从而为职称统考培训提供了标准和依据。

3. 为饭店高中级管理人员进行职称统考的培训工作。当时饭店旅游经济专业职称分为高级经济师、经济师（含助理经济师）和经济员三个等级。统考培训主要分为高级和中级两种，培训方式主要采用授大课和各单位辅导相结合的办法。大课讲授在北京展览馆和劳动人民文化宫进行过 3~4 次，每次有 400~500 多人参加，最多的一次有 800 多人参加。单位辅导由各饭店自行组织，先后为北京饭店、前门饭店、新侨饭店、长城饭店、建国饭店、西苑饭店等几十家饭店进行过职称考试的辅导工作。一般一个单位进行了一天或半天的辅导，半天算一次，只收 50 元钱的辅导费用。

4. 完成了高中级职称《饭店管理》专业课的统考出题和判卷工作。1988~1992 年的职称统考出题分为高级职称和中级职称，课程则分为《旅游经济》和《饭店管理》两门，先后在北戴河友谊宾馆和北京香山饭店出过两次考试题。召开过两次审题会议。《饭店管理》课程的出题则主要由我完成。此外还为密云、昌平、房山、怀柔和石景山区旅游局做过职称考试的培训辅导和出题工作。这项工作直到 1992 年改为由国家旅游局统一出题，职称工作改为"以考代评"后基本结束。

5. 先后担任北京市高级职称评委、中级职称评委和副主任，参加职称改革的论文评审和评定工作。在北京民族饭店的试点过程中，1988 年 5 月，我被聘为北京市旅游经济专业中级职称评委委员，首次参加了民族饭店的职称试点评审工作。1989 年 3 月，被聘为北京市旅游经济专业中级职称评委副主任，同年 3 月还应邀在北京燕祥饭店参加了北京市旅游经济专业首次高级职称的评定和论文评审工作。为北京饭店总经理陈清祥、副总经理兼党委副书记孙继辅、燕京饭店总经理邓丛坤等 8 位申报高级经济师的饭店总经理审阅了论文，签署了其论文水平达到高级经济师任职资格要求的评审意见。

6. 为国家旅游局的职称评审做了一定工作。1989 年 9 月 27~10 月 6 日，应邀为国家旅游局组织的旅游经济专业的职称考试进行了《饭店管理》的考前培训、考试出题和判卷工作。

总之，这一时期我所参与和完成的厂长经理国家统考和旅游经济专业的职称考试与评定工作，都是以讲师和 1987 年评定，1988 年初刚刚晋升为副教授的专家名义应聘、应邀参加的。其工作内容都以考试复习大纲的起草、考前培训辅导、出题、判卷等工作为主。这些工作对饭店行业高中级管理人员的素质和专业地位的提高无疑都起到了积极的促进作用。至今想来，虽然报酬很低，不少活动基本没有报酬，但仍然是感到高兴和欣慰的。

七　填补空白的旅游管理教科书

20 世纪 80 年代，从事旅游教育和科学研究的人是很少的。旅游专业，包括饭店管理、客房管理、餐饮管理、旅行社管理等方面的教材和专业书籍都处于空白状态。社会上除有极个别介绍国外旅馆知识的小册子和公开出版的介绍旅游知识的小册子外，没有任何专业性的教材和书籍。由于专业课教学的需要。从 1987~1989 年的两年时间内，我有幸公开出版了 2 本，同时参与编写出版了 2 本填补空白的旅游管理教科书，这在当时的旅游业界，产生了巨大影响。这大概也是我在旅游管理专业教科书出版方面扬起的人生风帆吧。

我出版的第一本填补空白的旅游管理专业教科书是 1987 年 2 月由广东旅游出版社出版的《饭店客房管理》。该书最早是 1982 年完成内部打印稿，在北京联大旅游学院、海淀走读大学（后改名为北京城市学院）等众多院校经过 5 年的试用，再修改、补充和完善而出版的。就内容而言，在当时是比较系统、全面和先进的。全书分为 11 章 37 节、三个附录。主要内容是：第一章，饭店客房管理的性质和任务。分别介绍了客房管理的产生和发展，客房在饭店中的地位作用，客房管理的性质和任务。第二章，客房管理的基本原则和制度。介绍了客房系统的机构设置、管理原则和基本制度的内容。第三章，饭店客房计划管理。以目标管理为指导，介绍了客房管理计划编制原则、编制方法、执行与检查方法。第四章，饭店室内环境艺术和布局装潢。从创造享受程度的角度介绍了饭店及各类客房的环境艺术和装饰布置方法。第五章，客房商品价格管理。介绍了客房商品价值原理、构成、阐述了各种房价制定方法，调价方法和案例。第六章，前厅客房销售管理。以合资饭店经验为主，介绍了前厅客房预订、接待、日常服务、表格管理的各种方法、程序。第七章，楼层客房生产管理。主要介绍楼层客人住宿、卫生、安全、物品管理的各种方法、程序。第八章，旅客类型和服务方法。运用心理学原理总结出客人的各种类型及其有针对性的服务方法。第九章，客房设备用品管理。从部门角度介绍客房设备维护使用方法和用品管理程序与方法。第十章，客房劳动管理。从部门角度介绍劳动定额、定员编制、劳动组织、提高劳动效率的方法。第十一章，客房部门财务核算。主要介绍部门核算的特点、任务、内容和方法，最终落实到客房管理的经济效益上。最后的三个附录分别是《客房卫生操作规程》《客房服务礼节礼貌》

《客房服务常用英语会话和词汇》。

从上述内容介绍可以看出，该书有比较完整的体系，科学性、理论性、实用性和可操作性都较强，所以，出版后很快受到饭店行业和旅游院校的广泛欢迎。从1987~2001年，该书曾多次重印成为旅游管理专业的畅销书。

在《饭店客房管理》出版发行的同时，我参与编写的《旅游饭店管理》也成了填补空白的旅游管理专业的教科书。该书是国家旅游局教育司组织全国旅游院校专业课教师编写的。邓观利先生任主编，1987年2月出版，曾被指定为旅游系统参加厂长经理国家统考的专业教材。从1987~2000年，也曾多次重印，成为旅游管理专业的畅销书。

我主编的《实用饭店企业管理学》（上、下册）于1989年2月由中国财政经济出版社出版发行后，也成了填补空白的旅游管理专业教科书。该书由我国著名经济学家，时任中国社会科学院院长于光远先生题词，北京市委政策研究室副主任、研究员，北京旅游战略规划研究小组组长于英士先生作序。该书在以下几个方面引起了广泛重视，填补了研究空白：

1. 首次对饭店企业的管理体制、垂直领导、逐级负责的制度内容、企业领导素质和领导方法等进行了比较科学的理论阐述。

2. 首次对饭店企业的整体经营思想、经营方针的内容、市场开发的方法、市场结构和产品推销方法等进行了理论和实用相结合的探讨。

3. 首次运用预测、决策原理和预算管理原理对饭店企业的市场预测、经营决策、企业和各部门的预算和计划编制方法进行了科学探讨，最先体现了定性和定量管理的结合。

4. 最早将建国、长城等合资企业的前厅、客房、餐饮等各业务部门的科学管理原理、方法、程序、定量控制方法等引入饭店企业管理的教材之中，并上升到理论和实用结合的高度。

5. 最早对饭店企业全面质量管理的原理、内容、管理与控制方法、服务质量的定量管理方法进行了深入探讨。

6. 首次对饭店企业的客房、餐饮、商品、娱乐设施等的价值原理、价格构成、各种定价方法、价格调整方法进行了科学阐述和定量分析。

7. 首次对饭店企业的人事管理原理、人员招聘、劳动定额和定员编制、员工动力和士气激发、员工培训等进行了科学探讨。

8. 首次在饭店物资用品的定额管理、库房管理、财务管理、经济核算和经济活动分析等方面也进行了比较科学的探讨。由此建立了一个比较完整科学的现代饭店企业管理体系，又较好地体现了理论、方法和案例的结合、定性管理和定量分析的结合。

该书出版后，受到当时旅游院校，特别是饭店业界的广泛欢迎。在当时全国只有 3000 多家涉外饭店的情况下，仅通过本人向全国售出的该书就达 6000 套以上，成为当时填补空白的旅游管理专业的畅销书。这大概也是我被誉为旅游管理专业的开拓者和奠基人的原因之一。

除此以外，1986 年 3 月，由我和天津商学院周寿田教授总撰的《饮食服务企业管理基本知识》则是填补全国饮食服务行业空白的专业教科书。该书体例结构和编写提纲由我起草，经会议讨论修改后分头编写。全书内容分为饮食服务企业的管理概论、组织与领导、业务经营与管理、经营责任制、质量管理与卫生管理、设备管理与技术管理、饮食服务企业的价格管理、人事劳动管理、财务管理、经济核算和经济活动分析共 10 章，其章节内容的系统性、前瞻性、理论阐述的科学性、全面性、实用性与可操作性在当时都是绝无仅有的。我承担并完成了第三章、第五章、第七章，共 7.9 万字的编写任务。该书出版后，被指定作为商业部饮食服务局组织的厂长经理国家统考专业教科书，也成为当时不少商业院校饮食服务管理的专业教材。

八 破格晋升的年轻副教授

在现实社会生活中，职称的高低在一定程度上反映了一个人的专业技术水平和科研工作能力，也对人们在社会上，特别是学术界的地位有很大影响。但一个人真实的专业技术水平和科研能力的高低又主要是由他们的实际成果及其水平高低决定的。不少没有学术成果和专业技术水平的人员，他们利用党政职务和权力早早地骗取了教授、研究员甚至学部委员等高级职称和职务。而又打击压制、甚至迫害极有能力、有高水平实际成果的年轻人或专业技术人员，这是现行职称评聘制度的一大悲剧。一个有能力、有水平、有实际贡献的专业技术人员，能否获得相应的高级技术职称，除个人的实际成果外，在很大程度上是由他所在的单位的环境、气氛、主管领导者的个人品质等多种因素决定的。在我进入北京联大旅游学院后，从讲师到副教授的职称评定都是比较顺利的。

事情的大致经过如下：

1983 年 5~6 月间，北京联大旅游学院按照北京市高等院校的统一安排，开展了“文化大革命”结束以来的学院首次职称评定工作，当时的旅游学院大家都没有职称。我是 1980 年 4 月才调来学院管理系工作的。进校时也未办理认定我为助教的手续。我的大学工作年限太短，就是将进入大学的时间都算为助教的时间，也不到 3.5 年，按理直接评讲师是不够资格的。但考虑我们大学毕业后已有 15 年的工作经历，特别是我当时已公开发表了 8 篇旅游专业论文或文章，编写了一本《饭店客房管理》的内部试用教材和一本内部打印的《旅游资源商品的价值原理》的学术专著。从学校工作需要和爱惜人才的角度出发，旅游学院当时的主管领导王景荣副院长和管理系主任王洪滨破格让我晋升了讲师。

从 1983 年开始，联大旅游学院的职称评定工作，基本上每年都按照北京市的统一安排正常开展。到 1987 年 5~6 月间，学院开展了首次副教授职称的评定工作。当年，我在讲师岗位上的任职时间虽然还不到规定的最低 5 年的年限，但按国家政策，有突出贡献的讲师，可以破格晋升为副教授。所以，我也填写了申报材料，但并未批准。于是我严肃认真、实事求是地给学院领导写了一份比较详细的申述材料，用客观事实说明了我所做出的突出贡献。其主要内容包括：

1. 参加北京市旅游战略规划研究工作，是核心组成员和课题组负责人，并获得了北京市哲学、社会科学和政策研究优秀成果一等奖。

2. 个人公开出版了《饭店客房管理》《实用饭店企业管理学》（上、下册）两本教材和《饭店旅馆管理常识读本》，字数达 120 多万字。还参编《旅游饭店管理》和《饮食服务企业管理基本知识》，个人完成 10 万字左右。

3. 从 1984 年晋升讲师后到 1987 年，我还公开发表了 30 多篇学术论文，2 篇国家统考复习大纲，总字数达 30.46 万字，其中学术论文达 22.06 万字。此外还列举了超额完成的上课时数和效果。

大概是这些成果既感动也说服了有关领导。所以下半年经联大旅游学院副院长兼院职称评定领导小组组长王景荣先生的极力推荐和争取，终于获得批准。到 1988 年 1 月正式下达了我被晋升为副教授的聘书。这就是当时在联合大学、旅游学院引起广泛议论的最年轻的副教授的来历和经过。当年，我已 44 岁了，谈何年轻呢！

当然，必须承认我能够不请客送礼、不拍马屁、不花一分钱，还写了申述材料而得到领导的支持帮助，破格晋升为副教授，首先要归功于党的领导，特别是单位主管领导能够正确执行党和国家的方针政策。坚持公平、公正原则。事实上，那次职称晋升在我的人生道路上已是第四次沐浴党和国家实事求是、关心爱护人才、能够秉公办事的政策光辉了。第一次是1975年在北京市175中学，别主任敢于根据我的实际表现，在我背着所谓“五一六”严重政治处分的情况下，让我去当政治课教员。第二次是1978年在175中学，在我的“五一六”问题还在解决过程中，校长韩梅林敢于根据年级组长张文练的评选结果，将我评为学校优秀班主任。第三次是1983年在联大旅游学院、王景荣副院长、王洪滨主任能够根据我的实际表现和成绩，将我破格晋升为讲师。第四次是1987年，因为同样的原因和理由，我又一次得到了破格晋升的机会，成了当时学院最年轻的副教授。所以，在“任命制”是国家根本性人事制度的条件下，一个人的命运在自身努力而优秀的前提条件下。首先取决于他的越级领导者所使用的自己单位的主要领导者是否正派、秉公办事、关心和爱护人才。个人的命运并不是由本人决定的。

大概是我前半生的命运较好，1987年我破格晋升为副教授也为我今后的科研和教学工作的发展扬起了更大的人生风帆。

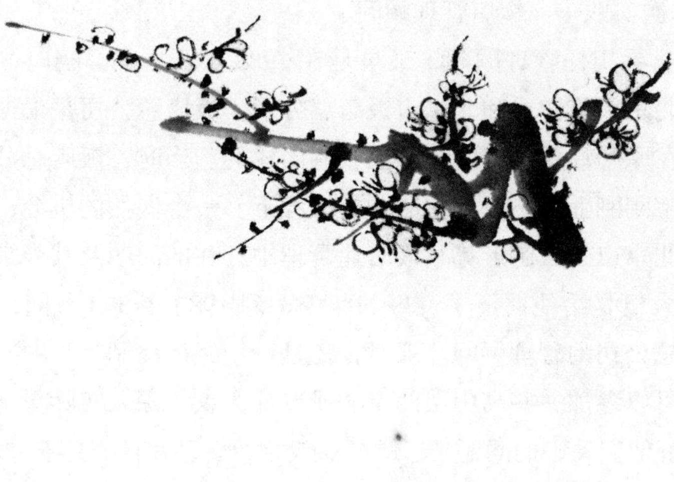

第六章　被誉为中国旅游管理科学开拓者和奠基人的背后（1989~2003 年）

一　到实践中去打下更坚实的基础

20 世纪 90 年代后期在《中国人才辞典》《中国高级科技人才辞典》《中国高级技术人才系列辞典》《海峡两岸著名旅游专家》《跨世纪中华兴国精英大典》、《世界名人录》《中国人才网站》等众多书籍和网站中，我已被誉为“中国旅游管理科学的开拓者和奠基人”。但就当时的想法而言，我根本没有想成为“中国旅游管理科学的开拓者和奠基人”的思想意识。当时的想法是：要想深入开展旅游管理的科学研究，做好专业教学工作，必须两手抓，两手都要硬。即一手抓专业理论学习，一手抓实际工作锻炼。因为饭店管理、客房管理、餐饮管理等旅游管理科学都是实践性很强的科学。只有到实践中去打下更坚实的基础，才能在破格晋升为副教授后向着更高的目标前进。正因为如此，我不仅将深入饭店实习考察、掌握旅游企业管理的运行规律作为从事旅游专业教育和科学研究的重要起点和支点，而且总是利用各种机会和条件到饭店中去任职，担任顾问、总经理或技术总监，亲自参与或参加企业的实际管理工作。这是教学和科研工作向着更高目标前进的必由之路。

（一）第一次实践——饭店管理顾问

我在饭店业界担任管理顾问，最早是在 1983 年开始的。当时，北京市的饭店行业分属北京市旅游局和北京市饭店总公司。饭店总公司是根据北京体制改革的要求，在原第一服务局的基础上改制而成的。当时，饭店总公司的党委书记杨葆安先生刚刚上任不久。在朋友的推荐下，一个偶然的机会，杨葆安先生与我就有关北京市的旅游形势、饭店业管理中存在的问题及其未来发展方向进行了交流。大概是给他留下了良好的印象，到 1983 年 3~4 月间，我应邀成为北京市饭店总公司的管理顾问。那时，还是计划经济体制，当顾问是没有报酬的。好处是可以参加一些高中层的专业或专项会议，深入实际与高中层管理人员接触，了解他们关心的问题，了解行业或企业管理动向、热点、难点问题，为企业或行业管理提供咨询和建议。同时，在参加活动时一般会派车接送，免费享受工作餐或参加宴会。这对大学教师，特别是对专业课教师提高教学和科研水平来说，是有极大帮助的。这在当时已经获得高级职称的教师中，也只有极少数人能够得到这种机会。所以这也是当时的教授或副教授身份和能力的一种象征。而我那时刚刚在争取评讲师，所以对我来说，实在是一种莫大的荣幸，也是自身能力得到社会承认的一种体现。

我在 1983~1987 年担任北京市饭店总公司管理顾问的近三年时间内，重点做了五个方面的工作：

1. 参与了总公司的人才调查和预测工作，为公司发展的人才建设规划提供了依据。当时，由公司人事处牵头，教育处参加，首先对总公司及其下属的十大饭店的人才现状进行了调查。在此基础上，进行了人才分类，并按当时北京市人才预测办公室的要求进行了人才需求预测。最后，由我起草了《北京市饭店总公司人才预测报告》等三份文稿，报公司党委审批并报市人才办公室审批确定，于 1984 年 7 月由总公司陈自民处长在全市人才工作会议上做了工作经验介绍。

2. 参与了总公司人才培训规划的制定与培养工作。根据人才调查和预测，由我起草了《北京市饭店总公司人才教育规划》,由教育处长陈自民向公司汇报，同时参与总公司在立水桥开办的旅游管理专业中专班、大专班的部分规划研究工作。

3. 受总公司委派，代表饭店总公司参加了商业部饮食服务行业开展的厂长经理国家统考工作；被指定成为教材编写、教师培训、考试出题和试卷评判的负责人。

4. 承担了总公司按教育规划开办的中专班和大专班先后各两届学生的饭店管理（包括前厅与客房管理、餐饮管理、设备物资管理）专业课的教学任务。前后 3 年左右。反应效果较好。

5. 为总公司和部分下属饭店做了一些在职中高层管理人员的培训工作。主要采用讲座、短训班形式进行。反应效果良好。其中 ,1985 年 2 月，在北京香山饭店由总公司举办的公司高管人员（各饭店总经理、党委书记、总公司处长以上干部参加）培训与工作会议上，做了“联合起来是饭店行业打入国际旅游市场的必由之路”的专题讲座。1985 年 7~10 月，在北京西苑饭店举办的主管和部门经理以上干部培训班上，主讲了“饭店企业总体管理”专业课，这两次培训的影响最大。在西苑饭店的主讲时间达到 60 多个小时，对提高干部素质起到了积极的促进作用。

（二）第二次实践，东方饭店顾问

第二次担任饭店管理顾问是 1986 年在北京市政府下属的北京东方饭店。当时东方饭店党委书记（我已经记不清他的姓名了）和办公室主任张凤岳看过我在北京日报上发表的《历史上北京的旅馆》和有关刊物上的文章，知道我已是北京地区饭店管理方面的专家。当年 1 月，饭店要搞开业前的专题培训。将我请去，经过交谈，了解到饭店情况，很快取得相互信任。后经党委书记和总经理协商，正式聘请我担任了北京东方饭店的管理顾问，任期 5 年。在此期间，我重点做了三个方面的工作：

1. 饭店开业筹备工作，提出了一些咨询和建议。主要通过与总经理、党委书记的交谈，对饭店开业的机构设置、人员配备、制度建设提出过一些建议。

2. 为饭店开业干部专业培训做了一些工作。其中 1986 年 1 月，在饭店主管和部门经理以上的短训班上，讲授了饭店总体管理，并结合饭店筹备开业提出了需要注意的问题。当年 3 月，为饭店做了《广州地区饭店管理动态和主要经验》的专题讲座。当年 8 月，为饭店举办了前厅、客房、餐饮等部门管理专题业务讲座。三次培训总课时 50 个小时左右，比较系统和专业，这对提高饭店管理人员的素质起到了一定的促进作用。

3. 正式开业后，从 1987 年到 1990 年还多次到饭店了解经营管理情况，提供过一些咨询服务。特别值得一提的是我编写的《饭店客房管理》一书在 1987 年 2 月正式出版时，还得到饭店的大力支持。至今感到十分欣慰，也十分感谢。

（三）第三次当顾问的意外工作

我第三次担任饭店管理顾问是 1986 年 12 月被广州青年酒店管理促进会聘为特邀顾问。广州青年酒店管理促进会是广州财贸管理干部学院旅游专业的干修班学员中的骨干分子成立的一个专业性民间机构。那是该院 84 级和 85 级的学生，由 60 多名在职进修的人员组成。我曾给他们讲过 90 多个课时的饭店管理，包括前厅、客房、餐饮等部门管理的专业课。作为特邀顾问，虽然聘书上的时间是 1986~1999 年，但只是名誉性质。因距离远，实在未做什么事情。

值得一提的是当年由财贸管理干部学院的系主任和该促进会成员推荐，我收到了广州市人大常委会和市旅游局的邀请，参加了当年 9 月 22 日 ~28 日召开的广州旅游发展规划战略研讨会。这是一个有广东省委领导、广州市委领导，包括主管副市长、市人大常委会主任、副主任、市旅游局长等领导参加的高规格的专业性会议。全国只邀请了北京、上海和杭州的三位著名专家到广州东方宾馆参会。会上特意安排了我做大会专题发言。我事先阅读过大会需要审议的广州旅游发展战略规划的内容，并结合我参加北京旅游战略规划的体会。中肯地讲了两个观点：

1. 比较充分地肯定了广州市旅游战略规划的指导思想、规划内容、规划安排的科学性，实用性和可操作性。

2. 对该战略规划中的地区战略的层次性、供求关系、管理体制改革等提出了三点建议。

由于发言比较中肯，针对性较强，所以效果很好。当天的大会简报、羊城晚报、广州日报都对我的发言做了摘要介绍或报道。发言后，主管旅游的广州市副市长还当即和我握手，做了交谈，肯定了我的发言。并在当天的晚宴后专门邀请了我们参加会议的外地三名专家到广州流花宾馆、广州宾馆考察饭店的音乐茶座和餐饮与文娱结合的专场文艺演出，共同交流探讨旅游发展战略的相关问题。这些活动也在广州日报、羊城晚报上有所报道。这种影响广泛的活动传到旅游学院后还引起了那些心胸狭小、专会嫉贤妒能的小人的长期不满。在我后来晋升正教授的过程中整了我十年之久。这当然已是后话了。

（四）第四次当管理顾问

我第四次担任饭店管理顾问是 1987~1992 年被聘任为北京京丰宾馆的顾问。主要做了三个方面的工作：

1. 给宾馆主管领班以上的干部做过几次专业培训。如 1987 年 8 月主讲的《饭店企业管理》。内容包括总体管理、前厅与客房管理、餐饮管理等。共 27 天，80 多个小时。1989 年 2 月，给宾馆中层以上干部开办的《现代饭店管理专题讲座》。

2. 给宾馆财务部讲授饭店预算管理，并于 1987 年 10 月协助宾馆完成 1988 年的年度预算和计划编制工作，提出了具体建议和咨询服务。

3. 为宾馆后来的日常管理提供过几次咨询服务。

（五）第五次实践：担任饭店总经理

我第五次参与饭店的实际工作是 1997~1999 年被聘，在北京立波宾馆担任了宾馆总经理，主持宾馆的日常工作。它和饭店顾问比较是大不相同的。其区别在于：

1. 顾问是虚的，总经理是实的。顾问顾问，顾了才问。总经理则必须每天到岗做具体工作。

2. 顾问是敲边鼓的，总经理是承担实质责任的。顾问主要是对企业重要问题或日常经营起咨询、建议的作用。是否采纳，采纳到什么程度都是不确定的。总经理则要对企业经营过程中的业务决策、经营效果承担实质的领导责任。

3. 顾问多参与部分工作，总经理主持全面工作。顾问一般是有事需要时才会通知参加会议，提供咨询，大多都不会坐班。总经理必须主持饭店全面工作，坚守岗位，每天处理各种具体问题。所以，旅游管理的专业课老师如果有机会去担任一定时期的企业总经理，亲身体验企业及各部门的管理工作，那对他所从事的专业课教学水平和科研能力的提高无疑是有巨大帮助的。

北京立波宾馆位于北京市菜市口米市胡同 109 号，原是一家区办工厂。由 2 座小楼一个较大平面组成，占地面积有 700~800 平方米左右。在国家“抓大放小”，大力发展第三产业和旅游服务行业的政策指引下，一位名叫李伟的民营企业老板以年租金 250 万元加年递增 5% 的价格取得租赁权，将工厂改为北京立波宾馆。租期 20 年。我是 1997 年 3 月经我的一位姓苏的学生介绍到宾馆任总经理的。当时我在旅游学院的课程正好有一年左右的轮空时间用于深入实践调查研究和开展科研工作。每周只需半天到学校参加政治学习。同时承担的校外自学考试的课程都在晚上或周末。所以是一个极好的机会，就同意了。当时的月薪只有 2000 元。

我到达立波宾馆后，只有 40 间客房的一座小楼基本改造完了，还有 20 间客房的小楼正在改造。用原来车间的一半改造的餐厅还未完工，大厅也未建成。后面的库房处还准备建 40 间客房。如果建成，宾馆的标准为二星级，有 100 间客房、一个小型的前厅、一个大餐厅、5 个包间和厨房，另有一个大型台球厅，同时设有桑拿、健身、美容美发等设施。董事长李伟提出的要求是：一边改造筹建，一边营业。2 个小楼的 60 间客房、餐厅和台球厅必须在 6 月 1 日开始营业，到 10 月必须全面正式营业。宾馆原来的体制是投资人兼董事长李伟同时兼总经理，他的一位发友，一直跟着他打拼的陈先生任副总经理。他父亲的一位朋友，当过房山区地方招待所副所长的退休人员任主管业务的副经理。整个宾馆的人，除一位姓杨的小伙子在昆仑饭店当过餐厅领班，现任餐饮部经理外，其他人全是外行。我接任总经理后，李伟在会上公开表示只任董事长，宾馆的日常工作由我全面负责。由此可知，当时所面临的工作压力有多大。为了尽快打开局面，我重点做了七个方面的工作：

1. 调整组织机构，划清部门职权。根据宾馆实际需要，建立了一个小型的组织系统，经董事长同意后宣布执行。宾馆下设客房部、餐饮部、销售公关部、总经理室、工程部、保安部、财务部等 7 个部门。其中，客房部下设前厅和客房两个主管，餐饮部下设台球厅、餐厅和厨师长三个主管，总经理室下设人事培训、总经理事务等主管，工程部设维修、基建主管，保安部设防火与治安主管，财务部下设采购和会计主管。分别负责各项业务与职能管理工作。人员要求逐步到位。

2. 落实垂直领导，建立岗位职责。在调整机构设置的基础上，执行董事长领导下的总经理负责制。总经理直接向董事长负责。副总经理是总经理的助手，直接向总经理负责、协助总经理工作。部门经理向总经理负责。同时向主管副总经理汇报工作。在此基础上，分别制定了总经理、副总经理、各部门经理的岗位职责规范，逐一明确了各级管理人员的职责权限、工作内容和任务。

3. 制定规章制度，规范员工行为。要求各部门制定所需要的规章制度和工作程序，包括员工守则、劳动管理制度、人事管理制度、财务管理制度和客房销售、客人接待、餐厅服务、台球厅服务、工程维修的工作程序等。这项工作本来让两位副总经理和各部门经理负责。由于人员素质较差，有一部分没有制定出来，也影响了后来的宾馆管理工作。

4. 组织干部学习，转变思想观念。在制定各岗人员岗位职责和主要制度的基础上，由我亲自主持主管和部门经理以上的干部学习会议。反复讲解并讨论垂直领导体制的意义、作用、内容、各岗人员的具体职责、相互关系的处理方法，力图破除宾馆人员长期存在的家族式、家长式、经验式管理思想和方法的束缚。但这件事情的收效甚微。原因来自两个方面：一是董事长李伟对我提出并推行垂直领导体制和中层以上人员岗位职责的内容和方法虽然在口头上表示大力支持、赞扬，但在处理具体问题时总也改不了他长期习惯了的家族式、家长式领导方法。二是两名副总经理，2/3 以上的部门经理长期在李伟手下干事，也是口头上拥护科学管理，但做起事来就经常越级汇报。所以转变思想观念，推行科学方法的难度很大。只好过一段时间又针对问题学习整改一次。因难以撤换长期跟随李伟的骨干成员，所以仍然收效甚微。

5. 狠抓开业准备，稳定管理大局。从 1987 年 3 月 ~6 月 15 日开始接待客人的 3 个多月时间内，我在完成上述工作的同时，根据李伟董事长的要求，制定了一个准备开业的倒计时的工作计划。将新员工招收和培训、开业前的家具准备（请工厂现做）、客房用品购置、卫生整理、各种表格印制等大量工作分别落实到两位副总经理和各部门经理。然后每天检查、定时督导。除我每天召开一次工作会议或例会检查督导外，工程上的问题李伟有时亲自督导，甚至大发脾气，限时加班完成。在这一过程中，我尽可能认真贯彻垂直领导体制和各项管理制度，调动下属各级人员的积极性。但仍然因工程方面的原因，使开业时间延长了 15 天左右。

6. 贯彻开业方针，尽快产生效益。在各项准备工作基本完成后，1997 年 6 月中旬，宾馆正式接待客人。由我主持召开了一个开业员工动员大会，会上除董事长李伟简单发言外,主要由我做了 40 分钟左右的大会发言。讲了三个问题：一是宾馆开业面临的客观市场环境。既指出地理位置好、交通方便、设施设备新、定价合理的长处，又指出东南亚金融危机的影响严重，市场竞争激烈的不利局面。二是针对市场形势，提出了必须贯彻“散客为主、团队补充、全员促销、有功受奖”的宾馆开业的经营方针及其原因所在。三是宾馆各部门应该怎样贯彻这一经营方针，提出了一些具体的措施和办法。结果引起宾馆员工的广泛反响。不仅顺利开业，开业后这一方针也在一定程度上得到了贯彻落实，收到了良好效果。当月的出租率达到 50%，随后进入旺季，出租率达到 90%~95%。比当时附近的同星级饭店高出 5%~8% 左右。

7. 狠抓市场开发，力争一好遮百丑。经过几个月的艰苦努力，宾馆虽然开业，逐步走入正轨。只有 60 间客房投入使用，餐厅收入很低，完全处于亏损状况。虽然每月的收入也能达到 30 万 ~35 万元，但我深知，北京立波宾馆如果不改变董事长长期以来的家族式、家长式经营思想和方式，不改变中层以上人员的结构和素质。其科学管理 只能是昙花一现。这时，我将主要精力放在两个方面：一是继续抓住以垂直领导为核心的科学化、制度化、规范化管理的落实。二是狠抓市场开发、尽可能保证客源，提高客房出租率和平均房价。第一项工作主要通过日常专题会议、总经理例会、工作布置和检查来贯彻实施，但已越来越困难。大多数人越级请示、越级汇报，董事长也习惯于这种方式和方法。总经理也就慢慢被架空，指挥不灵了。第二项工作由于我采取了给出租车司机、三轮车人员带客入住提成，宾馆员工介绍客人提成等具体措施，加之销售部经理是我的学生，对我提出的销售政策落实较好。所以，在度过旅游淡季，进入1998年3~4月间后，客房出租率和平均房价都很快上升，在既受施工影响、客房数量又没有增加的情况下，月度收入反而又增加到38万~42万元左右的水平，还真起到了一好遮百丑的作用。

经过一年多的实际体验，我已深知北京立波宾馆在科学化管理道路上的先天不足是无法改变的。到1998年的10月左右，总经理的权限已经基本被收回去了，给我的从10万元减到2万元钱的流动资金也已不存在或无权使用了。这时，又开始拖欠全体员工，包括总经理的工资。于是我立即决定见好就收，向董事长正式提出了辞职申请。不久，宾馆找了一个很小的饭店管理公司来接替我的工作。在李伟的再三挽留下，我又当了2~3个月的管理顾问，到1999年初，我就离开了北京立波宾馆回到了北京联大旅游学院。

（六）第六次实践的集团技术总监工作

我第六次参与饭店业界的实际管理工作是1999 ~ 2001年在北京中江之旅酒店管理有限公司（以下简称中江公司）担任技术总监。中江公司隶属于中江实业总公司，是以酒店物业管理为主，输出管理技术和人才。经国家旅游管理部门批准，工商行政管理部门注册登记的一家民营企业。公司当时的经营宗旨是以管理经济型酒店为主。其旗舰企业是地处北京国际展览馆南边的中江酒店。1999年，中江公司刚组建不久，除自己利用租赁方式经营的旗舰企业中江酒店外，还同时管理着4家酒店和几处物业。公司急需一套比较科学、规范的管理模式，以便为输出管理技术和人才提供技术支撑。1999年刚过完春节不久，我应邀在华北大酒店参加了中江公司业务发展专题研讨会。会上公司董事长兼总经理董红卫先生，请我为公司编一套经济型酒店的管理模式与规范。我愉快地接受了邀请。通过多次接触交谈和到中江酒店考察，我渐渐理解了公司的意图、宗旨、编写管理模式的目的、用途等。在此基础上，我以中江酒店的管理经验为基础，着手编写。到10月左右，稿件已经完成，但稿子要经过讨论。中江公司内部管理又不正规，于是董事长董红卫先生就聘请我担任了中江之旅酒店管理有限责任公司的技术总监。因我学校还有课，当时决定每周上班不少于3天，月薪 3000 元，可以报销不超过 300 元的每月车费。从那以后，我在中江公司实际干了不到 2 年时间，重点做了五个方面的工作：

1. 为中江公司编写了一套适用于经济型酒店的管理模式。这套模式以当时公司的旗舰企业中江酒店为基础，经过总结提高，按部门编写，印成中江之旅酒店管理有限公司的《工作手册》，在集团内部使用。全套分为行政办室、前厅销售部、客房部、餐饮部、工程部和财务部工作手册 6 本，成为公司输出管理技术，拓展集团规模的技术标识和客观依据。

2. 参与公司输出管理，拓展集团规模的项目考察、项目摸底、谈判方案拟定等工作。

3. 参加公司内部会议，讨论公司项目拓展、人员招聘、管理人员培训、下属企业工作检查等相关事宜，提出咨询建议。

4. 为公司起草了一份比较体现“以人为本”精神，内容比较全面，文字比较简练的《员工守则》。

5. 总结提出了集团公司的企业精神和企业文化。形成文字材料，并在集团公司内部进行了宣讲和培训，为提高公司管理人员素质起到了积极的促进作用。

在上述 6 次分别担任饭店管理顾问、总经理和技术总监的过程中，通过与饭店业界高中层管理人员的接触，参加他们的会议，组织业务培训，主讲专业课程或讲座，起草相关文件，特别是担任饭店总经理主持日常工作，处理具体问题等。不仅使我熟悉了饭店企业管理的工作内容、管理动态、热点难点、管理方法等，而且让我开阔了眼界，增长了大量实践知识，积累了各种管理经验。这对我所从事的旅游管理科学的教学和科研工作的进一步提高和发展无疑是有重要作用的。

二 中国饭店企业管理科学的开拓者

旅游管理科学是由旅行社企业管理、饭店企业管理、餐饮企业管理、集团企业管理、旅游行政管理等众多分支学科组成的。其中，饭店企业管理科学又包括饭店总体管理、客房管理、餐饮管理、康乐娱乐设施管理、服务质量管理、饭店物资用品管理、工程维修管理、饭店财务管理等众多分支。从旅游管理科学的创立和发展来看，需求决定供给，供给刺激需求这一规律是同样适用的。

20世纪八九十年代，随着中国入境旅游和随后兴起的国内旅游的持续和快速发展，使中国的饭店企业持续和高速发展起来。但饭店管理落后，跟不上形势发展的需要。饭店企业的高速发展急需与之相适应的饭店管理科学，包括客房管理、餐饮管理、质量管理等的理论指导和方法技术。与此同时，20世纪八九十年代各地旅游教育也迅速发展起来，但各种旅游院校所设置的专业都以旅游外语（即导游）和管理专业为主。其中，饭店又是旅游管理专业学生毕业后的主要就业方向和场所。于是饭店企业管理、客房管理、餐饮管理、康乐娱乐设施管理、饭店财务管理等课程都成了各个大专院校旅游管理专业的必修课。为了适应旅游管理专业的教学需要和饭店企业发展的实际需要，饭店企业管理科学就应运而生了。这就是当时中国饭店企业管理科学的创立、产生和发展的历史背景。我有幸赶上了这一发展历程，能够因实际成果而被誉为"中国饭店企业管理科学的开拓者和奠基人"。虽然深有"盛名之下，其实难副"的感觉，但回忆一下当时所做的事情还是感到有些欣慰的。

中国饭店企业管理科学的创立和形成是20世纪八九十年代的事情。这一时期，我先后在同行业中较早地用6本教材和专著的实际成果而被誉为"中国饭店企业管理科学的开拓者和奠基人"。

第一本《饭店客房管理》教材。1982年写出初稿，内部打印试用4年。1987年经全面修改后正式出版发行，填补了饭店客房管理的研究空白。后成为旅游饭店业界的畅销书而在10多年中多次印制发行。

第二本《饭店旅馆管理常识读本》。国内第一本公开出版的饭店管理科学知识的普及读物。1987年12月由新华出版社出版发行。

第三本《实用饭店企业管理学》(上、下册)。1984年写出初稿，内部使用4年，1988年被指定成为北京市旅游经济专业职称统考教材。1989年由中国财政经济出版社出版。作为职称考试使用到1992年，是最早全面介绍饭店企业及其各部门管理原理、方法和技术的填补空白的饭店企业管理专业教材。

第四本《饭店宾馆优质服务知识》。1993年航空工业出版社出版发行。国家旅游局局长刘毅作："加强软件建设，提高旅游服务质量"的序言，是最早全面总结饭店优质服务的原理、操作程序、方法和各种专业知识的书籍。该书我任主编，李通总经理任副主编，计29万多字。全书比较全面地探讨了饭店优质服务的概念、特点、涉及范围、基本条件、基本要求、主要标志，介绍了饭店前厅、客房、餐厅、商品和综合服务等各部门、各服务项目的操作程序、方法和饭店优质服务所必需的职业道德、语言艺术、礼节礼貌、形体动作、环境布置、安全卫生、食品卫生、地毯与地面保养及饮茶服务、瓷器用品、营养与烹调等各方面的专业知识。由于知识丰富系统、专业性和可操作性很强，所以受到饭店业界的广泛欢迎。

第五本《餐饮管理》。以饭店餐饮内容为主，同时兼顾酒楼饭庄等餐饮行业。1994 年写出初稿，内部打印试用 4 年，1998 年由高等教育出版社出版发行。后成为国家"十五""十一五"规划教材和北京市精品教材（有关情况将在后面专题回忆）。

第六本《中国旅游饭店业务管理实用经典全书》。全面总结了饭店企业管理原理、理论、技术和方法。该书 1998 年 8 月由中国经济出版社出版。我任主编，全书 8 篇 68 章、250 个专题、2500 多个条目、222.18 万字。是全面总结饭店总体管理（高层）、市场营销管理、前厅、客房、餐饮、商品、康乐娱乐等业务管理和饭店财务管理的大型专业工具书。是继《中国旅游企业管理大全》出版后的中国最全面、最系统的饭店企业管理的大型专著。在系统总结饭店科学管理经验方面填补了空白。在这部专著编写出版过程中，我所承担和完成的主要工作是：

1. 联络、组成了由饭店总经理、副总经理和专家学者组成的编审委员会（30 多人）和编写委员会（30 多人）。

2. 起草拟定了全书编写计划和编写提纲，设计了全书的篇章专题和条目，形成了比较科学的体例结构。

3. 完成了提纲讨论审查，写作分工落实，形成了主编和分篇副主编分工负责的责任制度，保证了稿件的编写进度和基本质量要求。

4. 采用"以我为主、博采众长、融合提炼、自成一家"的指导思想，对全书各篇章的全部稿件进行了系统编排、修改、补充和完善，形成了最终的科学性、理论性、逻辑性、实用性和可操作性都较强的全书内容和体例结构。

5. 完成了第一篇《饭店高层管理》，第五篇《饭店饮食服务管理》，第六篇《饭店商品部管理》，共 100 万字左右的文稿撰写。

6. 征集了部分图片，完成了全书出版的组织工作和书籍发行的部分工作。

当然，在 20 世纪 80 年代，特别是进入 20 世纪 90 年代中后期，饭店管理的专业教材和书籍逐渐多了起来。可能是因为我当时公开出版的这方面的个人专著和教材最早最多。总字数达到 390.68 万字，而内容又比较全面，文字表达也比较规范。这大概就是我被誉为“中国饭店企业管理科学的开拓者和奠基人”的原因所在吧。

三　国家级规划教材《餐饮管理》的创始人

20 世纪末和 21 世纪初，教育部和高等教育出版社组织了面向 21 世纪高等教育课程体系改革和评选国家级‘十五’规划教材的工作。我编写的《餐饮管理》一书在 1998 年作为全国高等院校旅游专业统编教材，由高等教育出版社出版发行后，受到全国包括港澳台地区高等院校旅游专业师生和饭店宾馆、酒楼餐馆等管理人员的广泛欢迎。年发行量达到 10000 册左右。到 2002 年，高等教育出版社首次开展“十五”国家级规划教材的评选和出版。《餐饮管理》一书通过立项评审，第一批就被选定为“十五”国家级规划教材。到 2004 年，该书又经过立项评审，被评为“北京市高等教育精品教材”。到 2008 年，再一次经过立项评审，该书又被评选为“十一五”国家级规划教材。因此，我也就成了国家级规划教材和北京市高等教育精品教材《餐饮管理》的创始人。说起这本影响广泛的专业教科书的由来，还得从我 1990 年接手餐饮管理课程的教学工作说起。

1990 年，学院管理系因教师人事变动，餐饮管理专业课无人上课，领导让我来接替这门课程的教学任务。从进入联大旅游学院以来，我先教的《饭店客房管理》，从 1986 开始，增加了《饭店企业管理》。尽管按当时的标准，我每周的课时量已超过工作定额，但考虑到学校工作的实际需要，我还是愉快地接受了任务。当时，餐饮管理的专业书籍在社会上很少出版。已经出版的大多是各种菜谱，也有个别餐饮管理常识读本，但很难作为大学的专业教材使用。好在 1986 年我就参与了厂长经理国家统考专业教材《饮食服务企业管理基本知识》的编写，还是主要负责人。当时正准备出版的《中国旅游企业管理大全》中，饭店饮食管理、涉外餐馆管理的内容非常丰富，稿件都是我亲自组织，又由我编辑修改的。所以，我对餐饮管理的知识是相当熟悉的。关键是如何将这些知识、方法和案例转化为具有理论性、科学性、实用性和可操作性的大学专业课教材，这就是我当时的重要任务之一。

我历来认为：教材建设是提高大专院校教学质量的基本保证和重要出路。根据专业设置，抓住教材建设，编写出具有专业特色、达到国内先进水平的专业教材是提高教学质量、塑造学校优良形象和声誉的重要体现。为此，我对《餐饮管理》的教学工作和教材建设都十分重视。回忆起来《餐饮管理》能够成为国家级"十五"和"十一五"规划教材、成为北京市精品教材和10多年来长盛不衰的畅销书，其由来与发展大致经历了三个阶段：

（一）纳入教学计划的内部使用阶段

1990年我接手餐饮管理专业课的教学任务后，一方面利用主持国家旅游局研究课题《中国旅游企业管理大全》的便利条件，广泛深入饭店餐馆调查研究、收集大量资料、表格和案例，并阅读了当时已出版的主要餐饮管理书籍。另一方面，我认真研究餐饮管理工作的基本规律，征求餐饮企业人员的意见。经过分析、提炼修改，在教学教案的基础上，写出了《饮食管理》教材的编写计划（当时餐饮管理在饭店中多称为饮食管理）和写作提纲，设计了全书的章、节、目及其专题内容和结构体系。又经过当时饭店管理教研室（当时我任教研室主任）全体老师的集体讨论，经过修改，最后以教研室名义上报管理系和教务处，要求纳入学院教材编写的正式计划。到1992年，管理系主任和教务处领导分别通知我，《饮食管理》教材的编写计划已经过院学术委员会审定，同意纳入学校教材编写计划，可以编写，并由学校推荐出版。得到这一消息，我非常高兴。此后，我一边担任餐饮管理和客房管理、饭店管理等专业课的教学工作，一边深入研究，夜以继日地写作。经过1年多的艰苦努力，到1994年5月，终于完成了体例比较先进、内容科学合理，具有一定创新性、先进性、良好实用性和可操作性特点的《饮食管理》一书的编著工作。为便于学生使用，由教务处负责该教材的内部打印。此后，从1994~1998年的4年多时间内，都用内部打印稿作为学生《餐饮管理》的专业课教材使用。

（二）全国统编而引起海峡两岸重视的阶段

《饮食管理》教材的内部打印稿我一直未主动去联系出版事宜，等待学校安排出版。每次催问都是说还未讨论。过了近两年，×××和×××分别代表院学术委员会和管理系领导找我谈话，说："小蔡，饮食管理的内部教材，你花了不少心血，经过艰苦努力写出来了，也纳入了学校的教材计划。但我们经过认真审阅。认为内容比较肤浅，文字表述太差，还达不到正式出版的水平。

你原是学西班牙语，毕竟没有学过经济管理或企业管理专业。所以还要好好学习专业知识，再认真重写和修改……”我强忍着内心的不满问道：“你能否举两个还未达到出版水平的例子，也好让我去努力修改。”×××翻开内部打印稿，说：“你看这句话：‘在现代经济技术条件下……’什么是现代经济技术？经济和技术能连到一块用吗？还有这里：‘饭店餐饮和社会餐馆的……’饭店餐饮是高档次的，社会餐馆档次低得多，怎么能一起来讲呢？这些都是很大的问题，只有逐句逐字地认真修改才能达到出版水平。”

这次以学术性质为内容的谈话不到20分钟就结束了，也让我看清了个别专家的所谓学术水平和真实目的，再想依靠他们的所谓审查而安排出版是绝对不可能的了。同时，又因为我正忙于《中国旅游服务质量等级管理全书》的发行，并正在策划和组织《中国旅游饭店业务管理实用经典全书》的编写工作。也就没有将《饮食管理》教材的出版放在心上。到1998年春，教务处新的负责人冯冬明先生对我说：“我假期参加了一个全国旅游教材编写会议。看到别的学校都参加了教材编写，而我们没有，就将你编写的《饮食管理》推荐给了高等教育出版社。另外还有一本旅游法规的教材也推荐上去了。”听到这一消息，我不仅非常高兴，而且也对冯冬明先生充满了感激之情。不久，我就接到出版社编辑李冬梅女士的电话，我预感到长期内部使用的教材《饮食管理》终于有机会正式出版了。和李冬梅女士见面后，按照她的要求，将《饮食管理》的内部打印稿进行了系统地阅读。将原稿中的“饮食”二字都改成“餐饮”。内容和文字只做了比较简单的修改，就于1998年4月由高等教育出版社正式出版发行了。

《餐饮管理》一书出版后，很快就引起了全国各地的广泛重视。国内众多院校和饭店酒楼都将该书选为专业教材和培训教材，年度发行量也很快达到10000册左右。到2000年，高等教育出版社带着部分教材参加国际图书版权交易会。其中有旅游专业教材10本。结果，《餐饮管理》是唯一被台湾出版社选为交易项目的旅游专业教材。高等教育出版社当时还让我在一份同意由台湾出版社出版的委托出版合同书上签了名。不久，我又收到了4700多元钱的稿酬。由此可以看出，被本院的嫉贤妒能的所谓专家判定为达不到出版水平的《餐饮管理》一书作为全国旅游专业统编教材正式发行后，在海峡两岸都引起了比较广泛的重视。直到2002年，该书转化为国家级“十五”规划教材以前，每年的发行量都逐年有所增加。受到广大读者的广泛好评。两者的评判水平实在相差太大了。

（三）“十五”和“十一五”国家级规划教材和北京市精品教材阶段

20世纪末和21世纪初，教育部组织了“高等教育面向21世纪教学内容和课程体系系列改革”的研究工作。《餐饮管理》一书因基础较好，所以在2001年被高等教育出版社直接纳入了上述研究之中。与此同时，教育部正在组织和挑选国家级“十五”规划教材的出版工作，《餐饮管理》一书很快被纳入旅游管理专业的系列教材。2002年3月，我正式填写了“十五”国家级规划教材的申报材料。经我院教务处审查盖章后上报，又经旅游专业专家小组审查批准。《餐饮管理》一书作为教育部“高等教育面向21世纪教学内容和课程体系系列改革计划”的研究成果和首批国家级“十五”规划教材，于2002年7月正式出版发行。这次出版，我补充了一些新的研究成果。所以，与1998年版比较，其理论观点和内容结构又有了较大提高。到2004年，为配合学院“教学评估”工作的开展，促进教材和精品课程建设的发展，2002年版的《餐饮管理》经过上报和专家评审被评为“北京市精品教材”和“北京联合大学校级精品教材”。北京联合大学给我颁发了北京市教委颁发和盖章的精品教材奖励证书，还获得了北京联合大学和旅游学院分别奖励的各5000元的资金。

2002年《餐饮管理》转化为国家级“十五”规划教材和北京市精品教材后，很快成了全国旅游高等教育的畅销书。到2005年做过一次修改，作为第二版出版发行。2008年，该书在原书系统性、创新性和实用性的基础上，再次进行了修订。同时经过立项评审，被确定为国家级“十一五”规划教材再次出版，定为第三版。经过修订后的第三版的《餐饮管理》与第二版比较，又有三个方面的进步：一是教材内容的选择和阐述更好地反映了现代餐饮管理的先进性和前瞻性，具有更强的时代气息。二是教材理论和观点的研究和提炼具有更好的科学性和创新性，较好地体现了与时俱进的精神。三是教材总结出来的管理方法和几十个案例有更好的实用性和可操作性。这对培养学生的专业素质和做好就业前的技术能力培养是十分重要的。到2013年《餐饮管理》经过再次修订，已出第四版，时间跨度已达16年，先后印过30多次，总发行量已超过35多万册。这些都是《餐饮管理》自正式出版以来能够长盛不衰的原因所在，也是我所编著的国家级“十五”“十一五”规划教材和北京市精品教材的形成经过与由来。

这大概也是我被誉为中国旅游管理科学的开拓者和奠基人的原因之一吧。

四　省部级项目“旅游企业管理研究”的主持人

我第一次成为省部级项目研究的主持人是1990年开始主持的“中国旅游企业管理研究”，并主编出版了《中国旅游企业管理大全》，这也是我被誉为“中国旅游管理科学的开拓者和奠基人”的主要原因之一。事情的经过还要从我晋升为副教授后的事情说起。

1987年我破格晋升为副教授，特别是1989年我主编的《实用饭店企业管理学》（上、下册）公开出版后，在旅游科研工作中，我面临着一个严峻的选择：是继续坚持以学术研究为主，发表学术论文的科研工作呢？还是改弦更张、另辟蹊径呢？本来，就个人从事科学研究工作的基本素质和实际能力而言，我是完全有能力继续坚持以学术研究为主的。从1982~1987年，我发表过40多篇学术论文和专业文章，最多时一年发表过12~15篇。但是，峣峣者易析，佼佼者易污。自从破格晋升为副教授后，我就不断遭到一些心胸狭窄、徒有虚名，又窃取了学院中层岗位的一些小人的忌恨。本来按照我的实际能力和“最年轻的副教授”的工作成绩，我应该取得一定的行政职务。但在不坚持“德才兼备”的用人政策，不以能力和贡献为主，专以任人唯亲、不顾能力培植亲信的情况下，我连一个最低级别的行政职务也没有。加之一些嫉妒心很强的处于中层岗位的小人不断施加各种小动作，进入20世纪90年代后，要想在完成教学任务的前提下，继续坚持以学术研究为主的科研方向，对我来说，已经是不可能的了。

存在的主要问题是：

1. 你想参加学术会议吗？但各种会议通知都是发给单位由领导决定参会人员，没你的份。

2. 你通过各种方法和途径，争取到了参加学术会议的机会。但有人又以经费紧张，不能报销为借口不让参加。那一时期，我所收到的国内3次，中国台湾地区、香港地区和泰国有关机构各一次的邀请，都因这种原因而不能成行。

3. 你想到国内同行进行考察吗？你没有行政职务，不能纳入计划，你想出国考察，那更是“没有门”的事情。

4. 你原有的学术地位也要设法取消。

《旅游学刊》的前身是《旅游论坛》。从1986年创办《旅游论坛》到1987

年改为《旅游学刊》，当时在王慕增副院长领导下，我就是最早的创始人之一，也一直担任《旅游学刊》编委，参与每期部分稿件的审阅。但王院长离休后，有人莫明其妙地就将我的《旅游学刊》编委给抹去了。不难设想在这样的“木秀于林，风必摧之”的恶劣环境下，我还能够继续坚持以学术研究为主，走重点发表科研论文的学术道路吗？显然是不可能的了。“在什么山唱什么歌”，条件变了，我必须忍痛割爱、改弦更张、另辟蹊径。绝不能只满足于教好专业课，而放弃从事科研工作的权力；绝不能因小人击中命运而气馁。因为我至今认为，一个正规大学的专业课教师，特别是教授或副教授，如果不能发表专著、论文，如果不能自己出版专业教材，本身就是和国家所给他的职称要求不完全相称的，也是大学水平低下的表现之一。

那么，改弦更张、另辟蹊径，应该做什么？那也是我 1989 年在饭店行业中积极推销《实用饭店企业管理学》的过程中，经常在思考的问题。当时，我的思想认识是：教学、教材、科研是相互联系、互相依存、互为条件的。而旅游科学，包括管理科学的研究都处于尚待开发的空白状态，在这方面尚无专家。谁跑在最前面，做出实际成果来，谁就是最早的专家。就我当时的实际情况来看，刚进入旅游学院时，给我的任务是教《饭店客房管理》的专业课。当我完成了教材的编写和出版，又在课堂上经过几年的实际教学工作体验，我明显感觉，虽然应付教学是没有问题的，但知识面太窄，需要深入与拓展。1984 年和 1987 年，我分别承担了当时北京市饭店总公司在立水桥办的中专班和大专班的《饭店企业管理》专业课和本院夜大《饭店企业管理》专业课后，也先后出版了《饭店旅馆管理常识读本》和《实用饭店企业管理学》(上、下册)，已将教材内容扩展到饭店企业及其各部门。但我仍然感觉知识面不足，需要确立更高的科研发展目标。在售书过程中，北京饭店、长城饭店、西苑饭店、丽都饭店、民族饭店、和平门烤鸭店，还有王府饭店等一些总经理和我谈道：管好一个饭店需要的知识是多方面的。如果能够站在整个旅游行业的角度来考虑饭店管理的问题，其失误可能会更少。由此，我很快想到应该研究整个旅游企业管理的问题。这时，我又想到社会上正在出版一些百科全书，《中国企业管理百科全书》也已出版。于是，我很快就找到了所从事的旅游管理科学更高的研究目标：开展中国旅游企业管理大全研究。当我将这一想法和准备的主要研究内容反馈到上述部分饭店总经理后，得到他们的积极响应。我也明确感觉到，这是一个难得的机会。做好了这件事情，必将填补中国旅游管理科学研究的空白，促进各类旅游企业管理的进步和发展，是一件很有意义的事情。机不可失，时不再来。我一定要设法抓住它。这就是我接下来主持省部级科研课题的思想由来和原因所在。

当我确定了准备开展中国旅游企业管理大全研究后，我十分清醒地认识到：这是一项很大的系统工程，是一项十分艰巨的科研任务。仅仅依靠个人的力量是无论如何也无法完成的。于是，经过认真细致的思考，我觉得必须首先解决好三个问题：

1. 必须找好这一课题或研究项目的领导机构。如此全面重要的课题，只有请国家旅游局出面领导，才能做到名正言顺，保证工作的顺利开展。

2. 要说服国家旅游局有关主管领导同意和接受这一研究项目。必须做好研究和编写计划、内容、提纲、条目等方面的充分准备。要让他们明显感到这是需要的，可以立即办的事情。

3. 除了研究编写内容外，要准备好怎样从改革开放、市场经济的发展、企业管理形势等方面说明这项工作的重要性。以便保证此项工作能纳入国家旅游局的正式计划。

接下来，我充分运用我所掌握的全部知识，经过 4~5 个月的艰苦努力，起草了“中国旅游企业管理”这一项目的研究计划，拟出了共有 6 篇 41 章 200 多个专题，1100 多个条目的编写提纲。在做好充分准备的基础上，1990 年 6 月，我找国家旅游局管理司袁宗堂副司长汇报了我的想法，希望得到国家旅游局的支持，纳入其工作计划。袁司长是我的老朋友，在我 1982 年 1 月和 1983 年 1 月参加全国饭店经理工作会议和全国旅游系统先进单位和职工表彰大会，收集行业管理动态和资料时，他就给过我大力帮助。同时他又是一位很有战略眼光，长期在外交和旅游战线工作，经验丰富，为人正派的老同志。所以，当他听完我的汇报和想法，看过初步的编写提纲、条目后。当即表态说：这是一件很好的事情，也是我们国家旅游局管理司早就想做的一项工作。但要纳入国家旅游局的工作计划，还需要做一些协调工作，并要请示局长同意，让我继续做好准备。后来，我和袁宗堂司长进行了多次交谈，研究了比较详细的工作计划、工作内容、工作步骤、工作分工。经过袁司长努力和多次内部协商，到 1990 年 10 月，这项工作得到了国家旅游局的批准。明确了四点：

1. 将中国旅游企业管理的研究项目作为国家旅游局的工作计划。由管理司以国家旅游局的名义发出正式文件，向全国各地旅游局和大中型旅游企业通报这项工作。

2. 这项工作的性质是国家旅游局负责的“旅游企业管理的基本理论建设项目”。为此，要在研究、撰写中突出“科学性、理论性、实用性和可操作性”，要做好政策把关、内容把关工作。

3. 研究项目要成立研究写作班子，在国家旅游局领导下，组织协调工作由袁宗堂同志负责，专业和学术方面的工作，同意由蔡万坤教授负责（袁宗堂司长负责政策和内容把关，蔡万坤负责文字工作）。

4. 为做好这项工作，国家旅游局同意划拨 3 万元人民币作为活动经费，由编委会专款专用。就这样，中国旅游企业管理这一研究项目纳入了国家旅游局的正式计划，成了“省部级性质的科研课题”。我和袁宗堂同志一起也就成了这项省部级研究课题的正式主持人。

自从进入北京联大旅游学院，从 1980~1990 年，我虽然已经出版过自己编写的三本专著，参编过 2 本著作，发表过 40 多篇论文或专业文章，但都是以个人独立工作为主。还从来没有主持过如此大型的省部级以上的科研课题。很显然，这对我在科研工作方面的组织能力、决断能力、学术能力、人员挑选与使用能力和专业技术水平等都是一个严峻的挑战。只能胜，不能败；只能好，不能差。必须搞出在管理科学研究方面代表中国最高水平的成果，这就是我在那一时期的主导思想和基本意识。所以，我对这项研究课题是十分重视的，对各项具体工作是十分认真的。从 1990~1992 年 1 月，我在和袁宗堂一起共同主持中国旅游企业管理的研究工作中，重点做好并完成了八个方面的工作：

（一）成立研究写作班子，保证研究工作开展

学术课题研究的首要条件是要找准研究人员。如果人员找得不准，写出来的稿件水平也不会高。这项工作以我为主，选人的条件是：出过专业书籍，发表过专业论文，有一定实践经验和理论基础。为此，我先后找到了熟知旅行社管理的国家旅游局的薛毅处长、熟悉旅游交通管理的首都汽车公司办公室主任邢勃涛、熟悉财务价格管理的国家旅游局的处长奈培和大专院校的专业课教师韩余庆、夏雨生等人。然后，由他们和我共同推荐，很快形成了一个有 70 多人组成的编写班子。我所联系的对象则主要是由 20 多人组成的核心人员。在

成立写作班子的过程中，我将准备开展的工作向时任管理系主任的 ××× 做了汇报，并未引起他的重视。于是我联系了学院的周栋、张玉凤、张喆、王玖等年轻教师参加，让他们都成了写作班子的成员。

（二）召开提纲编审会议，保证内容结构的科学合理性

这项工作开始以袁宗堂同志为主，由他和我共同推荐和联络了由 60 多位大中型饭店宾馆、旅行社、旅游汽车公司和涉外餐馆等企业总经理、副总经理或部门经理组成的审编委员会。然后以我起草的工作计划和编写提纲为基础，分别召开了整个研究项目、旅行社管理、饭店管理、旅游汽车公司管理等方面的编写提纲审查会议。最后集中由我整理、修改、补充和完善，形成了由 8 篇 44 章 280 多个专题 1200 多个条目组成的比较正式的编写提纲。

（三）提出具体要求，落实文字编写任务

这项工作以我为主。根据编写提纲和内容要求，由我承担了为全书提供理论基础、基本概念、基本原理、管理原则和管理体制等内容的首篇 4 章 200 多个条目的编写任务。其他编写任务则通过会议或个别联系的方式，在明确要求的前提下，很快落实到具体人员。并提出了明确的交稿时间和稿件撰写要求。

（四）修改全部初稿，打印装订成册

这是一项浩大的工作，也是体现主编学术能力、学术水平的关键环节。在不少课题研究中，一些徒有虚名的所谓学术主持人因自己没有这种能力和水平，将这项工作交给别人而自己却窃取了第一署名人的位置，这本身就是学术腐败的重要表现。中国旅游企业管理的研究项目到 1991 年 1~6 月左右，初稿陆续汇集到我的手中，总字数达到 180 万 ~190 万字以上。凡是大专院校的专业课教师和出过书或发表过学术论文的企业管理人员写来的稿子，总体水平尚好。但前者常常缺少事例，后者常常理论不足。而不少中层或基层企业管理人员交来的稿件，大多质量较差。为保证质量，我充分运用长期以来掌握的经济学、管理学、领导科学、行为科学等专业知识和长期在旅游企业，特别是饭店宾馆企业所积累的实际管理经验和知识，按照提纲的篇章顺序，逐一修改、补充和完善。有的则重写或增加实用性例子，有的则修改理论观点或提法，实在太差的则退回重写或换人重写。修改完成后的稿件则立即交给誉印社打印、校对，最后装订成了供审查使用的 20 多本打印稿。这件事情基本完成后，我的眼睛也开始花了，头发也开始白了。但我认真履行了省部级研究课题主持人应尽的

职责和义务，一辈子感到高兴和心安理得。

（五）召开审稿会议，听取多方意见

在稿件修改打印的基础上，我组织编委会成员事先将稿件分发给审编委员会成员和有关专家学者，请他们提前审阅，准备意见。在此基础上，从1991年8月开始，由我和袁司长一起，先后在丽都饭店、王府饭店、建国饭店、首都汽车公司、和平门烤鸭店等地召开了8次专题审稿会议，听取专家学者、企业总经理、部门经理等各方面的意见。总体来说，由于事先的各项准备工作比较充分，特别是整体结构比较科学，修改环节下了很大功夫。所以审稿会议对书中的理论基础、先进性、企业管理的前瞻性、实用性等都是以肯定为主的，也提出了不少修改意见和建议。这又为书稿的最后质量提供了进一步的保证。

（六）做好政策把关和进一步修改，保证书稿质量

在召开审稿会议的同时，根据分工，袁宗堂司长按篇章顺序对书稿内容进行了认真审阅和政策把关。同时，他还在提纲审定时就提出了增加《旅游企业管理宏观控制》和《旅游企业管理参考资料》两大篇的部分内容的建议，并准备了大部分稿件。在袁宗堂司长进行政策把关、修改部分内容和提法的基础上，我又根据审稿会议中专家学者和企业经理们提出的意见，对各篇章专题和条目的内容进行了审读、修改、补充、完善，最后整理出一份比较完整的《中国旅游企业管理大全》的稿件，准备正式出版。

（七）完成系统工程的各种相关工作，及时组织出版

组织稿件保证质量是完成《中国旅游企业管理大全》这项系统工程的核心。在此基础上还有其他一些相关工作，主要完成了五项：1. 由袁宗堂司长协调，向领导汇报，保证了在国家旅游局领导下编写工作的顺利开展，并由袁司长协调，请刘毅局长题写了《中国旅游企业管理大全》的书名。2. 为让广大读者对书稿的地位和情况有所了解，请时任国家旅游局副局长的何光暐同志为该书作了序。3. 由我起草了一个该书出版的前言，对全书来龙去脉，“以我为主，博采众长、融合提炼、自成一家”的编写思路和主要内容做了简要介绍。4. 为宣传企业形象，降低成本，协助出版社征集了第八篇《中国旅游企业介绍》的内容。5. 具体落实了该书审编委员会的顾问、主任、常务副主任、副主任和委员名单，该书编辑委员会的主编、副主编、常务编委和委员等人员名单。在名单安排上，我充分尊重袁司长的意见。但我还要特别赞扬袁宗堂司长的正派、大度和在学

术排名上的廉洁。他虽做了大量工作，但始终坚持要我做排名第一的主编，他甘愿排名第二。这肯定让那些在学术研究中经常沽名钓誉的官员们感到汗颜，也值得大家学习和赞扬。到 1992 年 1 月，《中国旅游企业管理大全》这一由我和袁宗堂司长主持的省部级研究课题的最终成果终于由经济管理出版社出版发行了。

（八）配合形势，做好研究成果的推广使用

《中国旅游企业管理大全》是针对企业管理需要，为提高企业管理水平服务的。因而其使用对象主要是全国各旅游企业中高层以上的管理人员。书稿出版后，主要有三项工作对《大全》研究成果的推广运用发挥了积极的推动作用：

1. 在 1992 年的全国旅游工作会议上，国家旅游局向大会报告了《中国旅游企业管理大全》正式出版发行的信息，何光暐局长还号召全国各旅游企业要将这本书的内容作为企业管理的基础理论建设来研究使用，推广运用其管理技术和方法。从而使该书在旅游行业，特别是在广大旅游企业中得到了广泛的推广运用。

2. 袁宗堂先生担任中国旅游饭店协会秘书长后（1993 年）在组织行业培训中对该书的推广使用做了一些工作，促进了研究成果的运用。

3.1992 年，该书内容曾由华虹酒店管理公司请我当编剧，组织编写脚本、制作了《旅游饭店管理培训教材》的系列录像带向全国旅游企业发行。也在一定程度上促进了研究成果的运用与推广。

《中国旅游企业管理大全》的正式出版，既填补了中国旅游管理科学的研究空白，又奠定了中国旅游管理科学的基础。它虽然是以工具书的形式出版的，但全书长达 200 多万字。在“以我为主、博采众长、融合提炼、自成一家”的思想指导下，全书形成了一个比较科学、完整和系统的体系。由我完成的首篇《旅游企业管理理论》为全书提供了理论基础。第二篇《旅游企业管理技术》介绍了从旅游企业的市场开发、经济预测、经营决策到目标管理、计划管理、量本利分析、沟通协调和计算机管理的各种定量与定性结合的管理方法和技术。第三篇《旅游企业管理实务》将各种管理原理、理论、技术和方法同实际结合起来，分别介绍了旅行社企业、饭店企业及其各部门，旅游汽车公司、涉外餐馆、旅游商店等各类旅游企业的管理实务、操作方法及企业的公共关系、安全与卫生、设备物资、服务质量等各方面的管理技术与方法。第四篇《旅游企业的价格与财务管理》分别介绍了旅游企业的价格原理、旅行社、饭店、餐饮、旅游商品与娱乐服务等各种企业及其产品的价格制定和管理方法，旅游企业的财务管理、会计工作、财务核算与经济活动分析的原理、技术和方法。第五篇《旅游企业规划建设》分别介绍了饭店、公寓、写字楼、外商投资企业、旅游资源开发与旅游景区规划的前期规划方案制定、可行性研究、工程设计、审批、拆迁与建筑施工、工程监理到开张营业的有关理论、原理、技术和操作方法。第六篇《旅游企业管理宏观控制》主要介绍了国家对旅游企业管理的各种政策、法规、饭店星级评定标准与方法。第七篇《旅游企业管理参考资料》则主要提供国家要求的各种企业章程、管理合同、经济合同、协议的样本，以促进旅游企业管理的科学化和规范化。很显然，这种完整科学的结构体系、层层深入的理论阐述和方法介绍已经形成了具有中国特色的旅游管理科学的学科体系。所以它奠定了中国旅游管理科学的研究基础。在该书出版 20 年后，除因少量国家政策变化、体制改革深入的内容外，绝大多数内容、理论观点和条目阐述的概念、原理和方法至今仍然具有较强的理论性、科学性、系统性、实用性和可操作性。大概正是由于这方面或其他一些原因，至今旅游业界未见到同类专著出版。

主持《中国旅游企业管理大全》的事实和我出版的 5 本个人专著及 40 多篇论文，已经充分证明了我不仅具有较高的学术水平和个人研究的学术能力，而且也具有较强的学术工作的领导能力和省部级科研课题的主持研究能力。这在当时的北京联大旅游学院申报高级职称的教师中，是绝无仅有的。但当我 1993 年和 1994 年两次申报正高职称时，除赵克菲院长外，那些窃取了中层职务的徒有虚名的个别人员对我的上述重要学术成果根本视而不见。甚至公开说我主持的省部级研究项目不能算为申报正高职称的学术成果，因为那是脱离了学院领导的（即他们的个人领导）个人学术行为。由此可见，当时那些已取得中层职位的个别嫉贤妒能的人员的心胸有多么狭小、思想觉悟和政策水平是多么低下！

五 国家旅游行业质量管理标准的主持制定者

旅游管理科学除饭店、旅行社、旅游汽车公司、各类景点、酒楼饭庄和商品经营等企业管理外，也包括旅游服务管理。20 世纪 90 年代，我在完成省部级研究课题，即旅游企业管理研究，主编出版《中国旅游企业管理大全》后，还首次主持制定了中国旅游行业的服务质量标准及管理办法，出版了《中国旅游服务质量等级管理全书》。这也是我被誉为“中国旅游管理科学的开拓者和奠基人”的另一重要原因之一。事情的经过是这样的。

1992 年《中国旅游企业管理大全》的研究工作进入尾声，正在出版时。由于实际工作的需要，大概也受《中国旅游企业管理大全》成功的影响，国家旅游局管理司司长贾得炳先生主动找我商量，希望对中国旅游服务质量管理的标准、内容、管理方法等进行研究。他对我说 :“服务质量是制约中国旅游发展的重大问题。现在我们的设施设备、旅游消费环境已有很大进步，正在向国际水准靠拢。但各地旅游服务质量管理工作比较混乱、缺乏统一标准、各行其是、投诉较多，严重影响国家和地方旅游形象和声誉。需要改变头痛医头、脚痛医脚的办法。所以，应该研究出一套标准和办法来。这也是我们国家旅游局今后一个时期的重点工作之一。”当时，质量管理的问题在旅游业界刚刚提出。我立即感到这是一个非常好的研究课题，也是一个难得的扩展旅游科研项目的机会。特别是旅游服务质量标准、内容和管理方法的研究，在当时还是一项空白。我再一次感到机不可失、时不再来，于是非常愉快地接受了这项工作任务。

《中国旅游企业管理大全》和旅游服务质量管理的研究项目不同。前者是由下而上去争取国家旅游主管部门的领导和支持，形成省部级研究课题，后者是国家旅游局的政府官员主动提出的，自然可以不用争取即可直接成为国家旅游主管部门的研究课题，但必须加强协商、交谈。首先取得思想认识的一致，然后要在研究工作的目的、内容、要求和方法步骤等方面取得共识。经过与贾德炳司长的多次交谈、研究和协商，到 1992 年 5 月底，我们已经取得了 5 点共识：1. 将旅游服务质量的研究工作纳入国家旅游局的工作计划，以国家旅游局的名义向全国发文，请全国各地旅游局和相关旅游企业支持。于是这一研究项目也顺理成章地成了国家省部级性质的研究课题。2. 在国家旅游局领导下，成立编审委员会和编辑委员会。分别由贾德炳司长和我为主，前者主要承担政策把关、上级协调、成果运用等工作，后者主要负责文字编写、标准与方法制定的组织工作、保证文字成果的质量。3. 为保证研究工作的顺利开展，国家旅游局同意划拨 5 万元人民币，由编委会专款专用。4. 研究方向和内容以旅游服务质量标准为主，同时研究质量标准的运用与管理方法。根据贾司长的设想，旅游服务质量标准要分为优质、良好、合格三个等级，形成服务质量等级管理办法。5. 要正确处理旅游服务质量标准研究和饭店星级评定标准的关系。前者以软件质量为主，后者以硬件质量为主。就这样，我又和贾德炳司长一起，共同成了这一国家省部级研究项目的主持人。

从 1992 年初到 1993 年底，该研究项目的稿件基本完成为止，我在和贾德炳先生共同主持中国旅游服务质量的研究过程中，主要承担和完成了六个方面的工作：

（一）设立编写审定机构，提供组织保证

1992 年，以我为主，共同推荐联系了既有一定实践经验，又有较强写作能力的专家学者和企业管理人员，组成了一个有 40 多人的编写委员会。在此基础上，以贾司长为主，共同推荐和联系，组成了一个由专家学者和旅游企业高管人员、质量管理人员组成的 30 多人的质量标准编审委员会，为中国旅游服务质量标准及其管理方法的研究提供了组织保证。

（二）拟定内容提纲，掌控研究方向

20 世纪 90 年代初，研究旅游行业的质量标准还是一个崭新的问题，没有可以借鉴的现存资料和书籍。但我们想到，首先必须设计出一个旅游服务质量等级管理的科学体系，然后再通过篇、章、专题和条目来反映这一科学体系的内容，形成编写提纲和编写计划，才能掌握和控制研究工作的方向。这本身就是对主持人的学术水平、学术能力和专业知识的严峻考验。这项工作当仁不让地落在了我的头上。经过艰苦努力，由我起草了一份 5 篇 28 章 70 多个专题 900 多个条目的编写提纲，并形成了一个完整的科学体系。其主要内容是：第一篇《旅游服务质量等级管理概论》，为旅游服务质量及其等级管理提供理论、原则、内容、依据等，形成科学根据。第二篇《中国旅游服务质量等级标准》，分别制定旅行社、饭店宾馆、汽车公司、游船公司、涉外餐馆、旅游景点等各类旅游企业服务质量的等级标准。第三篇《中国旅游服务质量等级标准检查评分表》、第四篇《中国旅游服务质量等级标准检查评分细则》、第五篇《中国旅游服务质量等级标准的操作规范》，后 3 篇都是研究旅游服务质量等级标准的管理与操作方法的。正因为这一编写提纲具有一定理论性，又有很强的科学性、实用性和可操作性。所以，受到编写委员会和编审委员会多数人的赞同和支持。在此基础上，我们又召开了三次以专家学者和旅游企业质量管理人员参加的提纲审定会，比较广泛地听取了各方面提出的修改、补充、调整、完善等意见，从而确定了最后的编写提纲、内容和条目，较好地掌握了研究工作的方向。

（三）分类研究编写，保证成果质量

在编写提纲和内容确定的基础上，以我为主召开了几次编写工作会议。将中国旅游服务质量管理项目的内容和编写提纲分工落实到编写人员，明确了具体的写作任务和要求。这次的分工和《大全》不完全相同。第一篇共 4 章 13 个专题 110 多个条目，因理论性、逻辑性较强，又以崭新的内容为主，故由我直接承担。第二篇和第三篇、第四篇的内容是无法分开的。采用捆绑方式分配任务。如旅行社的质量标准、检查评分表格、评分细则由薛毅同志负责落实具体人员。旅游汽车公司的质量标准、检查评分表格和评分细则，则由首都汽车公司的邢渤涛同志具体落实人员。饭店部分则按部门分别落实到北京假日丽都饭店、王府饭店、建国饭店等企业。还有一部分则分给了旅游专业的教师和企业管理人员。编写要求是：1. 各类企业的质量标准分为服务态度、礼节礼貌、服务语言、职业道德等通用质量标准，各部门、各环节、各岗位的操作质量标准和因违反国家政策法规出现的否定质量标准等三大部分来编列条目、逐条编写。2. 各类企业服务质量操作标准部分分为优质服务、良好服务与合格服务三个等级，尽可能写出标准界限。3. 每一服务项目和编写条目的标准、检查评分表格和评分细则必须对应，以保证其便于使用；4. 标准内容要尽可能表述清楚、文字简练，多借鉴合资饭店、国外企业的成功经验。为此，我还事先深入饭店，以饭店的“安全调度”“门前卫生”“客房卫生”“员工服装”“仪容仪表”等为例，写出了标准制定的条目样例，经过讨论修改，发给有关写作人员参考。

（四）统稿修改打印，形成成果初稿

到 1993 年 8~10 月，编写任务基本完成 。由我完成的第一篇《旅游服务质量等级管理概论》共 4 章 12 万多字，比较全面和系统地总结了当时中国旅游服务质量管理的理论和经验，提出了推行服务质量等级管理的依据和等级划分、等级管理的内容、特点和原则，推行等级管理要做好的基础工作。由此为全书提供了科学的理论基础。其余稿件我都从头到尾进行了审读、调整、补充和完善，最后交誊印社打印、校对、装订成册，以便召开质量标准审定会。

（五）召开审稿会议，保证成果质量

旅游服务质量的稿件打印完成后，由贾德炳司长和我一起召开审稿会议。这项工作刚刚开始不久，国家旅游局发生了人事变动，贾德炳先生被调到香港工作。我接着召开了2次由专家学者和企业质量管理人员参加的审稿会议，听取各方面的意见。书稿的出版工作却受到了影响，因为按照贾司长原来的设想，该书内容是要和旅游饭店的星级评定标准配合使用的。星级评定以硬件为主、服务质量以软件为主，要组织质量检查与评定。评定结果要授予优质服务、良好服务、合格服务等不同的等级。等级不同，企业可以收取的服务费的标准也不同。贾德炳先生离开后，该书的内容转化成国家旅游局的政策就成了问题，出版也暂停了。

直到1995年3~4月间，魏小安同志接手国家旅游局管理司的工作。经过联系、协调，决定由华虹酒店管理公司负责出版发行工作。我又和国家旅游局质量管理处的刘毅联系，并和钟海生副司长一起组织了旅行社、饭店、旅游汽车公司等企业总经理、质管部经理参加的质量标准审稿会议，在广泛听取意见的基础上，我又对稿件进行了修改、补充和完善。最后，请何光暐局长作序，我起草了前言和后记，于1995年10月由经济管理出版社正式出版发行。

（六）协助发行推广，促进企业提高服务质量

《中国旅游服务质量等级管理全书》出版后，国家旅游局何光暐局长和管理司向全国旅游企业推荐，受到各旅游企业的广泛欢迎。华虹酒店管理公司曾多次加印发行，我本人也曾协助发行过部分书籍。该书制定的质量标准在旅游企业管理中得到了广泛运用。各地旅游局也结合当地实际制定自己的旅游服务质量标准，很快在全国范围内形成了一个以制度化、程序化为基础的服务质量标准化管理的热潮。这就是中国旅游服务质量管理三大阶段的划分——即20世纪80年代的制度化、程序化管理，20世纪90年代以制度和程序为基础的标准化管理，进入21世纪初以来的以标准化为基础的个性化和感情化管理的由来。

《中国旅游服务质量等级管理全书》的组织编写过程再次证明我在旅游科研工作中的学术水平和学术能力。它同样填补了中国旅游管理科学质量管理方面的研究空白。它和《中国旅游企业管理大全》一起为中国旅游企业管理科学的建立和发展打下了良好的基础，这也是本人被誉为中国旅游企业管理科学研究的开拓者和奠基人的重要原因之一。

六　第一次著作高潮的旅游管理专著

20世纪90年代是我在从事旅游教育和科研工作的人生旅途中进入第一次

著作高潮的重要时期。这一时期，我个人编著或主编（含副主编）共出版了12本专著，个人完成的旅游管理科学著述334.23万字，主编完成的总字数达1102.98万字。除上面已经介绍过的《饭店宾馆优质服务知识》《餐饮管理》《中国旅游企业管理大全》《中国旅游服务质量等级管理全书》和《中国旅游饭店业务管理实用经典全书》外，还有以饭店企业管理模式和规范为主的7本专著。它对宣传推广旅游企业管理的科学知识，合资饭店、先进国有饭店、集团企业的先进经验和科学方法，无疑发挥了积极的推动作用。这也是我被誉为“中国旅游管理科学的开拓者和奠基人”的客观原因所在。这一时期出版的7本旅游管理专著的发表时间、主要内容和个人完成的主要工作是：

第一本《经营与管理——改革开放大潮中的北京建国饭店》。

1992年4月出版，我任副主编。该书是全国第一本总结和推广中外合资饭店科学管理经验和规范的专著。我在其中完成的主要工作是：1. 为该书设计了篇、章、专题和主要条目，形成了全书结构体例。2. 完成了第一篇14个专题的科学管理经验和方法的文字撰写，共24万字左右。3. 对全书文字进行了修改、补充和完善。其中的14篇经验总结的文章标题是：

（1）改革开放大潮中的北京建国饭店——10年成功的支点

（2）垂直领导、层层负责、分工合作——建国饭店的管理模式

（3）一部协调运转的管理机器——建国饭店的信息沟通与协调技巧

（4）多谋善断，饭店管理快半拍——建国饭店的经营决策分析

（5）亲切、细微、体贴与周详——建国饭店的质量特点

（6）推行预算管理，发挥控制职能——建国饭店的预算管理与控制方法

（7）抓住市场营销，搞活经营全局——建国饭店的市场营销考察

（8）预订网络通四海，电脑管理创效益——建国饭店的前厅管理

（9）创造享受成分，降低费用开支——建国饭店的客房管理

（10）“食在建国”的由来与发展——建国饭店的饮食管理

（11）小小天地唱大戏、单位效益争第一——建国饭店的商品销售管理

（12）十年经营十年新、工程维修做保证——建国饭店的设备管理

（13）现代化饭店管理的保障——建国饭店的安全管理

（14）饭店生机与活力的源泉——建国饭店的人事管理

第二本，《旅游经济与管理探讨》。

全国旅游游业界最早的个人论文集。一共 24.6 万字，1992 年 9 月出版。是从我发表过（也有 3 篇是首次刊印）的论文中选出的 19 篇学术论文编辑而成的。

第三本，《中国涉外知识全书》。

大型涉外工作专业知识用书。主编杨发金（外交部官员）、王景荣（联大旅游学院副院长）。1993 年 11 月出版。人大常委会副委员长陈慕华、国家旅游局局长刘毅题词，外交部副部长符浩任顾问。全书 31 篇、370 多个专题、3000 多个条目、360 万字。我担任常务副主编，完成了 120 万字左右的文字编辑工作。

第四本，《兆龙国际酒店管理公司管理规范》。

1994 年 7 月出版。时任兆龙饭店总经理陈旭华任主编，我任副主编。本书是一本系统总结邓小平亲自批准建立的北京兆龙饭店的管理经验和规范的专业性书籍。我主要承担和完成的工作是：1. 参加饭店编书专题会议，了解情况收集资料、起草书稿篇章专题和内容结构，形成科学体例和编写提纲。2. 完成酒店服务质量管理标准和高层人员管理规范计 18 万字左右的文字撰写。3. 完成全书 76 万字中的 25 万多字的修改、补充和完善工作。

第五本，《新大都饭店管理大全》。

1998 年 8 月出版。该书是全国较早的总结国营饭店管理经验的专业书籍。时任北京新大都饭店总经理石路民任主编，李鹏、田纪云、邹家华、于学谦、陈慕华、王丙乾等分别题词，我任副主编。主要完成了饭店高层人员管理规范计 2 万多字的文字撰写和 10 万字左右的文字编辑修改工作。

第六本，《北京新兴宾馆管理规范》。

1997 年 9 月出版，是最早总结和推广军队系统质量效益双优型饭店管理经验和规范的专业书籍。时任该饭店总经理王国军、党委书记兼副总经理黄松和任主编，我任执行主编。本人承担和完成的主要工作是：1. 多次参加饭店书稿编写专题会议，了解情况，听取经验，提出编写思路、编写内容、写出详细编写提纲。2. 多次调查、收集资料、完成第 1 篇第 1 章《总经理室管理规范》，第 3 篇《宾馆服务质量标准与检查》共 9 章 23 万字左右的文字起草和编写。3. 完成全书 71 万字左右的文字编辑、包括修改、补充、调换、完善。保证了出版质量。

第七本，《山东贵都大酒店管理模式与规范》。

1999 年 12 月出版，时任该饭店总经理孙兆兰任主编，我任执行主编。本书 1996 年 6~7 月开始策划，目的是总结推广当时全国三星级百优饭店山东贵都大酒店的先进经验和模式。从 1996~1997 年，我承担和完成的主要工作是：1. 参加饭店书稿专题会议，考察了解实际情况和主要管理经验。2. 完成第一篇《在改革开放大潮中崛起的山东贵都大酒店》计 8 章 7.3 万字和附件（原为第三篇）共 4 个部分，计 9.68 万字左右的文字撰写。3. 在听取意见的基础上，设计起草了书稿的篇章内容结构，形成了编写计划和提纲。4. 对全书稿件进行编排、修改、补充，以保证文字质量。后因当时（1998 年）主管这项工作的饭店常务副总经理王秀强先生工作变动，新的总经理孙兆兰同志接任，书稿未能及时出版，至 1999 年 12 月饭店高建平先生对稿件修改后才正式出版发行。

七　在教学与培训中传播旅游管理科学

旅游管理科学的创立、形成和发展与其传播推广是相辅相成的。管理科学只有通过传播推广，让更多的人学习掌握、投入实际运用，才能发挥它的作用，也才具有生命力。如果只有少数的专家学者在那儿研究而不能得到推广运用，那它的作用就不能得到有效发挥，其科学性、实用性和可操作性的程度也不能得到检验。管理科学传播推广的途径主要有 2 条：一是通过教材、专著的出版发行，让更多的人学习和掌握其科学知识和方法技术。二是通过教育、培训、培养专门人才和培训广大实际工作者使其得到教学实践的检验和科学知识与方法技术的传播。正因为如此，我在 20 世纪 90 年代被誉为“中国旅游管理科学的开拓者和奠基人”的过程中，一方面努力开展旅游管理科学的研究工作，出版发行了 10 多本，上千万字的专著和教材。另一方面利用各种机会和条件，积极参加和搞好旅游管理专业的教学和各种培训工作，大力传播推广旅游管理科学知识。事实上，20 世纪 90 年代是中国旅游教育和专业培训的黄金时期。

那一时期除正规旅游院校的专业教育外，还有自学高考、文凭考试开办的旅游管理专业、各种学会、协会和各种专业培训机构举办的培训班、研讨班。众多饭店邀请专家学者到本店开展的专业培训等。正因为如此，也使我在那一时期成了在教学与培训中传播旅游管理科学的“忙人”。那一时期，承担和完成的教学与培训（本校除外）工作大致有四种类型：

（一）正规院校旅游专业教育型

这种类型是指各种大专院校看到旅游业的发展，为适应企业需要，纷纷开办旅游专业或举办干部进修班。但却缺乏专业课师资而请我去担任一届或较长时期的专业课教学任务。所以它属于正规院校的专业教育类型。这种类型的特点是课程单一、专业性强、质量要求高、教学秩序正规。本地院校一般每周半天 4 节课，时间固定。外地院校一般安排 10 天到一个月左右集中上课。完成全部教学任务。这种类型的专业教育我在 20 世纪 80 年代就已开始，多次被聘为客座教授或兼职教授任课，所讲课程主要分为《饭店企业管理》《饭店客房管理》、《饭店餐饮管理》。每门课程的课时量一般是 54~72 个课时不等。如果所聘请的学校将客房管理和餐饮管理的内容都包含在《饭店企业管理》中，则这门课程的总课时一般是 80~120 个课时。那一时期，我先后应邀去完成过这种专业课教学任务的学校主要有北京第二外语学院、立水桥旅游服务学校、广州财贸管理干部学院、青岛大学、桂林地质学院旅游专业、北京财贸职业技术学院、北京市第二服务局职工大学、北京市职工大学、北京实验大学、海淀科技实验大学、北京海淀走读大学、中央民族大学、中国科学院管理干部学院等 10 多所大专院校。在这些学校中，有的只教过一届学生，有的教过 2~3 届学生，最多的北京海淀走读大学教过 8 届学生。从 1983~1993 年，教过的学员共有 1000 人左右，完成的专业教学课时量约 2100 学时。

（二）单体饭店管理干部集中培训型

这种类型是指各饭店根据需要，自行组织或委托专业培训机构组织成建制培训，集中一段时间，举办主管领班和部门经理以上的干部培训班，所以属于单体饭店集中培训的性质。这种类型的特点是每个饭店的一次培训时间大多在 10~20 天左右。课程内容以《饭店管理》《客房管理》《餐饮管理》《设备维修》《饭店财务管理》等专业课为主。每门课程的时间少则 2~3 个半天，多则 8~10 个半天。我在这种培训中有的是饭店直接请我完成饭店管理、客房管理、餐饮管理三门课程，有的是由成建制培训机构邀请到饭店讲一两门课程，也有的是饭店请我去开专题讲座。从 1985~2000 年，我先后应邀去完成过这种培训任务的饭店以北京为主，遍布全国。其中，在北京的饭店包括西苑饭店、新侨饭店、京伦饭店、长城饭店、首都宾馆、建国饭店、华风宾馆、友谊宾馆、假日丽都、燕祥饭店、华都饭店、台湾饭店等 40~50 家。外省市的饭店有承德外交人员宾馆、黑龙江大庆宾馆、内蒙古昭君饭店、河南东方饭店、山东贵都大酒店、石家庄河北宾馆、河北香安宾馆、乌鲁木齐边疆宾馆、海拉尔友谊宾馆、大连富利华饭店、厦门航空宾馆、江西九江宾馆、烟台友谊宾馆、沈阳友谊宾馆、苏州南林饭店、西藏假日丽都饭店等几十家。

（三）培训机构商业培训型

这种类型是指大专院校、各种专业学会、行业协会或专业培训公司在饭店行业所办的专业培训，一般以饭店宾馆总经理论坛、高级研讨班、客房部、前厅部、餐饮部、财务部、工程部等部门经理研讨班、研修班、总经理、部门经理岗位证书班、职业经理岗位证书班等名义招生。每次培训的课程内容都是由培训机构事先安排的，然后再聘请专家教授承担相应的课程。培训地点以北京为主，也到各旅游景点地区的饭店宾馆举办。每次培训的时间多在 8~10 天。被聘请的专家教授每次讲授 1~2 天的课程，都以讲座为主。从 1990~2000 年，先后聘我去授课的单位主要有本院国际饭店业培训中心、国家旅游局人力资源培训中心、解放军干部管理学院、中国行政管理学会、中旅总公司培训中心等 6~7 个单位，每个单位每年的办班次数多在 4~8 次不等。每次的学员人数多在 20~30 人，多的可达 70~150 人不等。除在北京地区外，每年会有 4~6 次被邀请到全国各地去承担这种专题讲座的任务。我在这些专题讲座中，仍然以饭店管理、客房管理、餐饮管理的内容为主，但也根据培训机构的要求，结合饭店业的管理动态、特点和发展趋势，适时调整专题内容和重点。所讲过的专题包括“现代管理观念在饭店管理中的运用”“饭店管理的领导艺术和方法”“饭店服务质量管理的特点问题和对策”“饭店餐饮管理的重点难点和对策措施”“餐饮管理的发展趋势和对策”等等。接受过我课程培训的总人数在 3000 人左右。由于理论结合实际，针对性较强，所以每次都受到广大学员的广泛欢迎。

（四）民办院校兼职讲授型

这种类型是指各种民办院校纷纷开办旅游专业，参加国家组织的自学考试和学历文凭考试，合格者可以取得国家承认的文凭。我从 20 世纪 80 年代末开始就被聘为这种民办院校、也有少量公办院校的成人教育机构的兼职教授，主要承担《饭店管理》《客房管理》和《餐饮管理》三门课程的教学任务。这些民办学校的上课时间，自学考试以周末和晚间为主，文凭考试以白天上课为主。自学考试每门课程的课时量均在 32~36 学时，文凭考试每门课程的课时量多在 48~52 学时。每年文凭考试和自学考试的时间和课程安排是错开的。这样，每个学期我都会同时承担众多院校的上述三门课程的教学任务。民办学院兼职讲授型的教学特点是：以应试教育为主，学生素质比正规院校差，考试及格率要求的压力大。特别是旅游专业的饭店、客房和餐饮管理三门专业课，每年的考试题都有 35%~40% 的计算题。学生不易掌握，教学难度大。在北京地区每年旅游业的自学考试，上述三门课程的平均及格率多在 30%~40% 左右。而我所教的学校和班级，其及格率则多在 60%~80% 左右。每年旅游专业的文凭考试，上述三门课程的及格率多在 50%~60%，而我所教的学校和班级，其及格率多在 85%~90% 以上。在全国高等院校扩大招生前，则多在 85%~100% 左右。正因为如此，在那一时期，找我承担上述三门课程的学校很多。先后共有 30 多所。其中，中华社会大学、海淀走读大学、北京祥云培训中心、北京文汇学校、北京建设大学的聘用时间长达 9~12 年，北京科技经营管理大学、北京兴华大学、北京美语学院、北京京都学校、崇文职业学校、培黎大学等的聘用时间则在 4~5 年。其他如朝阳职业大学、北京东方大学、北京人文大学、燕京华侨大学、北京吉利大学、中华研修学院、东方日语财经大学、北京京海学院等 10 多所民办院校的聘用时间则在 2~4 年左右。总之，从 1989~2003 年，我先后在北京地区的民办院校所教过的学生，班级达到 250 多个班，其听课学生的总人次达到 12500 多人次。

上述 4 种类型的旅游专业教育和培训工作无疑在传播旅游管理科学知识，促进其运用方面发挥了积极的推动作用。这大概也是我被誉为“中国旅游管理科学的开拓者和奠基人”的另一原因吧。

第七章　三次著作高潮中的教授生涯（2003~2014 年）

一　不屈又屈死人的正教职称申报

职称无论在国际上或在中国，都是专业技术人员的专业水平和社会地位的象征。大学教师以科研能力、学术水平和教学质量为依据，力争获得相应的职称是天经地义的事情，也是落实国家知识分子政策的重要体现。如果那些热爱祖国，始终抱着一颗赤诚报国之心，为改革开放和四化建设而在自己的岗位上做出了突出贡献的人，长期不能获得相应的专业技术职称，那本身就是所在单位的个别主管人员在打击、压制、迫害知识分子，破坏党和国家的知识分子政策。就其社会影响而言，那些有真才实学，确实做出了贡献，完全符合或超越了正高职称任职条件的人长期得不到晋升，而那些徒有虚名，并无真才实学和相应学术成果，依靠不正当手段的人，却早早地获得了晋升，这本身就是对国家知识分子政策的嘲弄和践踏，是与中共中央建设“和谐社会”的大政方针格格不入的。是与习主席提出的，坚持“实干兴邦”，实现民族复兴的“中国梦”的精神唱反调的。20 世纪 90 年代中后期到 21 世纪初，在北京联大旅游学院的正教职称评聘中，我就遭受了这种极其不公正的对待。虽然它早已成了旅游学院的历史笑料，但简单回忆还是能从正反两个方面给人以某些启迪的。

从 1987 年我因做出了突出贡献而破格晋升为副教授到 2003 年，我同样因为做出了更加突出的贡献而被长期打击、迫害后才晋升为正教授。在长达 16 年的坚贞不屈的正高职称的征途中，我的职称晋升大致经历了三个阶段。它既反映了那些光明正大、公正廉洁、办事公道、爱惜人才的优秀领导者的品质，也折射出那些嫉贤妒能、拉帮结派、打击迫害人才的小人的卑劣与龌龊。

（一）创造过硬正高职称条件的五年奋斗时期

在大专院校，正教授和副教授就其任职条件而言，是有一定区别的。其主要区别是学术成果的创新性、理论深度、专著或论文的社会影响程度等方面的要求更高，晋升名额的限制更大。所以，一般院校只有 30%~40% 左右的教师能够晋升为正教授是比较正常的。1987 年下半年，我破格晋升为副教授后，虽然没有刻意去追求正教授，但对其任职条件还是有一定认识的。所以，从 1987

年到 1992 年的 5 年期间，我仍然努力学习管理学、经济学、企业管理等各种科学知识，继续深入饭店宾馆去了解企业的实际情况和运行规律，继续潜心从事旅游科学研究，用各种论文、专著、教材等实际成果来推动中国旅游管理科学的建立和发展。经过 5 年的艰苦奋斗和潜心努力，到 1992 年，我已完全具备了正教授的任职资格和条件。如果和那时已经晋升为正教授的某些人比较，我的任职条件已经超过他们了。其具备的主要条件是：

1. 科研论文。5 年间我共发表了 32 篇，19.14 万字。其中，在国家级重要刊物上发表的有较好深度和新意的论文 10 篇，比某些人多 80% 以上。

2. 教材专著。5 年间主编或个人出版填补旅游管理科学研究空白的教材和专著 6 本，总字数 422.72 万字，其中个人独立完成 226.12 万字，比某些人多 5 本，个人独立完成的字数比他们中个别人多出 10 倍。

3. 市级课题。参加《1986~2000 年北京旅游战略规划》研究一项，是这项省市级研究课题的核心组成员和分课题组负责人，并完成两篇收入课题成果中的论文。他们中的有些人也参与了这项课题研究，为一般成员，未写出科研论文。

4. 部级科研课题。1990~1992 年，我是国家旅游局中国旅游企业管理研究课题的主持人。他们从未主持过旅游科研课题。由此，可看出其学术能力和水平的差距。

5. 个人论文专集。1992 年，我在全国率先出版了个人论文专集《旅游经济与管理探讨》，24.6 万字。他们中的某些人的论文全部加一块也不够出本小册子，且并无论文集出版。

6. 担任课程。1985~1990 年，我就是《饭店客房管理》和《饭店企业管理》2 门专业课的主讲教师。1990 年后又增加了《餐饮管理》，成为 3 门专业课的主讲教师。他们中的有些人从头到尾只讲一门专业基础课。

7. 教学效果。在学生自愿选择毕业论文指导教师的前提下，我授课后的旅游管理专业学生（当时每年只招收 26 人左右）每年有 10~14 人找我做指导教师。而他们每年只有一两人，有时没有人找。可见其讲课效果受欢迎程度的差距。

从上述 7 个方面的比较中可以看出，我破格晋升为副教授后的 5 年中，经过艰苦努力所做出的实际贡献是完全达到甚至超过正教授的任职条件的。这些条件至今也是过硬的，经得起客观事实检验的。它充分说明我是一个实干兴邦型的知识分子。在这 5 年中我始终都在为国家旅游事业和旅游学院的发展做实事。我的那颗要用实际成果来报效祖国的知识分子的赤诚之心，并没有改变。

（二）潜心教学科研的三年“内部粮票”时期

“内部粮票”是学院职称聘用中的一项短期特殊政策。20 世纪 90 年代初，联大旅游学院的领导发生了变化。原来的 3 位副院长都先后退休了，新来的主持行政工作的常务副院长是赵克非先生。另一位主要领导者我称他为 A 君。不久，又有一位主持院学术委员会工作的所谓专家，我在这里称他为 B 君。不过此人心术不正，谁该上正教授或副教授，他不看实际成果，只看他是不是处级领导。还有先后担任系主任的 C 君，特别是后者和只会嫉贤妒能，学术水平一般，专会挑头打击压制别人的所谓专家 D 君。这些人都处在学院处级以上的关键岗位，又长期把持了学院职称评定工作。从而打击、压制、迫害了不少有真才实学的人，给党和国家在职称问题上的知识分子政策造成了长期不良影响。这也是我在长达 10 多年中，年年申报，年年遭到打击迫害的原因所在。

1992 年按履职年限，我提前半年第一次提出了正高职称的申请，当年未能通过。1993 年我再次提出了申请。这一次，我将 5 年多来所做出的上述 7 项突出贡献与申报正教的条件的有关人员比较，逐一列出了在全院均处在第一位的 10 项申报成果。这一次得到院职称评定委员会主任赵克非院长的大力支持。他坚持公平、公正和实事求是原则，在他主持下，经过评审，顺利以 2/3 以上的多数票通过。但申报材料报到联合大学学科组时，学院在职称评定中的正气已经和赵克非院长的本意不大相同了。学院派出的所谓专家参加联大学科组的审议，结果将我的申报拉了下来。我的第 2 次申请又失败了。

赵克非院长是一位品质优秀、为人正派、公正廉洁而又风趣随和的好领导，是一位对党的知识分子政策、职称评定政策理解得好、执行得好的优秀共产党员。记得他刚到学院不久，就召开副教以上的骨干教师会议，征求大家意见。并很谦虚地说：“我不懂教学工作，不熟悉知识分子，所以要虚心向你们学习。但办好学院、搞好教学和科研，最根本的是要依靠知识分子、依靠你们这些教授和专家学者。”此后他一直坚持这一方针。他还利用假期，带主管教学的干部和副教授以上的教师外出旅游。一边考察，一边研究教学计划、教学大纲。千方百计调动大家的主动积极性、提高教学和科研工作质量与水平。当他知道哪个教师出版了专著、教材，发表了重要论文，总是抱着真诚的态度给予支持、鼓励或表扬。我因出版《中国旅游企业管理大全》《饭店宾馆优质服务知识》、

《改革开放大潮中的北京建国饭店》等专著，发表《当前旅游业面临的困难与对策思考》《旅游企业集团发展道路的探讨》《饭店行业的竞争格局及其对策思考》等学术论文，就曾多次受到过他的赞扬。特别是在职称评定中，他坚持原则，坚持党的方针政策，不搞论资排辈，不以是否是处级干部做标准，总是以实际成果及其实际能力、实际水平为主。所以，学院的老师都很尊重他、喜欢他。尽管他那时已因与个别心术不正的人意见相左而心情不愉快，不久就提前退休了。但他那种正直、廉洁、公平、公正地落实知识分子政策的高贵品质还是给学院大多数人留下了深刻印象，至今让人难以忘怀。

北京联大旅游学院 1993 年的高级职称“内部粮票”就是在赵克非院长的领导下推行的。当时，赵克非院长为了调动骨干教师的主动积极性、稳定教师队伍、办好旅游学院。经与人事处商量，又经院党委同意，提出了一个“内部粮票”的办法。我也因达到正教职称的任职条件，当年在院内职称评委中以 2/3 的多数票通过后上报联合大学，虽然被个别人在联大给拉了下来。赵院长却坚决主持正义，使我成了当年“内部粮票”政策的受益人之一。

所谓“内部粮票”是指在职称评定中，对那些确有相应实际成果和真才实学的教师，在申请副教授和正教授的过程中，本院通过，但因名额有限或特殊原因未能被上级批准的，旅游学院认定他内部教授或副教授的资格。可以用学校经费享受相应职称的工资待遇、电话费补贴，可以在印名片、外出开会时使用相应职称。这一做法虽然只推行了一次，时间只有 3 年，但和后来的那些只会“窝里斗”，专门打击、压制、迫害人才，宁可多年放弃上级给定的正教职称名额，也不让有突出贡献的教师评上正教授的所谓领导者比起来，其品质的优劣、道德的高低已经是天上地下，不可相提并论的了。

在享受“内部粮票”的 3 年期间，我继续潜心从事旅游管理专业的教学和科研工作，每年都取得新的重要成果。3 年中，又发表了 3 篇学术论文，主持了一项省部级科研课题——中国旅游服务质量等级标准的制定，主编（含副主编）出版了 3 本专著，总字数达 397.2 万，个人独立完成的字数达 62 万字。但自从赵克非院长提前退休后，学院职称评定工作已被前所述 A、B、C、D 等极少数心术不正、嫉贤妒能的既得利益者所把持。所以，我虽每年都坚持不懈、百折不挠地申报正高职称。但年年都被他们用各种卑劣的手段给挡在旅游学院的门外。这就是我 1993~1995 年，连续申报正高职称过程中的第二个阶段的遭遇。

（三）不屈又屈死人的十多年的艰苦奋斗时期

经过3年连续申报、年年失败的“内部粮票”后，从1996年到2003年，我又经历了长达8年的不屈又屈死人的正教职称的申报。如果从我已经完全达到并已超过正高职称标准的1992年算起，我在正教申请的征途上经历了长达12年的不屈又屈死人的痛苦经历。不屈，是指我在遭受压制、打击、迫害，年年申报、年年被以A君为首的一撮小人用各种不正当手段将我的申报挡在旅游学院门外的情况下，仍然不屈不挠、年年申请。以此表达对他们破坏党和国家知识分子政策的不满，以此向学院“黑暗”的职称评定及其打击、压制、迫害有突出贡献的教师行为抗争。因为我始终相信党的政策光辉是不可能长期被遮挡的。

“屈死人”是指在长达8~12年的正教职称申报过程中，除1993年赵克非院长公平、公正主持职称评定时，我的申请在旅游学院以2/3的多数票通过，材料上报到联大，享受3年“内部粮票”待遇外。从1994年到2003年，在长达10年的抗争中，我所受到的不公正的待遇，所受到的压制、打击和迫害是十分严重的，是“屈死人”的一个长期过程。任何人都不难想象：一位坚定不移拥护改革开放政策、坚持四项基本原则，先后两次被破格晋升为讲师和副教授后又继续潜心从事旅游科研和教育工作的教师；一位10年中两次主持省部级研究课题，取得6项省部级研究成果，发表22篇论文，个人出版专业教材6本，主编（含副主编）出版专著8部，个人独立完成390.23万字，主编完成1092.38万字。独立承担三门专业课教学，年均课时量超过正教规定标准3倍以上，做出了突出贡献的教师，在长达10年的正教职称申报中，其心灵所受到的打击、迫害和摧残是多么严重；做出了突出贡献却不能通过职称得到党和国家的认可而被冤屈的程度是多么深重。事实上，不屈又屈死人的正教职称申报是我人生中遇到的最大的挫折和悲剧，也是党和国家的知识分子政策遭到个别人严重破坏和践踏的佐证。

在屈死人的教授申报中，我的心情是极不舒畅的。每年的职称申报，我都有新的科研成果问世。但每年的结果都是遭到打击和迫害，申报材料出不了校门。后来，我才听说，在卑劣小人A的主持下，经常都是由后来的C君或D君使坏，D君否定我的成果。然后A、B、C、D互相呼应，他们达成了一个内部阴谋共识：“蔡万坤这小子学术成果太多、又很过硬，不能让他的申报材料报到联合大学……”“因为到了上级单位，我们就可能控制不了了。”所以才会年年申报、年年失败、年年感到委屈死人。在长达10年的过程中，每年都想哭、想骂，甚至想到过以死抗争。但每年评定后，我的爱人都耐心劝我要想得开，看得远。要“退一步海阔天空”。然后，我的心思又很快转到教学工作和学术研究上来，以此来转移心态、调节心绪。这样，年复一年，才终于熬到了尽头。

2003年，学院新一届领导诞生。赵鹏同志担任了主管院长，原来那些嫉贤妒能，心术不正的人都先后退休或去世。这一年，学院旅游管理系撤销，我被调到了酒店与餐饮管理系。在赵鹏院长的主持下，在王美萍副院长（当时任酒店与餐饮管理系主任）的大力支持下，当年我的正教职称申报从旅游学院到联大学科组、到市教委和最后的正教职称答辩，都因我的学术成果突出过硬而顺利过关。党的知识分子政策的光芒又一次获得了胜利。这就是我从1992年至2003年在长达12年的不屈又屈死人的正高职称的申报过程。

二　挫折中得到的人生成功感悟

我在长期申报正教职称的过程中，年年申报，年年遭到打击、压制和迫害，心情极不舒畅。常常想哭、想骂，甚至想到以死抗争。每次心情的调节、好转都以爱人的耐心规劝、安慰为起点，然后用更加刻苦、更加潜心地开展旅游科研和教育培训工作来作为转移心绪、调节心态的手段。连续工作的时间越来越长，身体、精神和心理的压力和负担越来越大。福无双至，祸不单行。到2001年，我终于挺不住而病倒了。记得那是4月20日晚上2:00左右，我起来上卫生间，突然昏倒在床边不省人事。爱人听到我的响动，很快过来照顾。大概一两分钟后，我又恢复了正常。接着，我人生中第一次住了21天医院，安了2个支架。三个月后复查，又第2次住院，补安了3个支架。住院期间，爱人不离左右，精心照料。终于慢慢康复。

长期遭受打击迫害和两次住院的挫折，并没有将我完全打倒。它使我有时间静下心来，思考人生的一些问题。回味经历的酸、甜、苦、辣。面对精神和身心的严重打击和摧残，我毫不气馁、决不妥协，反而思考人生奋斗和成功的经历，总结经验教训。由此得到了如下一些人生感悟：

（一）人生要有一个不断追求、不断更新的目标

目标是人生的灯塔，它在人们的心目中照亮人生的前程和道路。人的一生

只有不断去追求自己的目标，并且随着目标的实现而不断地更新自己的目标，继续去追求更高的目标才能实现人生的价值，也才会对社会、对家庭、对自己有更大的作用。我在高中毕业时曾想过当哲学家、文学家。进入二外，曾经为争当对外文化交往的外交官而苦读。“文革”中因抓“五一六”的冤假错案而被冤屈后，背着政治处分在175中学教书时，也还在寻求新的人生目标。进入旅游学院后，我开始的目标是要在大学站稳脚跟，成为合格的大学教师。被破格晋升为讲师和副教授后，我想到的是中国还没有真正的旅游科学专家，特别是旅游管理科学的专家。而当我被誉为“中国旅游管理科学的开拓者和奠基人”后，虽然在正教职称评聘中遭到了长达10多年的压制、打击和迫害，但我的主流意识和想法仍然是要更加刻苦、更加潜心地搞好科研和教学工作，促进中国旅游管理科学的进一步发展。所以人的一生离不开对目标的追求。当然，人的家庭地位、社会环境、文化程度、个人地位和具体条件不同，目标是各不相同的。但必须有一个不断追求、切合自身实际的目标，则是确定无疑的。同时，你所选择和确定的目标必须是与社会进步相适应的，有利于促进国家、社会或家庭的进步和发展的。如果与历史的发展背道而驰，那就必然会碰得头破血流，这样的目标是无法实现的。

（二）坚强的意志是实现人生目标的根本保证

在人生的道路上，任何目标的实现都是要经过艰苦努力的。达到目标就要克服阻力，只有克服了阻力才能达到目标。这就需要有坚强的意志。艰苦使怯懦的人抬不起头来，但使有坚强意志的人闪射出战斗的光芒。挫折使意志薄弱者退缩，但使坚强的人向着更高的目标勇敢前行。鸡舍里练不出雄鹰，猪圈里跑不出骏马。我们无论如何要用坚强的意志去奋斗、去争取。像鹰一样往峭壁上飞，像马一样在草原上跑。不怕失败、不怕挫折，没有怯懦、不要愁苦。困难的时候应该是聚集力量的时候，失败的时候应该是痛下决心的时候。顺利的时候应该是预见暗礁的时候，胜利的时候应该是驾起风帆向更高目标前进的时候。正因为如此，我在清查“五一六”被打入最底层后又能勇敢地爬起来，在175中学成了优秀班主任。在刚到旅游学院被一些人瞧不起，遭到蔑视时能够潜心努力工作，用突出成果破格晋升为副教授。此后又能够不被胜利冲昏头脑，继续朝着新的更高的目标勇敢前进。特别是在邪恶势力运用职称评定中的权力，使我遭受长达10多年的压制、打击、迫害的过程中，我仍然能够坚持不懈、坚贞不屈地努力工作。年年都有新的科研成果继续申报，最终获得了正教职称聘任。这都是有坚强意志的具体表现。所以，气馁和屈服是缺乏做人的基本条件的。一遇挫折萎靡不振，稍碰困难灰心丧气，是人生的最大耻辱，是决然做不出事业来的。

（三）具有抗拒艰险和挫折的能力才能具有光明的人生前途

人的一生在不断追求自身目标的过程中，既有顺利、成功的欢乐、愉悦、高兴或惊喜，也会经历很多挫折、磨难、艰险和悲伤。在现实社会中，顺境是容易度过的，逆境却是艰难困苦的。人的一生，只有具备了抗拒艰险和挫折的能力，才能度过“山重水复疑无路”的艰难处境，进入“柳暗花明又一村”的光明境界，创造自己光明的人生。我在自己的人生征途中，就曾多次遭遇重大艰险和挫折，也培养了自己抗拒艰险和挫折的能力，因而才有了自我感觉比较光明的人生。如“文革”期间，因为清查“五一六”，使我背上无中生有的“五一六”骨干分子的黑锅，就是人生中最大的一次艰险和挫折。但面对这种挫折，即使在天津南郊 4702 部队 5 连的猪圈和狗棚边隔离审查，在强大的逼供信和暴力殴打中，在回到二外的大小会议批斗中，我也不承认自己是“五一六”成员。正因为有那次抗争，才能在分配工作中因祸得福，留在了北京，为日后人生道路的发展创造了良好条件。这大概也是祸福相倚的体现吧。再如从 1992~2003 年，我在副教授岗位上任职 5 年后做出了突出贡献，但正高职称评定却遭到了长达 10 多年的压制、打击和迫害，则是我人生中又一次更大的艰险和挫折。但是面对这种艰险和挫折，面对基层那种以权压人、以权治人的丑行，面对嫉贤妒能的 A、B、C、D 诸君的年年打击迫害，我从未向他们低过头，认过错，也从未请他们吃饭、送礼行贿。总是年年补充新的学术成果，通过年年职称申报向他们的丑陋人格抗争。虽然我个人在职称评定上受到了长达 10 多年的损失，但我用自己的光明磊落的行为维护了党的知识分子政策的纯洁。用正义战胜了邪恶，用正气战胜了歪风，用贤达战胜了丑行，用自己的突出贡献和丰硕成果最终获得了党和国家在正教职称上对我的肯定。正因为在长达 10 多年中具备了抗拒艰险和挫折的坚强能力，才在正教职称评定后为晚年的光明人生创造了条件，能够心情舒畅地进入第二次和第三次以至第四次旅游管理科学研究的著作高潮。所以在市场经济条件下，对于出身贫寒，没有什么背景和地位的人来说，只有具备抗拒艰险和挫折的能力，敢于战胜各种艰难险阻，才会具有光明的人生。

（四）善于发挥自己的长处是通往光明人生的必由之路

人的智能包括智商和能力，它是由先天的遗传和后天的环境与学习等因素决定的。所以，不管家庭出身如何，先天条件如何，我们从小就应该努力学习文化知识，掌握积累人生成长和发展的本事。当然，由于我们的家庭环境、社会地位、经济能力、自身智能等各种因素的影响，能够取得的学位和职位高低、知识多少、能力大小等是各不相同的。正因为如此，不同的人都会有自己的不同的长处，即所谓个人的特长。如有人善于唱歌，有人善于跳舞，有人喜爱写小说，有人善于演电影，有人善于做工，有人善于种地。同时，人的能力也是多种多样的，可以从事不同的工作。但只有善于发现和发挥出自己的长处，能够找到最适合自己的工作领域、场所或岗位并能用自己的丰硕成果来实现自身目标的人，才会有光明的人生。在以法制为基础的市场经济条件下的优胜劣汰，也是人生成长与发展的规律。所以，碌碌无为、随波逐流地过一生是容易的。但要想具有光明的人生，则只有善于发挥出自己的长处，才能做出超越自己同辈人的实际成果。所以我说：善于发挥自己的长处是通往光明人生的必由之路。所谓行行出状元，就是这个道理。其实，所谓“状元”，都是因为将自己的长处发挥到了极致。就我自身的情况而言，自从进入北京联大旅游学院，找到新事业的起点和支点，扬起旅游业中的人生风帆开始，自觉最大的长处是：善于吃苦耐劳、善于观察和分析问题，能够很快抓住所要研究的问题或课题实质。写作能力较强，论文和书稿写作的速度和质量较快较好，号称业内多产专家。正因我在自己的旅游科研和教育工作中，将自己的上述长处或特长发挥到了极致，所以能够主编和个人独立完成50多部教材和专著，60多篇学术论文和专业文章，成为“中国旅游管理科学的开拓者和奠基人”，从而在改革开放的大潮中开拓了较好的人生。

（五）矢志不移的信念是打造光明人生的动力源泉

信念是人们内心的主宰，是稳定的思想意识。它影响和决定人们的行为。人们的宗教信仰多种多样，有人信佛教，有人信基督，有人信真主，有人信邪教。这就是不同人的信念在宗教上的体现。我因从小家庭贫困，没有受过多少宗教影响和教育。从上小学开始，就长期接受共产党的正统教育。所以，我是一个无神论者，也没有宗教信仰。但长期的正统教育和人文社科知识的积累和影响使我既相信共产党，又对党内所出现的个别丑行和腐败深恶痛绝，所以特别拥护改革开放的政策。就思想意识的角度来看，我所具备的矢志不移的信念主要集中在以下几点:①中国是一个有5000多年光辉历史的文明古国,经过“文革”和近百年的贫弱灾难，在改革开放的大政方针指引下，中国一定会越来越强大。为此，我十分热爱自己的祖国，始终有一颗忧国忧民的拳拳报国之心。这也是几十年来支配我人生的矢志不移的坚强信念之一。②要报效国家，必须用物质产品或精神产品来促进国家四化建设的发展。不能一辈子卖“片汤”。“空谈误国,实干兴邦”。为此,必须树立符合国家需要、促进社会发展的人生目标,必须树立一辈子艰苦奋斗的精神。必须脚踏实地，兢兢业业地做出实实在在的成果来，由此才能创造出美好的人生。这既是我矢志不移的坚强信念的一种体现，也是我几十年来笔耕不止，能够出版几十本教材和专著的原因所在。③木秀于林，风必摧之。所以，较为优秀的人们常常会遭人忌恨、压制、打击或迫害。这在很大程度上都是以任命制为主的用人制度所造成的越级领导者使用的个别基层领导不当造成的。但我始终相信共产党是一个相对成熟、稳定的政党。那些因越级领导者使用不当而成为个别基层领导者的人毕竟是少数，他们不能代表党，也不能代表党的的政策。所以要敢于抵制他们的错误，要有抗拒艰难险阻，抵制腐败和各种不正之风的能力。要相信正义必将战胜邪恶，正确必将战胜错误，正气必将战胜歪风邪气。这既是我人生中的第三个矢志不移的坚强信念，也是我能够在长达10多年遭到压制、打击和迫害，仍然能够年年用新的科研成果申报抗争，最终晋升为正教授的原因所在。我感到这是党的政策的胜利，是个别基层领导和嫉贤妒能的个别小人的丑行和邪恶的失败。所以，人的信念是很重要的。如果我没有上述3个方面的坚强信念，在歪风邪气的打击迫害下灰心丧气，一蹶不振，也就不可能做出如此众多的学术成果，难有较为光明的人生。

（六）体贴温馨的家庭是奔向人生旅途的加油港湾

事业和家庭是不可分离的。在人生旅途的发展过程中，如果有一个体贴入微、相亲相爱的老伴，有一个和睦温馨的家庭环境，那就会像在长途航行中的加油港湾一样，让人生的发展更加顺利。反之，如果家庭不和，后院起火，经常吵架，甚至动不动就离婚，那必然是人生的不幸。这就是古训中所谓“古之欲明明德于天下者，先治其国;欲治其国者，先齐其家;欲齐其家者，先修其身”的道理。虽然我们谈不上“治国”,但要在人生的旅途中有一个光明的前程,“先齐其家”则是必不可少的。应该承认，我虽然因“文革”中清查所谓“五一六”而延误了结婚的年龄，但我的老伴和我的家庭却是十分体贴温馨的。主要表现是家庭和睦，互相体贴关心，有事互相商量。虽然有时也拌几句嘴，但从不往心里去，特别当我进入旅游学院，找到新的事业后，老伴总是在事业上全力支持。每当我有了成绩，发表了文章和专著，她总是乐于同我分享，又告诫不可沾沾自喜；每当我遇到挫折、压制、打击时，她又总是劝告我不要灰心，要想得开、看得远，及时调节心情和心态，帮助我解除了无数次的心理压力。当我生病住院时，她又日夜守在我的身边照料，使我很快恢复了健康。这些都是我在人生旅途的发展中能够得到成功的重要原因。同时，我也希望这些人生感悟和经历能够为后人和年轻人所理解，其体现出的精神能够被继承与发扬光大。

三　管理科研中的第二次著作高潮

2001年，我虽经历了2次住院的疾病折磨，正教职称评定已经遭受了长达8年的打击和迫害，但我那颗相信党和国家政策，一定要用自己的实际成果来报效祖国的赤诚之心仍然没有改变。随着病情的好转和稳定，在重新认识和注重身体健康、加强锻炼、调节饮食、转变心态的前提下，我一方面将因病而中断的各处旅游教育和专业培训工作继续完成。另一方面则在考虑如何通过自己的科研工作来促进中国旅游管理科学的发展。

中国旅游管理科学的建立和发展是一个长期的过程，它需要几十年，甚至更长时间的专家学者和企业管理人员的共同努力。20世纪的八九十年代，我因赶上“盛世碧云天”的大好时期，经过艰苦努力，进入第一次著作高潮，完成了4项省部级成果，出版了10多本专著和教材，被誉为“中国旅游管理科学的开拓者和奠基人”，但科学发展是没有止境的。我不能因为职称上长期遭迫害就灰心丧气、萎靡不振。必须为中国旅游管理科学的进一步发展而做出自己的努力，绝不能故步自封、停止不前。恰在这时，广东旅游出版社准备再版我最早出版的《饭店客房管理》教材，与此同时，中国刚刚加入世界贸易组织。一个以培养中国企业管理职业经理人为目的的教育培训活动刚刚提上议事日程。我立即感到这是一个大好机会，机不可失，时不再来。于是决定组织部分专家学者和企业管理人员组成编委会，编写一套面向21世纪的酒店职业经理人培训丛书。我将这一想法和丛书题目、内容、编写提纲，同广东旅游出版社领导协商。由于选题和内容均较好，立即得到社领导的支持，很快签订了系列丛书的出版合同。于是从 2001~2005 年，我又进入了以中国饭店企业管理科学研究为重点的人生第二次著作高潮时期，从而促进了中国旅游管理科学的发展。

第二次著作高潮期间，以我为主编先后编写完成了 10 本饭店管理方面的教材和专著。其中，《北京王府井大饭店的管理模式与规范》和《北京功德福餐饮有限公司管理规范》两本因企业方面的原因未公开出版，在内部使用。其余 8 本均以职业经理培训和大专院校旅游管理专业教材为主。主编完成的总字数达 256.3 万字，个人独立完成的字数 164.03 万字。这些著作的发表时间，主要内容和个人完成的主要工作是：

第一本《新编现代酒店管理学》。

2004 年 1 月广东旅游出版社出版发行，38 万字，个人独立完成。全书介绍了单体饭店职业经理人，即总经理、副总经理、总监等高管人员需要具备的酒店管理原理、管理体制、机构设置、规章制度、领导原理和方法、预算管理与控制、市场营销、业务管理、人力资源、设备物资、财务管理等方面的专业知识和整体控制方法与技巧。该书是我 1989 年出版的《实用饭店企业管理学》（上、下册）的全面修改和提高。

第二本《新编酒店客房管理》。

2003 年 8 月广东旅游出版社出版，40 万字，个人独立完成。该书全面介绍了星级饭店前厅部、客房部经理人员做好本职工作需要具备的专业知识和管理方法，包括前厅与客房管理的基本原理、前厅与客房的功能设计与装饰布置、部门预算、市场营销与客源组织、前厅预订、接待、客际关系与应接服务的业务管理方法、客房楼层房务、安全、卫生、洗衣房的业务和设备物品管理、房租价格制定和部门核算与经济效益等。是我最早出版的畅销书《饭店客房管理》的修改和进一步提高。

第三本《新编酒店餐饮管理》。

2004 年 11 月广东旅游出版社出版，36 万字，本人完成第 1、2、4、5、8、12 章，21 万多字，其余各章由田彤和刘捷 2 位老师编写。全书由我起草体例，写出各章编写提纲，最后由我修改、补充和完善。该书以饭店餐饮部总监、部门经理、行政总厨等职业经理为读者对象。全面介绍了他们需要的饭店企业餐饮管理的基本原理、机构设置、人员编制、市场营销和客源组织、厨房与餐厅的设计布置、部门预算、菜单设计与定价，原料采购与储存、厨房产品生产、餐饮产品与酒水销售及服务，宴会与美食展销及大型活动组织、设备用品管理、成本核算与控制等各种专业知识和管理方法与技术。其内容科学合理、方法具体适用、理论阐述具有前瞻性。

第四本《新编酒店商品和康乐设施管理》。

2005 年 11 月广东旅游出版社出版发行，36 万字，本人独立完成第 1、2、3、4、5 章，11.47 万字的编写，其余各章由刘宝民、廉月娟完成。该书由我事先设计全书体例，写出各章节编写提纲，并完成最后的文字修改、补充和完善工作。书稿以酒店商品部经理、康乐部经理和项目经理等职业经理人为读者对象，全面介绍了他们所需要的酒店商品和康乐设施的管理原理、部门机构设置和人员编制、部门计划目标确定、商品部的商场布局、商品陈列、商品采购储存、商品销售与价格管理；康乐部门的康体娱乐设施的项目设置方法和标准；游泳池、健身房等康体设施；保龄球、台球厅等球类运动设施；夜总会、卡拉 OK 歌厅、棋牌室等娱乐设施的各种业务管理的方法和技术。最后还介绍了酒店商品和娱乐设施管理的部门核算方法、经济活动分析方法和技巧。其理论性、实用性和可操作性都较强。

第五本《新编酒店优质服务专业知识》。

2004 年 7 月广东旅游出版社出版。25 万字。本人完成第 1、2、6、7、9 章共 12 万字的编写。该书是 1993 年我主编的《酒店宾馆优质服务知识》的修改再版，全书分别介绍了酒店优质服务的基本原理、优质服务的职业道德、语言艺术、礼节礼貌、形体动作等基本知识和运用标准。前厅、客房、餐饮、商品、康乐娱乐等各部门的优质服务知识、标准、操作程序与方法，酒店优质服务需要的公共卫生、食品卫生、个人卫生、地毯地面保养，安全维护、客房、厅堂、公共区域环境艺术等各种专业知识。是酒店及部门职业经理做好服务质量管理所必不可少的专业参考书。

第六本《新编酒店财务管理》。

2004 年 6 月广东旅游出版社出版，23 万字，本人主要负责全书文字修改、补充和完善工作，5 万字左右。主要由联大旅游学院的章晓盛、黄丽丽老师按我提出的初步提纲完成编写任务。该书比较全面地介绍了酒店财务管理的基本原理、资金筹集、资金营运管理、资金投放管理、财务管理控制、利润分配管理等各种管理技术和方法。这些专业知识，技术和方法是酒店财务部门经理及其各级管理人员和总经理、各部门经理等职业经理人员都必须学习、掌握和具备的。

第七本 全国高等院校旅游专业统编教材《餐饮管理》。

2004 年 10 月，旅游教育出版社出版，31.1 万字，本人独立完成。该书内容以餐饮管理的理论为基础，在介绍餐饮管理的人员编制、新型营销策略、预算管理、菜单设计和价格制定的基础上，分别阐述了食品原料采购供应、厨房菜点生产、餐厅与酒吧销售服务、宴会经营、美食活动、酒会与外会管理、餐饮促销、成本核算与控制等各项业务管理的方法。作为教材，在当时具有较好的科学性、理论性、实用性和可操作性。

第八本《餐厅与宴会服务实训》。

2005 年 5 月，由中国劳动与社会保障出版社出版发行，27.2 万多字，本人完成 5 万字，任主编，该书是国家级教育培训规划教材。我所承担和完成的主要工作是：1. 按照实训教材和出版社要求，采用模块教学方式，设计了有别于一般教材的比较科学的教材体例。2. 以模块为基础，将餐厅和宴会服务的操作技能分别纳入不同的模块之中，由此形成实训课题，为实训教学提供比较科学的分类。在此基础上，拟定了由模块和实训课题相结合的全书编写提纲。3. 对每个模块中的每个实训课题的编写内容按照实训目的、设备和用品准备、操作步骤、应达到的质量标准、操作要点和注意事项、相关知识等 6 个方面提出了具体要求，并写出了课题样章，供编写人员参阅。由此保证了书稿写作的规范化，保证了初稿质量。上述三个方面的工作，在当时的教材编写中都有创新性，是其他教材所没有的表现形式。4. 收集编写人员完成的稿件，对全书进行了文字、格式审阅，并进行全面的文字修改、补充和完善，保证了这项国家级规划教材的质量。

从2001~2005年，我在第二次著作高潮中所完成的8部专业教材，对中国旅游管理科学的发展所做出的主要贡献是：1. 针对职业经理人员教育培训需要，对饭店管理科学所涉及的主要范围、领域进行了探讨，由此设计了6本职业经理培训或自学所需要的专业书籍，受到社会的广泛欢迎。每本书的发行量最低的5000册以上，客房、餐饮、财务等都在8000~10000册以上。2. 上述6本专业教材，每本内容都具有较好的教材体系和内容上的科学性和创新性，理论研究的前瞻性和深刻性，方法技术的实用性和可操作性，理论、方法、案例及定性、定量的较好结合性。因而对中国饭店管理科学理论与实用性结合的研究与发展做出了一定贡献。3.《餐厅与宴会服务实训》一书，在教材体例结构，课题选择，每个模块和课题的研究内容和方法等方面具有一定创新性。也是我一生中主编完成的第2部“国家级规划教材”。

四　花甲之年的年轻党员与教授

物极必反、祸福相依，这是事物发展的必然规律。在经受了长达10多年职称压制、打击和迫害，长期心情不舒畅，又因病两次住院等艰苦磨难后，2003年，在我开始进入花甲之年时，终于迎来了我人生旅途的一个新的转折点。这一年，学校发生了几件对我来说很重要的事情：一是长期大权独揽、胡作非为、压制、打击和迫害我的个别人及其御用打手已经退休。学院成立了以赵鹏院长为首的新一届院级领导，赵鹏院长同时担任了学院职称评定领导小组组长；二是学院因长期领导失误、打击压制人才、不敢用能人、使旅游学院在高等院校旅游专业的激烈竞争中严重滑坡。于是新一届领导提出了“二次创业”“重振旅游学院”的号召，并制定了相关政策措施；三是学院进行了系部调整改革，撤销了我10多年申请正教都过不了关的旅游管理系，将我调到了酒店与餐饮管理系。正因为如此，2003年我的正教职称因院系领导支持和本人做出了突出贡献，所以从酒店与餐饮管理系到旅游学院、联合大学直到北京市教委和最后的教授考核答辩都一路绿灯，顺利过关。它说明本人的学术成果和学术地位终于得到党和国家的认可和肯定。它也是在改革开放的大好形势下，正义必将战胜邪恶，党的知识分子政策的光辉必将战胜嫉贤妒能、打击压制、迫害人才的歪风邪气的佐证。也正因为如此，我对赵鹏院长、王美萍副院长（2003年我到酒店与餐饮管理系时任系主任）在我职称问题上能够正确执行国家政策，敢于否定前任领导 10 多年的错误做法，坚持实事求是的态度和精神是十分感谢，终身不忘的，它也反映了共产党的基层领导关心、爱护、帮助弱者的高尚品质。

俗话说：好事成双。当我年近 60 岁获得教授职称后，还以花甲之年的“老教授”的身份被吸收成了共产党员。2005 年学院领导还让我随赵鹏院长一起出国到加拿大旅游考察与观光。这大概是对我长期遭受打击压制和迫害的一种补偿吧。

我之所以到 60 岁的花甲之年才加入了共产党，其原因是多方面的。我的很多朋友和家人都说，年轻时有精力、有希望、有奔头没有入党，60 岁了才入党还有什么用呢？但我并不后悔，因为我最终找到了依靠，找到了思想和精神的寄托。就其花甲之年才成为共产党员的原因而言，大致有这样几个方面：其一，就其思想的本质和倾向而言，我是热爱和相信党的领导的。我出身贫苦，长期受共产党的正统教育，从小学到大学都是学生干部，是党和国家培养成长起来的，没有理由不相信和热爱共产党；其二，我在“文革”中遭到了清查“五一六”运动的不幸遭遇，背了长期的政治处分，丧失了争取入党的条件和勇气。其三，进入旅游学院后，在一定要用实际成果来报效党和国家的思想指导下，长期的艰苦努力和实际成果过多，形成了“木秀于林，风必摧之”的不利局面。这时，又赶上了个别基层领导不务正业，迎合个别嫉贤妒能的小人玩弄权术。而我又是一个疾恶如仇、宁折不弯的理想主义色彩较重的人。硬碰硬的结果是长达 10 多年的正教职称的压制、打击和迫害。当然更失去了争取入党的起码基础。即便如此，我并没有丧失对党和国家的信任。为了解决职称问题，遭到了个别负责人的断然拒绝，更使我对个别基层领导失去了信任；其四，尽管经受了个别基层领导的长期打击、压制和迫害，但我并没有丧失对共产党的信任和热爱。事实上，在我参加工作后的一生之中，接触过众多的领导者，他们绝大多数都是正派的，只碰到了这样一个玩弄权术的所谓领导。所以，当听说他即将退休，看到学院形势正在发生变化时，又燃起了我对党的热爱和信任。于是，我在进入花甲之年时，正式提出了加入共产党的申请。在当时的党总支书记兼系主任王美萍、系党总支副书记张文祥和系副主任田彤等老师的支持下，2004 年 6 月，我被吸收加入了中国共产党。成了花甲之年的年轻党员和正教授，还在北京联大旅游学院传为了佳话。

五　第三次著作高潮的管理科学贡献

2003 年随着人生命运的好转，我在北京联合大学旅游学院的处境开始有所变化。当年恢复了我在联大旅游学院已中止了多年的学术委员会委员的资格。年初，在已经 6~7 年未受学校委派以专家名义参加过学术或专业工作会议后，重新随系主任王美萍到哈尔滨参加了由人力资源与社会保障出版社组织的国家级统编教材的工作会议。5 月，又到杭州参加了全国餐饮专业自学考试的工作会议。2004 年还到海南参加了人力资源与社会保障出版社组织的第二次国家级统编教材的编写会议，被确定为《餐厅与宴会服务实训》国家级教材的主编。同年 6 月我已到退休年限，但学院为了工作需要让我继续教授生涯。在新一轮任期 5 年的人事劳动制度改革中，与我签订了正式劳动合同。同时，在"迎评促建"（迎接国家教委的教学评估，促进学校建设）活动中，还被聘为学院迎评办公室专家组成员。但我在主动积极配合领导参与和完成上述工作的同时，既没有沾沾自喜，更没有忘记自己的长处和使命。孔子说："五十而知天命，六十而耳顺"。我已是花甲之年、应该对别人的话明辨是非。我没有任何行政职务，领导对我的上述安排主要是为了落实党的知识分子政策，让我发挥余热。一个学术思想还很活跃，科研能力仍然很强的老教授，在没有行政职务的条件下，对学院工作来说，其最大作用只能是敲边鼓而已。我的长处应该是学术研究，使命应该在被誉为"中国旅游管理科学的开拓者和奠基人"之后，继续促进中国旅游管理科学研究的深入发展，用实际成果来报效党和国家。当这种思想认识进一步明确之后，我又开始进入了人生旅途中的第三次著作高潮。

我的第三次著作高潮是在三个背景条件下开始的：一是 2003 年学院原旅游管理系撤销，我被调到餐饮系，还在继续担任教研室主任。二是当年 11 月，我的正教聘书正式下达。第二年又被吸收入党，并签订了新的 5 年劳动合同。心情比较舒畅，激发了新的研究和创作热情。三是 2001 年开始的第二次著作高潮已近尾声，书稿多已完成并交到了出版社。这时，学院罗述华老师因当《旅游学刊》编辑部副主任时与北京大学签订了"21 世纪经济与管理规划教材"中的"旅游管理系列"教材的出版合同，其中的《前厅与客房管理》请我编著。于是，我与北京大学出版社的责任编辑梁宏飞先生协商，准备编一套面向 21 世纪餐饮企业职业经理人和旅游院校（含商业院校）餐饮专业的系列教材，得到他和出版社的大力支持。同时，我又与学院赵鹏院长协商，得到他的支持。拟定了一个以赵鹏院长为主编，我为执行主编，有学院部分中层领导、教师和企业管理人员参加的系列教材编委会，并与北京大学出版社签订了由 8 本书组成的系列教材的正式出版合同（其中，《餐饮企业财务管理》因故未能出版）。于是，从 2004~2008 年，我人生旅途中的第三次著作高潮就进入了实质阶段。

我的第三次著作高潮以餐饮管理的科学研究为主，先后发表了 5 篇学术论文，计 4.25 万字，主编出版了 7 本专业教材，总字数 326.8 万字，其中个人独立完成 159.05 万字。这些论文和著作有的填补了餐饮企业管理的研究空白。有的拓展了旅游管理科学的研究领域，促进了中国旅游管理科学研究的深入发展。我在这些科学研究中发表的 5 篇论文及其主要内容是：

1.《中国餐饮市场发展趋势与对策》。在 2004 年《旅游学刊》第 4 期发表，主要论述中国餐饮市场的发展状况、餐饮市场消费、餐饮市场营销和餐饮企业管理三个方面的发展趋势，进而针对存在的问题，提出了优化市场结构、完善信息系统、推动连锁经营、改善质量管理和加大人事劳动法规监管力度、促进餐饮行业发展的五大对策建议。

2.《餐饮市场人才需求的偏离错位和对策措施》。发表在 2005 年《人力资源与人才战略会刊》。主要阐述了餐饮行业的人才需求和大学餐饮专业教育人才培养之间存在的问题和原因，进而提出了改进课程设置，调整教学计划、加强实训教育、培养合格专业人才、降低餐饮企业高额人才流动比例的对策建议。

3.《培养管理营养师队伍是我国营养健康事业发展的必由之路》。于 2005 年 2 月在《中国营养》发表。文章结合学院正在筹建的营养专业，阐述了随着小康社会的发展，培养管理营养师的重要作用、存在问题和如何培养的对策建议。该文首次于 2004 年 5 月在云南昆明召开的中国学生营养与健康高层论坛上做大会发言宣讲。2005 年在参加由中国管理科学院组织召开的全国企业管理高层论坛（第七届）上，还获得了全国管理专业的百篇优秀论文奖。

4.《ZD 管理在饭店服务质量管理中的运用》。于 2005 年 6 月发表在《中国旅游饭店》。主要介绍了无缺点质量管理的由来、特点、程序和方法，结合服务质量说明其具体方法运用和注意事项。

5.《中国饭店集团管理的亚健康分析和对策措施》。于 2005 年 7~8 月在《中国旅游饭店》连载。文章阐述了中国饭店集团的发展现状，集团化管理过程中存在的十个亚健康表现及其原因，进而针对存在问题提出了六个方面的对策建议。

在第三次著作高潮中，除《前厅与客房管理》外，我主编出版的6本专业教材主要针对餐饮企业的职业经理和大学餐饮专业培养需要。我在这一过程中所做的主要工作和所发挥的作用是：

1. 设计了6本专业教材的书名，形成符合实际需要的互相联系、互不重复的系列专著，具有较好的科学性。

2. 分别拟定了每本教材的体例结构、各章节的具体编写提纲，为整套书稿内容的科学性、完整性、逻辑性、先进性和实用性提供了基本思路和依据。这是对大型书籍或系列书籍主编人员专业知识的最大考验。

3. 在确定编委会成员的基础上，联系了每本教材的参编人员，落实了编写任务和写作要求。

4. 书稿写作完成后，对每本教材进行了系统地审阅、修改、补充和完善，并补充了上百个案例与点评，保证了全套丛书每节一个案例和点评的体例的一致性，增强了实用性、可操作性。

5. 以“中国旅游管理科学的开拓者和奠基人”的学术地位和声誉，事先签订了全套丛书的出版合同，保证了每本教材的及时出版。这些书籍（共7本）的出版时间、主要内容和我在其中所完成的学术工作是：

第一本《餐饮企业市场准入管理——筹划开一家赚钱的餐馆》。

2007年1月北京大学出版社出版,34.6万字，本人完成34万字。全书介绍了餐饮企业市场准入（即开业筹建）所需要的各种专业知识和阶段划分，程序步骤和方法技术，包括餐饮企业市场准入的基本原理、规划创意、工作要领、地址选择的原则、方法和要点，可行性研究的方案制定，工程设计、工程建设，租赁经营的房产选择和装修改造工程管理，资金筹措的方法与使用控制，开业前设备用品的采购配置，市场营销的企业名称和形象设计、营销策划和亮点打造；企业团队建设的核心打造、人员配备与招聘、工商注册登记、制度建设、菜单设计与定价、开业培训和开张营业管理等各种知识，方法和技术。这是餐饮企业职业经理人员必须具备的最基本的专业知识，也是一本在当时填补研究空白的餐饮企业管理的专业教材。

第二本《餐饮企业总经理管理——现代餐饮企业的领军人物》。

2008 年 1 月北京大学出版社出版，43 万字，本人完成第 1、2、6、9 章和 43 个案例与点评，计 23.88 万字的编写和全书 43 万字的全面修改。全书介绍了酒楼饭庄等企业高层职业经理人员必须具备的角色地位认知、职责规范、职业道德与专业知识修养，主要能力与思维方法修养，团队打造建设与员工队伍管理，经营战略、策略、方针、目标的制定执行，业务组织、指挥、沟通、协调与控制方法，原料采供、厨房菜点品质、市场营销管理，后勤保障等关键点控制，市场竞争、管理创新、业务谈判、突发事件管理方法，财务管理、资金使用与控制，个人业绩考核等各种专业知识和方法技术。其内容具有较好的创新性、科学性和较强的实用性和可操作性。

第三本《餐饮企业市场营销管理》。

2009 年 4 月北京大学出版社出版，38.3 万字，本人完成第 1、2、3、4、5、10 章，计 24.42 万字的编写任务和全书 38.3 万字的修改工作。全书分别介绍了餐饮企业市场营销管理的基本原理，营销环境分析与目标市场选择，营销战略与计划管理，市场营销的产品策略、价格策略、品牌策略、主题营销策略、绿色营销策略与关系营销策略等各种策略方法的运用和各种促销方法的运用。是餐饮企业销售部经理和高中层职业经理人员做好企业市场营销管理的专业用书。

第四本《餐饮企业人力资源管理——打造企业的核心竞争力》。

2007 年 9 月北京大学出版社出版，40.5 万字，本人完成第 1、3、7、9 等章节计 11.5 万字的编写和全书 40.5 万字的修改、补充和完善。全书主要介绍了餐饮企业人力资源管理的基本原理，人力资源规划、招聘、使用，员工激励、培训、群体动力和劳动关系管理，员工绩效考评和薪酬福利管理的各种专业知识和方法技术。是餐饮企业人力资源经理和高中层职业经理人员做好企业和部门人员管理的专业用书。

第五本《餐饮企业行政总厨管理——餐饮优质产品生产的技术保证》。

2007 年 3 月北京大学出版社出版，43 万字，本人完成第 1、2 章和第 3、7

章的部分内容，计 16.25 万字的编写任务和全书 43 万字的修改、补充和完善工作，并补充 37 个案例和点评。其主要内容是在介绍行政总厨的多重角色，及其职业规范和任职条件的基础上，分别介绍了行政总厨和各级厨师长必须具备的厨房环境打造，厨师队伍建设管理、厨房原料采供、菜单设计与产品生产组织、宴会与美食菜点生产组织、厨房专项技术管理，设备、卫生与安全管理和行政总厨的业绩考核等各种管理技术和方法。

第六本《餐饮企业楼面经理管理》。

2008 年 3 月由北京大学出版社出版，41.1 万字，本人完成 5 万字的编写和全书全部文字的修改、补充、调换和完善。全书介绍了餐饮企业楼面经理（餐厅部经理）的职场认知、职责任务、餐厅环境与卫生管理、餐厅员工队伍管理、餐厅各项服务操作管理、设备用品管理、部门绩效考核等各种专业知识、管理技术和方法。是餐饮企业楼面经理和各餐厅经理等职业经理人员搞好餐厅、酒吧、宴会服务、提高服务质量的专业用书。

第七本《前厅与客房管理》。

于 2006 年 8 月由北京大学出版社出版，36 万字，个人独立完成。是面向 21 世纪经济与管理规划教材中全国统编的旅游管理系列教材之一。全书从系统观念出发，在介绍前厅与客房管理的基本原理、部门预算与目标设置的基础上，重点阐述了前厅部门的客房预订、柜台接待、客务关系与礼宾服务，商务中心和总机房管理，客房部门的楼层房务、公共卫生、洗衣房业务和部门设备用品管理，房租价格制定、部门核算与经济效益等各种专业知识、管理技术和方法运用。是较好的大专院校旅游管理专业的专业教材。

第三次著作高潮所发表的上述学术论文和专著对中国旅游管理科学的主要贡献是：

1. 拓展了旅游管理科学的研究范围。首次将餐饮企业管理细分为市场准入管理，总经理（企业高层）管理，市场营销、人力资源、行政总厨、楼面经理管理，形成了系列教材与专著。

2. 在餐饮企业管理的理论研究上有一定创新性、较强的实用性及可操作性。这些主要体现在餐饮企业市场准入管理，总经理管理、市场营销管理和人力资源管理的理论阐述中。其中《餐饮企业市场准入管理》还填补了餐饮企业在这方面的研究空白。

3. 学术论文的发表对旅游行业管理的实际工作有一定促进作用。特别是《中国餐饮市场的发展趋势与对策》《培养管理营养师队伍是我国营养健康事业发展的必由之路》《中国饭店集团管理的亚健康分析与对策措施》等长篇论文都在肯定成绩的基础上，针对存在的问题、利弊进行了原因分析，并从整体上提出了改进工作的具体对策措施，产生了良好的社会影响。

六 仍在延续的教授生涯

在 20 世纪 90 年代至 21 世纪初比较复杂的社会生活中，在共产党人事制度改革的初期，人生的命运和安排不完全是由个人决定的。其中，个人所在的党的基层组织，即本单位的主要负责人对党和国家政策法规的忠实执行程度，常常会影响那些能力很强，刚直不阿而又有争议的人的命运和安排。20 世纪 90 年代，当我已经做出了突出贡献，完全应该晋升为正教授时，却遭受了长达十多年的压制、打击和迫害，而不能如愿以偿。2003 年，当我身体恢复健康，对正教职称几近绝望时，却又顺利地得到了解决。第 2 年，我已经到了退休年龄，本该退休时，又因学院工作需要与我签订了一项新的 5 年期的劳动合同。正当我忠诚履行合同，处于第三次著作高潮的关键时候，在劳动合同期未满的条件下，2007 年，因新的个别领导人的政策变动和执行，我又被迫退休了。市场经济是法治经济，劳动合同是应该受到国家法律保护的。共产党的基层领导如果忠诚党和国家的政策法规，就应该继续履行合同。所以，人生的命运并不完全是由个人的主观努力决定的。在某种程度上常常是由本单位的主要负责人对党和国家政策法规正确执行的程度决定的。从这个意义上来说，作为一名年轻的老党员，我们十分拥护、坚决支持以胡锦涛、习近平同志为首的两届党中央提出的党要管党，严格治党，要加强党的基层领导，改革用人制度的号召，以保证那些正派廉洁，忠实执行党和国家方针政策、法律、法规的优秀党员能够掌握各个单位的领导权，防止四化建设的“中间梗阻”，保证和谐社会建设落到实处。

2007 年我 63 岁。在饮食营养搭配、药物调节治理和注重锻炼调养三管齐下的作用下，我因病住院的身体早已康复，身体健康良好，精力充沛，学术思想活跃，思维仍然比较敏捷，心理健康，心态良好。自我感觉心脏和心理年龄还在 50 岁左右，仍然能够用自己的教学和科研成果来为四化建设做贡献。但当年 3 月，在 2004~2009 年正式劳动合同期未满的情况下，我被迫办理了退休手续，离开了长期的教学科研岗位，遭受了人生旅途中的又一次转变。

自 2007 年以来，我虽然离开了自己十分珍惜的教学科研岗位，但其思想和行动并没有完全休息。从身体年龄的角度讲，退休以后完全休息、安享晚年是无可非议的。但作为一名已经年过花甲的年轻党员和老教授，虽然长期遭受过挫折。但我那颗热爱党和国家的报国之心并没有停止跳动。还可以在力所能及的条件下发挥余热。这正如曹操在诗中所说“老骥伏枥，志在千里。烈士暮年，壮心不已”。所以，我仍在延续自己的教授生涯，重点做了三个方面的工作：

（一）调整心态、锻炼身体

几十年的长期工作，后半生 10 多年的人生挫折和命运转折，心理状态的起伏变化，都会对身体和心理健康造成长期伤害。退休前虽然都已经调整到比较好的状态，但退休后不上班了、不开会了，与原来的同事、朋友接触少了，工作内容减少了，必然会产生心理的失落感、不平衡感。如果不能认真对待与调整，必然影响身心健康，再说，我的身体虽然已经恢复健康。但所患的心脑血管病和轻微的糖尿病都是老年慢性病，是不可能完全治愈的。所以，退休以后，我十分重视身心健康的调整与锻炼。首先是调节好心态。想得开、看得远、不攀比、知足常乐，始终保持心理健康、心态平和。其次，针对自己的身体状况，选择适合的锻炼方式和项目，定时锻炼身体、活动筋骨。第三，以饮食营养搭配为基础，注意食、住、行与生活方式，改掉抽烟、喝酒等不良习惯。因而，自我感觉身体状况越来越好，心情愉快，比较健康快乐。

（二）发挥余热，继续做好旅游管理的教育培训工作

旅游管理专业的教育培训是我一生职业工作的核心内容之一，能够讲授的专业课范围比较广泛，一生积累的专业知识和各种案例、实例众多。所以，教学效果长期良好。退休后，先后在联大旅游学院、北京化工大学北方学院、港中旅集团公司等单位担任旅游管理专业课的教学工作和总经理、部门经理培训班的专题讲座。并承担了中央电大和北京电大观光农业专业的客房与餐饮管理的电视教学任务。所讲授的专业课程除《饭店管理》《前厅与客房管理》《餐饮

管理》外，还包括《旅行社管理》《国际饭店概况》《旅游服务管理》《酒店财务管理》等课程。各处学生和具有丰富实践经验的学员反映的教学效果都较好。因而我为退休后年近70岁还能发挥余热，为北京市和我国旅游教育事业做出自己力所能及的贡献而感到欣慰。

（三）开展科研，不断促进中国旅游管理科学的继续发展

从20世纪80年代初我从事旅游管理专业的教学和科研工作开始，到20世纪90年代后期被誉为“中国旅游管理科学的开拓者和奠基人”至今。我在旅游管理科学的研究中，虽然长期遭受打击、压制和迫害，但仍然经历了三次著作高潮，始终坚持用科研成果来促进中国旅游管理科学研究和旅游事业的发展。这大概也是一个老教授一生中的不解之缘吧。所以，退休以后，我并没有停止对旅游管理科学的研究。从2007~2010年，我重点又完成了以下六项科研工作：

第一项，继续完成第三次著作高潮未完成的教材编写与出版工作。主要是《餐饮企业总经理管理》和《餐饮企业楼面经理管理》的出版，以文字修改为主。分别于2008年1月和3月出版。同时完成第三次著作高潮中最后一本教材《餐饮企业市场营销管理》的编写、稿件编辑、修改、补充和完善，该书到2009年4月才正式出版发行。上述三本书籍的内容和我所完成的具体工作已如上节《第三次著作高潮的管理科学贡献》中所述。这里不再重复。

第二项，主编完成《餐馆老板案头手册》一书。这是一本以我为主编，靳星先生为主要编写人员的专著。该书于2008年10月由人民邮电出版社出版发行，50万字，本人完成全书12章，47节217项餐馆老板必知必会的工作内容的设计，形成全书比较科学合理、逻辑性强的体例结构和章、节、条目的具体内容，并完成全书50万字的修改、补充和完善。该书全面介绍了从餐馆筹建创意、选址、市场调研、资金筹集、规划建设、装修改造到机构设置、组织领导、人员招聘、开业培训、制度建设、市场营销、原料采购、菜品生产直至产品销售、卫生与安全管理、财务管理与报表分析等全过程中217项必知必会的具体工作和管理方法。全书采用“以我为主，博采众长，融合提炼，自成一家”的方法，将上述内容按照章、节、条目顺序组织起来，形成了餐馆老板所需要的专业工具书，受到广大餐馆企业的广泛欢迎，已经成为填补空白的餐饮业的畅销书。

第三项，完成全国高职高专旅游专业“十一五”国家级规划教材《饭店

管理概论》的编写工作。2008 年 5 月由高等教育出版社出版发行，32 万多字，本人独立完成。全书针对高职高专学生的专业水平程度分别介绍了饭店管理的基本原理，饭店与各部门的组织机构和主要岗位职责规范，饭店预算管理和损益分析、饭店管理的业务组织、指挥与控制、饭店服务质量管理、饭店设备、物资、安全等管理的关键点控制、企业高级管理人员和各级人员的绩效考核。全书将高职高专学生的专业、职业和就业工作结合起来，在教材中阐述了相关内容和要求。理论简明、内容适当、实用性和可操作性很强，所以受到广泛好评和欢迎。现已成为旅游管理专业的畅销教科书。

第四项，完成《饭店餐馆集团管理实务》的编写工作。2010 年 5 月由高等教育出版店出版发行，39 万字，本人独立完成。全书以集团化管理的调查资料为基础，结合我在中江集团的实际工作体验与资料收集，从集团内部运作的角度分别阐述了饭店餐馆集团化管理的基本原理，集团公司的领导核心和制度打造，集团战略和预算目标管理，集团公司的旗舰建设、集团预订中心的内部运作，集团规模拓展的输出管理，租赁经营、特许经营、开业策划与顾问式管理的运作技术，集团公司集中采购供应管理和集团品牌营销的各种知识，管理技巧和运作方法。所以，这是一部理论先进、体例科学、运作方法具体、实用性和可操作性很强的填补我国饭店餐馆集团内部运作管理空白的专著。出版后也受到了业界人士的广泛欢迎。

第五项，为中央电大和北京电视大学完成全国观光农业专业学生的专业课教材《客房与餐饮管理》的编写工作。2011 年 9 月由中央电视大学出版社出版，8 章 25 万字，本人完成 7 章 23 万字，任主编。该书是教育部“一村一名大学生计划”的实施项目之一。全书采用系统理论将客房、餐饮分为饭店业中的两大业务系统。在阐述共同管理原理的基础上，分别介绍了客房系统中的前厅与客房两个子系统的各项业务管理方法，餐饮系统中的厨房和餐厅两个子系统的各项业务管理方法，最后介绍了客房与餐饮管理共同需要的关键点控制和业绩考核方法，由此形成了一个科学新颖的体例结构和简明扼要的内容。从这一角度来说，该书又具有一定的创新性和较强的实用性和可操作性。

第六项，参与完成《餐饮企业财务运营与管理研究》。2010 年 1 月由经济日报出版社出版，21 万字，本人完成第 2 章《餐饮企业预算管理与控制》2.5 万多字的编写。该书原是我主编的餐饮企业职业经理人系列教材之一，因北京大学主管责任编辑调离出版社，未能在北京大学出版社出版。全书分为餐饮企业财务管理总论、预算管理与控制、会计报表分析、资金筹集管理、企业投资管理、企业资产管理、餐饮成本管理、企业收益管理和集团财务管理九章，具有较好的科学性、理论性和实用性。

事实上,从2007~2010年,如果不算第3次著作高潮。我退休3年多时间内,还先后主编和参编完成了5本专著。主编和参编的总字数151万字，我个人独立完成101.5万字，再次为中国旅游管理科学研究的发展做出了努力。

七　临近“从心所欲”之年的第四次著作高潮

古语说：“人生七十古来稀”但进入21世纪以来，随着我国社会生产力的高速发展、生活水平和生活质量的提高，特别是医学科学的进步和健康事业的发展,人活到七八十岁,甚至九十岁以上已经是很普遍的了。所以,我更相信《论语》孔子所说的“六十而耳顺、七十而从心所欲不逾矩”的人生哲理。2010年，当我基本完成了“延续的教授生涯”中的上述6项旅游管理科学的著述后，我那颗“老骥伏枥、志在千里。烈士暮年，壮心不已”的促进中国旅游管理科学继续发展，要用实际成果来为旅游教育和科研事业做出贡献的心还在跳动。自我感觉思维仍然敏捷，学术思想仍很活跃。写作起来还真有些“从心所欲而不逾矩”的感觉。于是我开始筹划面向21世纪5G（第5代）规范化系列教材和相关专著的编写。担任主编，也培养年轻人。以便将自己一生的知识和经验贡献出来。

这次筹划的5G即酒店管理第5代系列教材的基本思路是：

1. 针对前几代教材存在的问题。从20世纪80年代末开始，我国酒店管理教材出版过上百种，大致经历了4代。正处在第4~5代的更换期。已经取得了较大进步。但普遍存在的问题是：部分教材理论越来越深，实践和案例不足，有的逻辑性和概括力较差。有知识无文化的现象比较普遍存在。教材内容和形式比较呆板。

2. 必须设计出一套从内容到形式都比较科学适用、活泼新颖的教材。为此，针对上面的问题，结合我在高等教育出版社为全国高职高专旅游专业编写的国家“十一五”规划教材《饭店管理概论》的成功发行（年发行量已超过10000册）的经验，结合本科实际设计了从内容到形式都比较规范和新颖的系列教材体系。3、找准读者对象，确定知识定位。5G 系列教材的读者对象是旅游专业本科学生和酒店宾馆总经理、副总经理、各部门经理和主管、领班等广大管理人员。知识定位和定量要适宜，不能过多过少、过深过浅。要坚持理论、案例、实例结合，突出在简洁理论指导下的实用性和可操作性。

4. 在内容和形式上要坚持创新。主要表现一是每章开头设计出内容架构和学习目标；二是每章结束增加了本章小结和复习思考题；三是每章每节安排了一个案例和点评来说明其内容或引入主题，四是结合内容需要在各章节穿插了“相关链接”“拓展阅读”“典型案例”“实训练习”等相关内容。所以，这套 5G 酒店管理系列教材无论在内容、形式、理论性和实用性方面都有较好创新性。

5G 酒店管理系列教材，由我联系组成了编委会，确定了参编人员。同时我又编写了每本教材的体例、结构和编写提纲。经过近 8 个月的努力。到 2011 年 3 月，又与广东旅游出版社签订了 4 部 5G 酒店管理系列教材和一本专著《酒店总经理案头手册》的正式出版合同。我任系列主编和专著主编。从而使我在 67 岁后临近“七十而从心所欲，不逾矩”的“烈士暮年”进入了一生中的第四次著作高潮。就文字工作而言，到 2012 年这次著作高潮的 4 本教材和专著已经完成。其主要内容和我所完成的工作是：

5G 系列教材之一《酒店人力资源管理》。2012 年 9 月由广东旅游出版社出版，32 万字。本人完成 1~4 章的编写和全书体例、章节与编写提纲的设计和文字修改、补充与完善工作。个人独立著述 15 万字左右。全书采用创新性形式在阐述酒店人力资源管理的特点、任务、原理、运行机制和基本原则等的基础上，介绍了酒店人力资源管理的战略规划、年度计划、人员招聘和使用，群体动力和劳动关系、员工激励和人员培训、绩效考核和工资报酬分配管理的各种科学方法和技术。

5G 系列教材之二《酒店市场营销管理》。广东旅游出版社 2012 年 9 月出版，30 万字，本人完成 1~4 章 14.5 万字和全书体例、章节与编写提纲的设计和文字修改、补充与案例完善工作。全书在介绍酒店市场营销的实质、特点、管理体制及其任务的基础上，重点介绍了酒店市场营销的环境分析、目标市场选择、战略目标和营销计划管理、产品策略、价格策略、渠道策略，主题营销、绿色营销、关系营销、机会营销策略和市场促销的客源组织等各种策略方法的运用技术。“相关链接”、拓展阅读、典型案例等穿在各章节之中。其理论性、实用性和可操作性很强。

5G 系列教材之三《酒店设备管理》。广东旅游出版社 2013 年 2 月出版，30 万字，本人任主编，完成 1~4 章 14.5 万字的编写，同时完成全书体例、章节编写、提纲设计和 30 多万字的文字修改。全书首先介绍了酒店设备构成、管理特点、原则、任务，设备管理的机构设置、人员编制、职责规范、管理方法。进而介绍了酒店设备维修计划管理及其管理模式、技术经济指标分析方法，最后落实到酒店强电、弱电、空调，电梯、给排水与消防、锅炉、厨房和洗衣房、康乐娱乐等各种专项系统设备的维修管理方法，从而为酒店设备的安全可靠和有效运行提供了保证。是酒店及各部门设备维修管理的好教材和实用参考用书。

5G 系列教材之四《酒店财务管理》。广东旅游出版社 2013 年 2 月出版。全书 35 万字，由我独立完成。全书在简单介绍酒店财务管理的特点、原则、任务、酒店资金运动等基本原理的基础上、进而介绍了酒店财务管理的机构设置、人员编制、各种财务管理的基本模式和规范，同时研究介绍了酒店财务预算管理的原理与方法。最后分别从资金筹集、资金投放、资产运营、成本费用和收益，利润分配及财务报表等专项管理的角度介绍了酒店财务管理的各种知识、方法和技术。其先进性、实用性、内容和形式的创新活泼性均处于同类书籍的前沿。

第四次著作高潮的大型专著《酒店总经理案头手册——成功管理酒店的必备知识能力和必做工作》。这是一本集现代酒店职业经理人员所需要的知识、能力、各项工作内容及其各项管理技术方法、先进经验的创新型专著。全书在研究介绍总经理成功管好酒店所必须具备的 42 项知识和能力的基础上，将总经理、副总经理的工作分为酒店筹建、准备开业、体制建设、制度建设、总体运行、模式规范、市场营销、业务组织、质量管理、关键点控制、人力资源管理、财务管理、内外关系协调和重新装修改造等 14 个大项，再按章节列出了 557 个小项工作。逐一介绍工作内容、管理技术、各种方法，由此形成一个科学完整和系统的总经理做好酒店管理的工作方法与技术体系。而案例、实例和相关理论、公式、定量分析的内容和方法又穿插在各章节之中。所以，这是一本创新性、实用性和可操作性、可读性和可查性结合的大型旅游管理专著，是对旅游管理科学的创新发展。全书 95 万字。本人完成 58 万字的编写和 16 章 81 节及其 557 个细项工作的项目设计，并对全书 95 万字进行了系统修改、补充和完善。

在第四次著作高潮中，我对中国旅游管理科学的主要贡献是：

1. 拓展了我在饭店管理课程中以饭店总体管理、客房管理、餐饮管理三门课程为主的研究范围。系统主编完成了《饭店人力资源管理》、《市场营销管理》、《工程设备维修管理》和《酒店财务管理》等 4 本第 5 代即 5G 教材的编写。

2. 酒店管理 5G 系列教材的编写在形式、内容、理论的简捷性、概括性、逻辑性、观念、概念的准确性等方面都有一定创新和发展。

3.《酒店总经理案头手册》表面上是一本企业的管理工具书，但实际上是一部内容、结构、理论和方法都具有科学性、创新性、实用性和可操作性结合的酒店高层管理专著、是对酒店管理科学的推动与发展。

4. 上述教材与专著本人主编完成 212 万字，个人编著 137 万字，又一次为中国旅游管理科学的发展做出了贡献。

八　人生事业的自我评估

“锦瑟无端五十弦，一弦一柱思华年。
庄生晓梦迷蝴蝶，望帝春心托杜鹃。
沧海月明珠有泪，蓝田日暖玉生烟。
此情可待成追忆，只是当时已惘然。”

这是晚唐著名诗人李商隐对自己一生遭遇的写照。我虽不是诗人，但从 20 岁进入大学至今，美好的年华也已悄然流逝，有些“锦瑟无端五十弦，一弦一柱思华年”的感觉了。由于“文革”灾难，因清查“五一六”而遭受政治上的严重打击，20 世纪 90 年代后又在正教职称评聘中遭受了长达 10 多年的压制和迫害。因而，“庄生晓梦迷蝴蝶，望帝春心托杜鹃”的心情是客观存在的。但我并没有屈服、气馁。在改革开放的大好形势下，总是对党的政策光辉抱着“沧海月明”和“蓝田日暖”的信心和期待。所以，自我感觉，李商隐的这首著名诗篇是与我在事业上的人生遭遇不谋而合，感触深厚的。

记得我在青年时代曾经写过一篇《随笔》，开头有这样几句话：历史是一面镜子，它照亮过去，普照现在，指明将来。一个人当他进入社会，就在写着自己的历史。他在社会这个历史舞台上，在不同时期扮演不同角色。随着时间的延伸，到了生命的终点，一个人就见了上帝。于是，他就属于过去，属于历史了。我虽自我感觉身体和心理状况都很健康，离生命的终点还有很长路程。

但已年近 70 岁，从事业的角度来看，人生的辉煌已经过去，做过的事情都已“属于过去，属于历史”了。回顾我这一生中做过的事情，做出必要的客观的自我评价，是我这本回忆录在事业方面的最后使命。那么，对自己一生的事业应该怎样评价呢？其成功的原因是什么呢？成功的背后还有哪些缺憾呢？这就是我在下面想说的事情。

（一）对人生事业的自我评估

我这一生从正式参加工作算起，只做了两件事情：一是 1972~1980 年当了 8 年的中学教员。虽然兢兢业业，辛辛苦苦，除被评为过一次“优秀班主任”外，基本是碌碌无为。二是 1980 年开始从事大学旅游教育和科研工作到 2007 年退休，在仅有的 28 年艰苦奋斗中，虽然经受了长达 10 多年的不幸遭遇，但仍然能够以强烈的事业心和责任感、坚强的意志、宁折不屈的精神，潜心从事自己的本职工作，用实际成果做出了人生的贡献，促进了中国旅游教育，管理科学研究和旅游事业的发展。为此，我对自己一生事业的基本评价可以简单概括为 4 句话：

1. 我是中国旅游管理科学的开拓者和奠基人，但不是唯一的。中国旅游管理科学以饭店及其各部门业务或专业管理为重点。同时包括旅行社管理、旅游交通管理、旅游行政管理、旅游景区管理、旅游服务质量管理等等。从这一新兴科学的开创和奠基的角度来看，主要是 20 世纪八九十年代和 21 世纪初的事情。能够用教材和专著的实际成果成为这一科研领域的开拓和奠基的人，全国大概有 2~3 人。我是其中出版填补空白的教材和专著最多、涉及门科最多、出版时间最早，又有大量后续研究成果的作者之一，所以自我评估与业界认同基本相符，是“中国旅游管理科学的开拓者和奠基人，但不是唯一的”。

2. 我是中国旅游科学研究的资深专家和名家，但不是管理学的“大家”。在旅游管理科学的研究方面，不仅学科领域众多，而且在 20 世纪末期和 21 世纪初涌现了一大批专家学者。从 1985~2013 年，我已出版教材和专著 50 多本。其中，主编字数 2431.62 万，若加上企业内部印刷使用而未公开出版的，则达 2600 多万字。个人独立完成总字数 1200 多万字，而且涉及领域包括饭店企业、餐饮企业、旅行社企业、旅游质量、集团企业管理等丰硕研究成果，被誉为中国旅游科学研究的资深著名专家。但与那些北大、清华等著名学府长期从事宏观性的科学研究、企业管理研究，做出了突出贡献，拥有较高职位，重大影响的科学“大家”相比，深感自愧不如。所以，自我评价为：是中国旅游科学研究资深专家和名家，但还不是科学研究工作的“大家”。

3. 我是中国旅游专业教育的著名教授，但不是教育管理专家。我从1982年第一次主讲《饭店客房管理》开始，在北京联大旅游学院逐步成为讲授《饭店管理》、《客房管理》、《餐饮管理》三门专业课的主讲教师。先后担任过北京、广州、桂林、青岛等地10所正规院校的兼职教授。20世纪90年代到21世纪初期，先后被30多所公办和民办院校聘为旅游专业自学考试和国家文凭学历考试的兼职教授。同时担任过众多饭店及其总经理等高层论坛、客房、餐饮、前厅、财务等部门经理培训班的专业课或专题讲座的培训工作。教学效果受到广泛赞扬，被誉为著名教授。但我一生在旅游学院除担任过饭店管理教研室主任、院学术委员会委员外，从未担任过其他行政职务，当然也无权组织或领导过教育工作，不是教育管理的专家。所以，自我评价为“中国旅游专业教育的著名教授”。但还不是，也称不上是“教育管理专家”。教育管理家不仅应该是教授，还必须是创办和组织领导教育工作的专家。

4. 我是达到国务院要求的“对国家有突出贡献专家”标准的著名专家，但因长期受到打击、压制和迫害而不能如愿以偿的党员教授。联大旅游学院有人被推荐而成为所谓“对国家有突出贡献的专家”。相较而言，我对国家的突出贡献是：1. 一生中发表过69篇学术论文和专业文章，71.89万字，其中公开发表62篇，52.39万字。国家一级或省部级以上刊物36篇，32.96万字。比前者多20%~30%左右，并出版过个人论文专集。在旅游业界比前者有更大影响。2. 一生中主持过两次省部级科研课题。一是1990~1992年和袁宗堂先生一起主持国家旅游局“中国旅游企业管理”课题，出版课题成果《中国旅游企业管理大全》，任第一主编。二是1992~1995年和贾德炳先生一起主持国家旅游局“中国旅游服务质量等级标准”研究课题，出版课题成果《中国旅游服务质量等级管理全书》，任主编和执行主编。两部大型专著均填补了中国旅游管理科学研究的空白。这在旅游学院是基本没有的，其贡献超过了前者。3. 开拓并独立完成国家级“十五”规划、“十一五”规划教材《餐饮管理》，已出四版。印刷30多次。主编国家级规划教材《餐厅与宴会服务实训》，开拓实训教材先导。完成国家级“十一五”、规划教材《饭店管理概论》。一位教授一生能够完成3部，6个批次的国家级规划教材。前者是没有的，在旅游学院也是没有的。4. 参加北京旅游战略规划研究、任核心组成员和课题组负责人，完成市场课题研究成果而获得“北京市哲学社会科学和政策研究优秀成果一等奖”。

5. 因长期受到打击压制成为有“争议”的人物，一生中极少参加评奖活动，也基本没有得过什么奖励。但因参加北京旅游战略规划，得过一次“北京市哲学社会科学和政策研究优秀成果一等奖”。因国家级“十五”规划教材《餐饮管理》质量优良，得过一次由北京市教委颁发的“北京市高等教育精品教材”奖励和北京联合大学校级精品教材奖。参加全国第七届管理科学大会，得过一次大会“全国百篇优秀论文奖”。上述五个方面的贡献中包含6项省部级科研成果，难道还算不上是对国家有突出贡献吗？

以上四句话是我对一生事业和学术地位的自我评价，也是我应该成为“对国家有突出贡献的专家”的原因所在。它是客观的，实事求是的，因为各方面的原因，我应该享受的相应待遇或名誉未能如愿以偿。希望有关领导能给予关心和帮助。这同样是落实知识分子政策，建设和谐社会的重要体现。不难设想，一位党员教授，在长期心情不舒畅但忠心耿耿做了上述如此重要的突出贡献后，难道不应获得相应补偿而享受“对国家有突出贡献的专家”的待遇或名誉吗？

（二）事业成功的主要原因

中国著名诗人、诗歌创作的著名专家唐绍彩先生在讴歌中国历代对国家发展与进步做出突出贡献的“风流人物”的大型诗集《数风流》一书中，用诗歌赞颂我的人生事业时写道：

管理科学开拓真，旅游事业奠基人。

战略结构迪人智，享品价值绞神情。

餐饮专业涉外胜，开放大潮建国灵。

六千能者狂昂然，五百万字基新兴。

诗中的“六千能者”和“五百万字”是指我20世纪90年代后期所培训过的旅游业界管理人员和当时我的科研著作总字数。诗歌在一定程度上反映了我当时人生事业的成功。那么，成功的原因何在呢？当然其原因是多方面的。但仍然可以简单概括为4句话：

1. 由乱而治形成的改革开放和旅游事业发展的大好形势。我们这一代人经历过“文革”动乱和苦难。党的十一届三中全会及其后所制定的方针政策，否定了“文化大革命”的错误，提出了改革开放的发展方向。从此，由乱而治，形成了以改革开放为指导，四化建设为中心的大好局面。时势造英雄，这种大好形势对我人生事业的成功最重要的是提供了一个大好机遇和事业平台。不难设想，如果没有改革开放的大好形势，没有20世纪80年代高速发展的旅游事业对旅游教育和科研需求的强大刺激，没有20世纪80~90年代及其以后的中国旅游教育和科研刚刚起步的大好机遇，也就没有我从事旅游科研和教育工作的平台，哪里还有个人事业成功所言呢？所以，时势造英雄。由乱而治所形成的改革开放和旅游事业发展的大好形势即时势，都是党和国家的正确领导和方针政策带来的。这是我的人生事业能够成功的根本原因之一。

2. 长期形成的不断追求的人生目标和报国精神。我是一个出身贫寒，从小接受共产党的正统教育，又靠当时的国家助学金才培养起来的知识分子。虽经历过各种挫折，但受中国艰苦奋斗，建功立业的传统文化教育和影响较深。所以，在我一生的潜意识中有两个最坚强的信念：一是对人生目标的不断追求，二是必须用实际成果来报效国家，以体现人生的价值。这大概也与我的父母一生贫穷、一生奋斗、七次搬家，永不言败的遗传因子有关吧。所以，在中学和大学时期，我就在不断探索人生目标。在175中学还背着因不实的“五一六”问题的政治处分时，也在顽强的寻求人生目标。进入旅游学院后，条件和机遇成熟，就不断地去追求旅游管理科学的研究与发展目标。而追求这些目标的目的，并不是完全为了个人利益。在很大程度上是要坚持用自己的研究成果来报效党和国家，促进中国旅游事业及其科学研究、教育事业的发展。当被誉为“中国旅游管理科学的开拓者和奠基人”，基本功成名就后并没有止步，又在旅游科研的道路上出现了第二次著作高潮，接着又有了第三次著作高潮和第四次著作高潮。所以，我至今十分赞赏在青年时期从一篇名为《奋斗》的励志论文中记录下来的一段话：在人生的奋斗中，“我们不要羡慕那些名垂千古的名誉，要羡慕那些名垂千古的事业。名誉并不能给人们以智慧，更不能给人们以实际利益。唯有事业才能使人类富裕起来。不要让别人念颂我们的名字，要让别人享受我们的劳动。享受我们的劳动比念颂我们的名字要幸福千百倍”。在我的一生中，知道我的名字的人很少，能记住我的名字的人更少，但阅读和享受过我出版的论文、教材和专著等精神产品的人，大致有80~100万人次以上。这也是我报效党和国家的体现。所以，我感到十分欣慰。

3. 对党和国家的坚强信念形成的永不屈服的斗志。在我的一生中，事业上十分顺利，心情比较舒畅的时间却并不多。批判、挨斗、检查、背着政治处分的日子刚刚过去，又因“木秀于林”而迎来了长期遭受压制、打击和迫害的不幸遭遇。但不管在什么艰难条件下，我始终有一颗对党和国家的方针政策坚信不疑的信念，有一颗要用实际成果报效祖国的赤诚之心，有一种永不言败、永不屈服的奋斗精神。因为我始终相信自己所做的事情是符合改革开放的形势需要的，是符合四化建设的发展需要的。无私才能无畏，所以我每次职称申报失败后，都能很快爬起来，继续从事我的事业，继续追求不断变化、不断提升的科研目标。当正教职称得到解决后，既没有沾沾自喜，也没有停步不前，反而又进入了人生事业中的第二次、第三次和第四次著作高潮。这些都始终缘于我对党和国家的坚强信念所形成的永不言败、永不屈服的斗志。缘于对光明必将战胜黑暗，正义必将战胜邪恶，党的知识分子政策必将得到落实的坚强信心，这也是我人生事业能够成功的重要原因。

4. 先天和后天因素结合形成的智能和能力基础。我不是天才，也不是特别聪明的人。父亲 47 岁，母亲 44 岁才有了我。父母一生虽然辛苦，但他们一生奋斗不止，阅历经验丰富，家庭和睦和从小对我的疼爱，特别是不打骂、不呵斥、不设各种限制，但又不溺爱，总是让我自由成长的教育方法，大概对我一生性格的形成产生了重要影响。所以，我要特别感谢父母既给了我宝贵的生命，又让我具备了一般人良好的性格和智能。至于后天因素则主要是青年时期受党和国家的正统教育和自己的努力学习，又经历了“文化大革命”的磨难，由此形成了较强的观察问题、分析问题、能够很快抓住问题实质的思维能力、概括能力和较强的语言文字表达能力。还有不怕苦、不怕累的吃苦耐劳精神，所以才能在 36 岁才找到人生事业的起点和支点后，利用良好的智能和能力基础，勇往直前，做好旅游专业教育和科研工作，在一定程度上取得人生事业的成功。

（三）事业之外的几点寄语与期望

忧国忧民是知识分子的品德和职责之所在。宋代著名爱国人士范仲淹在《岳阳楼记》中曾经写道：“予尝求古人之心，或异二者之为，何哉？不以物喜，不以己悲；居庙堂之高则忧其民，处江湖之远则忧其君。是进亦忧，退亦忧。然则何时而乐耶？其必曰‘先天下之忧而忧，后天下之乐而乐’乎”。就事业而言，我的一生已经基本过去了。在一生事业的追求和发展中，就思想意识而言，空谈误国，实干兴邦，我的那颗忧国忧民，要用辛勤劳动所创造的精神产品来报效祖国的赤诚之心从来没有动摇过，也至今犹存。所以，在背着不白之冤的政治包袱的时候，我在想方设法寻求出路，以报效祖国。在连续破格晋升为讲师和副教授时，我在夜以继日地用新的科研和教学的实际成果报效国家。在长期遭受打击、压制和迫害，10 多年的正教申报不能出门的条件下，我没有丧失对党组织的信任，没有丧失要在艰难条件下用实际成果来报效祖国的心志。所以在正遭受打击迫害时还能够 2 次主持和完成国家省部级研究成果，完成国家“十五”规划教材编写，10 年中出版教材专著 10 多部，还能够成为“年过花甲的年轻党员”，能够在 60 岁后还有第二次、第三次和第四次著作高潮，用新的 20 多部教材和专著来促进中国旅游事业及其教育事业的发展。这就是我“先天下之忧而忧，后天下之乐而乐”的实际表现。现在，我一生的事业即将成为过去,成为历史。在当今改革开放的大好形势下,出于对国家的热爱和人生的感悟，尚有三点寄语和期望：

1. 尽可能不要让贤能之人受到长期打击和压制。中国是一个人口大国，贤能之人众多。在一党专政和以任命制为主的用人制度下，贤能之人因种种原因常常会受到那些以各种不正当手段取得职权的个别腐败分子、官僚庸人和嫉贤妒能的小人的打击、压制或迫害。为此，党和国家一定要创造有利于贤能之人，拔尖能人成长的条件和气氛，形成社会风气。特别是在高等院校和科研机构这些需要高智商和强大科研能力的单位更要如此。只有让贤能之人，特别是科研能力很强的人能够实至名归，掌握一定职权，充分发挥他们的作用，才能让中国尽快成为科研与创新的大国和强国。如果像我所经历过的那样，让那些特别贤能之人长期受到打击和压制，那么，受损害最大的是党和国家的利益，是共产党的光辉形象。

2. 要防止因用人不当而使党的光辉不能照到基层民众。21 世纪以来，中国经济发展取得了举世瞩目的成就，党和国家的方针政策反映了当代国内外形势发展的客观情况，是正确可行的。现阶段，中国社会经济发展的最大问题之一是“中间梗阻”，即党和国家的大政方针是得到人民群众拥护的，但由于用人不当，使极少数取得一定权力的腐败分子和庸人不能正确执行党和国家的方针政策，他们为了自身或部分既得利益者的利益，千方百计搞腐败，以权谋私，以权打击、迫害正直贤能之人。由此，必然造成党和国家的执政信息不通，中间梗阻。所以，不管哪个单位，特别是大学和科研机构，在暂时还不能破除以任命制为主的用人制度的条件下，一定要改革“任命制”本身存在的问题。要推行“关联责任制”，第一把手的“监督责任制”，人员使用上的“连带处罚责任制”等制度。因为在以任命制为主的条件下，党的政策在一个单位能否落实到实处，落实到基层民众，在很大程度上是由其越级领导者所任命和使用的本单位的主要领导者决定的。所以，我期望今后不会发生或极少发生我所经历过的长达 10 多年的“普天光明，边角黑暗”，党的知识分子政策的光辉不能照到有突出贡献的基层知识分子身上的歪风邪气的怪事发生。

3. 要逐步改革基层单位的任命制为公开选举制。中国的国情是复杂的。我虽然一生多数时间不顺，但始终坚信党的领导。但是，为了改进党的领导，改革用人制度，应该逐步将基层单位的任命制改为公开选举制。要相信在良好政策和法规条件下，通过公开选举而成为基层领导者的人，绝大多数都是拥护党和国家的正确领导的。要将那些既拥护党和国家的方针政策，又得到群众拥护的贤能之人选拔到领导岗位。这是防止“普天光明，边角黑暗”，中间梗阻，党和国家的方针政策不能落到实处和落到基层民众的重要条件和出路之一。

第八章　事业成功离不开的家庭生活（1975 年至今）

一　事业中的贤内助

人的一生，事业之外最重要的是家庭。《四书·大学篇》中说：欲治其国者，先齐其家；欲齐其家者，先修其身。这里讲明了"治国、齐家与修身"的关系。就我的一生经历而言，基本上属于那种"学术报国，教育报国"的知识分子类型。一生事业之所以能够成功，这与我的家庭，特别是有一位事业上的贤内助有着密切的关系。

我是 1975 年春节前已过而立之年才结婚的。当年 11 月 7 日，我们的大儿子蔡华莹出生。当时只能住在 7 平方米的一间破旧房子中。到 1977 年 6 月 14 日，二儿子蔡华程出生。这时，岳母刘良姒已由我们赡养。第二年，赶上原住北京市崇文区（东城区）西河沿的房子拆迁，搬进了崇文门西大街 6-3-909 号，面积 43 平方米左右的楼房中，算是有了比较稳定的住房。一家 5 口，亲密和睦。幼有所依，老有所养。我和爱人刘胜玉共同养育孩子，孝敬老人，齐家与修身同举，从而建设出了一个温暖舒心的家庭。

我的爱人刘胜玉能够成为我事业上的贤内助，是用她的实际行动做出来的。主要表现在三个方面：第一，在人生事业的追求上始终与我心心相印。婚后我在 175 中学当教员，她大力支持我的工作。当我寻找新的人生价值，调动工作时，她更积极支持。我到旅游学院，真正找到了人生事业的起点和支点时，她更是不遗余力地支持、帮助我人生事业的发展。不管是成功或失败，顺利或挫折，她都能始终从心里和行动上与我同进退，心心相印，对我的事业给予关心、支持和帮助。这实在是难能可贵的。应该说，在人生事业的奋斗中，始终为我创造了良好的家庭条件。第二，在人生事业的奋斗中是相当辛苦的。我经常连续几周，甚至几个月都没有空余时间，必须日夜工作。为此，爱人刘胜玉就将所有的家务，包括管孩子、买菜做饭、整理卫生、洗衣零杂等都包了下来，不让我分心。特别是在我写作《饭店客房管理》《饭店企业管理学》（上、下册）、新编酒店管理系列教材、主编《中国旅游企业管理大全》《中国旅游服务质量等级管理全书》时更是照顾周到，体贴入微。这对我学术创作的质量和效率的提高也有良好影响。为了确保我不耽误课程和关键时期的工作，她甚至几次生病住院也不让我去陪着她。第三，在人生事业的起伏过程中始终能给我安慰。自从我从事旅游科研和教学工作后心情舒畅的时候不多，遭受压制、打击，事业受挫的时间不少。在我人生事业的起伏发展过程中，每当发表新的论文，出版新的教材和专著，事业顺利时，她不仅会感到高兴，给我以支持和鼓励，更多地是给予精神和思想上的警惕，以防我骄傲自满，忘乎所以。每当我遇到挫折、打击和压制时，她每次都能及时欢解、宽慰，陪我外出散步、聊天，帮助我解除心理压力和负担，尽快恢复良好的心态。这也是我在长达 10 多年的教授职称申报受挫过程中，每次都能在痛苦中很快恢复过来，继续潜心新的研究的原因之一。所以，我始终感到在人生事业的发展过程中，能够有这样一位关心、体贴、照顾自己的贤内助，是我人生的一大幸事。所以我是感到无限欣慰的。为此，我想用《十五的月亮》中的两句歌词来说明在事业和家庭的相互关系："丰收果里有你的甘甜也有我的甘甜，军功章啊有你的一半也有我的一半"。

二　让孩子在和谐中长大成人

我的一生育有二子。在孩子的教育培养上，虽没有太大的作为。但两个孩子还是在和谐的家庭环境中长大成人，均大学本科毕业，从事正常工作并成家立业。我和老伴儿也感到心满意足了。这大概也是科学家、文学家的事业难以家传与继承发展的客观反映吧。

在孩子的教育培养上，我和爱人基本遵循了三个原则：一是在身体发育和人格养成上尽可能让他们自由活泼地成长。这一点受我自身成长的影响较大。我出身贫寒，父母不识字，家住农村。父母从小就以家庭和睦、不打骂孩子，言传身教，让我们在自由活泼的气氛中成长为主的方式来教育孩子。所以身体发育和人格养成都比较正常。我的两个孩子从小也基本是按照这种方式来教育培养的。我爱人按其出身属"八旗子弟"，是满族人，所以，我的两个孩子还有满族血统。孩子小时候虽然家庭不富裕，但还是比较重视，要保证他们吃饱穿暖，精心照顾。尽可能不得病，少得病。平时让他们自由成长，尽量不打骂、不呵斥、不吓唬他们。家长首先做好榜样，让他们能始终感到家庭的温暖、关心与爱护。但并不溺爱和放任自流。孩子淘气，出了问题，都以说服教育为主。父母之间在孩子教育问题上尽可能保持一致。所以，两个孩子从幼儿园、小学和中学，身体发育都较好。体形健美、身体协调、充满活力和朝气，人格养成都比较健康、正常。从小养成了尊敬父母、师长，懂礼貌、不骂人、不讲粗话、对人和气、办事认真的良好习惯。二是在学习学业上尽可能创造条件达到可能的程度。上小学时，老大一年级就近入学。二年级时设法进入了东城区重点小学。与老二一起在丁香小学学习。小学毕业，老大考入普通中学24中，直到高中毕业，后以该校较好成绩进入北京联大旅游学院旅游管理专业，于1998年毕业。老二因成绩优秀，小学毕业后保送进入北京二中，三年后继续保送本校，到高中毕业，又保送考入清华大学化学工程专业，于2000年毕业。就学习和学业而言，我们都是尽可能创造条件，保证他们在可能的条件下完成自己可能的学业。虽然并不如我们的期望，但也做到了尽力而为，为他们的就业打下了良好的基础。三是在人生事业的发展上尽可能让他们量力而行。我在旅游教育和科研方面是成果丰富的著名专家，但没有任何行政职务和权力。所以在孩子的工作安排和事业发展上，我们父母都帮不上忙，也不愿去求人。所以，只能让他们自己去尽可能发挥自己的能力、特长，量力而行、自谋出路。老大经过多年闯荡，现在一家旅行社工作。老二经过几年闯荡，现在一家世界500强的外资企业任总监，同时成为清华大学MBA在职研究生。两人自从结婚，家庭收入颇丰，均能自食其力。所以我的观点是：儿孙自有儿孙福，希望他们去自我闯荡，在建设和谐社会的大好环境中去创造自己美好的人生、美好的家庭。

三　“小康即安”的家庭生活

在一定社会经济条件下，一个国家的国民收入及其生活水平的高低主要是由国家和地区的经济发展水平、收入分配政策和个人的社会经济地位及其能力决定的。改革开放后，随着国家经济建设的高速发展，人们的生活水平有了很大提高。但在现实条件下，对以工资收入为主的没有职权的中国高级知识分子来说，要想通过努力工作发财致富是不可能的。所以，小康即安是我在家庭生活方面的基本目标。它与事业的发展并不矛盾，在一定程度上还应该是相辅相成的。

在国家和地区收入分配政策已经确定的条件下，知识分子用自己的劳动成果一方面为国家做出贡献，一方面得到必要的与其劳动成果即贡献大小相对适应的经济收入，是天经地义的，也是心安理得的。它和那些以权谋私、贪污腐败，利用权力行贿受贿而发财致富的人是有本质区别的。就我个人所谓的小康即安而言，实际上是一个从相对贫困而逐步改善，希望进入小康的过程。在一定程度上说，并没有达到真正的小康水平，离中产阶级的生活水平也还有较大差距。在追求小康即安的家庭生活的过程中，大致经历了四个阶段：

（一）养家糊口的艰苦奋斗时期

从 1975 年我与刘胜玉结婚组成我们的家庭开始到 20 世纪 90 年代初期，在家庭经济生活的发展过程中是我们养家糊口的艰苦奋斗时期。这一时期，1975 年 11 月，我的大儿子蔡华莹出世。1977 年 6 月，又有了二儿子蔡华程。1976 年岳母退休后来与我们同住，帮助照看孩子。但我们不要她的生活费，退休金都归了她的儿子，直到她 1993 年去世。这样，我们主要靠工资收入要维持一家 5 口人的生活。当时的工资收入很低。结婚时我月工资 56 元，爱人 32 元。当时虽然物价较低，但每月近 90~100 元钱的经济收入要解决好 5 口人的衣食住行，2 个孩子的营养健康、入托教育和小学与中学的各种费用，无疑是十分艰苦的。所以，我把它称为养家糊口的艰苦奋斗期。到 20 世纪 80 年代中期，我的工资逐步调整到 78~86 元，爱人从崇文区阀门厂调到北京市旅游服务学校后，工资加奖金增加到 60~70 元左右，家庭经济状况略有好转。从 20 世纪 80 年代中期到 20 世纪 90 年代初期，我的工资收入逐步调整到 120~140 元左右，爱人工资奖金收入也增到 100~120 元左右。工资收入的增长速度较慢，物价上涨的速度更快。但这一时期，我除正常工资收入外，每年增加了发表学术论文，出版教材专著的一些稿费和兼课费用，收入水平是工资收入的 2 倍左右。所以，家庭经济状况有了更大的好转。随着孩子的逐步长大成人，学杂费用、家庭生活费用等的增加和物价上涨的影响，总体说来，这一时期我们的家庭生活仍然处在一种养家糊口的艰苦奋斗时期。

（二）略有盈余的望子成才时期

20 世纪 90 年代初期，我的两个孩子蔡华莹和蔡华程先后在 24 中和北京二中上高中。到 1994 年和 1996 年，他们又先后进入北京联大旅游学院和清华大学学习。与此同时，国家教育改革，大学推行学生自费上学。加上物价上涨，各种生活费用迅速上升，在同时供两个孩子上高中，特别是自费上大学的情况下，我们的家庭进入了略有盈余的望子成才的时期。这一时期，因北京市旅游服务学校解散，爱人刘胜玉被调到了北京旅游汽车公司（后并入首都汽车公司）

的下属企业当会计。到20世纪90年代中后期，工资奖金调整到900~1200元左右，1998年刘胜玉提前退休后，则只剩下700多元。因此，家庭经济主要靠我来打拼。除正常工资收入逐步调整到1800~2200元左右外，随着稿费标准的提高，国家版权制度改革的推进和劳务标准的提高，我每年的稿费收入以及兼课费用、课题费用等收入都有所增加，按月计算其税后收入仍在工资收入的2~3倍左右。但这一时期，两个孩子的学杂费用逐年上升，生活费用大量增加，爱人和我又分别4次住院，特别是蔡华程还被送到英国去了几年。望子成才，费用开支很大。所以，我将这一时期的家庭经济称为略有盈余的望子成才时期。

（三）子女成家的父母尽责时期

21世纪初以来的10年左右，我的两个孩子先后成家。作为父母只有让他们成家立业才会感到心安。随着国家经济体制、教育体制改革的深入。物价，特别是房价的飞涨。父母想为子女的成家立业尽一些责任，也实在是一件十分艰难的事情。作为一名无职无权的著名教授，孩子的就业我是无能为力的，压根也不愿意去求人帮忙，只好让他们自己去闯荡。经过几年现已基本稳定。孩子成家，房子是最大的问题。为此，我们从20世纪90年代起就开始尽量减少不必要的开支，同时将略有盈余的一些收入积攒起来。到20世纪90年代初，根据国家公房制度改革，买下了我们分别所住的原有两处公房，一个小三居，一个小二居。21世纪初，趁着北京房价还未飞涨前夕，又分别于2003年和2006年在北京东城区的国端城和前门东大街买下了一个三居，一个两居室的房屋，为两个儿子的成家立业创造了良好条件。2007年1月，大儿子蔡华莹结婚。第二年，小孙女蔡佳芮出生后，考虑到今后孙子辈的上学，又在东城区重点小学府学胡同近旁买下了一处学区平房。至此，基本完成了为两个儿子成家立业需要尽的必要责任。

（四）小康即安的心态平和时期

俗话说：三十亩地一头牛，老婆孩子热炕头。这是传统小康人家的基本家境。在现代社会经济条件下，小康人家的水平应该更高。但我已没有更高的要求，退休以后，能够享受教授的待遇，有一些不动产及资产性收入。有良好的住房条件，衣食无忧，有医疗卫生保障。即使遇到较大的天灾人祸或疾病，也有一定积蓄，因而会有生活保障。我把这些都当作小康生活的体现，所以感到心态平和，这都得益于国家改革开放政策，国家经济发展与民生改善。正因为如此，我把退休以后的家庭生活时期称为小康既安的心态平和时期。

四　寻求健康长寿之道

人生是一个对国家和自身幸福不断追求的过程。人们在不同时期，不同社会条件及其个人境遇下，其幸福指数的标准不同，幸福感的程度也不同。经过一生的艰苦奋斗，在已过“六十而耳顺”，将要进入“七十而从心所欲，不逾矩”的年龄，我感到自己的一生基本上算是事业有成，家庭和睦，子女自立而孝顺，夫妻恩爱而康健，所以算是很幸福的。今后的人生主要是共同寻找健康长寿之道而又力所能及的不忘为国效力。这就是我的幸福感，也是我所追求的未来的人生目标。

人的寿命是由遗传因素、后天的生活环境、一生的劳动状况、身体的基本素质、饮食的合理程度、个人心理心态等众多因素决定的。因此，人的寿命长短不是刻意追求即可获得的。我所谓的“寻求健康长寿之道”是指进入老年后如何尽可能保持身心健康，延长寿命。至于能够长寿到何种程度，那是很难预测的。自退休以来，经过几年的心理和身体的调整。我在“寻求健康长寿之道”过程中的基本体会和做法是：

（一）知足常乐、心态平和

我的一生出版过 50 多本教材和专著，主编和自我完成的精神产品有 2600 多万字。有几十万上百万人享受过我的劳动成果，被誉为“中国旅游管理科学的开拓者和奠基人”。虽然也曾长时间受到压制和打击，但最终结局是党的知识分子政策得以胜利和落实。所以时时感到满足，感到快活。心态始终平和，我想这是不得病、少得病，长期保持身体健康的心理或身心基础。

（二）量力而行、适当做事

2007 年办理退休手续后，到 2013 年，我一方面还在担任兼职教授，继续从事旅游管理专业的教学工作；另一方面又继续主编、编著我所喜欢的管理科学著作。先后出版了《餐饮企业市场准入管理》《餐饮企业行政总厨管理》《餐馆老板案头手册》《饭店管理概论》《饭店餐馆集团管理实务》《现代酒店人力资源管理》《现代酒店市场营销管理》等近 20 多本教材和专著。其中，有 4 本是在退休前已完成主要文字准备工作的。我所完成的上述工作都是在没有任何身体和心理压力的情况下进行的，是量力而行的。这样做的好处是心理有寄托，做完事情后有心情愉悦的感觉。所以，量力而行适当做事，也是我寻找健康长寿之道的体验。当然，随着年岁的增长，今后这方面的事情会越来越少。但我会在“量力而行”的原则下去找我喜欢的事情来做，决不会让身体和大脑空闲无聊，心理无所寄托的。

（三）看淡人生、了却恩怨

我的一生是以自我奋斗为主的。顺利的时间少、挫折的时间多。但各种是是非非、人情世故、功名利禄都已经成了过眼云烟。所以，我已经看淡过去的人生，了却过去的恩怨，绝不将那些事情老放在心中去回忆、去翻腾。这是保持心态平和的思想基础。当然，我这样说并不是没有是非和立场，但我不会去纠缠，反而会始终保持良好的心态，享受进入老年后的美好人生。以促进身心健康则是无疑的。

（四）合理饮食、调节健康

到目前为止，我的一生得过一次较明显的病，住过 2 次医院，诊断为动脉血管粥样硬化，有心脑血管疾病和 II 型较轻糖尿病。体内安了五个支架。经过得病治疗、长期调节，自我感觉其病因主要是“吃”出来的。从 2000 年后，我们主要通过“合理饮食、调节健康，适度锻炼”和药物治疗相结合来预防和减少疾病的侵害，自我感觉效果良好。所谓合理饮食就是针对病情，以素为主，选择五谷杂粮和蔬菜作为主要食物。戒烟限酒，少粮少肉，限制食量，适当有饥饿感而调节体内的血脂和血糖。经过 10 多年的调节，各项指标基本上都能长期保持在基本正常的范围内。自我感觉心态在 50 岁左右，身体健康、精神饱满、心情愉快。

（五）适量运动、保持活力

我是一个一生缺乏体育爱好的人。曾在主持编著国家省部级研究课题《中国旅游企业管理大全》和《中国旅游服务质量等级管理全书》时，因工作过于劳累，搞垮过身体。在自我锻炼恢复期间，在公园学会了打最简单的 24 式太极拳。2001 年得病，特别是 2007 年退休后，又自编了每天早上 1.5~2.0 小时的床上操和几套活动手脚的运动操，开始了“量力而行，保持活力”的身体锻炼。每天早上做床上操，每周外出锻炼一两次，每次 4~6 个小时。24 式太极拳每次加 20 倍的量完成，手脚活动的自编操，每次按 2400 个动作完成。后背撞树运动每次按 1200 次完成。这样，每周经过一两次 4~6 多小时的锻炼后，周身多次出汗。自我感觉身体非常舒服，能够长时间保持周身灵活、精力充沛，没有疲劳的感觉。

（六）放手后代，夫妻同心

老人的责任最好负到子女成家立业。此后儿孙自有儿孙福，应该让孩子们去自谋家庭幸福。可以在力所能及的条件下给后代适当帮助，但一定要把主要的精力和心理、心态都放在老伴身上。一定要做到夫妻同心、互相恩爱、互相关照、心心相印。人的一生，老了最能依靠的是老伴，是夫妻共同营造的温馨的二人小家庭。这也是我感觉的人生最重要的健康长寿之道。很显然，夫妻同心、互相扶持的时间越长，相互的寿命就会越长。这些都是我 10 多年来“寻求健康长寿之道”的切身感悟，也是我未来所要追求的人生目标。

我的前半生人生事业追求的回忆任务已经完成了。想到自己的前半生在国家改革开放的大潮中既有辉煌，也有失败。而这一切终将成为历史、成为过去。我想就用苏轼的名词《念奴娇·赤壁怀古》作为自己前半生事业与经历概述的结束吧。

大江东去，浪淘尽，千古风流人物。
故垒西边，人道是，三国周郎赤壁。
乱石穿空，惊涛拍岸，卷起千堆雪。
江山如画，一时多少豪杰！

遥想公瑾当年，小乔初嫁了，雄姿英发。
羽扇纶巾，谈笑间，樯橹灰飞烟灭。
故国神游，多情应笑我，早生华发。
人间如梦，一尊还酹江月。

第三篇

禁怀宽如海　养生法古今

（2001 年至今）

无利无名，无荣无辱，无烦无恼。
闲暇里，独歌独酌，独吟独笑。
况值盛世碧云天，又兼身健精神好。
便假饶百岁拟如何，尚不老。

知富贵，谁能保？
求功业，何时了？
算箪瓢金玉，所争多少？
珍惜光阴人长久，励行养生古今道。
待回首夕阳红尽处，朝天笑。

这首南宋词人张昇的《满江红》，我做了些许改动。上片中一是将“夜灯前”改成了“闲暇里”。二是将“况值群山初雪满，又兼明月交光好”改成“况值盛世碧云天，又兼体健精神好”，三是将“从他老”改成“尚不老”，这样更符合当今时代和本人实际。下片中一是将“知功业”改成“求功业”,二是将“一瞬光阴何足道，便思行乐常不早”改成“珍惜光阴人长久，励行养生古今道”。三是将“待春来携酒殢东风,眠芳草”改成“待回首夕阳红尽处,朝天笑”。由此，词的意境就成了我进入“从心所欲”的老年养生期的精神写照。

人的思想意识和人生目标是受不同时期的客观环境、基本条件、身体状况等多种因素影响的。我的一生在青少年成长时期，是以刻苦学习，以知识和经验的积累为人生目标的。刚参加工作的中学教员时期，是以做好本职工作，探寻人生价值为目标的。从 1980 年在找到旅游教育与科研工作的人生事业后，是以潜心钻研业务，一定要用自己的科研成果来报效党和国家的养育之恩，促进国家旅游教育和科研事业的发展为目标的。虽然经受了“五六一”骨干的冤假错案和正教职称申报的长期打击、压制和迫害，但始终痴心不改，坚贞不屈，最终被誉为“中国旅游管理科学的开拓者和奠基人”，成为北京联合大学旅游学院的资深教授和中国旅游管理科学的著名专家。但随着年龄的增长，退休后又经过较长时期的事业和精神境界的调适，不可抗拒的自然规律已让我进入了老年期。一生的事业追求已经过去了，功名利禄早已成为过眼烟云。因此，从 70 岁后起到人生的终点，我的人生目标就是以科学养生为主。而改动后的这首《满江红》词，就正好切合了我的心态和精神境界。

那么，人到老年应该怎样认识健康养生，怎样进行科学养生呢？科学养生需要什么样的思想指导，其养生知识和理论，其养生观念、意识和原则的内容是什么？其主要的行之有效的方法又如何呢？这些我都在初涉老年期的不幸生病住院后，进行了认真学习，探索与实践，也收到了较好的效果。这种养生之道和方法运用，还将继续下去。以下内容就是我在追求老年健康养生的人生目标的真实写照，也是这本《传奇人生》最后所要告诉同龄人和广大读者的故事。

第九章　老年养生的科学意识形成

一　人生事业鼎盛时期的不幸遭遇

1980 年 4 月我进入北京联大旅游学院，从事旅游教育与科研工作。经过 20 年的艰苦奋斗，潜心研究，辛勤耕耘，不仅在大学教师的岗位上站稳了脚跟，成为较受欢迎的专业课教师。当时每年找我辅导毕业论文的旅游管理专业的本科学生人数达到当年毕业的学生总数的 40% ~ 50%。而且已发表了近 50 篇科研论文。主持了 2 项省部级科研课题的研究，参与完成了另一项省部级科研课题，成为核心组成员，并获得“北京市哲学、社会科学和政策研究优秀成果一等奖”。还担任主编或副主编公开出版了 15 本专著和教材。在中国旅游业界产生了广泛影响，成为旅游科研方面的著名专家和中国旅游管理科学的开拓者和奠基人。个人的人生事业也进入了鼎盛时期。

但是，天有不测风云，人有旦夕祸福。2001 年，正当我的人生事业进入鼎盛时期时，却再次碰上了人生中的不幸遭遇。而这次的不幸主要来自身体方面。事情的经过是这样的。2001 年 4 月 20 日夜里 2:00，我起床上卫生间，突然昏倒在床边不省人事。爱人听见响动，立即过来照顾。大概过了 1 ~ 2 分钟，又恢复了正常。接着到医院看病，被留下住院 21 天，经过全面检查，结论是得了心脑血管疾病，颈动脉粥样硬化，脑部供血严重阻塞，安了 2 个支架。三个月后复查，发现除颈动脉外，心脏血管也严重硬化阻塞，第二次住院 6 天，又补安了 3 个支架。住院期间，爱人不离左右，精心照料，终于基本康复出院。

老子说：“祸兮福所倚，福兮祸所伏”。事物都有两面性。坏事可以变好事。好事也可能变坏事。2001 年的不幸遭遇是在我人生事业的巅峰时期发生的。对我事业的继续发展而言，它是坏事。但它又使我从中看到了自己在处理事业和身体健康的关系上存在严重偏差，即过分重视事业的追求与发展，忽视了对身体的爱惜和保养。塞翁失马，焉知非福。那次不幸住院，促使我静下心来，认真思考人生事业和身心健康的关系。由此得到了三点认识，也让我在不忘事业追求的前提下，逐步走上了重视老年养生的道路。

1. 爱身贵生是人生事业成功的基础。人的一生，事业是重要的，但身体的健康更重要。事业的追求和成功，总是以身体健康为前提和基础的。如果不重视保养，爱惜身体，长期过分操劳，将身体搞垮了，落下一身的毛病，那还有什么事业可言呢。所以，只有爱惜身体，珍惜生命，不对自己的身体“下黑手”的人，才能更好地追求事业，创造成功美好的人生。而我恰恰在这一点上存在认识的偏差。长期将事业看得高于一切，潜心投入到工作中，常年劳累，时常熬夜，不重视身体的变化，生活无规律，小病和亚健康等症状都不重视。结果血脂、血糖严重超标，终于病倒了，也在一定程度上影响了事业的开展。所以，这次不幸遭遇使我认识到爱身贵生才是事业成功的基础，“祸莫大于不知足，咎莫大于欲得”，只有在珍惜生命，保养好身体的前提下，才会有美好的人生。

2. 调养和锻炼是保持身体健康的根本出路。人吃五谷杂粮，经受四时寒暑，终身奔波劳碌，为生计和事业操劳，又大多有不良生活习惯，要想不生病，始终保持身体健康，事实上是不可能的。因此，调养和锻炼就必然成为保持身体健康的客观要求。《黄帝内经》中的《上古天真论》中说：“上古之人，其知道者，法于阴阳，和于术数，饮食有节，起居有常，不妄劳作，故能形与神俱，而尽终其天年，度百岁乃去。”意思是说：“上古时代，那些懂得养生之道的人，能取法于天地、阴阳、自然的变化而加以调节。饮食有节制，作息有一定规律，既不妄事操劳，又避免过度房事。所以能够形神俱旺，协调统一，活到天赋的自然年龄。超过百岁才离开人世。”这段话的意思告诉我们，善于调养，锻炼而养生的人，是能够长期保持身体健康而活过百岁的。我那时虽不善养生，但对此也有一定体验。1991 ~ 1993 年，我因先后主持中国旅游企业管理研究项目和中国旅游服务质量标准研究，工作量太大，较长时期的过度操劳，把身体搞垮了。迫使我在后来一年多时间内，在适当工作的同时，高度重视身体的调节和锻炼。除改善饮食结构外，每天都到公园锻炼身体，学习太极拳和各种适合身体状况的运动方法。结果，在未看病吃药的状况下，很快恢复了健康，又全身心地投入到工作中去了。这次不幸住院，虽然情况与上次不同，已经确诊患有糖尿病、心血管和脑供血不足三个方面的病症。但我对此心态平和，仍然相信调养和锻炼能够减轻病症，恢复身体健康。所以出院后，我和爱人多方看书学习，重新调整了饮食结构，制定了保养、锻炼身体的详细计划，始终坚持不懈地做好调养和锻炼，结果又较快恢复了身体健康。

3. 事业与健康并重才能创造光明的人生。这次不幸遭遇使我看清了我所存在的过于重视事业追求，忽视身体健康，从没有将养生、锻炼身体放在与事业并重的同等地位来看待的糊涂认识。事实上，人的一生，事业和健康是同等重要的。除残疾人和患有某些特殊疾病的人外，对正常人来说，没有健康也很难有光明幸福的事业和人生。没有事业，终其一生，一事无成，即使是身体健康，也无异于白来人世走一遭，是无所谓有光明人生的。所以，2001 年的不幸住院，使我总结了前半生的经验教训，抛弃了只重事业，忽视健康的糊涂认识，进而走上了事业与健康并重的人生道路。这就是我进入 21 世纪以来，不断学习养生知识，积极调养、调适和锻炼身体和身心，既恢复了身体健康，战胜了疾病，又继续了我对中国旅游科学的深入学习和研究，形成了先后三次著作高潮，又公开出版了 20 多部专业教材和旅游管理专著的原因所在。

二　最初形成的养生含义的粗浅认识

对养生含义的肤浅认识我是从 2001 年的不幸遭遇中得到的。那次住院康复后，使我产生了联想：倘若那次病情严重，突然昏倒在地出现心脑血管破裂而不能苏醒过来，我的一生也就从此结束了。而这又是平时不注重保养、调节和锻炼身体而完全可能发生的事情。由此我想到了必须重视养生，学习掌握人体养生的科学知识。于是，我开始利用空余时间涉猎，阅读一些养生书籍和文章，形成了最初的对养生含义的粗浅认识。

那么，养生的基本含义是什么呢？

"养生"一词最早出现在《黄帝内经》中，该书中的《灵枢·本神》中，岐伯回答黄帝关于人体德、气、生、精等（13 种）的本源后说："故智者之养生也，必顺四时而适寒暑，和喜怒而安居处，节阴阳而调刚柔。若是：则避邪不至，长生久视。"意思是说：聪明的人保养身体，必须依四时节令变化来适应气候的寒暑，不让喜怒过度，注意正常地饮食起居，节制阴阳的偏颇，调节活动的刚柔。这样四时不正的邪气就难以侵袭，从而能够获得长寿而不易衰老。实际上，岐伯在这里讲述的是智者养生的方法。

另外《庄子·养生主》中的《庖丁解牛》也是"养生"一词的最早出处。"养生主"是专门介绍养生的文章，庖丁则是古代从事牲畜屠宰的一种职务。《庖丁解牛》首先介绍了梁惠王观看庖丁解牛的高超技术，听取了庖丁掌握高超解牛技术的原因解说和精神境界。然后说道："善哉，吾闻庖丁之言，得养生焉。"

意思是说：好啊，我听了庖丁解牛的述说，懂得了养生的道理。这是梁惠王所说养生之道，即庖丁遵循自然规律，顺从自然解牛的精神实质。

其实,《灵枢·本神》和《庖丁解牛》都没有解释什么是养生。此后,历代医家,养生家和现代各种养生书籍对“养生”一词的解释有几百种，众说纷纭，常见的有：

养生就是保养身体。

养生就是调养身体里的精气神。

养生是顺应自然四时变化，滋阴补阳，保持阴阳平衡，气血通达，身体健康。

养生是审万物出入之道，适阴阳生降之温，安养神气，完固形体，使贼邪不得入，寒暑不能袭。

《吕氏春秋》则说：“知生也者，不以害生，养生之谓也。”意为养生就是要知生而不害生。

养生的含义绝不仅仅是几个方法而已，其更深一层的含义是告诫我们应该如何做人。

养生是集中国传统文化的思想精髓，融合各种防病治病方法于一体，与个人修心，修德相结合的一种行为。

……

诸如此之类的养生概念还可以举出不少。其实，从字面含义上讲，“养”是保养，调适，调养。“生”是生命，生理和身心。延伸为身体。所以，养生是指遵循一定理论指导，运用各种合适的方法来保养、调节、调适人们的心神、身体和日常生活习惯，以达到身体健康、精神愉悦，顺应自然，延年益寿的一种人类生存活动方式。

我对“养生”一词的概念解释是多年学习养生学知识，结合自身的体会而概括的。这一概念实际上包括三层含义。

1. 养生是一门科学，必须遵循一定的理论指导。养生学起源于中医，我国最早的医学名著《黄帝内经》就总结了众多的养生理论和方法，随着中医科学的发展，历代养生家的研究、实践、总结与提炼出的养生理论也随之发展。事实上,养生理论观点众多,包括形神统一的身心保养理论,脏腑经络的调节理论,精、气、神三位一体的保养理论，滋阴补阳的阴阳平衡理论，寡欲养德的身心调养理论，食疗滋补的养生理论，经络穴位按摩与调养理论，气动、太极等各种导引养生理论，等等。虽然各种养生理论众多，但养生和中医一样，它是一个整体，包括时间，空间和个人整体的阴阳五行结构，是一个动态的过程。所以，人们养生既要学习掌握一些养生学的理论知识，又要结合自己的身心状况加以运用，掌握身体变化的动态过程而适时调养。而不能夸夸其谈，纸上谈兵。

2. 养生的方法众多，必须选择适合自己身心实际的方法。养生主要涉及身心和身体两个大的方面。心理养生主要是要养成面对各种复杂的外界环境和身体疾病都能始终保持心态平和，心情愉悦，处乱不惊。身体的调养主要是“治未病”和解决“损有余而补不足”。前者是中医养生的最高境界，即预防疾病的发生，后者则是选用各种方法来保养，调适身体，处理运用“损有余而补不足”的方法，达到身体的平衡，保持健康。养生可以防病，但不是治病，所以养生必须与医疗结合，正因为如此，养生的方法很多，只有选择适合自己实际情况的方法加以运用，才能收到良好效果。

3. 养生的内容是保养、调节、调适人的心神、身体和日常生活习惯。养生本质上是集中国传统文化的思想精髓，包括修身、修德和养性，又融合各种防病治病方法于一体的人类生存活动行为，但其内容都是保养、调节、调适人的心神、身体和生活习惯。心神是心理养生的主要目的，即如何养成平和良好的心态。身体是健康养生的目的，即运用各种方法防病治病，保持身体健康。调节生活习惯既是养生的目的，也是保持身体健康的手段。人的很多疾病都是长期的抽烟、喝酒、熬夜、暴饮暴食、大鱼大肉、暴冷暴热、生活不规律等不良生活习惯造成的。所以克服破除这些恶习，养成良好的日常生活习惯，才能达到防病治病、保持身体健康的目的。这些就是我最初形成的对养生含义的粗浅认识。

三 逐渐引起重视的老年养生问题

老年养生是人类养生活动的一个特别重要的阶段。人的一生其身体演进大致可分为五个阶段：从出生到 19 岁前为生长发育期，20 ~ 44 岁为成熟稳定期，45 ~ 59 岁为初涉老年期，60 ~ 79 岁为正常老年期，80 岁以上为长寿老年期。老年养生应该从初涉老年期开始，重点是正常老年期到人尽天年结束，其过程不仅时间长达几十年，比人生的其他时段长得多，而且直接影响老年人的身心健康，生活幸福和寿命长短，所以是一个特别重要的阶段。

那么，什么是老年养生，老年养生的要义何在呢？

老年养生是将科学养生理论，中国传统文化中的修生养德思想，各种防病治病的方法运用到老年阶段的全过程，力求老年生活幸福，身心健康、精神愉悦，益寿延年的老年生存活动方式和行为。

正确认识老年养生的概念，要把握四个要点：一是老年养生仍然需要养生科学的理论指导。需要传统文化的思想精髓指引。这就要求老年人要结合人到老年的身体变化规律，学习一些科学养生的理论知识，并结合自身的身体和心理状态存在的问题而灵活运用。二是老年养生的内容要包括以修心养德为主的心理养生和以防病治病为主的身体调养、调节和养护及其日常良好生活习惯的养成，这三个方面的具体内容在不同人员身上的表现是十分复杂的。为此，老年养生也必须根据每个人自己的实际情况来确定。三是老年养生的方法很多，但都以身心调节和防病治病为主。为此，老年养生必须在掌握自己身体状况的基础上，将药物调养，食疗养生，修心养德和运动养生结合起来，综合运用多种方法，才能收到良好效果。四是老年养生的目的都是为了人到老年后的身心健康，生活幸福，精神愉快和益寿延年，但它又是一个长期的过程，贯穿在初涉老年期，一般老年期，长寿老年期等三个阶段，为此，只有长期坚持，并结合老年人的年龄推进，身体变化，身心状况等的演变而不断选择和调整养生方法，才能提高老年养生的科学性，达到养生的目的。

我对老年养生的重视是随着年龄增长，事业和健康养生的关系和地位转变而逐渐变化，进而越来越提高其重视程度的。事实上，老年人在事业和健康养生的关系处理上会经历前重后轻，——两者并重——，养生第一等三个阶段。在 45 ~ 59 岁的初涉老年期，大多数人都未退休，必然要以事业或工作为主，即在事业与养生的关系上前重后轻，然后逐步过渡到两者并重或前轻后重，这时，人们已从初涉老年期开始进入 60 岁以后的正常老年期了。而到 70 岁或 80 岁以上，绝大多数人都会将养老、养生放在第一位，当然具体转变的年龄或时段会因老年人的工作性质，工作岗位、个人情况不同而变化。我在这方面的体验是：56 岁以前是前重后轻，对初涉老年期的养生很不重视。56 ~ 70 岁是两者并重过渡到前轻后重。70 岁后已经变成了养生第一。将健康养生当成最重要的事业了。所以，我对老年养生的重视程度是逐渐加深而越来越重视的。

南宋养生家洪迈在《客斋随笔》中说：“人有五计：生计、家计、身计、老计和死计。”后三计都与老年养生密切相关。人到 45 岁的中年以后，身体健康达到成熟稳定的鼎盛时期，就开始走下坡路。这时，机体开始衰退，向老化方向转化。过去常年的辛苦、操劳、生活不规律，抽烟、喝酒、熬夜、大鱼大肉等不良生活习惯，又会造成身体的亚健康，容易引起疾病发生。所以，进入初涉老年期后，就应该重视老年养生。正是由于我对老年养生逐渐引起了重视，它使我在学习科学养生知识的过程中，结合自身实践思考一些问题，由此得到了对老年养生重要意义和作用的几点认识。

1. 老年养生是预防和减少疾病，保持老人身心愉悦健康的重要条件。老年养生是从 45 ~ 60 岁左右的初涉老年期开始的。这一时期正是人的身体由盛转衰的开始。各种疾病还较少发生。从这时起就重视养生，采用各种方法来锻炼身体，调节饮食，培养良好的生活习惯，就可以达到老年养生的最佳境界——治未病，即预防和减少疾病的发生，从而达到保持老年身体健康，精神愉悦，又有利于老年事业追求的目的。这正如《黄帝内经 · 上古天真论》所说 :“虚邪贼风，避之有时，恬淡虚无，真气从之，精神内守，病安从来。是以志闲而少欲，心安而不惧，形劳而不倦，气从以顺，各从其欲，皆得所愿。”意思是说，懂得养生之道的人，对虚邪贼风等致病因素，应及时避开，心情清净安闲，排除杂念妄想，以使真气顺畅，精神守持于内。这样，疾病就无从发生了。由此人们就可以心志安闲，少有欲望，情绪安定而没有焦虑，形体劳作而不使疲倦，真气因而调顺，各人都能随其所欲而满足自己的愿望。这就是老年养生的意义和作用所在。

2. 老年养生是调节和减轻老年性疾病，恢复身体健康的重要出路。“治未病”虽然是老年养生的最高境界。但人到老年而不得病是极少发生的。如果老年人已经得病，包括已经得了高血压、高血脂、糖尿病、心脑血管病等各种老年性疾病，那就必须一方面接受医生治疗，一方面重视和加强身体的调养，即医治和养生并重，以调节和减轻老年性疾病，从而恢复自己的身体健康。例如，我在 2001 年得病后，一方面高高兴兴地接受医生治疗，安了 5 个支架，然后每天按时吃药，相信药物的治疗作用。另一方面，学习养生知识，制定出每天食疗、太极养生、运动养生、穴位按摩等养生计划，并身体力行，长期坚持，从不间断，并不断总结老年养生的经验教训，改进和调整养生方法。结果，不仅很快减轻了我得的糖尿病、高血脂、心脑血管疾病和腿部血管阻塞，爬楼行走很费力的疾病，各项化验指标都完全达到或十分接近老年健康水平，而且近年来身体状况还出现了一些返老还童的迹象。所以，如果老年人已经得病，那么，重视老年养生、配合医生治疗，就是调节和减轻老年性疾病，恢复身体健康的重要出路。

3. 老年养生是调节老人心态，养成良好生活习惯，提高老年生活质量的客观要求。不良的心绪、心态和长期不良的生活习惯是大多数人的身体从健康—亚健康—不健康——发病的基本历程。我们常常看到一些老年人，开始身体很好，扬扬自得。当突然检查出自己得了某种疾病，特别是某种癌症时，没有多久就死去了。又有不少人得了病，甚至是癌症却心态平和，积极治疗，积极养生，而活得有声有色。很显然，前一种人除少数确是病情致死外，不少人是因心态、心绪不良而被吓死的，因为很坏、怕死的心情会造成病体恶化和癌细胞的迅速转移和扩散。因而很快致人死亡。从这个意义上讲，老年养生很重要的是心理、心态的调养、调节，是以德养生。所以，人到老年，要清心欲寡、淡泊名利、知足常乐、心态平和、精神愉悦。同时要破除长期形成的不利于身体健康的抽烟、喝酒、熬夜、暴饮暴食等各种不良生活习惯。从而提高老年人的生活质量。

4. 老年养生是顺应自然，延缓衰老，益寿延年，提高人体寿命的必由之路。从初涉老年期开始，机体就会开始退化，衰老，年岁越大，退化衰老的程度越高。但重视老年养生，将心理养生，生理养生，食疗养生，运动养生等各种养生方法和自身的身体状况结合起来，尊重、顺应自然规律，就可以预防和减少疾病发生，延缓老年机体的退化，衰老速度和进程，延长老年人的寿命，从而起到颐养天年，提高人均寿命的重要作用。反之，如果不重视老年养生，老人机体的衰老退化必然加快，疾病发生的可能性大大增加，人的寿命自然也就缩短了。这正如《黄帝内经·上古天真论》中讲到今时之人所说，那些不重视养生的人“以酒为浆，以妄为常，醉以入房，以欲竭其精，以耗散其真，不知持满，不时御神，务快其心，逆于生乐，起居无节，故半百而衰也。”意思是说：“不重养生者，将酒当水浆，滥饮无度，酒醉行房，恣情纵欲而使阴精竭绝。为满足嗜好而使真气耗散，不知保持精气充满，不善于驾驭精神而求一时之快，违逆人生的乐趣，起居作息毫无规律，所以刚到半百之年就衰老了。”很显然，正反两方面的论述都说明，老年养生是顺应自然，延缓衰老、益寿延年、提高人体寿命的重要条件和必由之路。

四　学习掌握一些老年养生的科学理论与知识

养生科学源于中医，中医养生学主要从天人相应，形神合一,五脏相关，养精调气等视觉来认识生命和健康，由此形成精深复杂的科学理论。除医学工作者和专家学者外，老年养生无须也不可能全面系统地掌握中医养生学的全部科学理论，只需学习掌握一些基础科学知识和相关知识，形成科学养生意识，指导老年养生实践就足够了。

近十多年以来，随着年龄的增长，在经历过初涉老年期，进入正常老年期，正向长寿老年期迈进的过程中，我逐步调整和处理了事业和老年养生的地位和关系，完成了58岁以前的重事业轻养生，到70岁以前的事业和养生并重，再到70岁以后的养生第一的事业和养生的地位轻重的关系转换。在此期间，我一方面总是利用空余时间学习一些中医养生的科学知识，另一方面又摸索学习各种养生方法。由此体会到学习和掌握以下一些老年养生的科学理论知识，培养科学养生意识，指导养生实践，是必要的，也是可行的。

（一）五脏六腑与情志色味的辩证关系知识

这种理论是运用五脏六腑的功能关系，五脏与五行结合的相克制化关系，五脏与情志，五脏与五色，五味，五方的对应关系进行辩证思维，由此形成科学理论，指导医生辨证施治和人们科学养生。其基本知识要点是：

1. 五脏功能关系知识。五脏是人体最重要的器官。但中医的五脏与西医的五脏不同。西医注重实证，以物质认识为主，其五脏是指看得见摸得着的心肝脾肺肾。中医注重思辨，注重事物之间的关系认识，故其五脏不是指看得见摸得着的心肝脾肺肾，而是指气的五脏、神的五脏，是指依功能划分的心、肝、脾、肺、肾等五大系统。

《黄帝内经·灵枢·本神》中说：“肝藏血，血舍魂，肝气虚则恐、实则怒。脾藏营，营舍意，脾气虚则四肢不用，五脏不安，实则腹胀，泾溲不利。心藏脉，脉舍神，心气虚则悲，实则笑不休。肺藏气，气舍魄，肺气虚，则鼻塞不利少气，实则喘喝，胸盈仰息。肾藏精，精舍志，肾气虚则厥，实则胀，五脏不安。必审五脏之病形，以知其气之虚实，谨而调之也。”这段话的意思是说：肝脏主藏血，血中舍魂，肝气虚则易产生恐惧、肝气实则容易发怒。脾脏主藏营，营中舍意，脾气虚则四肢不能运动，五脏缺乏营气就不能发挥正常的功能，脾气实则易发生腹中胀满，大小便不利。心脏主藏脉，脉中舍神，心气虚易产生悲戚，心气实则嬉笑不止。肺脏主藏气，气中舍魄，肺气虚则发生鼻塞呼吸不利，短气。肺气实则喘促胸满，仰面呼吸。肾脏主藏精，精中舍志，肾气虚则四肢厥冷，肾气实则小腹作胀。五脏发生病变，必须审察其病状，进一步分析其病症属虚还是属实，然后谨慎地进行调治。

从这段文字可以看出中医治病养生都很重视五脏系统的功能关系，而每一个系统的功能作用变化都会影响身体不同部位的健康。如一个人的心火特别旺盛，心烦易怒，那么这个火就会下移至小肠使人在小便时会有灼热的感觉。再如肺脏主藏气，肺气的寒热也会传递到身体的相关部位，从而引发健康问题。中医看病和养生都可以运用五脏功能关系的辩证思维，透过身体某一部位的表象去找到问题的根源。如通过舌象、气色、脉象来诊断病情，起到辨证施治、辨证食疗、辨证养生的目的。

2. 五脏与六腑关系知识。中医的脏腑学说认为人体是一个有机的整体，除依功能划分的五脏系统外，还有胆、胃、小肠、大肠、膀胱和三焦等六腑。五脏和六腑还存在着一种表里关系，并通过经络的联络与皮毛、经骨、四肢百骸相联系。一主表，一主里，构成了人体的大致框架。中医看病和养生，又可以运用五脏六腑的表里关系来辩证思维。如一个人便秘，可能是肺气虚引起的，可以用一些补肺气的药物或食物，吃完后大便就会下得顺畅了。这里就运用了肺与大肠石为表里的辩证思维。

五脏六腑的表里关系是：肝与胆相表里，心与小肠相表里，胃与脾相表里，肺与大肠相表里，肾与膀胱相表里。这种表里关系又会通过身体某一部位的表象反映出来，形成更复杂的关系，如肝开窍于目、肺开窍于鼻，心开窍于舌。通过观察眼睛的色相，鼻子的气色，舌头的颜色和感觉等，即可了解肝脏、肺脏和心脏可能存在的问题。反之，如果你的肝脏不好，加强眼部的穴位按摩可以刺激肝脏，如果你的肺部不很正常，鼻部的穴位按摩可以刺激肺脏，而经常和定时的卷舌、弹舌、绕舌又可以刺激心脏，这些都能促进肝，肺与心脏的健康。所以，学习掌握一些五脏六腑的思辨关系，就可以在养生方面获得一些正确的指导，形成与科学的养生意识和方法。

3. 五脏与情志的关系知识。中医养生学认为五脏与人的情志，即喜、怒、思、悲、恐也存在着密切的关系，其基本关系是：喜与心相联系，怒与肝相联系，思(虑)与脾相联系,悲与肺相联系,惊恐与肾脏相联系。所以人们常说:喜伤心,怒伤肝、思伤脾、悲伤肺、恐伤肾。意思是说：人要善于控制自己的情志，喜怒思悲恐，都不能过度，否则，必然对人的五脏形成伤害。这就是我们常说的人体养生，特别是老年养生，一定要保持心静，心态平和，“静者寿，躁者损寿”的原因。

4. 五脏与五行的相生相克知识。中医养生学还将五脏和中华古老文化中的五行，即金、木、水、火、土联系起来。五行是中国古老文化的结晶。五行中的五种物质的属性是：金——代表有摧残杀伤作用的；木——代表有生气的、旺盛的；水——代表寒冷的、向下的；火——代表炎热，向上，热情的；土——代表有营养作用的。

五行学说认为这五者之间的关系是相生相克的，其相生关系是：金生水，水生木，木生火，火生土，土生金。相克关系是：金克木，木克土，土克水，水克火，火克金。

中医养生学将五脏和五行联系起来后，首先确定了五脏和五行的属性关系。即肝属木、心属火、脾属土、肺属金、肾属水。这种属性是与五脏本身的功能基本一致的，又与五行的性质相吻合。由此又形成了五脏属性之间的相生相克关系。其相生关系是:肝生心，心生脾、脾生肺、肺生肾、肾生肝。相克关系是:肝克脾、脾克肾、肾克心，心克肺，肺克肝。如图 9–1。在五脏六腑之间的制化关系中，其相生相克并不是绝对的，相生之中同时含有相克，相克之中也同时含有相生。从而形成一种整体的平衡协调的生化不息的体系结构。我们养生如果学习和掌握了这种体系结构，就可以通过修心养德、食疗、运动等养生方法的运用来促进和保持五脏之间的协调平衡，五脏与六腑和五情之间的协调平衡，促进身体健康。

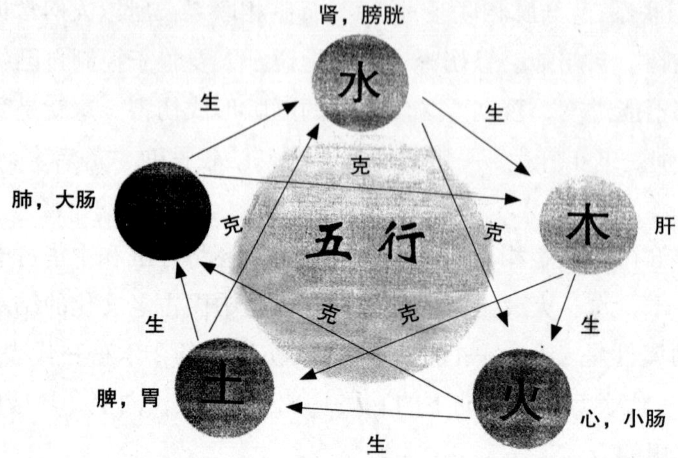

图 9–1

5. 五脏与五色、五味、五方之间的对应知识。在中医五脏五行功能关系的养生理论中，还存在五脏与五色、五脏与五味、五脏与五方之间的对应关系。学习和了解这些对应关系知识，也是培养科学养生意识，用以指导老年养生的重要方面。

中医养生理论认为，五脏与五色，即绿、红、黄、白、黑之间存在着一一对应的关系，其对应关系是：肝属木，对应绿色，心属火，对应红色，脾属土，对应黄色，肺属金，对应白色，肾属水，对应黑色。五脏与五行的这种对应关系帮助老年养生正确处理人与自然界中的五色协调，五脏调养保护与五色蔬菜瓜果的对应选择。防止选用不当而有损身体健康。

中医五脏与五味即酸、苦、甘、辛、咸之间存在的对应关系是：酸入肝、苦入心、甘入脾、辛入肺、咸入肾。五脏与五味的这种对应关系告诉我们，老年养生可以根据五脏引起的身体状况，适当选用五味食品来调养，如肝气虚感觉干涩，即可吃一些醋、山楂、石榴、菠萝等带酸味的食物，因为酸入肝，能起到收敛固涩的作用，如肺气湿热瘀滞，风寒或风热不畅，即可吃一些带辛味的食品，如萝卜、葱姜、辣椒等。因为辛入肺，能起到行气、行血，散风寒，散风热等作用。所以，五脏与五味的对应关系也能有利于形成养生意识，指导老年养生实践。

中医五脏与五方即东西南北中之间存在的对应关系是：肝对应东，心对应南、脾对应中、肺对应西、肾对应北，这种对应关系，说明人们在与自然接触，呼吸新鲜空气，练习气动来调养五脏时还要注意选好时间和方位，则更有利于促进身体健康。

此外，《黄帝内经·素向·灵兰秘典论》还把五脏比喻为社会上的职务："心者，君主之官也，神明出焉；肝者，将军之官，谋虑出焉；脾胃者，仓廪之官，五味出焉；肺者，相傅之官，治节出焉；肾者，作强之官，伎巧出焉。"

从上述五个方面可以看出，中医以五脏功能为中心，与六腑的表里关系，与情志的对应关系，与五行结合的相克制化关系，与五色五味五方的对应关系，甚至与社会上的职务联系起来，由此形成博大精神的整体思维体系和中医治病与养生理论。这种思维体系和理论观点，经过几千年的验证，是确实可行的。所以，学习掌握一些这方面的科学知识，有利于医生对病人的辨证施治，也有利于老年养生科学意识形成，对养生实践有一定指导作用。其关系可参见图 9–2

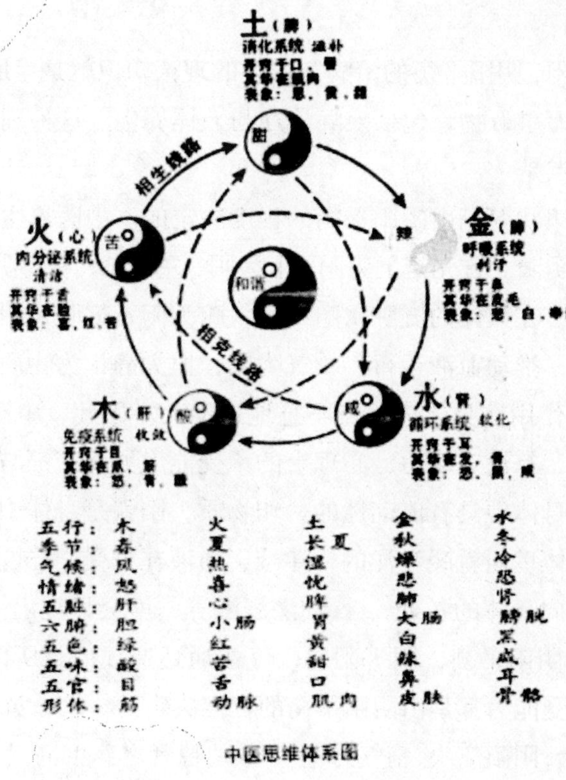

中医思维体系图

图 9–2

（二）滋阴补阳，阴阳平衡的理论知识

阴阳理论是中华古老文化的结晶，是中国最初的哲学思维。老子在《道德论》中说："道生一，一生二，二生三，三生万物。"意思是说："在宇宙形成前，天地万物都处在一种混沌状态，故为道生一。后来逐渐产生了天地阴阳，阴阳交合产生二、三……直至万物。"可见阴阳是天地万物的起源，实际上阴阳是对宇宙间一切事物内部或两种相关联的事物或现象之间的对立统一的属性概括。

那么，什么是阳，什么是阴呢？一般来说，凡是运动的、外向的、上升的、无形的、温热的、兴奋的、明亮的，都为阳，凡是相对内守的、下降的、有形的、寒冷的、抑制的、晦暗的、都为阴。《黄帝内经·素向·阴阳印象大论》中说："阴阳者天地之道也，万物之刚纪，变化之父母，生杀之本始，神明之府也。"意思是说：阴阳是宇宙间的一般规律，是一切事物的刚纪，万物变化的起源，生长毁灭的根本，各种神明的道理都在其中。所以，阴阳理论是古代的一种哲学思想。

中医滋阴补阳，阴阳平衡的治病与养生的理论知识就是运用这种哲学思想。因为阴阳适用于万事万物，包括疾病治疗与人体养生。这种理论知识在治病与养生中的基本要点是：

1. 人体的健康状况是由阴阳平衡的程度决定的。中医养生的理论认为人体器官都可以分为阴阳。首先是上为阳，下为阴，左为阳，右为阴，由此又有"左升右降"的说法。在人体的五脏六腑中，六腑为阳，五脏为阴。在人体的气血运行中，气为动，推动血液运行，故气为阳，血为静，为物质，故血为阴。血液是靠气的推动作用在身体内川流不息地运动的。因此，中医阴阳理论认为，人体的健康如何，有没有活力，心理上的承受能力如何，都与身体中的阴阳密切相关。阴就是身体中具有流动性的一切物质，阳就是身体中具有温煦功能的阳气。阳气足身体里面就暖洋洋的，津液、血液在享受阳光的同时，也会变得活跃，畅达地流向身体的各处，得到灌溉滋养，就会显现出一派健康的景象。这是因为身体的阴阳平衡，阴平阳秘，气血通达造成的，所以，人体的健康、活力，心理的承受能力都是由阴阳平衡的程度决定的。故《黄帝内经》说："阴平阳秘，精神乃治，阴阳离决，精气乃绝。"故"智者之养生也，节阴阳而调刚柔。"

2. 阴阳失衡，人就会生病。中医阴阳养生学认为，人体的一切要本于阴阳，如果阴阳失衡了，或是阴虚或是阳虚，人就要生病。治病和养生都必求于本。

其根本就是保持阴阳平衡。这正如明代医家张介宾在其所著的《类经》中所说："人之疾病，或在表，或在里，或为寒，或为热，或戊到五运六气，或伤于脏腑经络，皆不外乎阴阳二气。"

人体生病，阴阳失衡，取决于阴阳双方在量上的优势和劣势。阳主动，主升，性热，故阳胜者必会出现高热、面红、目赤、脉洪大滑数等热征现象。阴主静、主降、性寒，故阴胜者，其病机必以沉降凝敛，性静为主。患者会出现面色白、畏寒肢冷，喜静蜷卧，小便清长，下利清谷，舌渎，脉沉迟无力等现象。阴阳失衡严重，还会出现"亡阳""亡阴"。从而导致生命垂危的病理变化。这就是人体生病的原因。

3. 人体中的阴和阳是不能分离的。中医阴阳理论认为，人体中的阴和阳是相对应而存在的，是对立统一体。阳依存于阴，阴依存于阳，它们都以另一方为自己存在的条件。阴阳之间相互为用，任何一方都不能脱离另一方而单独存在，就像天和地无法分离，鱼和水不能分开一样。这种相互依存的关系，贯穿在人的生、长、壮、老、死的全过程。人体的功能与健康状况在任何时候都是由阴阳平衡的状况决定的。这种阴阳密不可分的原因有二：一是人体是一个有机的整体，是由五脏六腑，四肢百骸等器官组成的。这些器官互相联系，互相依存，互相对立，互为条件，于是，人体的各部分之间就可以进行阴阳的划分，五脏六腑相对应，也可以进行阴阳的划分。二是人体中的五脏六腑等器官都有其各自的功能，如心主血脉神明。肝藏血，主疏泄。脾主运化，运送身体中的营养物质。肺主一身之气，推动气的运行等等。这种脏腑的功能虽然各不相同，但根据其功能性质都可以归入阴和阳两个范畴。由此形成了阴阳之间密不可分的对立统一。阴阳之间的相互作用，使人体周身得到温煦，气血津液得以运行，摄入的食物能顺利地转变为"水谷精微"，身体中的浊气、浊水及代谢物质得以顺利排出体外。这些都是阴平阳秘，即阴阳平衡作用的结果，所以，人体中的阴和阳是不能分离的。

4. 阳气是生命的根本，生死关头以救阳为急务。中医阴阳理论认为：人体中阴阳平衡才能保证健康，阴和阳缺一不可，也不能分离。但在平衡的过程中，阳是生命的根本。故《黄帝内经·素向·生气通天论》中说："阳气者，若天与日，失其所，则折寿而不彰。"阳气不足，阳气对人体的温煦能力下降，气血循环减弱，脏腑功能就会虚衰，外界风、寒、湿、邪等就会乘虚而入。在这种情况下，各种疾病就容易发生。如果阳气亏损严重，人还可能丧失生命。所以，阳气是生命的根本。阳气是人体代谢和生理功能的原动力，是生殖、生长、发育、衰老和死亡的原动力。阳气充足,健康就有了最基本的保证。阳气不足,人就会生病，阳气完全耗尽时，人就会死亡。所以老年养生，要特别注意提升阳气。其养护阳气的方法可以勤晒头部和背部，不妄劳作，养好肾阳，注意饮食，忌讳寒凉，不滥用药物，扶阳健体等。

人体健康要以阴阳平衡为要，但又要坚持阳动为主，阴气从之的动态平衡。《黄帝内经》说："阳不胜其阴，则五脏气争，九窍不通。"只有阳气旺盛，阴精才能得以化生。津液、血液等阴液才能得以循行。涵养脏腑器官，四肢百骸。如果阳气受损，人就会患病，阳气衰竭，危及生命的生死关头，则一定要以救阳为第一要务。其救阳的方法可以喝点老山参汤，可以按摩，针刺百会穴、公孙穴、足三里等。

5. 滋阴和补阳是同等重要的。中医阴阳理论认为，人体生命活动的维持全部靠脏腑，经络功能的正常活动。而脏腑功能的正常活动依赖血、精、津液等作为其生理活动的物质基础。这些又是靠阳气推动的。阳气不足，气血津液和五谷精微的运送与输布就会减弱，身体就会有病。阴液不足，又会出现便秘，口疮、盗汗、遗精等各种疾病。所以，人体要健康，补阳的同时也要滋阴。事实上，滋阴和补阳是同等重要的。只有两者并重，保持身体中的阴阳平衡，使周身阳气充足，精液、血液等阴液物质才不会虚亏，各脏腑系统才能得到充分滋养，经络才能发挥统率气血的功能，才能获得健康的身体。

从上述五个方面我们可以看出，中医阴阳养生理论的核心是滋阴补阳，保持阴阳平衡，促进身体健康。具体方法很多。对老年养生来说，要想保持阴阳平衡，重点是注意三个方面：

一是顺应自然界的阴阳变化。根据季节、日夜、四时的不同，适时调整，使身体的阴阳在消长变化中保持平衡。二是要心境达观、从容、心态平和、情绪稳定、不生气。要牢记《黄帝内经·素向·举痛论》中的告诫;"百病生于气也，怒则气上，喜则气缓，悲则气消，恐则气下……惊则气乱……思则气结。"喜、怒、悲、恐、惊都要有节制。三是要避淫邪，包括自然界中的风、寒、暑、湿、燥、火，简称六邪。若人体正气，阳气虚弱，六气太过或不及，就会侵入机体，破坏体内的阴阳平衡，引发疾病，所以要避淫邪。这三个方面合称顺、达、避。

如果我们老年人中的阴阳平衡已经出现了阴虚或阳虚，或者阳盛或阴盛，阴阳平衡被破坏了，那就要“损有余而补不足”，即有余的损之，不足者补之。阳有余而阴不足，则当损阳而补阴，阴有余而阳不足，则当损阴而补阳，这就是中医治病或养生的目的，也是我们老年养生的目的所在。

（三）精足、气充、神明结合的养生理论知识

这种中医养生理论又称精气神养生理论，这一理论认为，精、气、神是人身的“三宝”，是生命活动的三大要素。生命物质起源于精，生命能量有赖于气，生命活力表现为神。精气神三者相互为用，是保护和恢复人体健康，维持正常生理活动的重要物质和功能。所以它们是养生长寿的根本。《吕氏春秋》中说：“血脉欲其通也……精气欲其行也，若此，则病无所居，而恶无由生矣。”故精气神养生的本质要义是协调阴阳气血，使机体的各种功能处在最佳状态，从而有利于身体的健康长寿。中医养生的这种理论知识的基本要点是：

1. 正确认识精气神的内容和实质。学习和掌握精、气、神的养生知识，首先要了解什么是精气神。精、气、神的内容和实质是什么，其来源和作用是什么。

什么是精？中医认为：精是人体赖以生存的高级精微物质，是人类生命形成，成长、生存所需的各种营养物质。精的来源有先天和后天之分。先天之精禀受于父母，是父母孕育子女时遗传和赠予的，是与人类繁衍后代息息相关的生殖之精。后天之精来源于饮食，由五谷精微化生形成。精主要由肾来管理，又称“肾精”，人始初，先成“精”，精既是构成人体的基本要素，又是主宰人体生长、发育、繁殖、生存、衰老过程的重要物质。精藏于肾中，《黄帝内经》中说：“肾者，主蛰，封藏之本，精之所处也。”肾是封藏之本，藏什么呢，藏的就是精。所以，肾中精血是最宝贵的。要想保证身体健康，首先就要保护，调养好体中的精。精充则体健寿长，精亏则体衰而不能尽其天年。”

什么是气？中医认为：气是人体内运行不息，推动生命进程的物质，是生命活动最基本，最重要的动力源泉。它既是物质的代称，也是功能的表现。人体的血液、津液等就是在气的推动下而输送到全身各处的。人体的气由先天的精气，后天水谷之气和自然清气相互作用而成。先天精气来源于父母的遗传，由肾脏之精化生而成。后天水谷之气由脾胃消化摄入体内的水谷精华化生。自然清气由呼吸系统吸入而转化。人们常说：“人活一口气，气聚则生，气散则死。”“三寸气在千般用，一旦无常万事休。”所以，气是人的生命赖以生存的

根本，王充在《论衡》中说："夫禀气渥则其体强，体强则命长。气薄则体弱，体弱则命短，命短则多病寿短。"也就是说，一个人如果元气充足，身体就强壮，元气不足，身体就衰弱，元气消亡，生命就结束了。可见养气在老年养生中具有何等重要的地位和作用。应该引起我们的高度重视。

什么是神？中医认为：神是指人体的一系列精神意识，思维活动，运动感知，精神状态，是整个人体生命活动的综合与概括。《黄帝内经》说："神者，水谷之精气也。"意思是说，人的精神状态是由水谷精微化生而形成的，即精神是脏腑气血盛衰的外露征象。它通过机体的形态动作，面部表情、语言气息、精神面貌等表现出来。人体的神为心所主。心是人体的最高司令官，神则居其首要地位。心健则神气充足，神气充足则身强，神气涣散则身弱。故《黄帝内经》中又说："心者五脏六腑之大主也，精神之所舍也……心伤则神去，神去则死矣。"所以神在人体养生中和精与气一样，也是十分重要的。只有清心寡欲以养神，人体才能保持健康，益寿延年。

2. 精气神三位一体，密不可分，又能相互化生。中医养生理论认为精气神三者不是孤立的。它们相互依存，相互作用，谁也离不开谁。《黄帝内经》说："五脏主藏精者也，不可伤，伤者失守而阴虚。阴虚者无气，无气者死矣。"也就是说：五脏藏精，精为神之舍，有精才有神，"积精"才可全神。精伤了，神就无舍了，是为失守。所以，精与神的关系是精为体，神为用。同时，精又是气之母，精虚则无气，人无气则死。故精气神三者之间的关系是：精是基础，是地；神是主宰，是天；气游离沟通于其间，催发和化生"精神"。这就是人体精气神三位一体，密不可分的原因所在。另一方面，精气神虽然密不可分，但它们却是可以互相化生，互相转化的。明代养生家陈继儒在《养生肤语》中说："精能生气，气能生神，则精气又生神之本也，保精以储气，储气以养神，此生长之要耳。"同时，气也能生精，精能化气，精气化神，神驭精气，三者相辅相成，可互相转化化生。故精充、气足、神旺是人体健康长寿的根本保证。精是有形的，主静，属阴，气是无形的，主动，为阳，两者通过人体的机能活动表现于外，就是神。神由精气化生，又能调节控制全身各部位的生理活动，这就是精气神的相互化生作用。所以，老年养生，要想健康长寿，就一定要养好精气神。

3. 精气神在人体机能营运中有重要作用。中医认为，人体是一个有机的整体，人的五脏六腑都各有自己的机能分工，但又互相联系，共同作用，如肝藏血，心主神，肺主气，肾藏精等。同理，精气神在人体机能营运中也各有自己的重要作用，并共同维护身体健康。

精的作用是为人的生长、发育、生殖、生存与衰老提供各种精微营养物质。精藏于肾中，有先天之精和后天之精，其作用首先表现为对脑髓的供养上，肾精的盛衰直接影响脑髓的充盈和发育。脑为髓海，肾主精生髓，若肾精亏，髓海会空虚，脑失其养，则脑功能就会衰退。其次，肾精的好坏直接影响和决定人的生育能力，是人类能够繁衍的根本保证，也是男女双方优先生育的物质基础。第三，肾精强弱还是影响男女双方的性生活质量，进而影响身体健康的重要条件。只有肾强体健，才会有幸福美好的性生活，而优质适量的性生活又有利于身体的健康与稳定和日常生活的愉悦。总之，肾是人的根，肾中精血最宝贵，肾强精足则体健寿长，肾衰精耗则体弱多病。故中医特别强调要节欲保精。明代著名医学家张景岳说："善养生者，必保其精，精盈则气盛，气盛则神全，神全则身健，身健则病少。神气坚强，老当益壮，皆本乎精也。"这种告诫特别值得我们老年养生者牢记之。

气的作用关乎人的存亡。人体的气由先天精气，后天水谷之气和自然清气相互作用而成。气在人体内升降出入、循环不歇地运行。运行一旦停止，人的生命也就停止了。气像水一样运行于全身各处，充满五脏六腑，四肢百骸，肌肉血液，气在不同的脏腑器官有不同的表现形式。气到脏腑就叫脏腑之气。包括肝气、脾气、肺气等。气在血液内外运行称为营卫之气，气在经络循行则称为经络之气。气在运行中转化为推动脏腑经络进行生理活动的能量。气在运行中又与脏腑器官的功能结合，共同发挥作用。如肺吸气为入，呼气为出，宣发为升，肃降为降，形成升、降、出、入。脾主升清，胃主降浊，肾主纳气，这种升降出入都与脏腑功能协调配合，由此形成正常的生理活动。从气的运行中我们可以看出气对人体的重要作用是：其一，推动作用。依赖于气的激发，推动人体脏腑、血液、津液、排泄等各种生理功能活动。其二，温煦作用。气在运行中,温煦身体各个器官是人体热量的来源。第三,防御作用。气能护卫机表，防御外邪，与入侵病邪做斗争。第四，固摄作用。气能防止精、血、津液等物质无故流失，预防出血、自汗、遗尿、遗精等病症。第五，气化作用。即促进精、血、津液等的新陈代谢及其相互转化。总之，气的升、降、出、入运动是人体生命活动的根本，其升、降、出、入运动一旦停息，人的生命也就停止了。

神的作用是为人体健康提供基本保证。“得神则昌，失神则亡”。中医认为，神是人身的主宰，唯有神的存在，才有人的一切生命活动现象。这种作用主要表现在三个方面：一是神的强弱影响和决定脑神经的健康状况。所谓“神强必多寿”就是指神强脑神经才健全，才能主宰生命活动，脏腑协调，肢体运动，五官顺达，使全身处于阴阳平衡的健康状况。反之，神弱或神衰，脑神失去供养，人就会早死折寿。二是神的强弱是脏腑气血盛衰的外露征象。《黄帝内经》说：“神者，水谷之精气也。”这种精气又转化为人的精神状态。若人的精神饱满，红光满面，神气十足等即说明脏腑气血强盛。反之，精神萎靡，有气无神，气若油丝，则说明脏腑精气虚亏。故有神则生，无神则死，神弱者病，守神者健。三是心神强弱影响和决定人的情志与健康。《黄帝内经》说：“肝藏血，血舍魄，肺藏气，气舍魂，肾藏精，精舍志，脾藏营，营舍意。”意思是说人的魄、魂、志、意等情志都是由脏腑决定的，而这些情志又是受心神支配的。因为“神藏于心，心藏脉，脉舍神。”即心神的好坏直接影响和决定人的其他情志。情志长期不正常，又会影响人体健康，据调查，三高病人中有 50% ~ 80% 是由于精神长期过度紧张引起的。癌症患者有近 90% 的病人都有长期不正常的精神状态。所以，神志、心神是十分重要的。精盈、气充、神全是老人养生长寿的根本，而调摄精气神的关键又在于养神。

4. 要明确养好精气神的关键所在。中医精气神的养生理论认为，精充、气足、神旺是人体健康长寿的根本保证，那么，养好精气神，做到精充、气足、神旺的关键何在呢？

养精而做到精充的关键在保证营养，养好肾脏。人体的精无论是先天之精或后天之精，都依靠每天摄入饮食，通过脾胃的消化吸收，形成营养物质。其中，被肾脏吸收封藏的就是所谓的精。而肾脏本身又有自我调节功能。在自我调节过程中，水谷精微每天吸入，每天又会转化而被肾脏吸收、封藏、消耗、补充。因此，精充的关键是每天保证水谷精微等营养物质供应，养好肾脏。这样，人体精气不停地消耗，水谷精微营养物质不停地补充，只要五脏正常，静脉通畅，气血运行无阻，肾功能强盛正常，则肾精就会充足。反之，如果肾气虚亏，经脉不畅，气血运行受阻，也就很难保证精充了。长时间肾亏，还会引起各种疾病。影响人体健康和寿命。

养气而做到气足的关键在养好肺脏。肺主气，司呼吸。饮食入胃，经胃腐热转化为精微物质，都要靠气推动津血才能输布到全身各处。中医认为："肺为娇脏。""温邪上受,首先犯肺。"肺又主一身之表,主皮毛。人体中的先天精气,后天水谷之气和自然之气，都要靠肺的吸入，再转化为气。正常人一天 24 小时吸入的空气在 1 万升左右，而空气中含有各种微生物，过敏源及其他有害物质。因而肺脏易受损受阻。据调查，慢性阻塞性肺病在 40 岁以上的成年人中的发病率高达 8.2%，老年的死亡原因则肺部疾病居首，高达 50% 以上。所以，老年养生必须养好肺。只有肺脏健康，脾肝配合才能保证气足。

养神而做到神旺的关键在养好心脏。中医认为，神有广义和狭义之分。广义之神指整个人体生命活动的外在表现，狭义之神指心所主的神志，即精神，意识，思维活动等。但前者又是受后者支配的。事实上，心为神之主，脉之宗，心起着主宰人体生命活动的作用。心的功能是一主心脉，一主神志。心脏的正常搏动主要依赖于心气，心气旺盛，才能维持血液在脉管内正常运行，周流不息，营养全身。心气不足会引起心血管系统的各种疾病，引起神志改变。所以，养神而做到神旺的关键在养好心脏，同时维护好其他脏腑器官。

总之，精充、气足、神旺的关键在养好心脏、肺脏和肾脏，同时养好肝和脾。只有五脏安康，才能养好精气神，保证身体健康。

（四）天人合一顺应自然的养生知识

这种理论是将人体养生和天地自然结合起来,顺应自然规律。老子说过："人法地，地法天，天法道，道法自然。"《黄帝内经》说："人以天地之气先，四时之法成。"都说明人必须尊重顺应自然之变化，顺应日月、天地、四时之变化。力求天人合一，才能促进实物发展，身体健康。天人合一顺应自然的养生理论知识的基本要点是：

1. 人生四季的养生知识，其知识要点是：人的一生就像一年 12 个月一样，可以分为春、夏、秋、冬四季。人生四季的时间段为：20 岁以前为人生之春季，20 ~ 45 岁为人生之夏季，45 ~ 60 岁为人生之秋季，60 ~ 80 岁以上为人生之冬季。养生是贯穿人生始终的，但人生四季的侧重点不同，它与人生事业的关系轻重比例也不同。

人生之春——生长发育和知识的积累同样重要。20 岁以前，特别是婴幼儿时期要以身体的发育、成长和成熟为主，尊重人生的自然规律。在父母的关爱下，注重饮食营养平衡，注重防寒御热和身体锻炼，确保肌体、脏腑、四肢百骸发育正常康健，绝对不应落下身体的后遗症，影响终身健康。故要以养生为主。随着年龄的增长，从小学到中学，又要越来越重视人生知识，经验，特别是科学知识的积累，少壮不努力，老大徒伤悲。故人生之春，养生与知识的积累同等重要，但基本关系是前重后轻，逐步转移到两者并重。

人生之夏——养生和事业并重。但基本关系是从前重后轻逐步过渡到两者并重。20 ~ 45 岁，是人生的夏季。这时要一心扑在事业上。春生夏长，青年时期的知识和身体的积累成长都应转化身体的成熟和事业的奋斗，确保两者都健康成长，故应该养生与事业并重，要使身体健康与事业发展都逐步向鼎盛时期过渡。要特别防止两者皆空。

人生之秋——养生和事业鼎盛。基本关系是从两者并重向前重后轻过渡。45 ~ 60 岁是人生之秋季。夏长秋收，这时必须继续重视养生，保持身体健康，预防疾病发生，采用各种养生方法同初涉衰老期的身体亚健康抗争。但同时，在人生的事业上应该取得一定成绩，获得一定的丰收成果。虽然应该是两者鼎盛，但事业和身体健康会逐渐走下坡路，这是自然规律，养生的重点是要养成顺应自然、尊重自然规律的良好平和的心态。

人生之冬——从事业为重过渡到养生为主，60 ~ 80 岁以上是人生的冬季，应该以养生为主。在事业和养生的关系上应该从两者并重逐步过渡到前轻后重，以养生为主。70 岁以后则应该将养生作为老年人的主要事业，直到天年。这一时期的老年人越重视养生，注重饮食平衡、营养丰富，越重视老年疾病的防治，将药物养生，食疗养生，锻炼运动养生，经络穴位按摩养生和修心养德的心理养生结合起来，其身体衰老的速度越慢，身心康健的时间越长，越有利于益寿延年。

2. 防寒御暑，养生跟着四季走知识。一年四季，寒来暑徙，气候变化必然影响人的身体。故《黄帝内经》中说："智者之养生也，必顺四时而适寒暑，和喜怒而安居处，节阴阳而调刚柔。"顺应自然养生就要防寒御暑，就应跟着四季走。其四季养生关系参见图 9–3

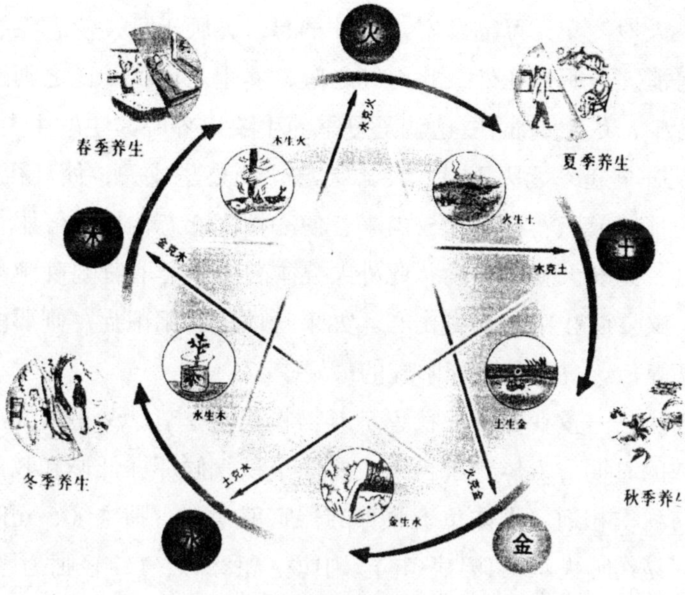

四季养生图

图 9-3

春季养生——重在养肝。春天是万物生长的季节。也是人开枝散叶的阶段。所谓春种一粒子，秋收万担粮。同时，人体的肝具有藏血功能和输泄排毒功能。肝脏是与春气相应的。所以，促进肝气的升发疏泄就是春季养生的重点。《黄帝内经》说:“春三月，此谓发陈。天地俱生，万物以荣，夜卧早起，广步于庭，被发缓刑，以使志生。生而勿杀，予而勿夺。赏而勿罚，此春气之应，养生之道也。逆之则伤肝，夏为寒变，奉长者少。”这说明春季阳气升发，养肝要以散发为主。“肝德在散”，发散是肝的正常功能。肝要促进人体的生机，就要把勃勃生气散发到人体的每个角落。这就是春季养生要以养肝为主的原因。养肝的方法很多，除上面讲到的发陈，散发外，还要心情舒畅，破抑郁心绪，怀春而不伤春。早春则不能过早脱去冬装，要捂一捂。这对老年养生来说，则更要如此。

夏季养生——重在养心。夏季是万物繁茂，开花结果的季节。这时天气炎热，天地之气相交，阴阳相交，天气垂降，地气升腾，精气外达。根据中医养生理论，人体的心脏是与夏季相对应的。故夏季养生重在养心。《黄帝内经》说："夏三月，此谓蕃秀，天地气交，万物发实，夜卧早起，无厌于日，使志无怒，使华英成秀，使气得泄，若所爱在外，此勇气之应，养生之道也。逆之则伤心。秋为痎疟，奉收者少，冬至重病。"这就是夏季养生要以养心为主的主要原因和方法。要做到"夜卧早起，无厌于日，使志无怒，使英华成秀，使气得泄"。即要使内心深处的情怀灵感、心志释放出来，使心情，心态愉悦，舒服。不这样做就会伤害心气，到秋天就会得病。此外，夏季养生，养心都要晚睡早起，既不要贪图寒凉，又要防止中暑伤身伤心。如果身体患有阳虚症，则要多吸收夏季的阳光，冬病夏治。夏季是治疗阳虚的最好季节。

秋季养生——重在养肺。秋季是万物收获的季节。又是天气从炎炎夏日进入肃降收敛的时期。人体到了秋天也要像金秋气候那样低调和收敛。按五行学说，肺气与秋季相通。人体负责收养的器官就是肺。肺主气，司呼吸。而秋季燥气当令，易伤肺失水。《温病条辩》中说："秋燥之气，轻则为燥，重则为寒，化气为湿，夏气为火……燥气化火，上犯清空，致清窍不利。"这些都易伤肺而引起各种病症。所以，秋季养生重在养肺。《黄帝内经》中说："秋三月，此为容平，天气以急，地气以明，早卧早起，与鸡俱兴，使志安宁，以缓秋刑，收敛神气，使秋气平，无外其志，使肺气清，此秋气之应，养收之道也。逆之则伤肺，冬为飧泄，奉藏者少。"意思是说：秋三月，天地万物处于包容，平定的待收纳状态。天上的阳气急于收敛，地上的阴气开始收藏，养生就要早睡早起。要使神志安宁，以缓秋邪侵袭。故要收敛阳气，保持肺气清爽，以适应秋天的气候变化。不这样做就会伤害肺脏，到冬天就会飧泄发病。总之，秋季养生要以养肺为主，防止秋燥，饮食以滋阴润肺为宜，早睡早起，宁心安志，防止秋愁，使肺气清。以减少秋天的肃杀之气对人体的侵扰与伤害。

冬季养生——重在养肾。冬季是万物收藏的季节。这时天气寒冷，万物皆收藏来规避严寒，以养精蓄锐，为来年的春机勃发做准备。按五行学说，肾气与冬季相应，肾藏精，主收藏。要顺应肾主藏精和冬季阴气盛，冬至以后阳气才开始萌生的自然规律。冬季养生必须以养肾为主。故《黄帝内经》中说："冬三月，此谓闭藏，水冰地拆，无扰乎阳，早卧晚起，必待日光，使志若伏若匿，若有私意，若已有得，去寒就温，无泄皮肤，使气亟夺，比冬气之应，养藏之道也。逆之则伤肾，春为痿厥，奉生者少。"这即是说：冬天养生，要以避寒、御寒、收藏为主。阳气潜藏体内，要保持体温而不被扰外泄。情志要收敛，若匿若伏，使之私藏若已有得之。要去寒就温，不使阳气经汗液出皮肤而丧失，被夺去。总之，冬季养生，重在养肾，养藏，固精，以养肾防寒，藏阳保精为基本原则。

四季养生——重在春夏养阳，秋冬养阴。从阴阳平衡的角度来说，四季养生理论又主张春夏以养阳为主，秋冬以养阴为主。因为春夏两季阳气升发，能量释放，秋冬两季阳气收敛，能量聚敛。为适应这种特点，就应像《黄帝内经》所提倡的那样，春夏养阳，秋冬滋阴。其目的都是要尽可能保持一年四季人体的阴阳平衡。

3. 日出日落，养生跟着太阳走。一日之内，日出日落，气候在一天之中也是随着太阳的升降起落而变化的。不管冬夏春秋，随太阳的升降，气温的变化也会影响人的身体，而人体及其五脏也要适应日出日落的自然规律。为此，中医养生理论认为，一日之内也可分为春夏秋冬。朝则为春，日中为夏，日入为秋，夜半为冬。天人合一，顺应自然的养生之道，还可根据日出日落变化规律，让养生跟着太阳走，其养生要点是：

日之春——以养肺为主。一年之计在春，一日之计在于晨。清晨，大地苏醒，新兴向荣。随着太阳的升起，气温逐渐升高，阳气升发。人体的阳气也从晚上3点开始升发，从潜藏的阴经中向身体的各处扩散。到太阳升起前后，肺主气，司呼吸的功能，又推动血液随阳气运行。肺朝百脉，血气散发。四肢百骸，津液输布全身。此时养肺，从安静的睡眠中醒来，宜先喝一杯温开水，适当运动或活动，促进新鲜空气的呼吸交换，有利于肺脏功能发挥，促进阴阳平衡，使人精力充沛。

日之夏——以养心为主。日中太阳当空，阳气最盛，温度最高，身体的阳气也运行加快，故此时养心有助安神。心神安宁，经络通畅，阳气可以顺利地在体内上下循行，津液血液等阴液物质也通行无阻，使阴平阳秘达到最佳状态。有利于工作，午餐和午休，促进身体健康。

日之秋——以养肾为主。傍晚到日落，气温降低，百鸟归林，阳气收敛，阴气渐盛。此时肾经当令，肾藏精，维持体内水液平衡，调节阴阳。此时养好肾有利安神，促进肾功能的正常发挥。为此，宜逐步放下工作，以适当休息娱乐为主。晚餐则以少吃为宜，不可过量。

日之冬——以养肝为主。夜半期间，太阳早已运行到另一半球了。此时温度最低，大地一片宁静。阳气收敛，阴气最盛。故宜养肝。肝藏血，随着气血运行减弱，血液回归肝脏。养肝的最好方法是此时保证安静的睡眠质量，不要经常熬夜。以便于人体气血和阳气收藏。阳气潜伏阴气之中，进而达到夜深时期的阴阳平衡。

4. 阴晴圆缺，养生跟着月亮走。这种理论知识的要点认为，月亮的阴晴圆缺是自然规律，是由天体运行规律决定的。人生长在自然环境中，又会受到外界环境，包括月亮阴晴圆缺变化的各种影响。

《黄帝内经》中说："月始生，则血气始精，卫气始行。月廓满，则气血实，肌肉坚。月廓空，则肌肉减，经络虚，卫气去。"意识是说，月圆时，人体气血比较旺盛，而月缺时，人体气血就较虚。月亮的阴晴圆缺变化，会直接影响人的气血和经络盛衰。养生跟着月亮走，重点要注意以下各点：

女子怀孕生子要跟着月亮走——女子的月经周期为28天，即阴历的一个月，正好是月亮光华变化周期7天的4倍。女子月事来潮，最好与月亮的盈亏保持一致。女子受孕以月圆，即农历十五或十六的望日为最好。此时受孕妊娠正常，生的孩子健康。若在月亏时，即农历三十，初一或初二的朔日受孕，则发生宫外孕，流产早产，胎儿发育不良的概率相对较高。女子早产儿具有生存能力的时间是受孕后的210天，是月亮光华变化周期7天的30倍。分娩期则是月亮光华变化规律7天的40倍。即280天。月亮光华变化周期及其阴晴圆缺的变化与人类的生育繁殖质量息息相关，故女子怀孕生子要跟着月亮走。

补气养血的养生时机最好跟着月亮走——月亮的光华变化是7日一次，由此形成晦日、朔日、弦日、望日。每到朔日，即农历的三十，初一、初二三天，月缺无光。白天阳气渐弱，夜晚阴气渐虚，人体抵抗力下降，一般都会出现气血亏虚。这时，风心病、肺心病、冠心病、心绞痛、心肌梗死、脑梗死的发病率也最高，已经患病的人，其病情也会加重。故这时是人体补气养血的最好时机。特别是老年养生要想补气养血，都应在此时适当进补一些补气养血的茉莉乌鸡汤等药膳，同时适时注意或添加衣物，不食寒凉食物，面向太阳，静心吸取大自然中的阳气。

宣泄内心情绪防止疾病要跟着月亮走——每到农历的十四、十五和十六，是月亮的望日。此时月满涨潮，人体气血上浮，阳气升发太过，肝脏的疏泄功能亢奋。这时很容易引起人的感情波动，急躁易怒，头涨头痛，也是高血压、脑出血、消化道出血、心绞痛等病的易发期和加重期。所以，这时养生，特别是老年养生，要根据自己的身心和情绪状况，尽量控制自己的情绪，也可听着音乐跳舞，打球或者看一些轻松的文娱节目，放松心情，宣泄情绪或转移情绪，排泄内心的忧愁和烦躁，以防止或减少疾病。此时，特别不宜吃厚味食物，更不宜服用补药，以防止火上浇油，气血洋溢。

弦日扶正去邪，跟着月亮走防止疾病——弦日是农历每月的初六、初七、初八和二十二、二十三、二十四。这时月亮残缺或弓弦，属于《黄帝内经》所说的“月廓空，则肌肉减，经络虚，卫气去”的时段。这时是支气管炎、肺炎、传染性肝炎等疾病的易发期和已患疾病的转重期，尤以下半夜和清晨为甚。故人们养生，特别是老年养生要在弦日扶正去邪。重点是注意冷暖变化，及时防寒保暖，加强营养，但不食或少食油腻肥甘，并加强身体锻炼，扶植体内正气、阳气，祛除邪气侵扰，这样即可预防和减轻相关疾病。

5. 日行夜伏，养生跟着时辰走知识。自然气候的变化不仅一年四季不同，而且随着时辰而变，人体的五脏六腑日夜功能也各不相同。故四季养生，四时养生和十二时辰养生都是顺应自然变化，法于阴阳，合于术数的天人合一的养生理念的运用，它和古人提出的“不时不食”即不是生长季节生长的食物不宜当季食用的养生理念是相同的。日行夜伏，养生跟着时辰走的养生要点如图9–4，具体要求是：

图 9–4　顺时针养生对应图

子时（23 点 ~ 1 点）——养胆。此时阴气最盛。阴主静，阳主动，中医认为“肝之余气泄于胆，聚而成精。”故此时重在养胆，养胆要以安静睡眠为主，有利于胆汁的新陈代谢。

丑时（1 点 ~ 3 点）——养肝。此时肝经最旺，肝藏血，主疏泄，维持全身气机疏通畅达。中医认为“人卧则血归于肝”。故此时以宁静养肝为主。

寅时（3 点 ~ 5 点）——养肺。此时肺经最旺，肺朝百脉，肝在丑时将血液推陈出新后送到肺部，肺送往全身。故此时要以安睡养肺为主。若患肺病，可食百合梨糖。

卯时（5 点 ~ 7 点）——养大肠。此时大肠经值班最旺，应该养成早晨起床后喝一杯温开水，然后排便的好习惯。

辰时（7 点 ~ 9 点）——养胃。此时胃经当令，应进早餐。养胃要吃好早餐，不宜过热过凉，以吃八九成饱为宜，不要过量。

巳时（9 点 ~ 11 点）——养脾。此时脾经最旺，又是工作的黄金时间。脾主运化，养好脾有利于吃进消化的水谷精微的输布，有利于全身营养接收。若脾不好，应益气健脾，可食用一些四季豆等食品。

午时（11 点 ~ 13 点）——养心。此时心经最旺。心主神明，心气推动血液运行。养心宜在午餐后小睡片刻，有利于心静、养神、养气、养筋，保持下午精力充沛。

未时（13 点 ~ 15 点）——养小肠。此时小肠经最旺，正接收营养物质，发挥进一步消化吸收功能，供身体所需。养小肠就是在保持工作状态中不宜过劳，过累。

申时（15 点 ~ 17 点）——膀胱。此时膀胱经最旺，膀胱贮藏水液津液。水液排出体外，津液在体内循环，此时宜多喝开水或适宜的饮料，促进尿液排泄。

酉时（17 点 ~ 19 点）——养肾。此时肾经最旺，肾为先天之。肾藏精，在酉时肾进入贮藏精华的阶段。养肾可吃一些山药、黑豆等食物，也可按摩肾经上的穴位。

戌时（19 点 ~ 21 点）——心包经。心包是心的外膜，有脉络，是气血通道。此时心包经最旺，正清除心脏周围外邪，使心脏处于完好状态。此时可安排读书，交谈或看电视，电影及其他娱乐活动。

亥时（21 点 ~ 23 点）——三焦。此时三焦经最旺。三焦通百脉，促进气血，津液畅通。此时养三焦宜保持睡眠，使百脉得到休养生息，对身体健康十分有益。

（五）经络与穴位，人生自带药箱的养生知识

经络学说是中医理论的重要组成部分，也是针刺、按摩治病和养生的理论基础。《黄帝内经》中说："人始生、先成精、精成而脑髓生。骨为干，脉为营，筋为刚，肉为墙，皮肤坚而毛发长。谷入于骨，脉道以通，血气乃行。"又说："经脉者，所以能决生死，处百病，调虚实，不可不通。"这两段话说明，人从出生起，就靠筋骨支撑、脑与皮肉维持。而气血的运行，五谷精微营养物质的输布就要靠经脉的功能了。经脉可用来决断，处置各种疾病，调节虚实。医者不可不通。可见经脉在人体中的重要作用。

经络，古称经脉。"经"是指人体中纵向分布的主脉干，它贯穿上下，沟通内外。"络"是指人体中横向分布的与经相连的脉经。故《黄帝内经》说："经脉为里，支而横者为络。"穴位则是分布在"经"和"络"与"任""督"二脉为主的各种结点。它可以反映经络及其所联结的人体五脏六腑的生理病变情况。经络穴位的理论与养生知识是很复杂的。我们老年养生者不需要，也不可能全面系统了解掌握。只需学习了解以下基本要点既可。

1. 人体经络穴位基本构成。经络穴位在人体中的构成和分布是十分复杂的。中医认为，人体的经和络遍布全身躯干、五脏六腑、四肢百骸，无处不在。穴位则分布在经络和任脉、督脉及十五络脉的沿线各处，人体经络主要有 12 条。

手太阴肺经——起于双手大拇指尖，经鱼际、太渊穴顺手臂上行过肩部云门穴，中府穴向下进入内脏与肺脏相通。肺属阴，故称手太阴肺经。

手阳明大肠经——起于双手食指尖侧，经合谷、阳溪穴顺手臂上行，过臂腰，肩部巨骨穴进入头部，再从头部向下转入内脏，过五脏向下与大肠相通。大肠属阳，故称手阳明大肠经。

足阳明胃经——起于双脚第二指尖，经冲阳、丰隆、足三里穴上行，过髀关、气冲穴向上穿过胃脏，上行至头部，贯穿从头到足的大而长的经脉。

足太阴脾经——起于双脚大拇指内隐白穴，经商丘、漏谷穴沿腿内侧上行，过冲门穴进入体内，穿过脾脏上行直到前肩内侧转下行到胸外侧大包穴。也是一条很长的经脉。

手少阴心经——起于双手小指内侧少府穴，顺神门、沙海穴经臂下进入内脏与心脏相通。按摩沿线穴位，有利于心脏的保护和健康。

手太阳小肠经——起于双手小指外侧少泽穴，顺阳谷，支正穴到小海穴转入臂下，经肩胛区，脊柱区进入内脏，与小肠相通，线路较长。

足太阳膀胱经——起于双脚小指外侧至阴穴，沿脚外侧过金门穴向上，至飞扬、承山穴向上分成两条，一条至会阳穴过膀胱沿脊柱直上头部，一条从委中、上秩穴边沿脊柱外侧至颈部与前一条汇合进入头部，这是人体最长的经络线之一。沿途的重要穴多达六七十个。

足少阴肾经——起于双脚底涌泉穴，过然谷斜上，沿腿肚过阴谷穴经大腿后侧进入内脏，穿过双肾直上胸前俞府穴，也是人体主要经络之一。

手厥阴心包经——起于双手中指尖中冲穴，过手掌劳宫穴沿手肘、臂直上肩内侧转向下。进入内脏与心脏外包膜相通，故称手厥阴心包经。

手少阳三焦经——起于双手无名指尖关冲穴，沿手指外侧过液门、阳池、外关穴顺手肘臂内侧直上臂部，过颈部进入头部，沿途与上焦、中焦、下焦相通。故称手少阳三焦经。

足少阳胆经——起于双脚食指足窍阴穴，沿脚背过地五会穴、丘墟穴向上，经小腿肚，大腿过环跳穴进入内脏，在体内弯曲上行至胸前周荣穴，再进入头部、中间与人体的胆相连。也是一条直贯人体的大长经络。

足厥阴肝经——起于双脚大拇指内侧大敦穴，沿太冲、中封穴向上，经小腿，大腿内侧进入内脏，也是人体最长的主要经络之一。

2. 人体脉络基本构成。人体的脉络构成也是十分复杂，遍布全身的，共有15络脉。其中，最重要的是任督二脉对人体治病养生十分重要。

任脉——起于人体生殖器处的曲骨，沿着腹部、胸部、颈部直到面部承浆穴。沿途布满了众多穴位，是人体最重要的脉络。

督脉——起于人体后腰下部的长强穴，沿着后腰后脊的脊柱骨直上大推穴，经后颈部到头顶百汇穴再转向人体面部，直到印堂为止，也是人体最重要的脉络。

此外，还有手太阴别络、手阳明别络、足阳明别络、足太阴别络和脾之大络等13条络脉。在人体的头颈部位还有很多经外奇穴，在胸部、背部、上肢、下肢等部位也有众多的奇穴。

3. 人体经络与脉络之间的相互关系，人体的12条经络都是和五脏六腑相联结的。每条经络都与一个脏、腑器官相连，它们之间的关系是互为表里。滋阴补阳，针刺按摩都要根据身体状况，选好存在表里关系的相应经络。如患了咳嗽、咽喉痛、气喘等疾病，可能和手太阴肺经有关，就需要疏通手太阴肺经。但太阴肺经与手阳明大肠经互为表里，为此，就需要同时刺激手阳明大肠经，从而才能达到阴阳双补，促进平衡的治痛养生效果。

人体经络之间的表里关系是：手太阴肺经和手阳明大肠经互为表里，手厥阴心包经与手少阳三焦经互为表里，手少阴心经与手太阳小肠经互为表里。足阳明胃经与足太阴脾经互为表里，足少阳胆经与足厥阴肝经互为表里，足太阳膀胱经和足少阴肾经互为表里。人体任、督、冲脉的关系是:任脉总任一身阴经，故称阴脉之海，督脉总督一身阳经，故称阳脉之海，冲脉调节 12 经络的气血，故称 12 经脉之海，它们在身体中共同发挥作用。

4. 人体经络与穴位的主要作用。经络包括经脉和脉络。穴位则是分布在人体经脉和络脉等脉络沿线的节点，它们在人体生理及治病养生中的主要作用是:

联络维系作用——人体经络由 12 条经脉，15 条络脉，即 12 条经脉各分出一条，加上任脉 、督脉和脾之大络共 15 条组成。其中，纵行的干线为经脉，由经脉分出网络全身各个部位的分支为脉络。这些经络“内属于脏腑、外络于肢节”，成为气血运行的通道，维系体表之间，内脏之间和体表与内脏之间的枢纽，将人体内外连贯起来，成为一个有机的整体。

输布循行作用—— 人体的生命是气血输布循行而得到各种营养物质而存在的。经络是人体气血和五谷精微物质的运输通道，冲脉能调节 12 经脉气血的输布和循行。如果没有经络或经络功能失调，输布与循行通道受阻或不畅通，人体就会气血不足而生病，甚至危及生命，经络的输布循行作用是显而易见和极其重要的。

精液生成与养生作用——经络中的任脉、冲脉、督脉，足少阴肾经，足厥阴肝经都与肾中的精液生成有密切关系。冲脉旺盛，任脉气通，才能促使精室的精正常生成，充盈和溢出。督脉为总督。足少阴肾经司精室，主生殖，足厥阴肝经司阴器，主疏泄。各司其职，调节着精的产生，并维系生殖系统的正常功能。同时，任脉总任一身阴经，与全身所有阴经相连。凡精血津液均为任脉所司。任脉能妊养胎儿，与女子经、带、胎、产关系密切。是掌管人体精血的司令部。任脉气通无阻，才能促进精、胎、孕的生理功能。故任脉通，精血顺。

治病与养生作用——在人体经络中，任脉总任一身阴经，督脉总督一身阳经，冲脉调节12经脉的气血输布循行，12经脉又与五脏六腑和身体的各个器官相连。如果这些经络功能正常，身体就健康，如果身体的五脏六腑或其他部位发生了病变，又可以通过经络及其相应穴位的刺激，调理来发现和治疗。平时也可通过经络，穴位的调理、针刺、按摩等来促进经络气血的畅通，达到调理身体健康，防病养生的目的。故经络穴位在防病治病与养生中的作用是很突出的，中医的针灸已经是一种治病与养生的学问。

经络和穴位是人身自带的一种不用花钱的药箱。无病时通过经络和穴位的调理、按摩、刺激，可以调动人体内部的精气神。让人们包括老年养生者时常保持精力充沛，精神愉悦，身心健康，起到“不治已病治未病”的作用。已经生病时，又可以针对病情，通过对经络和穴位的调理、针灸、按摩、针刺等而使人体的经络气血畅通。治疗或减轻疾病困扰，逐步恢复健康。所以它是老年养生自带的一种药箱。

五　老年养生要树立的一些基本观念

观念是人们在学习科学知识的过程中，通过实践活动所形成的主观意识和理念。它既是实践经验的总结提高，反过来又能更好地指导人们的实践活动。10多年来随着年龄的增长，特别进入“人到七十古来稀”的老年期以来，我在完成从“事业为主”到“养生第一”的人生观念过渡的过程中，通过学习科学养生知识积极投入老年养生的实践活动，总结经验教训，逐步形成了以下一些老年养生的基本观念。

（一）调和五味的饮食均衡养生观

民以食为天。人体健康，特别是老年人的身体健康，首先来源于每天摄入五谷精微能够提供的营养成分。唐代名医孙思邈说：“安身之术，必资于食。是故食能排邪而安脏腑，悦神爽志以资气血。若能用食平疗疴，释情遣疾者，可为良工。”故合理安排饮食，可保证机体营养，使五脏功能旺盛，气血充足，提高适应自然界寒来暑往变化的应变能力和抵御外邪的抗病能力。

那么什么是合理安排饮食呢？就是要树立调和五味的饮食均衡养生观。即要做到酸、苦、甘、辛、咸五味俱全，均衡摄入。《黄帝内经》中说:“五味入胃，各归所喜，故酸先入肝，苦先入心，甘先入脾，辛先入肺，咸先入肾”。五味入五脏，存在一一对应关系，只有五味调和，才能滋养五脏，强健身体。故《黄帝内经·藏气法时论》中又说："五谷为养，五果为助，五畜为益，五菜为充，气味合而腴之，以补精益气。"为此，老年人要树立调和五味的饮食均衡养生观。应注意四个方面。一是每天摄入的饮食品种要多样化，酸、苦、甘、辛、咸五味齐全。但每一种的数量要少，每餐要少吃，荤素搭配，以素为主，以7～8成饱为宜。二是要定期更换食品种类，一年四季以当季出产的蔬菜瓜果等食品为主。饮食摄入的侧重点不同。三是患有三高等疾病的老年养生，要根据医嘱和自身病情。将药补和食补结合起来，制定一个切实可行的食疗养生计划。药疗与食疗结合，长期坚持，不可半途而废。四是尽量不食或少食生冷食品。防止伤胃，要根据食物的寒热性质不同，互相搭配，寒者热之，热者寒之。以调和体内冷热之疾，保持阴阳平衡，促进身体健康。

（二）顺应自然的御邪保健养生观

在饮食营养得到充足、全面和均衡供应的基础上，老年人的身体健康与是否受到冷热寒暑等外邪侵袭而引发疾病密切相关。人到老年，机体功能退化衰老，抵御外邪的能力下降。而一年四季，寒来暑往，一日之中，冷热不均。特别是冬春之间，春夏之间、秋冬之间等交替之时变化更大更快，自然界的恶劣气温变化，大气污染等外邪更可能侵害老年人的身体。为此，人们养生，特别是老年养生应该树立顺应自然的御邪养生观。《黄帝内经》中说："人以天之气生，四时之法成"。在《素问·脉要精微论》中又说："万物之外，六合之内，天地之变，阴阳之应。彼春三暖，为夏之署。彼秋之忿，为冬之怒，四变之动，脉与之上下。"说明人的健康状况与时节气候，昼夜晨昏密切相关。故《黄帝内经·四时调神大论》中又说"阴阳四时者，万物之始终也，死生之本也。逆之则灾害生，从之则疟疾不起。"这就是我们要树立顺应自然的御邪保健养生观的原因。

老年养生要树立这种养生观念，重点是要注意三个方面的问题。一是一年四季，顺应自然，御邪保健的重点是要顺应寒来暑往的气候变化，适时加减衣物。但与一般中青年人比较，加减衣物的速率应该是两个慢半拍，两个快半拍。即冬春交季和春夏交季时，要慢半拍，夏秋交季和秋冬交季时要快半拍。以适应老年人体质较弱，抵御外邪能力较弱的体质特点。二是四时顺应自然要根据一日气温高低变化适时加减衣物，早晚温差大的冬春交季和秋冬交季期，可急脱急着。一日温差变化小的季节可"不脱不着"，以保证衣着御寒保暖和防暑就温的效果，防止外邪入侵。三是在自然界出现寒流、大风、酷暑等特殊气候变化时，老年人要及时采取适当措施，增减衣物。尽量少出门，以预防躲避自然界的极端气候等外邪对老年人的侵害，确保身体健康。

（三）形神统一的身心双健养生观

形是人的形体，神是人的精神。老年养生，既要保养调节好身体，以不得或少得病，又要修身养性，确保精神心理健康。这就是形神统一的“身”“心”双健养生观。《黄帝内经》中说：“形者神之体，神者形之用，无神则不可活，无形则神无以生。故形之损伤，则疾病可以扰神，而神之不安，喜怒无节则伤脏。”只有身体和精神紧密地结合在一起，形与神俱，形神统一，才能保持和促进身体健康。

老年人要树立形神统一的身心双健养生观，重点要注意三个方面的问题。一是要以养神指导养形。养神即养心，人的各种活动，包括养身养形的活动都是受心理支配的，只有心理健康，观念意识科学正确，行动或活动才能正确合理，故要以养神，即养心指导养形。二是要以养形促进养心。养形保证了身体健康，就可以保证心脏及内脏的安全而不受或少受外邪的伤害，进而有利于促进养心。三是要采用多种方法养心和养形，力求达到形神统一的身心双健养生效果。养心以少欲静心，安神为主，其方法有静坐、气功、参禅、按摩等多种多样。养形以身体锻炼为主，可以跑步、快走、慢走、打拳、爬山等等。具体选择都要根据自己的身体状况，心理与精神状况，合理选择，长期坚持，这就是形神统一的身心双健养生观的运用。

（四）脏腑经络调和的互补健康养生观

中医认为人体是以骨骼来支撑形体，以心、肝、脾、肺、肾五大系统为中心，与胆、胃、小肠、大肠、膀胱和三焦为表里，靠经络疏通联络的一个有机整体。五脏系统互相协调，与六腑和经络系统相互调和，才能保持机体健康。故《黄帝内经·灵枢·天年》中说：“五脏坚固，血脉和调，肌肉解利，皮肤致密，营卫之行，不失其常；呼吸微徐，气以度行；六腑化谷，津液布扬；各如其常，故能长久。”这说明五脏坚固，血脉和畅，经络与脏腑调和，运行正常是人体健康的保证。所以，老年养生需要树立脏腑经络调和的互补健康养生观。

老年养生要树立脏腑经络调和的互补健康养生观，需要注意三个方面的问题：一是要学习一些中医脏腑经络方面的知识，了解它们的功能和相互关系，以引起对脏腑经络调理，养护的重视。张介宾在其所著《类经》中说：“经络者，脏腑之枝叶，脏腑者，经络之根本，知十二经脉之道，则阴阳明，表里悉，气血分，虚实见，天道之益可以察，邪正之安危可辩。凡人之生，病之成，人之所以治，病之所以起，莫不由之。”由此可见脏腑经络的功能与作用。二是要注重五情六淫的调控和防范，以防引起对脏腑的伤害。“五情”是指喜、怒、思、悲、恐等情志。它们都与五脏相联系，只有加强自我调控，防止怒伤肝，喜伤心，思伤脾，悲伤肺，恐伤肾，才能保持五脏安康。“六淫”是指风、寒、暑、湿、燥、火等自然气候。只有加强这方面的防范，才能防止六淫侵入机体，引起疾病而损伤五脏六腑，保持身体健康。三是要选择几个适合自己身体状况的运动项目，如太极拳、五禽戏、八段锦、步行等，坚持锻炼，以促进五脏六腑与经络等器官的正常运行，保持身体健康。

（五）寡欲静心的修身保元养生观

人到老年，机体与脏腑功能都开始衰退。养生就需要寡欲，静心以保元气。老子说：“养生之道在神静心清。静神心清者，洗内心之污垢。”心中之垢，一为物欲，一为知求。去欲去求，则心中坦然。心中坦然，则动静自然，动静自然则心中无所牵挂。于是，当卧则卧，当起则起，当行则行，当止则止，外物不能扰其心。这就是寡欲静心，它说明，人到老年，应淡泊名利，懂得收敛，珍惜清名，不作贪求，善保余生。《黄帝内经·灵枢·师傅》中又说：“入国问俗，入家问玮，上堂问礼，鉴病人问所便。”说明人有生物，自然和社会三种属性。社会外部之世事变迁，人情冷暖，人体内在的情欲所愿，恩怨张弛都与健康息息相关，故老年养生应该树立寡欲静心的修身保元养生观。

老年养生要树立这种寡欲静心的修身保元养生观，重点是从四个方面做起。一是寡欲以养精。所谓精就是人的元气，它是构成人体的物质基础，是生命的根本。养精就要保护好各器官的生理功能，控制不切实际的欲望，防止引起精力衰退，内分泌紊乱。二是寡言以养气。就是不要说话太多，没完没了，更不能大喊大叫。说话要平和，以保持中气充足。三是要寡思以养神。就是不要过度思虑，胡思乱想，以防影响大脑的正常生理功能。四是要静以养心。既要始终保持安静、平和的心态，不心烦、不急躁，心理素质良好，遇事冷静。外不为欲而贪心，内不心躁而伤神，心神内外协调，从而达到修身保元的目的。

（六）不治已病治未病的防患未然养生观

《黄帝内经·素问·四气调神大论》中说：“是故圣人不治已病治未病，不治已乱治未乱。夫病已成而后药之，乱已成而后治之，譬如渴而穿井，斗而铸锥，不亦晚乎。”这里的“治未病”包括三层意思：未病先防，病而未发和既病防变。不治已病治未病既是中医养生的最高境界，也是现代预防医学的座右铭。老年养生要树立这种观念就是要善于在“未病”，亚健康状态，病症初起时就要调养，调摄好自己的身体，防患于未然。不要等到已病或病情扩散，严重时才想起要养生治病。当然，已经病了再养生治疗也是可以的，养生不分先后。但防患于未然和临时抱佛脚的效果是有很大区别的。

老年养生要树立不治已病治未病的防患未然养生观，重点要注意三个方面的问题：一是在思想观念上要及早树立养生意识。一般来说，在身体还比较健康的初涉老年期，既 45 岁左右就应树立老年养生的思想意识，及早将老年养生的事情纳入自己的日常生活中，使之成为与为退休前的事业并重的生活内容之一。二是要针对自己的身体状况，及时检查身体的健康指标及其存在问题。未病先防或在处于病而未发的亚健康状态时，就适时调节、调养和保护好身体，有针对性地进行运动养生、食疗养生、经络穴位按摩养生等，以防止病症的发生。三是对已经生病的老年人来说，则要一边及时治疗，一边将遵医嘱的药物医治和食疗、运动和经络调养结合起来，防止病情扩散，加重，力求尽快康复，保持身心健康。

六　老年养生要遵循的四大基本原则

养生原则是人们在身心的调理养护过程中需要遵守的法则和标准，它是养生理论、经验和方法的总结提炼，又具有综合性的指导作用。近 10 多年来，我在学习老年养生的科学理论、基础知识，树立养生观念，从事养生实践的过程中，经过认真思索与亲身体验，逐步摸索到老年养生需要遵循的几个基本原则，它对指导我们的养生实践沿着科学的道路前行，以防误入歧途，影响老年身心健康，是很重要的。

（一）尊重自然规律，本于自我实际的原则

人到老年，机体衰退，抵抗力减弱，一些老年性疾病容易找上身来。这是人生发展的自然规律，老年养生，首先要承认、正视和尊重这种自然规律。另一方面，加强老年养生的规划和安排，积极、认真地从运动养生、食疗养生、心理养生、经络调养等方面进行科学养生实践，又能延缓衰老、增强体质和身体的抵抗力，这也是尊重自然又与自然抗争的体现。

在尊重自然规律的同时，老年养生要遵循本于自我实际的原则。因为养生是每个人的自我行为，每个人年龄不同，体质类型、身体素质、心理状态、是否已病、病情状况等，都是各不相同的。每个人有每个人的差异。因此，老年养生必须根据自身的情况，根据自己的生长环境，一切从自身的实际情况出发，量体裁衣地确定自己的养生之道，选择适合自己的养生方法，才能收到良好效果。如果盲目地听信某一本书，盲目地学习别人的方法，盲目地轻信所谓的养生秘诀，而不是本于自身的实践，就可能失去正确的方向。所以，放之四海而皆准的标准化养生方法是没有的。

老年养生要遵循尊重自然规律，本着自我实践的原则，重点是要注意三个方面的问题：一是要根据老年期的阶段确定养生与工作的关系与重点。一般来说，45 ~ 59 岁的初涉老年期应该工作与养生同时进行，以前者为主。60 ~ 79 岁的正常老年期应该从工作与养生并重逐步过渡到以养生为主，适当做事。80 岁以上的长寿老年期则必须以养生为主，适当做事。二是要根据老年人的体质状况，特别是有无疾病和病情状况确定养生的重点，无病者要积极养生，未病先防。有病未发者要及时找到潜在病源而养生，防止疾病蒙发，将病源消灭在萌芽状态。既病者要积极治疗，将药物医治、食疗保养、运动养生等结合起来，以便防止病情恶化、生变，尽快恢复健康，增强体质。三是一切要从老年人个人的实际情况出发，选择确定适合自己的养生方法。每个老年人的具体情况千差万别，养生方法的选择要因人而异，如同是慢跑或爬山，有的人适合，有的人就不适合。同样，病同而人异也是广泛存在的。清代名医徐大椿在《病同人异论》中说："天下有同此一病，而治此则效，治彼则不效，何也？则以病同而人异也。"所以，老年养生一定要遵循尊重自然规律，本着自我实际的原则，只有坚持因人而养，才能找到正确的养生之道。

（二）法于古今、与时俱进、本着经验的原则

养生，特别是老年养生是集中华传统文化的思想精华，融合各种防病治病方法，又与个人修心养德相结合的一种行为。我国历代医家，养生家留传下来大量养生著作和养生经验，这些至今仍在发挥着指导作用。随着时代的进步，现代医学又提供了很多新的经验，为此，老年养生必须遵循法于古今、与时俱进、本着经验的原则。

老年养生要遵循这一原则，重点是要注意三个方面的问题，一是法于古今，就要学习、掌握一些古代及现代养生的科学知识及其养生方法。其中包括中医五脏六腑表里对应的知识与方法，五脏与五行、五情、五色、五味等的对应关系与养生方法，顺应自然的四季、四时及十二时辰的养生方法，以精、气、神为核心的养生知识与方法，以阴阳平衡为中心的养生知识与方法，以经络气血运行和穴位调养为主的知识与方法等等。此外，还有很多现代科学养生知识和方法，包括运动养生、营养搭配与平衡养生、药物与食疗结合的养生知识和方法等。通过学习可以开阔眼界，增长知识，吸收前人和现代的养生经验。二是与时俱进。就要对过去的经验采用正确的态度，凡是科学合理的经验和方法，都可以继承，但又不能生搬硬套，必须在借鉴、学习的同时，注意鉴别和修正，如五色入五脏、五味入五脏。在选择食疗品种、颜色和味道时都不是绝对的，要综合分析和运用，以补充身体所缺为主。再如经络调养与穴位按摩的具体方法很多。不同书籍介绍的方法和作用并不完全相同，也要在继承的同时，注意鉴别与修正，最好要以亲自选择的穴位位置，按摩时的自我感受为主来确定具体方法的运用。三是本着经验，就要既重视古人和前人的经验，又重视自身从实践中总结出来的经验。对于古人和前人的养生经验和方法，要经过自己的实际运用，亲身体验，不可盲目照抄照搬。对于自己的实际经验，也要不断总结、提高，使之更加科学与规范，以便更好地指导实践。

（三）身心与形体并重，理念意识指导行动的原则

老年养生就其内容而言，主要包括身心和形体两个方面，前者以养心修德为主，后者以脏腑器官的调节保养为主。身心的修养具有指导作用，其具体要求是寡欲、清净、豁达、积善，由此形成良好的心理素质和清静平和的心态。脏腑器官的调节保养具体内容很多，包括肝、心、脾、肺、肾、胃、肠、膀胱与三焦等等，其目的是保证形体，即整个身体的健康。两者的关系是相辅相成的。心理不健康，长期心情不舒畅，必然影响形体，特别是脏腑器官的健康，95%以上的癌症患者都与长期心理疾病有关就是证明。反之，形体特别是五脏六腑不健康而疾病缠身，也必然影响心理健康，所以老年养生必须坚持身心和形体并重的原则，两者不可偏废，并以前者指导后者。

老年养生就其观念和行为的关系来看，必须坚持理念意识指导养生行为或行动的原则。理念和意识，来源于知识的积累和养生实践，反过来又能指导实

践与行动。但老年养生的行动是以养生方法为主的，各种具体方法很多，而具体方法的选择就会受养生理念和意识的指导，以防止养生行为和方法选择的盲目性。所以老年养生应该遵循身心与形体并重，理念意识指导养生行动行为的原则。

（四）找准心理寄托并不刻意追求的养生原则

人的一生，青少年时期以知识的学习和经验的积累为人生目标，参加工作后以事业的追求和出色的工作为人生目标，两者都以目标的追求作为心理或精神寄托，因而始终感到其生活是充实的。但人到老年，从工作岗位上退下来，大多数人的事业或工作没有了。这时最容易出现的问题是心理空虚，没有精神或心理寄托，饱食终日，无所事事。这种状况是很难长期维持的。时间久了，就会引发心理、精神或身体的疾病。所以，老年养生，首先要找好、找准心理即精神寄托，预防心理空虚，情绪低落，长时间心情不舒畅可能引起的疾病。

那么，什么是老年人的心理或精神寄托呢？简单说来，就是退休以后，首先要找点事干。著名作家，已百岁高龄的马识途，70岁以后学习电脑知识与操作技能，87岁靠电脑打字完成30多万字的电视剧本《没有硝烟的战线》，百岁高龄时，完成22万字的《百岁拾忆》。他是以文艺创作作为终身，包括进入长寿老年期以后的心理和精神寄托的。笔者在63岁退休后，先担任了7年高等院校的兼职教授，同时出版了15本教材和专著，70岁后完成了个人传记35万字的《传奇人生》。70岁以后，又以读史，水写毛笔字，总结个人进入老年后的养生经验等作为自己的心理和精神寄托。因而每天的心情都是舒畅的，生活都是充实饱满的。从没有心理失落、精神空虚、郁郁寡欢、情绪低落的感觉。这对老年人的身体健康无疑是十分有益的。

老年养生要找准心理寄托，找点事情干。具体的事情必须根据每个人的具体情况来选择和确定，作家、画家及其业余爱好者可以写作、绘画、作诗、书法、翻译国外作品等作为自己的心理或精神寄托，读书识字的知识分子，可以阅读小说、历史、文艺作品。一般老人也可以养花、钓鱼、下棋、唱歌、跳舞、学唱京剧等，可以作为老年人心理或精神寄托的具体事情很多，关键是要结合自己原来的事业、兴趣爱好、个人特长、身体状况等来选择和确定，所谓“选准”就是要选择符合自己的兴趣爱好、特长等实际情况的事情。以有利于心情愉快，身体健康为宜。

老年养生既要找准心理寄托，找点事情做，又要坚持以养生为主，将身体、心态的调整保养、预防疾病等放在十分重要的位置。但做事或养生都不宜刻意去追求，而应该将它们当作老人日常生活的组成部分。就做事而言，所谓“不刻意去追求”就是要量力而行，适可而止。既要认真做好，做到自己满意。他人或社会接受，又不能将全部精力和时间都投入进去，甚至熬夜苦战，对自己的身体“下黑手”。所以不宜刻意追求，而要量力而行，适可而止。就“养生”而言，所谓“不刻意去追求”，就是既要重视老年养生，将其当作老年人，特别是长寿老年期后的主要事业，又要将养生纳入日常生活之中，当作日常生活的组成部分。如果刻意去追求，每天琢磨今天该吃什么，不吃什么，今天怎么养心，明天怎么养肺，后天怎么养肝等等，那就不是养生了，而是已经将老年养生当成精神负担了。北大教授张中行活了90多岁，有人问他的养生之道，他说：“我的养生之道就是不养生！顺其自然，自生自灭。”所以，老年养生不宜去刻意追求，而应该保持一种顺其自然的态度，恬淡从容的心态。这就是老年养生必须遵循找准心理寄托，并不刻意追求的养生原则的原因所在和基本要求。

七　老年养生应保持和达到的健康标准

生老病死是人生的自然规律，但科学养生可以延缓衰老，预防和减少疾病。我们老年人之所以要学习掌握一些养生知识，科学理论，培养和树立养生观念，遵循必要的养生原则，其目的首先在于保持老年期的身心健康，即要活得幸福、活得自在、活出生命的价值。其次则在于延长寿命，即延长老年期的时段。两者的关系是前者决定后者，即老年期的身心，健康时段越长，则寿命越长，反之，寿命越短。如果不能保持身心健康，像植物人一样地活着，就会给家庭、社会带来很多负担。为此，老年养生就应该树立必要的健康标准，同时要通过各种养生活动的开展，使其保持和达到这一健康标准的老年期的时段尽可能延长。那么这些标准是什么呢？根据中华医学会老年医学分会制定的我国健康老人的标准，主要包括10项内容和要求：

1. 躯干无明显畸形、无明显驼背等不良体形，骨关节活动基本正常。这项标准主要是对形体，即骨质健康的要求，老年养生要形神合一，如果人体最基本的形态都没有了，或严重变形了，也就失去了老年健康的基础。

2. 神经系统无病变、无偏瘫、老年痴呆及其他神经系统疾病，系统检查基本正常。这项标准主要是对心理健康的要求，人的心理是受神经，包括大脑神经系统支配的。只有神经系统正常健康，人体的各种行为才能保持健康、正常。故这是老年身心健康最基本的标准之一。

3. 心脏基本正常，无高血压、冠心病，包括心绞痛、冠状动脉供血不足，陈旧性心肌梗死及其他器质性心脏病。这项标准是对五脏之首的心脏及其相关病症的要求。"心者，君主之官也"，心脏就像国家元首，对五脏系统有统率作用。所以，心理健康首先取决于心脏健康，必须基本保持正常。

4. 无明显肺部疾病，无明显肺功能不全。《黄帝内经》中说："肺者，相傅之官，治节出焉"。即肺是相傅之官，犹如相傅辅佐君主。主一身之气而调节全身的活动。所以，肺部基本健康，无明显肺部疾病也是老年健康的基本标准。

5. 无肝、肾疾病，无内分泌代谢疾病、恶性肿瘤及影响生活功能的严重器质性疾病。这项标准涉及肝、肾、内分泌代谢和恶性肿瘤，都是直接影响人体生命存亡的。所以必须基本保持健康和无明显疾病才能达到老年健康的要求。

6. 有一定的视听功能。这项标准看似简单，却十分重要。老年人如果丧失了听力和视力，就会失去和外界的接触。听不见、看不见，就会严重影响心理健康，造成情绪低落，心情郁闷，急躁上火等各种疾病，甚至会很快危及生命。

7. 无精神障碍，性格健全，情绪稳定。这项标准实际上是对第 2 条标准的补充和完善，是对老人心理情志调控能力的要求。

8. 能恰当地对待家庭和社会人际关系。这项标准是对老年人的心理素质和心态平和能力的要求，只有心理健康，保持人格健全，才能正确处理这些关系。

9. 能适应环境，具有一定的社会交往能力。这与上条标准的要求基本类同，也以心理健康为主，老年养生要顺应自然，适应环境，就要有应变能力和社会交往能力。

10. 具有一定的学习、记忆能力。这既是保持大脑机能、预防老年痴呆的必要条件，又是老年健康的基本要求。如果人到老年不读书、不看报、不学习，整天无所事事，饱食终日，大脑机能就会随着身体的老化而很快衰老退化，很快丧失记忆能力。所以，这也是老年健康的一条重要标准。

老年养生，如果熟悉和掌握这些标准，始终朝着这方面去努力，将养生活动纳入日常生活之中，无疑是很有益处的。

第十章　细火慢熬的老年心灵养生鸡汤

一　老年养生要从心理开始，细火慢熬其心灵养生鸡汤

老年养生从初涉老年期经正常老年期和长寿老年期，是一个长期的过程。其养生的内容则包括运动养生、食疗养生、药物养生、心理养生、经络与穴位养生等各个方面，那么老年养生为什么要首先从心理开始呢？其心灵鸡汤为什么要细火慢熬呢？这是老年养生首先要解决的认识问题。

（一）心理障碍是老年养生首先遇到的问题

老年养生一般从 45 ~ 59 岁的初涉老年期开始。但这时人们都未退休，正处于人生事业的鼎盛时期。养生虽然重要，但与事业，工作比较，大多都处于次要地位。从进入 60 岁以后的正常老年期开始，绝大多数人都已退休、养老，养生很快成为老年人的主要事业和日常生活。但这时，老年人首先遇到的就是心理障碍，所以，老年养生必须首先从心理开始。只有解决了心理障碍，养成良好的心理健康，才能指导老年养生的行为，保持老年期的心情愉悦，身体健康，安度晚年。

老年养生首先遇到的心理障碍是由退离工作岗位这一人生的最大转折引起的。这时，人们不上班了，原来的领导和下级事实上已经不再存在了。过去所谓的个人事业或工作也大都没有了，即使继续从事自己的事业，也会逐渐成为强弩之末。于是，心理的失落感、空虚感或对原先事业或工作的惋惜感等很快形成，挥之不去。心情不愉悦、不舒畅成为养老养生的最大障碍。为此，老年养生首先要做好这种心理的调试。其调适的方法是：

1. 正确对待人生。人的一生在经历过高峰期的事业和工作后，必然要老化，要退休或离开工作岗位而进入养老养生的阶段，这是自然规律，是不以人的意志为转移的。只有退离事业或工作岗位的时间早晚的差别。为此，要将退离工作岗位当作人生的自然转折，当作生命历程的一个新的起点。拿得起放得下。这样就能较快地克服心理的失落感、空虚感、惋惜感等心理障碍。

2. 重树人生目标，找好心理寄托。老年人在退离工作岗位克服心理的失落感、空虚感、惋惜感等不良心态的过程中，可以根据自身的身体状况，工作经历，特

长爱好等，重树人生目标，找好心灵寄托。有能力的人可以重新开创一份自己的事业。有工作经验、经历而身体又健康的人可以再次应聘而从事一份新的工作。有子女家庭负担的人可以带孙子外孙。身体状况欠缺的人以养老、养生为主要目标。总之,重树人生目标必须从自身的实际情况出发。实事求是,量力而行。其中，重新开辟或从事事业或打工的目标都是过渡性的。随着年龄的增长，最终都会回到养老养生的目标上来。由此，即可以找到心理或精神寄托。

3. 坚持以义养心，开始新的人生，保持精神愉悦。以义养心就是要有高尚的道德情操,保持心情愉快。唐代著作医学和养生家孙思邈在《千金要方》中说："性既自善，内外百病悉不自生，祸乱灾害亦无由作，此养性之大经也。"老年养生在重树人生目标，找好心理寄托的基础上，一定要静下心来，总结自己重树目标前的一生得失,反思自己的成绩和过失,树立良好的道德情操,坚持心善，寡欲清心，保持愉悦的心态。从而为重新确立的人生目标而努力工作和生活。

（二）老年养生需要健康心理的支配和指导

存在决定意识，反过来，人们的思想意识又能支配人们的行为。老年养生的各种问题也是受心理意识支配的。正因为如此，老年养生必须从心理开始。只有首先重视心理养生，养成心平、寡欲、和善、清心、安宁等良好的心态，正确对待名利、钱财、家庭、儿女、朋友、邻居，正确对待人到老年后的饮食、睡眠、起居、疾病等，才能心态平和地开展老年养生活动，安度幸福的晚年。

那么，老年养生从心理开始要怎样做才能养成心平、寡欲、和善、清心、安宁等良好的心态呢？《饮食与健康》2014 年第 10 期有一首赵广先生的《心理保健歌》值得我们借鉴：

心无病，防卫早，心理健康身体好。
心平衡，要知晓，情绪稳定疾病少。
调心理，寻逍遥，适应环境病难找。
常锻炼，动与静，规律生活健心脑。
重食养，八分饱，脏腑轻松自疏导。
七情宜，不暴躁，悲恐哀怒要去掉。
人生气，易衰老，适当宣泄多欢笑。
想得宽，童颜葆，心胸狭窄催人老。
事不急，怒不要，心平气和没烦恼。

品书画，溪边钓，培养兴趣乐陶陶。

与人交，义为高，友好往来要做到。

动脑筋，不疲劳，睡眠养心少热闹。

身体壮，睡足觉，劳逸结合心情好。

性情温，心态好，强心健身为至宝。

（三）心定神明，心脏强健首先来源于心理养护

心理养生就其内容而言包括两个方面，一是良好心态，即健康心理的培养和养成，二是心脏与心理器官养护和调养。《黄帝内经》中说："心者，君主之官，神明出焉。故主明则下安，主不明则十二官危"。

心像君主一样主宰着人体的血脉运行，四肢百骸的营养都依赖心脏泵出的血液供养。心还统摄着人的精神、意识和思维活动。它的功能状态决定着一个人的整体精神面貌。因此，养生特别是老年养生，要首先注重心脏及其心理器官的养护和调养。只有通过这种养护和调养保持心脏及其心理器官的强壮有力，才能保证身心健康，才能保证"主明则下安"，预防"主不明则十二官危"。如果心脏及其心理器官出了问题，发生疾病。那么就会出现心动则五脏六腑皆摇"。老年养生的心理意识和各种养生活动也就没有心理健康的依托和保证了。所以，从心脏和心理器官健康养护和调养的角度来看，老年养生也要首先从心理开始。

（四）老年心理养生的心灵鸡汤要细火慢熬的原因

老年养生必须首先从心理养生开始，但这并不是说老年人的心理养生是一次性的短期行为，它实际上是贯穿在从初涉老年期到正常老年期和长寿老年期，直到人尽天年的全过程中的。所以老年人心理养生的心灵鸡汤需要细火慢熬，长期坚持。需要细火慢熬的原因主要表现在两个方面：

1. 老年人的心理状态和思想意识是随着年龄的增长而变化的。心理养生过程会经历不同的阶段，必然需要细火慢熬其心理养生的心灵鸡汤。如在初涉老年期，大多数人的心理是重视事业和工作，不重视养生。为了应酬或事业和工作需要，会经常赴宴、喝酒、熬夜、抽烟等，严重影响身体健康而不易引起心理重视。在正常老年期，因退离休而经历人生重大转折，其心理变化主要是失落感、空虚感、惋惜感，无所事事，精神空虚等影响身体健康。而进入 80 岁以后的长寿老年期，大多数老人会因年龄越大，身体越差而产生老人无用感，对人依赖感，拖累感等各种心理问题。所以，老年人心理养生必然会是一个细

火慢熬的长期过程 。

2. 心理养生实际上是一种心理状态和思想意识的调节或调整。这本身就是一个比较艰难而漫长的过程，它需要老年人的自我学习，不断地总结过去的经验教训，不断调适不同时期的心理需求、生活目标，不断调整，调节不适宜的心理障碍，生活方式等，所以也必然是一个细火慢熬的心理过程。

（五）从心理开始已慢熬 16 年心灵养生鸡汤的亲身感受

上述四个方面的老年养生必须首先从心理开始，并且必须细火慢熬其心灵鸡汤的原因是我从长达 16 年老年养生中得到的亲身体验和感悟。我的老年养生是从初涉老年期开始的，并且是因心脑血管的严重疾病而不得已才引起注意的。2001 年 4 月，我因颈动脉粥样硬化而住院 21 天，安了两个支架，半年后复查，又因颈部和心脏动脉硬化再补安 3 个支架，住院一个星期。从此才开始引起了对老年养生的重视。我在 57 岁时从初涉老年期末期开始引起重视的老年养生，首先是从心理调适开始的，至今其心理养生过程大致经历了三个阶段：

1. 心理调适初始阶段。从首次住院到 2007 年正式退休。这一时期除利用空余时间，适当增加了一些打太极拳，慢走散步，自编手脚活动等身体锻炼外，其心理调适主要是对老年养生开始有了初步的认识，从思想上开始重视一些了。这时的心理障碍相当严重，一是对事业和功利的追求始终割舍不下，所以在思想和行动上都以事业为重，由此形成了 2002 年以后所经历的三次著作高潮。并完成 20 多部教材和专著的出版。二是对一些影响身心健康的不良生活习惯的破除和重新养成十分艰难。心理障碍严重，如戒烟限酒，仅戒烟就经历了 3–5 年，经过 3–4 次才基本戒除，限酒也经历了 2–3 年才基本控制在每周 1–2 次，每次一小杯酒的少量合理范围内，三是对过去长期遭打击压制与迫害的各种恩恩怨怨难以从思想上完全放下，只好经常告诫自己，其淡忘和放下的过程，甚至经历了 8–10 年左右，所以老年养生的心理调适必然是一个细火慢熬的过程。

2. 心理养护与调适的巩固阶段。从 2007 年正式退休到 2014 年进入“从心所欲”之年止。这一时期在心理养护方面，主要是增加了室外身心锻炼的时间和强度，特别是学习和创立了一套适合自身特点的经络穴位养生方法，从而增强了心脏与大脑本身的健康和功能，对减缓心脑血管存在的严重疾病起到了良好作用。在心理调适方面，这一时期首先是克服了正式退休后的失落感、空虚感、无用感。采用的主要方法是先调整了事业和养生之间的轻重关系，从思想上将养生放在了第一重要的位置，但又不放弃事业，以便发挥余热。接着继续开展了旅游管理专业的教学和科研工作，这样就在身心健康良好的前提下，用退休后的人生目标充实了日常生活，克服了正式退休后的失落感、空虚感、无用感等影响老年养生的心理。同时继续克服各种影响身心健康的不良生活习惯，巩固了前一阶段戒烟，限酒，多吃素，少吃肉，每餐八分饱，定期定时锻炼的心理调适成果，特别是开始树立寡欲、平静心理，放弃各种恩怨情仇的养生意识。

3. 宁静平和与寡欲养生阶段。这是指 2014 年进入 70 岁后的事情。这一时期才刚开始不久，还有很长的路要走。从心理角度讲，首先是将老年养生作为逐渐向长寿老年期过渡的人生第一目标和事业。并将它融入日常生活之中，其次是继续调整心态，要以宁静、平和、寡欲的良好心境处理日常生活中的各种问题,确保老年生活的质量。三是要在正确思想意识和良好心境的指导下，采用适合自身特点的方法从事老年养生实践活动，力求达到身心健康，延年益寿的目的。至于我的老年养生，包括心理养护与调适的具体方法将在后面逐一介绍。

二　老年心理养生要熟知其内容原则和标准

老年人的心理养生是一个十分复杂的问题，涉及范围广泛，心理过程复杂，心理调适与养护的方法多种多样。从已慢熬 16 年心灵养生鸡汤的亲身感受中，我明显感觉到要开展和做好老年心理养生。使自己有一个良好的心理素质，必须首先熟知其心理养生的内容、原则和标准。

（一）老年心理养生的内容

老年人的心理养生是指对人的心脏及其心理器官和人们内心的心理活动，心态与情志等所进行的养护和调适，以达到身心健康、精神愉悦、延年益寿的目的。由此，我们可以明确老年心理养生的内容主要包括三个方面：

1. 老人心脏和心理器官的养护和调适。心脏和心理器官是人心理活动的物质基础。心脏是人体的供血器官，它时刻不停地跳动，成为身体不可或缺的“供血中枢”。同时，它与大脑及其思维系统又构成人的心理活动器官。《黄帝内经》中说:“心者，君主之官，神明出焉。”“心者，五脏六腑之大主，精神之所舍……心动则五脏六腑皆摇。”所以，心脏和心理器官的养护和调适是人们心理养生，特别是老年人心理养生的首要内容。人到老年，其心脏和心理器官都会逐渐老化和衰退。因而其心脏和心理器官的养护和调适的任务比年轻人更重要。如果老年人的心脏、大脑等心理器官发生了问题，形成了心脏病、冠心病、心脑血管严重阻塞等。那么，必然影响老年人的身心健康，甚至影响寿命。只有加强身体锻炼，加强心脏和心理器官本身的养护和调适，保持其功能强盛、正常，才能为老年人的养生活动，包括心理活动提供物质基础。这就是“心脏和心理器官的调适与养护”是老年心理养生的首要内容的原因所在。

老年人心脏及其心理器官养护与调适的方法多种多样：一是饮食调节，保持营养而又不过量，适当吃一些核桃、杏仁、莲藕、肉桂、苦瓜、枸杞子、茯苓等有利心脏与大脑健康的食品。二是加强锻炼，每天或定时活动筋骨，强健体魄，增强心脏功能。三是顺应自然，加强自身心脏及其心理器官的顺时养护。按照天人合一，顺应自然的规律，一日之中，朝则为春，日中为夏，日入为秋，夜半为冬。故日之夏要以养心为主，因为日中太阳当空，阳气最盛，温度最高。人体的阳气运行也加快，故此时养心有助安神，可以促进经络通畅和阳气在体内的上下循环及津液血液等阴液物质的运行畅通，使体内的阴平阳秘达到最佳状态。就一年的春夏秋冬四季而言，夏季则要以养心为主，因为夏季万物茂盛，开花结果，天气炎热，天地之阴阳二气相交，天气垂降，地气升腾，精气外达。心脏与夏季相对应，故夏季要以养心为主。坚持夜卧早起，无厌于日，使志无怒，使气得泄。从而保持心脏器官的功能强盛，四是要每天做一些口腔与舌部运动，以刺激心脏及其心理器官。按照中医理论，心开窍于舌，每天坚持弹舌、饶舌、卷舌、伸舌等活动，就可以刺激、保护和保养心脏，增强其功能。所以，心脏及其心理器官的养护和调适是老年人心理养生的重要内容，也是老年人五脏六腑健康的前提和基础。

2. 老年人心理状态的调适和养护。心理素质决定的心理状态，是影响老年人身心健康的重要条件。一个心理素质差、心态不良、存在严重缺陷的人，是不可能健康长寿的。因此，老年人心理状态的调适和养护也是其心理养生的重要内容。根据《黄帝内经》和历代医家和养生家的记载和经验，这方面的心理养生的具体内容又要包括五个方面，即所谓“五心”：

心态平和——其核心是清净、寡欲。心情浮躁，欲望太多，是有违老年人身心健康的，也可招致各种疾病，故《黄帝内经》中说：“恬淡虚无，真气从之，精神内守，病安从来”又说，“清净则肉腠闭拒，虽有大风苛毒，弗之能害。”所以，放弃不切实际的各种欲望，保持清净，心态平和，志闲少欲，心安不惧，是老人心理调适的首要条件。

心情愉悦——心情愉快，笑脸常开，绝不生气，是老人保持身心健康的客观要求。很多病症都是从过量的“气、怒”引发的。《黄帝内经》说：“适嗜欲于世俗之间，无恚嗔之心”故要“以恬愉为务，以自得为功”。即在老年养生过程中，要放弃各种不实际的嗜欲，调节好心态，融入世俗之中，适应世俗习惯，一切以愉悦、自得为要。愉悦是一种快乐、悠闲、自足的心态。所以，心情愉悦，“美其食，任其服，乐其俗”也是老年心理养生的重要内容。

心地善良——即要以德养生，孟子说：“爱生而不苟生”，清代养生家石天基说：“善养生者，当以德行为主，而以调养为佐。”故老年养生要常存正常心、常存喜悦心、常存善良心、常存和悦心、常存安乐心。只要有邪念，则神驰以外，气散于内，有疾相攻；人去邪念，则心正神宁。以理顺气，则气顺、气和、形和。故《黄帝内经》中说：“天之在我者，德也；地之在我者，气也；德顺气薄而生者也。”所以，心地善良，多做善事，常存感恩之心，也是老年心理养生的重要内容。

心胸开阔——按《黄帝内经》的说法，就是“游行天地之间，视听八方之外”，即要把眼光放宽，把听力放大。心胸要开阔，不要计较眼前利益，不要局限于自我。要有“将军额上能跑马，宰相肚里能撑船”的胸怀。所以，老年养生，要有忍让、宽容精神，不要放不下过去的恩怨情仇。要有“让三分风平浪静，退一步海阔天空”的气魄。要有“能受苦方为志士，肯吃亏不是痴人”的胸襟，始终保持开阔的襟怀，才能轻松愉快地开展老年养生活动，获得身心健康。

心灵纯净——就是要保持淳朴、天真的心态。要“虚其心，实其腹”，具有“上善若水”的精神，以无为作为行为的准则，以少言守中，致虚守静作为健身明神的基本修持之法。心境似海洋的深沉平静，对人豁达大度，以诚相待。爱则善其适当，施恩而不图报，奉献而无所求。所以，心灵纯净，既是健康、快乐、智慧的源头，是人生最高、最美的境界，也是老年心理养生的重要内容。

3. 老年人生活习惯的调适和养成。人的生活习惯是在长期日常生活中逐渐形成的，又是人心理状态的习惯性反映。人们在青壮年时期养成的抽烟、熬夜、喝酒、睡懒觉、爱吃肥其厚味、房事频繁等各种习惯和爱好，虽然大多是不良而对身心健康有害的，但在青壮年时期的危害却远不如老年时期的危害明显强大。因为老年人随着年龄的增长，机体器官的老化和衰退，其生长力和抵抗力要比青壮年时期低得多。所以，对于抽烟、熬夜、过量饮酒、喜食肥甘厚味等各种不良生活习惯必须克服、纠正、调整。而应重新培养，养成符合自身实际情况，有利于老年健康的良好生活习惯，这也是老年心理养生的内容。

（二）老年心理养生的基本原则

老年人的心理养生是一个长期复杂的过程，它和运动养生、食疗养生、药物养生、经络穴位养生等交织在一起，也具有相当的难度。为此，老年人的心理养生需要遵循以下几个基本原则：

1. 预防为主的原则。即在老年养生过程中对任何事物及其养生行为都应及早进行心理的调适养护，以提前做好心理准备，防患于未然。如对身体机能的调养，要树立“治未病”的思想意识，有防微杜渐的心态。对各种心理状态的调适，养护要及早发现，及早预防，及早调适。对不良生活习惯影响身体健康的问题，也要提前认识其危害，及早调整，克服。故《养生论》中说：“害成于微而救之于著，故有无功之治”。《万病回春》也指出，对欲念应该“早觉速惩”。所以，老年养生必须坚持预防为主的原则。

2. 态度端正的原则。老年养生的过程就是其日常的生活过程，在这一过程中对待任何事情都首先要端正态度。如对待社会、环境、人事的变化，要主动提高自身的适应能力。对待过去的是是非非、恩怨情仇要看得开、放得下、不纠缠。对待退休后的工资待遇要存感恩心理，比下不比上，保持愉快的心态。对待不尽如己意的人和事，要以坦荡的襟怀，泰然处之。对于有益的活动，要量力而行，酌情选择。对待家庭和儿孙，要和睦相处，量力而帮、保持独立、不参与是非……故南宋洪迈在《容斋随笔》讲到人到老年时的“老计”中说：“五十之年心怠力疲，俯仰世间，智术用尽，西山之日渐逼，过隙之驹不留，当随缘任远，息念休心，善刀而藏，如蚕作茧。其名曰老计。”这就是老年养生应该坚持的态度，也是需要遵循的原则。

3. 修性养德的原则。修性就是培养宁静、安详、中和的心性，养德就是养成良好的道德风尚。修性养德有助于增强理智，对老年人控制过度的欲念和不良情绪的产生，都是根本的措施。所以，老年心理养生需要坚持修性养德的原则。具体要求是在量力而行、发挥余热的过程中，要坚持仁礼、善良、知足、忍让，由此形成良好的心态和道德风尚，指导老年养生的各种行为。养成高尚的精神寄托。

4. 善调七情的原则。喜、怒、忧、思、悲、恐、惊是人的七情。在一般情况下，七情是外界各种事物作用于人的心理器官而引起的情志变化，对人是无害的。但过激的七情，就会成为老年人生病和折寿的大患。按照中医理论：怒伤肝、喜伤心、思伤脾、悲伤肺、惊恐伤肾。七性过度，会直接损伤相应的内脏，使脏腑气机逆乱、气血失调，从而引发疾病。特别是老年人肝血虚衰，神气虚惫，性急易怒。怒则气逆而肝伤，疏泄太过；肾失闭藏，暗耗肾精；多疲虚滞，气滞血瘀等，都会引发疾病。所以，老年养生必须善调七情，预防七情过度，保持心情平和，中庸，从而预防七情过度对脏腑的损伤，以保持身心健康。

5. 居处安定的原则。《黄帝内经》中说："故智者之养生也，必顺四时而适寒暑，和喜怒而安居处，节阴阳而调刚柔。如是则辟邪不至，长生久视。"所谓安居处就是要重视居住条件及其周围环境，特别是老年人的居住环境应尽可能保持安静、卫生、美观、大方、冬暖夏凉，这样有利于老年人的心态调养。保持安静、平和、舒适。预防和减少疾病发生。所以，居处安定也是老年养生的原则之一。

6. 综合调理的原则。老年养生，包括心理养生，本质上都是一种综合性较强的系统工程。如老年人的心理养生有心脏及其心理器官本身的功能养护和调适，心理素质和心理状态的调适和养护，不良生活习惯的破除和良好生活习惯的培养和养成。每一个方面都需要众多的方法综合运用。再如老年人的身体养护有精神、动形、固精、调气、食养、药物、经络、穴位等众多内容，每一个方面也有众多的方法，需要综合调理和运用。所以，选择那些适合自身实际的内容和方法，坚持综合调理，也是老年养生必须遵循的重要原则。

（三）老年心理养生应该达到的标准

标准是衡量事物的准则。熟知老年心理养生的标准有利于检验养生实践与行为效果，更好地指导养生活动的开展。根据心理养生的内容，其标准主要包括以下各项。

1. 面部与舌质红润，心率正常有力。心脏功能强盛，心跳有力，气血供应充足；舌尖、舌质红润、稳定，味觉灵活，性能良好，这是心脏健康的重要体现。心脏功能强，心气充足，则面色必然光亮红润。心气虚。则面色苍白。心血瘀阻，则会出现两颧暗红。同时，心开窍于舌，心脏健康强健，则舌质，舌尖会红润稳定，灵活性较强，味觉功能良好，心火旺盛或心血不足，则舌尖鲜红或舌渎。心血瘀阻，患有冠心病，则会舌头僵硬。

2. 心情舒畅，精神愉快。按照中医理论，人的情志是与五脏相对应的，心与喜相联系，心脏功能强，心气足的人，则会精神愉悦，心情舒畅，“笑从心中来”，欢声笑语较多。同时，心情舒畅，精神愉快，也是老年养生心理状态调适的要求和标准。故《黄帝内经》说：“志闲而少欲，心安而不惧，形劳而不倦，气从以顺，各从其欲，皆得所愿，即可年皆百岁。”所以，绝大多数的长寿老人都是性格开朗，性情平和，心胸豁达，精神愉快的。其秘诀就在于他们知足常乐，衣食随缘，不怀恩怨，甘于淡泊，修身养性，与世无争，也是“仁者寿”的体现。

3. 热爱生活，量力做事。所有长寿之人都热爱生活，勤劳做事，量力而行。而绝不懒惰，或无所事事，饱食终日。他们中的大多数人，即使活到 100 岁以上，也大多对生活充满热情与希望，继续从事简单的劳作，活力筋骨。所以说生命在于运动，要在热爱生活，量力做事的运动或活动中练好精气神。如果人到老年，对生活失去热情与信念，饱食终日，懒于做事与活动，长期不动筋骨，则可能早早地变成老年痴呆，也就没有健康和长寿可言了。所以，热爱生活，量力做事，也是老年人心理养生的标准之一。

4. 情绪稳定，适应力较强。情绪和适应力都是人的心理状态及其自调，自控力的客观反映。老年人情绪稳定而不波动，不易发怒或不发脾气，才能安静养神。《养生延命录》中说：“静则神藏，躁则消亡。”《淮南子》中也说：“夫精神志意者，静而日充者以壮，躁而易耗者以老。”所以，老人养生要情绪稳定，心安志闲，思虑有节，酌情静思。一些老年人情绪不稳定，爱发脾气，其原因一是心胸狭窄，二是虚荣心强，三是性格变异，心理衰老，四是疾病征兆。这都是老年心理状态调适能力较差的结果。适应力则包括对社会环境，形势变化，家庭或人生变故等的应变能力。只有心理的适应与承受能力较强，才能保持老年人的情绪稳定，两者是相辅相成的。只有情绪稳定，适应力强，才能跟上时代和社会生活的发展步伐，更好地从事老年养生活动，融入社会生活。因而情绪稳定适应力强，也是老年心理养生的标准。

5. 性格开朗，通情达理。性格是比较稳定的心理状态。开朗，豁达，大度是一种心理性格。闭塞寡言，拒人于千里之外，也是一种性格反映。但只有性格开朗，豁达大度，通情达理的人，才能经常保持愉悦的心态，平静安宁的心绪。性格是可以调适和培养的，也是可以改变的。所以，性格开朗，通情达理，也是老年心理养生的标准。为此，老年养生要性格开朗，通情达理，用快乐来调节身心，支撑意念，适应变化，通情达理地对待社会和身边的人和事。不偏激，不固执，不钻牛角尖。日常生活中要从容一点，潇洒一点，开朗一点，明智一点，随和一点，放松一点，淡泊一点，想开一点，有了这八点，老年养生自然就会轻松愉悦，健康快乐。

6. 行为正常，人际关系良好。人的行为是受心理支配的。老年人的心理状态调适结果良好。自然就应该有正常的行为。所谓正常就是在日常生活、做事、养生、交往、娱乐等各种活动中，其行为都与一般人无异，符合自己的身份和角色。所谓人际关系良好，就是要善于与他人交往，联络，在家中要与老伴，子女，儿媳，女婿，孙子，孙女等保持感情上的融洽，既不倚老卖老，也不求全责备。在社会社区街道或原单位，要与同事、邻居、朋友、过去的老同学保持和谐的关系，既不盲目自大，又不嫉妒他人。要坚持与人为善，以邻为善，以亲情为善。从而达到老年养生与生活愉快幸福、益寿延年的目的。

三　家庭幸福和谐的心灵养生鸡汤是这样熬出来的

人到老年的心灵养生鸡汤是对老年心理养生要素、内容和方法的形象描述。其具体要素、内容和方法是多方面的，就我自身的实际情况来说，这碗心灵养生鸡汤首先来源于家庭的幸福与和谐。

家庭是人生旅途的加油港湾。是老年养生的栖身之所和后勤基地，也是老年人心理养生的心灵港湾，它像一碗香味扑鼻的鸡汤。随时提出心理所需的营养。事实上，老年养生是否能够心情舒畅、精神愉悦、情绪稳定、心静神宁，达到心理养生的标准和目的，除老年人个人因素外，主要来源于家庭的幸福和谐程度。如果人已到老年，其自身的家庭建设还没搞好，家庭不和，经常吵架，甚至老年离异。儿子不孝，孤身寡居而无人关心照顾，那肯定是没有老年幸福养生可言的。也必然是自己的人生失败的不幸遭遇。值得欣慰的是，我从 30 岁结婚成家开始，就比较重视家庭建设。将家庭幸福和谐当作是一碗心灵鸡汤来细熬慢炖，所以，人到老年后，能够享受到家庭和睦，互相体贴，儿子孝顺，家庭幸福的老年居家心灵养生鸡汤，那么，我的这种家庭幸福，和谐与温馨的心灵鸡汤是怎样熬出来的呢？介绍其细炖慢熬的过程，也是我运用心理学知识来搞好家庭环境建设的亲身体验。它在我进入老年后的养生中发挥了极其重要的作用。具体来说，其细炖慢熬的过程和基本方法是。

（一）夫妻恩爱，心心相印是家庭幸福和谐的基础

我因“文革”中清查所谓的“五一六”问题,背着“严重政治错误”和“记过处分”的不实黑材料，成为“有问题的另类人物”和大龄青年中的困难户，直到31岁才经人介绍与爱人刘胜玉结婚。这大概应验了“塞翁失马,焉知非福”的成语故事。没想到我爱人刘胜玉除了出身和脾气不好外，却是一个心地善良、纯洁、贤惠、忠于丈夫，热爱家庭的贤妻良母类型的女人。我本人出身农民家庭，也是一个纯朴、忠厚，有奋斗精神的人。所以结婚后，经过一段时间的磨合，我们很快成了心心相印的恩爱夫妻。一方面我真心热爱自己的爱人，喜欢她的美丽和人品，对她十分信任，将自己当时只有62元钱的工资和家庭事务全部交给她打理，同时又热心自己的工作。另一方面，刘胜玉对我的人品、工作也很满意。对于她的出身，我完全没有放在心上，知道自己未来不可能走仕途，她有时脾气不好，我则尽量忍让，从不发生冲突，所以夫妻生活十分和谐。尽管当时我们没有自己的住房，先到永定门外宋家庄租了一间3米^{2}的茅草房，到1975年，爱人生下大儿子蔡华莹后，我的单位才在崇文区（东城区）西河沿给了我一间只有7平米的平房。1976年，唐山大地震后，房子都震坏了，又在地震棚内住了近2个月才搬回房管局修好的7平米平房中。直到1978年才因拆迁搬进了崇文门西大街6–3–909的楼房中。这时，我们的二儿子蔡华程已出生一年多了。到此，我们才算有了一个比较安定的家。

夫妻恩爱，心心相印的家庭幸福和谐是需要夫妻双方共同经营的。我从结婚到生子，从在北京175中学调入北京联大旅游学院，从只有7平米的平房搬到崇文门西大街的楼房，直1992年搬到朝阳区育慧里二区4–3–103的三居室至今，风风雨雨几十年，但家庭幸福和谐的这碗心灵鸡汤不是越熬越淡，而是越熬越浓。其细炖慢熬的体会是：

1. 夫妻双方要有较强的家庭责任感。所谓男主外，女主内，主外就是要有事业，有工作，能够挣钱养家糊口，使家庭生活越来越好，到老了时要有点结余，有个好窝，有安全感、满足感。主内就是要管好家，家庭开支有计划、有安排、勤俭节约，吃穿用度井井有条，双方心知肚明而又不计较，这是家庭幸福的经济基础。在这一点上我和爱人都做得很好。同时，对子女的培养教育要有强烈

的责任心，要关心孩子的健康成长，确保身体发育。要关心孩子的学习和学业，力求他们有较高的学历，为参加工作积累较丰富的知识。要关心孩子的人格成长，确保他们的心理、人格健康与健全，成为社会的有用成员。孩子工作和成家立业后，要放手让他们自立，到社会中去闯荡，经风雨见世面，而将主要精力放在夫妻养老养生上来。我们的两个孩子在这方面从小得到父母的关爱教育与培养，都能大学毕业而有了较满意的工作，成家立业而不啃老，这也为我们进入老年后的养老养生创造了安心、放心和宽心的家庭条件。

2. 夫妻双方要互相关爱与体贴。家庭成员是以亲情为纽带联系起来的。夫妻双方的互相关心、爱护和体贴是创造家庭幸福和谐的重要条件。这对儿女的健康成长也有重要影响。在我们的家庭生活中，爱人刘胜玉对我始终是关心爱护和体贴入微的。如我因工作忙，其家务事都被她全包下了，而有重要的事情她也随时与我商量。我有病住院时，她 24 小时全天关心照顾。我生病后的食疗全由她料理，并定时给我取药，每天为我分药，催促按时吃药等。我每周外出锻炼 2 次，她不仅每次都给我准备好了温水、毛巾等用品，每次中途还要去看望一次。与此同时，我对她也是比较关爱和体贴的，她曾经患过乳腺癌，换肾又动过大手术，两次生孩子住院，我都很关心爱护。日常生活中，则更是相互关心和体贴。正因为如此，才做到了心心相印，创造了比较幸福、和谐和温馨的家庭。

3. 夫妻双方要互相容忍对方的不足。人都是有缺点的，人无完人，金无足赤。夫妻双方长期在一起生活，没有磕磕碰碰是不可能的。关键在于双方要互相容忍对方的缺点和不足，特别是夫妻双方不要记仇，也不要计较那些鸡毛蒜皮的小事。如我因一心钻研业务，心地善良纯朴，缺乏社会生活经验，虽然我平时挣钱不少，但也曾上当受骗，先后曾被别人骗去 1 万多元钱。但每次受骗后我告之爱人自己受骗的经过，她都没有过分地指责，而总是说，吃一堑长一智，应总结吃亏上当的经验教训。再如，我的性格比较粗犷，大大咧咧，时常忘事，忘了吃药等，她都每次提前给我做好准备或提醒我。虽然也唠叨，但并不过多指责或吵架。与此同时，她的脾气较大，当她发脾气时我总是多容忍、多体谅，并不与她计较，并主动提出要转眼间就忘掉那些不愉快的事情。所以在我们家中，极少发生吵架，破坏家庭团结和感情的事情。始终维护了幸福、和谐、温馨的家庭氛围。

（二）父慈子孝，修身立德才能创造幸福和谐的家庭环境

父慈子孝，修身立德是中国儒家思想的精华，也是搞好家庭建设，树立优良家风，创建优良家庭环境的重要条件。我在这方面重点注意了三个方面，收到了良好的效果。

1. 继承我的父母创建的良好家风。我虽出生在四川边远农村。但在我很小的时候就是一个大家庭，以父母为榜样的家风的突出特点就是父慈子孝。家庭和谐、上敬父母、下爱子女。夫妻恩爱，注重道德修养，养成良好人格，做任何事情都很认真。我在成家立业后，时常与爱人和孩子讲授我接受的这种传统家风和家教的故事和体会。使之在我们的家中能得到继承和发展。

2. 以身作则、孝敬父母长辈。如 1975 年，当我们还没有自己的住房时，就准备将我的父亲接来北京养老，爱人全心全意支持，热情细心地为父亲缝制了棉衣棉裤。后因父亲脑溢血突然去世未成，但也体现了我们的一片孝心。1976 年我们搬进新的楼房后，我的岳母已退休，因与儿子儿媳的关系不好，我与爱人商量，立即将她接来家中养老，将最好的南房给岳母住，而我们则住只有 7 平米，阳光照不着的小房，不要她的退休金和生活费，而给予关心和照顾。她也为我们看管两个孩子。直到 1993 年岳母去世后，我们又为她办理了墓地和丧葬事宜。其所有费用都由我们承担，连她单位发的丧葬费我们也没有要而给了她的儿子。这种孝敬父母长辈的风气对我们的孩子也有良好的影响。他们成家立业后，也对我们比较孝顺，每到过年过节或有事时也常来看望和关照。

3. 兄弟友爱，互相关照。我因父母远在四川农村，当我有能力将父母接来养老时，他们已过世了。此后，我和爱人先后多次回到老家，一方面为父母修坟、上香，表示思念，一方面看望为父母尽了孝道的两个哥嫂和三姐。每次回去，都给她们几千元钱表示关照。这种父慈子孝，修身立德的做法为我们的孩子做出了榜样，对他们是会有良好影响的。这些都是我们能够形成良好家风与家庭环境的重要条件。

（三）互相告诫 + 温馨体贴使家庭幸福的心灵鸡汤越熬越浓

有一句老话说："妻贤夫祸少。"我的爱人是比较贤惠的，她不仅善于相夫教子、勤俭持家，而且对我的事业既能大力支持，又能从心理意识的角度时常给我提出一些告诫和安慰。如 20 世纪 70 年代，我还背着"五一六"问题的包袱时，她总是劝我不要往心里去，这算不上什么问题，我们要开开心心地过日

子。北京发生“6·4”风潮期间，她又劝我要吸取过去的教训，不要参与。到20世纪90年代，当我在正教职称问题上遇到长达10多年的打击、压制和迫害时，她又总是劝我要想得开，看得远，不要计较，要退一步想，才能心里好受些。这些都在心灵上给了我很大安慰，调节了我的不良心情和心态，无数次减轻和化解了我的心理压力，让我更好地投入工作、生活和事业之中。与此同时，在生活上我们总是互相关心、体贴。如我退休以后，她每月都陪我看病，取药。每天都按时给我分好药，准备好食疗的各种食品，甚至每天的洗脸洗脚水都按时送上，使我十分感动。我也比过去更关心她了。总之，以培养良好心态，互相关心照顾、体贴而保持心情舒畅，精神愉快，情绪稳定为目的的这碗家庭幸福和谐的心灵鸡汤已越熬越浓了。这为我们的老年养生创造了良好的家庭环境和心静神宁的心灵港湾。

四　重德不危有德则乐是老年养生良好的心灵鸡汤

《黄帝内经》说：“德全不危”，“天之在我者，德也，地之在我者，气也。”意思是说，德全、重德就没有危难。德是一种与生俱来的天然本性，发扬并使自己始终符合这种天性就叫有德。有德则乐，乐则长寿。其原因在于，讲德之人，常常能在施德于人的同时，得到宽慰享受、幸福和快乐。在这方面，我和爱人都心地善良、注重养德、乐善好施。平时，我们碰到一些残疾而有求于人的人，我们都愿做一些乐善好施的好事。对于朋友、同学和相关人员的困难或人情世故，则总是乐于帮助而不求回报。

1. 对有恩于我们的人，总是坚持点滴之恩要涌泉回报。如我岳母的一位同事，在我爱人的老爷和她母亲去世时，曾来帮助办过丧事。虽是出力不出钱。当时，我们也给予了适当回报。但在此后的20多年中，我和爱人每年春节都带些礼品前去看望，心存感恩而不求回报。

2. 对亲戚人情，总是乐于付出不求回报。如我爱人的哥哥去世后，为表示亲情，在近十年的时间内，我们每年春节、“五一”和“十一”等节时，都请她嫂子及孩子聚会用餐。从未求过一次回报或回请。对其他亲戚我们也是如此。虽然每次我们花了一些钱，但我们从不放在心上，反而感到欣慰和快乐。

3. 对于过去的朋友，有难时也乐于相帮。如我大学时的一位老同学和老朋友。年轻时长期在国外，60多岁后回国养老，没有退休金。突然得了脑溢血，后变成植物人，我都多次前去看望，先后送去几千元钱表示对家属的安慰。再如 2015 年初，我和爱人正在外地旅游，突然接到一位高中时的老同学电话，说家中遭到重大变故：大儿子得重病，爱人严重心脑血管病，同时住院，希望得到一些资助。没几天，他爱人就去世了。当时，我和爱人商量，第二天就给他电汇去了 5000 元钱。类似的事情还有一些。我们在做上述这些事情时，从未想到过要图别人的回报，也从未想到金钱的损失而心里不快，而总是感到内心的宽慰、幸福和快乐。这大概也是以德养生的心理调养和心灵鸡汤吧。

五　不思八九，常想一二的心灵养生鸡汤要细炖慢熬

"不思八九、常想一二"是国民党元老，著名书画家于右任先生长寿养生的座右铭。其基本含意是"人生不如意事十之八九"。但扣除八九成的不如意，至少还有一二成是如意的、快乐的、欣慰的事情。我们如果要过快乐人生、就要不思或少思那八九成不如意之事，常想那一二成的好事。这样就会感到庆幸、快乐，懂得珍惜，就不会被那八九成的不如意之事所烦恼、怨恨、耿耿于怀而长期心灵不安，影响身心健康。所以，"不思八九，常想一二"，也是老年养生最好的心灵鸡汤，是老人心理养生，心理养护和调适的重要方法。

但值得注意的是，老年养生要想自己看淡、看破"八九"，并不是一件容易的事情。它需要长期的心理调适和养护，又需要用心理转移的方法来冲淡、替代那"八九"成的不如意之事，才能转变不良心情而养成良好心态。如我的一生先是 1970 ~ 1972 年遭受了"五一六骨干"的冤假错案的打击和迫害，直到 1978 年才得到纠正，已经造成政治上长期不能得到信任和使用的恶果。然后是 1993 ~ 2003 年，在自身正教授任职条件已经完全具备、甚至超越的条件下，又遭受了长达 11 年的严重打击、压制和迫害。由此带来的学术地位、学术名誉，重要科研项目研究及其经济上的损失那就更多了。要想看淡、看破和忘记这些"八九"，绝不是一件容易的事情。我的办法是：

1. 用新的事业工作来冲淡、忘记过去的厄运和遭遇。如 1980 年我调到北京联大旅游学院，找到了从事旅游教育和科研的新事业，就全身心地投入，由此淡化了对遭受五一六问题严重迫害的记恨。

2. 用新的成果来证明自己的能力和对党和国家的忠诚之心，进而获得心理的安慰。如我到联大旅游学院后，只用 7 年时间，就用优良学术成果完成了讲

师和副教授的破格职称晋升。再如在我遭受长达 11 年的正教职称晋升的打击迫害过程中，我先后担任了 2 项省部级科研项目的第一主持人，完成了三项省部级科研成果的组织研究和成果发布。由此用事实证明了我的学术组织能力和科研能力。由此得到了心灵的安慰，淡化了不愉快的心情。

3. 逐步淡化忘记那些参与过对我的打击和迫害的相关人员。先是憎恨他们，揭露他们的丑行，然后是不理他们，再后是淡化他们，最后才是忘记他们。

4. 退休以后，逐步淡化对名誉地位、经济报酬和各种利害关系的重视和追求，逐步看破那些过眼烟云，减少和消除心灵中的欲望。所以，不思或少思八九，事实上是一个心理状态，心里憋屈的不断调整，不断调适的长期过程。是一个境由心生的逐渐变化的过程。最后才可能达到放弃各种恩怨情仇，保持心理平静，心情舒畅、愉快、平和的境界，为老年养生提供优良的心理素质条件。

在老年养生过程中，和“不思八九”比较，“常想一二”要相对容易一些，它也是培养、调节老年养生中的健康心态的一种心理养生方法。所谓常想一二，就是要多想那些自己成功、得意的事情，多想自己的成绩、长处、优点。用比上不足、比下有余的心态来冲淡那些“八九”不如意的事情。由此，必然得到心灵的慰藉，调节不良心态，保持愉快的心情。这对于人的身心健康是十分重要的。如我每次在想到所遭受的打击、压制和迫害或因受到不公正待遇而心情不舒畅时，就常常用心理转移的方法，先是尽快坐在书桌前，强迫自己安静下来投入新的旅游科研或专著、论文写作。继而常想那些自己高兴的事情。包括新发表的论文和专著，新阅读到的优秀科研论文和著作，爱人和孩子带来的好消息，又领到了发表论文、专著和教材的稿酬或又签订了新的出版合同等。与此同时，也常常想到自己虽然遭受过各种不幸遭遇，比上不足，但毕竟最终晋升为教授，在旅游业界被公认为是中国旅游管理科学的开拓者和奠基人。现在的境遇比自己从农村来的过去强多了。比我大学或中学的大多数同龄人还要好一些。由此，就产生了满足感、欣慰感，保持了老年养生所必需的心里愉悦、平静和安宁。

六　寡欲静心，中庸平和才是老年养生的特效心灵鸡汤

欲望是人们追求和希望的心理的反映。不管是物欲、情欲或性欲，过度都

会伤精、伤身。唐代药王和著名医家孙思邈的《养生歌》说：

欲望无穷忘却精，用心不已走元神。

劳形散尽中和气，更复何能保此身。

这就是说，欲望会使人用心不已，过于用心就会伤神、过度劳神会使人心神受损，最终伤及生命。所以，老年养生必须少欲或寡欲，即要尽量减少对酒、色、财、权的追求，而保持淡泊寡欲的心态。故《类经摄生》指出："欲不可纵，纵则精竭，精不可竭，竭则真散，盖精能生气，气能生神。故善养生者，必得其精。精盈则气盛，气盛则神全，神全则身健，身健则病少，神气坚强，老当益壮，皆本乎精也。"正因为如此，我自退休后，就淡化了不必要的追求，特别是过了 70 岁以后，就完全淡泊寡欲，而潜心养老养生了。

寡欲和静心是相互联系的，欲望不止，心必躁动，寡欲淡泊，则有利于内心的平静。故《素问·痹养》中说，静则神藏，躁则消已。《淮南子》中也说："夫精神志意者，静而日充者以壮，躁而日耗者以老。"所以，老年养生而要时常保持心静。心安志闲，思虑有节、有常，适时进行心理调适。故我在力求寡欲的同时，经常采用静坐，闭目养神、深呼吸，细冥想等方法来调节心神和心态，坚持以清静、静心养神为主，酌情静思，放宽心态，放弃名利和虚荣心，尽量不动肝火，不生气，更不发脾气，较好地取得了老年养生的效果。

中庸平和也是老年养生一种必要心态。宋代理学家朱熹解说："中庸者，不偏不倚，无过不及，而平常之理，乃天命所当然，转微之极致也。"中庸的本质是凡事都追求不偏不倚、过犹不及的中和状态。我们在老年养生中要保持中庸平和的心态，首先在饮食上要无过无不及，总是以素为主，以七八成饱为宜。在日常起居上要早睡早起，起居有常，规律生活。既不熬夜，也不睡懒觉。在日常运动或劳作安排上要有计划，有安排，既坚持适当运动和劳作，又绝不过量。关键在持之以恒，绝不能三天打鱼，两天晒网。中庸平和就是要保持适当的量和度。《素问·宣明五气》中说："五劳所伤，久视伤血，久卧伤气，久坐伤肉，久立伤骨，久行伤筋，是谓五劳所伤。"这里的五劳都是指视、卧、坐、立、行等运动的过度。老年养生，只有日常运动或劳作不过度，根据自己的身体状况适度安排，确保中庸平和，不偏不倚，才能预防和减少疾病的发生。这些也是我坚持老年养生，特别是 70 岁以后，坚持以寡欲静心，中庸平和的心态而养老养心的实际体会。

七　心理养生的方法和实践逐步形成的健康心态

老年心理养生是一个复杂而长期的心理养护和调适的过程。其目的都是要调整或摒弃那些已经养成的不利于健康养生养老的各种心态，而培养和养成能够促进老年健康、益寿延年的良好心态。我在长达16年的养生实践中，通过细火慢熬老年心灵养生鸡汤，逐步形成了以下一些比较健康和稳定的心态。这些良好心态也将成为我在向长寿老年过渡过程中及以后的老年养生过程中的心灵指标。

（一）淡泊名利心态

追求事业和名利，既是千百年来人类社会发展的动力来源之一，也是各种人生目标的一种客观反映。但事业与名利，都以青壮年人为主。人到老年，可以不放弃事业，但必须淡泊名利。我的一生，直到36岁才找到适合自己特长的事业，曾经为此奋斗了30多年，并用4项省部级科研成果，其中两项第一主持人身份，50多本教材和专著，60多篇学术论文，中国旅游管理科学的开拓者和奠基人等丰硕成果，体现了对事业和名利的追求。但进入老年，特别是“从心所欲不逾矩”之年后，经过心理养生的调适和调整，已经形成了一种稳定的淡泊名利的心态。这种心态使我深深感觉到，过去的名利追求已成过眼烟云，再也不会去追求了。今后只会将心思全都放在养老养生上面，这样必会省去很多烦恼，有利于培养快乐的心情，促进身心健康。要培养和养成这种心态，读读清代养生家石成金在《长生秘诀》中的《莫恼歌》是有益的，摘录如下：

莫要恼，莫要恼，烦恼之人容易老。
世间万事怎能全，可叹痴人愁不了。
任你富贵和封侯，年年处处埋荒草。
放着快乐不会享，何苦自己寻烦恼。
莫要恼，莫要恼，明日阴晴尚难保。
双亲膝下俱承欢，一家大小都和好。
粗布衣、茶饭饱，这个快活哪里讨。
富贵荣华眼前花，何苦自己讨烦恼。

所以，淡泊名利，忘记过眼烟云，忘却富贵荣华，放弃过去的恩怨情仇，快乐过好每一天，就是我通过细火慢熬老年心灵养生鸡汤而形成的一种重要养生心态。

（二）善良纯正心态

著名音乐家贝多芬说 ："使人幸福的是德行，并非金钱。" 善良以养德、纯正以养心。故善养生者，当以善良，纯正的德行为主，而以调养为辅。我的一生，出身贫寒，从小受共产党的长期正统教育和培养、善良纯正是我人生性格特征的主流，从未对别人存有过坏的心思，也从未欺骗、压制、打击过别人。就是在"文革"期间，我也从未对自己的老师、院、系各级领导进行过辱骂，更没有过动手打骂的行为。参加工作后，大多是因科研工作能力过强而遭别人的嫉恨、压制和打击，所以才有在正教职称晋升上长达10多年的不幸遭遇。尽管如此，我从小形成的那种善良纯真的本性却痴心不改。特别是进入老年养生期后，就更加注重修性养德，善待亲朋故旧，善待他人。也由此形成了比较稳定的善良纯真的心态。我相信这种心态必将成为我未来养生中所需要的健康、快乐、智慧的源头，也将成为我老年养生中的美妙、幸福、开心的境界。

（三）平静中和心态

中医养生强调养心调神，而心境平静、安宁则是养生调神的重要途径和条件。如果心不静，则神不宁。心如猿，意如马，动而外驰，也就无法养心调神了。据心理学家的研究证实，人在静心之后，大脑中枢又会恢复到儿童时代的大脑电波状态，老年人就会变得更年轻一些。道家创始人老子也主张清静养生，提倡"致虚极，守静笃"的精神境界，主张静心养神，摒弃杂念，追求恬淡闲适，平和安静。我属性为猴，本是一个心境不太宁，思想比较活跃，而又不太热爱运动的人。但经过初涉老年期到正常老年期的长期养生实践，特别是在细火慢熬老年心灵鸡汤的过程中，逐步认识到静心养神的重要意义，只有平静、静心，才能养神、调神，故《黄帝内经》说 ："静则神藏，燥则消已"。神强则体健。老年养生中的"五难"，既名利干扰，喜怒侵害，色相诱惑，滋味吸引和神虑消散而损害健康，其主要原因都在心不静。培养平静心态，我采取的主要方法一是减少和去除不必要的欲望，尽量坚持寡欲，放弃那些不切实际的幻想、空想。包括名利、声色、美味等。二是遇事多采用闭目养神、静坐养神、收心养神等方法，首先使心境平静来来，不胡思乱想。三是动中求静，即在健身运动、按摩养生、玩牌娱乐的过程中也尽可能做到平静安宁而不急躁、心躁。要静心享受运动、娱乐过程带来的快乐。所以，平静、静心对待一切事情，已经成为我老年养生的一种主要心态。再大的事情发生，就是天塌下来，大概也不会影响我的平静心态了。

平静和中和是相辅相成的。中和就是中庸、平和、不偏不倚、不过不及。一切都掌握在一个适当、适量、适度的水平上。这也是我在细火慢熬老年心灵养生鸡汤的过程中逐步形成的一种比较稳定的心态。如在对待吃饭、美食、睡觉、运动健身、娱乐玩耍、内功健身，按摩调养等所有养生和日常生活的各项事情中，我都能做到心中不偏不倚，都是经过平时的调试、计算、感觉而确定其适当、适量和适度的程度的。如吃饭是每餐八分饱，美食每次只吃 5~6 分饱，睡觉和起床每天是定时的，运动健身中的室外运动每周两次。甚至每个动作要做的次数都是固定的，内功按摩等运动也是如此，而这一切都是根据自己的身体状况，多年实践与实践感受来确定其中和程度的。而这一切又已形成了规律，融入自己的日常生活中了。所以平静中和的心态，已经成为指引我的老年养生的主要心态了。

（四）忘愁快乐心态

忘记忧愁、快乐愉悦是老年心理养生最重要的方法。而心情不好，不悦又与情志有关。喜、怒、悲、忧、恐，本是外界事物在人的心理引起的正常反应。但老年养生又必须控制好这些情志，绝不能使之太过。否则，必然影响人的心情，快乐不起来，甚至还会伤害人体的五脏。所以，老年养生，要控制好情志、忘记忧愁，始终保持快乐的心态。我在细火慢熬老年心灵养生鸡汤的过程中，就通过不思八九，常想一二，了却恩怨，淡泊名利，控制情志等方法，逐步养成了忘愁快乐的比较稳定的心态。不管遇到什么事情，哪怕再重大，再可怕的事情，也要首先从积极的方面去想，尽快解决，克服和处理，绝不愁眉不展。事情过去，很快忘却，始终保持一种快乐愉悦的心理状态。这对老年养生是极有好处的，清代养生家曹庭栋说："衣食二瑞，乃养生切要事。心欲淡泊，虽肥浓亦不悦口，衣但安其体所习……所以食取称意，衣取适体，即是养生之妙药。"最典型的忘记忧愁，保持快乐者是世界著名科学家霍金。一次在学术报告结束时，一位年轻的女记者问他：

"霍金先生，卢伽雷氏症已将你永远固定在轮椅上，你不认为命运让你失去太多了吗？"

霍金静静地微笑，他用还能活动的手指，艰难地敲击键盘，于是，宽大的投影屏上缓慢而醒目地显示出如下一段文字：

“我的手指还能活动，我的大脑还能思维；我有终生追求的理想，有我爱的和爱我的亲人和朋友，对了，我还有一颗感恩的心……”

与霍金先生比起来，我们老年朋友，还有什么忧愁不能忘却，还有什么理由不能保持忘愁快乐的心态呢？为此老年养生，要忘记忧愁，养成忘愁快乐的心态，还可参阅一下前面提到的清代养生达人石成金的《乐志歌》：

世人各有志，唯我听自然。

我也不思量为王为霸，

我也不思量成佛成仙，

我也不思量黄金白米仓满箱，

我也不思量家舍田园阡陌连。

但愿布衣常护体，但愿茅屋不穿天。

有时薄酒饮几杯，有时好书读几篇。

有时散步明月下，有时高歌好花前。

随时皆谷旦，到处是桃园，

无荣又无辱，快乐似神仙，

如此足矣，更何望焉。

这就是我们老年养生应有的忘愁快乐的良好心态。

（五）长久持恒心态

老年养生是一个长期的过程。随着小康社会的即将建成，人民生活水平的提高，特别是国民医疗卫生条件的进步，我国的人均寿命 74 岁左右。扣除部分因各种原因而早逝者外，一般人的寿命都在 80 岁以上，还有很多人能活到 90 岁以上，若从退休年龄算起，大多数人的养老养生期限在 15 ~ 20 年以上，相当大量的人其养老养生期限在 20 ~ 25 年，也有越来越多的人会长达 30 ~ 35 年以上，比参加工作的年限更长。所以老年养生是一个长期的过程，在这一过程中，老年养生必然要采用各种方法，如运动养生、食疗养生、心理养生、经络穴位按摩养生等等。每一个方面的各种运动、活动都需要长期坚持，如运动中的打太极拳，练五禽戏和八段锦、最简单的走步锻炼，身体内功锻炼中的太极揉服、深呼运气、打坐气功、口舌运动，按摩锻炼中的各个穴位按揉等，都必须每天或每周定时、定量开展。如果三天打鱼、两天晒网，则必然达不到养生要求的效果。所以，老年养生必须具有长期坚持的恒心、毅力、坚韧性，必须树立长久持恒的心态。如我从初涉老年期开始的太极拳运动，未正式退休前每周 2 次，每次 45 分钟左右。正式退休后仍坚持每周 2 次，每次时间延长到 2.5 个小时。16 年来，不管是三伏或三九天，从未无故停止过。再如 5 年前开始的太极揉腹、深呼运气、穴位按摩等运动，每天早上醒来后在床上做一遍，两个半小时。从开始至今，每年 365 天，也从未无故停止过。事实上，老年养生的各种运动、各种方法，几乎所有的人都会。成功的关键，身体健康和稳定的程度，关键在于老年人自己是否有毅力，有恒心，能坚持。正因为如此，我在细火慢熬老年养生心灵鸡汤的过程中，逐步培养和形成了这种长久持恒的心态。这种良好心态过去指导和支配了我的各种养生活动，未来也必将成为我开展养生活动与实践的心灵指导。

（六）养生平常心态

养生包括老年养生，既是一种科学，更是一种日常生活，所以必须以平常或寻常的心态来对待。现阶段养生非常火爆，已经成为社会普遍关注的焦点。各种养生讲座、养生书籍、各种养生理论方法，各种养生培训班纷纷出笼，八仙过海，众说纷纭，莫衷一是。把养生这件并不复杂的事情说得云山雾罩，很多人也就人云亦云地照搬各种养生大法。这是比较危险的。为此，我们应将养生，特别是老年养生回归自然，回归到日常生活中来进行，培养和树立养生平常心态。当然，对一般老人来说，这需要一个心理认识的调节和调适的过程。在这个问题上，我在细火慢熬老年养生心灵鸡汤的过程中，就经历了从“看山不是山”到“看山仍是山”的心理变化过程。当我进入初涉老年期，特别是首次住院，开始重视老年养生，开始学习养生理论和科学知识的时候，觉得一切都新鲜，觉得养生理论与实践都很复杂。在掌握一定的科学理论知识和方法的同时，我开始将理论方法与自己的实践结合起来，每一种方法的选择和运用，我都力求与自己的身体素质、个人性格和特点结合，特别和自己的心脑血管疾病和糖尿病的调治、调养结合，并不完全照搬养生理论和方法。然后，在每一种方法的运用过程中，都细心觉察、体会对自己身心健康的作用和感觉，并根据需要加以调整。特别是在养生养老过程中，逐步将各种方法的运用都融入日常生活中，使养生同日常的吃饭、睡觉、起居、活动和运动结合起来。这时，开始重视老年养生时的那种“看山不是山”的感觉就逐步变成了现在的“看山仍是山”

的感觉，于是树立起了一种养生的平常心态，形成了养生就是日常生活，养生的各种活动就是贯穿在吃、喝、拉、撒、睡之中的再平常不过的事情了。有了这种养生平常心态，也促进了我的老年养生活动更加平稳健康、恒定、快乐地进行了。我相信，这对我未来的长期养生养老生活是十分重要的。

第十一章　药物和食疗结合是老年养生的必由之路

一　老年养生为什么要坚持药物与食疗结合

老年养生所涉及的内容是多方面的，前面所讲的心理养生，其目的主要是养护、调节好心态，以保持心情舒畅、精神愉悦，从而促进身心健康。本章探讨和介绍药物和食疗结合的老年养生技巧和方法。其目的是从老年人的身体机能，变化特点和规律出发，促进老人身体健康，延年益寿，颐养天年。

那么，为什么说药物和食疗结合是老年养生的必由之路呢？坚持两者结合的原因何在呢？这是由老年人身体变化的特点和规律决定的，也是我在长达16年以上的老年养生实践中逐步得到的亲身体验和感悟，希望能够引起注意。

（一）药物和食疗结合养生是老年人身体健康的变化规律决定的

老年人的身体健康是随着年龄的增长而逐步变化的，其变化规律可大致分为三个阶段。

1. 初涉老年期，45 ~ 59岁。这一时期是人们身体健康的转折时期，即从发育成熟的顶峰开始转化，向老年期过渡。所以称为初涉老年期。从人们事业的角度来看，这是人生事业的巅峰时期。这时人们的身体特点是大多数人身体健康，精神饱满，能够适应一定的工作强度和压力。但由于身体发育已过巅峰，逐步进入衰退期，加之工作压力大，强度高和不良生活习惯的影响，因而，其身体的实质是多处于亚健康状态。各种疾病，特别是高血压、高血脂、糖尿病和一些心脑血管疾病等,大多处于潜伏期,有的直接显露出来。所以《黄帝内经》中说：女子“五七阳明脉衰，面始焦发始堕；六七三阳脉衰于上，面皆焦，发始白；七七任脉虚，太冲脉衰少，天癸竭，地道不通，故形坏而无子也。”男子则“五八肾气衰，发堕齿槁；六八阳气衰竭于上，面焦，发鬓斑白；七八肝气衰，筋不能动，天癸竭，精少，肾脏衰，形体皆极，八八则齿发去。”意思是说：“女子到了35岁，阴阳经脉衰微，面部开始焦枯，头发开始脱落。到了42岁，三阳经脉都衰退了，面部枯槁，头发变白；到了49岁经脉空虚，冲脉衰微，天癸枯竭，月经断绝，所以形体衰老，也就再也不能生育了。男子则从40岁开始转向衰退期，到48岁时，上部阳气逐渐衰竭，面部憔悴无华，头发和两鬓开始花白，到 56 岁时肝气衰弱，筋的活动不能灵活自如，64 岁时，天癸枯竭，精气少，牙齿头发脱落，形体衰疲。”

2. 正常老年期，60 ~ 79 岁。这一时期人们大多已退休。首先要经历人生旅途的最大转折，经受从工作到养老养生的心理调适和心态调整，日常生活也与工作时期大不相同。因此，这一时期老年人的身体变化特点是：大多数的亚健康问题并未得到解决，会转化为各种直接的疾病。除“三高”和心脑血管疾病外，各种老年性疾病，如脚病、腰病、骨病、气喘、肾病等等都可能发生。且不少人还可能住过 1 ~ 2 次的医院。这时，特别是到了这一时期的后期，绝大多数的老年人已经离不开药物了。饮食疗养也会成为这一时期老年人的必然选择。有病必须治疗。故清代医家陆以恬在《冷卢医话·慎疾》中说：“凡人少有不适必当即时调治，断不可忽为小病，以致渐深，更不可勉强支持，使病更增，以贻无穷之害。”这一告诫对老年人来说，则更为重要。

3. 长寿老年期，80 岁以上。一般说来，能够活到 80 岁以上的人已经是比较长寿的了。这一时期老年人身体变化的特点是：随着年龄的增大，机体衰老和退化的速度和强度比前一时期更快、更加明显。除极少数 80 岁以上的老人完全没有病，身体健康外，绝大多数人都会有各种老年性疾病，甚至疾病缠身。其中，还会有不少人行动不便，生活不能自理，需要别人照顾了。为了恢复身体健康或减少疾病缠绕，这一时期的老年养生，必须将食物和药物结合起来，则是必然无疑的了。

老年养生必须坚持药物和食疗结合，首先是由人到老年后的身体变化的自然规律决定的。这一点也为我的自身实践所证明。我在 2001 年前后的初涉老年期，因长期熬夜、抽烟、工作劳累等，身体的亚健康状态比较明显，但并未引起重视。到 2001 年两次生病住院，安完支架后，糖尿病和心脑血管病的“病号”身份就戴上了。从此，药物和食疗结合的养生实践就成了我日常生活的组成部分，再也没有改变过。这对我的身体健康恢复和身心愉悦的心态养成确实发挥了重要作用。

（二）药物和食疗结合养生是延缓老人机体衰老增进健康的客观要求

世界上的各种事物，各种生物都有其发生、生长、发育、发展到衰老、死亡的过程，人的一生也必然遵循这一客观规律。老年养生要坚持药物和食疗结合，也是由人体机能衰老的客观规律决定的。人到老年，其机体必然会衰老退化，但它又不是整齐划一，同步进行的。在日常生活中，我们常常会看到，同样是人过中年，有些人精力旺盛，身强体壮，健步如飞。有些人却开始感到四肢无力、腰膝酸软、萎靡不振。有些人已经 60 ~ 70 岁了，依然神采奕奕，身轻骨健。有些人才 40 ~ 50 岁，却老气横秋、衰态尽露，有些人鹤发童颜，能够到 80 ~ 90 岁以上，甚至超过 100 岁，有些人却疾病缠身，英年早逝。究其原因，当然是多方面的，但本质却是因为他们机体衰老的速度和强度不同步造成的。而药物和食疗结合的养生方法可以延缓人们的衰老进程。所以，老年人要想延缓机体衰老、增进身体健康，就需要和应该采用药物和食疗相结合的养生方法。

那么，老年机体衰老的原因和表现是什么呢？它与药物和食疗结合的关系是怎样的呢？事实上，老年机体衰老的原因主要表现在三个方面，又可以通过食疗、药物、运动等来延缓其进程。

1. 肾脏衰老。这是人体衰老的根源所在。中医认为，肾为先天之本，生命之根。肾主人体的生、长、壮、老。人体生命力的强弱主要是由肾功能的强壮程度决定的。肾主骨，肾强则骨骼、牙齿强健坚固，骨造血、肾强骨坚，则血气充沛、头发就乌黑有光泽。《黄帝内经》说："肾藏精、生髓通于脑，肾主温煦，主水，司膀胱开合。"所以，肾为五脏阴阳之本。如果肾虚衰，就会骨骼松脆、牙齿动摇、头发枯槁发白，心、肝、脾、肺也会受其影响，出现衰老症状。人体肾脏一般会在中年时，即女 35 岁，男 40 岁以后开始逐渐虚亏，岁数越大，其虚亏、衰老、退化的程度越高。但如果身体素质好，加强保养、如在肾衰、肾虚和肾病发生前后，及时预防。采用药物、食疗、运动结合的方法，就可以增强体质，保持肾脏及其功能强盛，促进身体健康。其中，药物一般都应该在医生指导下使用。食疗则以品种多样，营养充足、平衡，以素为主，肉食结合，适当增加一些山药、海参、茴香等强肾、养肾的食品菜蔬即可。

2. 脏腑衰老。除肾衰外，人体衰老还表现在心、肝、脾、肺等脏腑器官的衰老。人到老年，都会开始逐渐衰老退化。影响身体健康，首先是心脏。《黄帝内经》说："心者，君主之官也……主不明则十二官危，使道闭塞而不通，形仍大伤，以此养生则殃。"又说："心者，五脏六腑之大主也，精神之所舍也，其脏坚固，弗能容也，容之则心伤，心伤则神去，神去则死矣。"所以，心气虚衰，则血脉运行不力，精神情志不顺，同时还会引起形衰。其次是脾胃，脾为人体后天之本，脾主运化，关系人体升清降浊的过程，影响生命的存亡。胃则主五谷食物的受纳与消化。所以《黄帝内经·六徵旨大论》中说："出入废则神执化灭，升降息则气立孤危。"由此可见脾胃虚衰老化而丧失其功能对人体的危害。第三是肝脏。肝为将军之官，主升发疏泄。肝气充旺影响气血的通达。肝气不充，失于疏泄，就会导致气血怫惰，生机委顿，人就会早衰。在五脏之中，肝是最早衰老的，所以要及早养护、延缓衰老退化的时间和进程。第四是肺脏。肺为相傅之官，主一身之气，司阳气的敷布和宗气的推动作用。肺气充则人体生机旺盛，肺气虚则气布无力，气化难以进行。肺气虚衰，失治节，人体的生理功能就会失去协调，使衰老早早到来。但是，人体心、肝、脾、肺等的衰老、退化，虽然是必然的，但加强养护，特别是通过食物调养，药物治疗和养护及运动养生等，同样可以增强体质，延缓其衰老、退化和虚亏的到来和速度，从而促进老年人的身体健康，达到延年益寿的目的。

3. 阴阳失衡而衰老。《黄帝内经·素问·阴阳大论》说："阴阳者，天地之道也。万物之纲纪，变化之父母，生杀之本始，神明之府也。"意思是说："阴阳是宇宙间的一般规律，是一切事物的纲纪，万物变化的起源、生长毁灭的根本，有很大的道理在于其中。"中医理论认为，阴平阳秘，阴阳平衡是身体健康的根本保证。一个人若阳气足，身体里面暖洋洋的，津液、血液在享受温暖阳光的同时，也会变得活跃、畅达地流向身体各处，得到灌溉滋养，人就会显现出一片健康之象。这就是阴阳平衡、气血通达的表现。

但是，人到老年，由于肾、肝、心、脾、肺等脏腑器官老化，抵抗力下降，精力不足，阴阳之气的保有量降低，阳气减退，其阴阳平衡状态就会逐渐被打破，进而出现阴阳失衡，各种疾病随之产生。这也是人到老年而衰老退化的一种表现。阴阳失衡而衰老的本质是人体基本素质降低、体质下降，疾病频发。为此，也应采用药物和食疗结合的方法来延缓其衰老进程。药物可以在医生的指导下，针对病情而治疗、恢复健康。食疗既能配合药物而治病，又能增强老年的体质。再配合运动养生，就能通过身体素质的保养恢复和提高，达到延缓衰老的目的。

总之，药物和食疗结合的养生方法，是延缓老人机体衰老、增进健康的客观要求。这一点，也是我在老年养生实践中得到的亲身体会之一。我在 2001 年生病住院后，就在医生的指导下，首先坚持药物治疗，重点是治心血管硬化，血黏度高和糖尿病三种病。按时检查，定期化验，监测病情变化而调整药物。

同时，又以食疗来配合治疗，保证营养，增强体质，加上长期坚持运动养生。使我的健康状况越来越好，不仅每天精神饱满、红光满面，而且已经几乎全白了的头发，也有部分开始变黑了，确实延缓了我人过 70 的衰老进程。

（三）药物和食疗结合才能适应老年身体多病康复的客观需要

人到老年，由于机体、脏腑器官、骨骼、内分泌等的衰老退化，免疫力和抵抗力下降，身体多病是自然现象。特别是人过 60 ~ 70 岁以后，则会更加如此。那么老人得病的主要原因和路径何在呢？为何也要坚持食物和药物结合来处理呢？

1. 老人容易生病的原因。人到老年而生病的原因是多方面的。主要包括三个方面：一是外邪入侵。重点是自然界的风、寒、暑、湿、燥、火、戾引起。风是春天的特征，暑是夏天的特征，春夏之交则湿气较重，燥是秋天的特点，寒是冬季的特点，火是较重的热邪。此外，一日之内的气候湿度也有类似四季的特点。老年人因抵抗力和免疫低，稍不注意就可能通过外感、外邪入侵而得病，并容易转化成其他各种疾病。所谓戾气，包括疝气、毒气、异气、杂气等，即现代医学所说的传染性病毒引起。《诸病源候论》中说："人感乖戾之气而生病，则疝气相传当染，乃至灭门。"所以老年人要特别注意卫生，远离不好的环境。二是饮食不当引起。中医认为，食物的属性有寒、热、温、凉，其味道又有酸、苦、甘、辛、咸五味。五味又会入五脏。人到老年，大多脾胃虚弱。如果饮食不当，如吃得太饱，肥甘不当，寒热温凉失当或五味失调都可能引起疾病。三是精神损伤。即情志不当引起。中医认为，七情分属五脏，即喜为心志，怒为肝志，思为脾志，悲为肺志，惊恐为肾志。如果七情太过，控制不当，又会造成对脏器的伤害而引发疾病，即怒伤肝，喜伤心，思伤脾，悲忧伤肺，惊恐伤肾。故《黄帝内经·素问·举痛论》中说："百病生于气也，怒则气上，喜则气缓，悲则气消，恐则气下……惊则气乱……思则气结。"为此，老年人一定要保持心态平静，控制好情志，以免引发疾病发生。

2. 老人受疾病所伤的路径。人体疾病对身体的伤害是有区域的，这对疾病的治疗和食疗调养都有帮助。根据中医理论，老人容易得病的原因一是外邪，二是饮食，三是情志。外邪引发的疾病对上焦区域伤害较大，饮食则主伤中焦区域，情志则主伤下焦区域。上、中、下焦，合称三焦。它不是指人体器官。而是指节段或区域。外邪主伤上焦，以对心和肺的伤害为主。饮食主伤中焦，以对脾胃的伤害为主。情志主伤下焦，以对肝肾伤害为主。这就是人们包括老人疾病对人体所伤的路径。如图 11-1 所示。

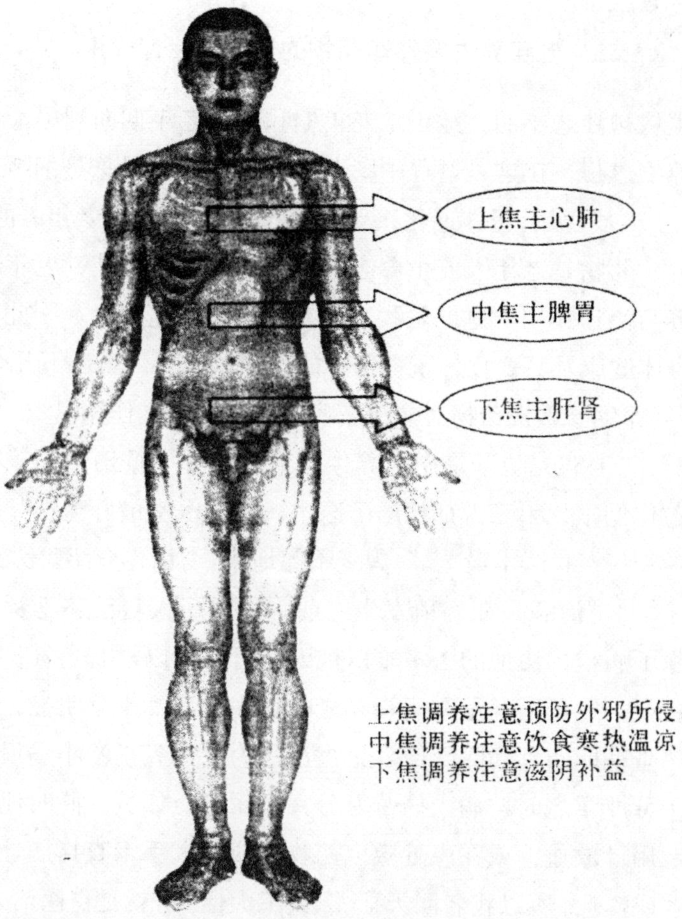

图 11-1　人体三焦区域图

3. 老人身体多病康复要以药物和食疗结合来治理。人到老年，不管得什么病，首先必须依靠药物。由于老人的免疫力和抵抗力已经下降，单靠身体自身的恢复能力已经太难了，所以必须依靠药物。故老年养生，必须信医、信药。医生针对病情和三焦路径所开出的药物，可以纠正身体的偏差，帮助老人医治疾病，恢复阴阳平衡和身体健康。但药物并没有改变致病的根本因素，所以还必须通过食疗、运动来增强老年人的体质，延缓衰老进度，提高免疫力和抵抗能力。这些都是老年养生必须坚持药物、食疗结合，也要坚持心理、运动结合，双管或多管齐下的原因所在。

二　老年养生要熟知药物的调养与治疗作用

老年养生从初涉老年期，经正常老年期和长寿老年期而到尽天年，是一个长期复杂的养生过程。在这一过程中，老年人的身体状况总是不断变化的。特别是进入 60 ~ 70 岁以后，机体退化，衰老加快而容易得病是老年人的共同规律。除极少数人外，药物是老年人养生养老中不可缺少的。为此，老年养生必须重视药物的调养与治疗作用。这也是我进入老年后的养生体会。因此，老年人要根据自己的身体健康及其变化，重视药物的作用，又要注意以下几个方面：

（一）老年养生要重视药物对“治未病”的预防保健作用

“治未病”，“未病先防”是中医养生的最高境界。据历史记载，魏文侯曾求教于扁鹊：“你们家兄弟三人都精通于医术，谁的医术最好呢？”扁鹊说：“大哥最好，二哥差些，我医术最差。”魏王不解地说：“请你介绍得详细些。”

扁鹊说：“大哥治病是在病情发生之前。那时病人自己还不觉得有病，大哥就下药铲除了病根，使他的医术难以被人认可，所以没有名气，只是在我们家中被推崇备至。二哥治病是在病初起之时，症状尚不十分明显，病人也没有觉得痛苦，二哥就能药到病除，使乡里人都认为二哥只是治小病很灵。我治病都是在病情十分严重之时，病人痛苦万分，家属心急如焚。此时他们看到我在经脉上穿刺、用针放血，或在患处敷以药物，或动大手术直指病灶，使重病人病情得到缓解或痊愈，所以我名闻天下。”魏王大悟，这就是良医治未病的故事。良医治未病也要使用药物。这时，药物的主要作用是养生保健，预防疾病发生，增强免疫和抵抗疾病的能力。所以，老年养生，就应该从初涉老年期还没有得病，或 60 岁以后的正常老年期而尚未得病时开始，就应该重视药物对治未病的预防保健作用。其方法一是在家中适当备一些保健防病的药物，如防感冒、防上火、防胃病、养肾、强肾的药物等。不时或视需吃一点，也可定时吃一点。即可发挥其重要作用，如我从参加工作到 2000 年以前的近 30 年期间，基本没有得过病，近 30 年使用过的公费医疗报销费用不到 30 元钱。其原因之一就是我在身体康健时常吃一点牛黄清心、牛黄清胃，预防感冒等的药物，具体药物要根据本人和家人的身体状况确定。二是视需征求医生意见或遵医嘱，或根据平时体检结果,适当和定时吃点养生保健药品,重点是养肾、养脾胃的药品。肾为先天之本，脾为后天之本。肾强必然体强，脾胃好，必然消化输布好，身体也会自然保持健康达到“治未病”的目的。当然,具体保健药品也要根据本人的身体状况确定，并及时体验其实效而做出必要调整。

（二）老年养生要重视药物对亚健康病状的调节与调理作用

亚健康是现代社会节奏快、生活紧强，工作与家庭生活压力大和经常熬夜、抽烟喝酒，无节制地肥甘厚味等不良生活习惯引起的一种较为普遍的现象。亚健康其实是身体的某些疾病尚处于潜伏状态，应该及早发现进行调节或调治。否则，可能引发严重疾病。特别是一些老年人在尚未得病前，大多都处于亚健康状况，就更要重视药物对亚健康病状的调理、调节或调养作用。我的一位朋友和一位邻居，经常都很高兴地说，自己 60 多或 70 多岁了，没有病，不吃药。结果是一人很快得了脑出血，医治不及时成了植物人。一人很快检查出得了癌症，心理素质极差，不到一个月就离世了。历史上还有一个典型的故事。

东汉末年著名诗赋家王粲，冠居“建安七子”之首。年轻时一天参加一位官家的宴会。当时的著名医家张仲景与他相见。寒暄后，张仲景看出王粲眉间印堂区间的颜色不对。细捉摸、细推敲后，非常诚心地将王粲拉到一边，告诉他实情：10 年后会得一场大病，并给他开了一个良方，能将（亚健康）病很快消失于无形。但王粲不信。后来两人又相遇，张仲景看出他未服药，病已加重，仍劝他赶快服药，否则“年 40 当眉落”。但王粲将信将疑，仍不服药，结果是刚过 40 岁生日就得了重病，眉毛很快掉光，不到半年就去世了。所以处于潜伏期的亚健康状态的疾病，必须依靠药物及时治疗，且容易治好。如果不治发展到严重程度而爆发，就有可能无法医治或治疗不及时而丧失生命。为此，老年养生要重视药物对亚健康病状的调节、治理作用。其方法：一是要加强身体的日常体验、检查和监测、及时发现自己的身体是否处于亚健康状态，是否已经潜伏下了某些疾病。二是发现问题或潜伏病菌，要及时到医院进行普查或专项检查，请医生开出治疗或预防的药方，及时调理、调治或调节，坚持按时吃药，并和运动养生结合起来，以便将处于亚健康的症状消失于无形，恢复身体健康。如我在 1994 ~ 1995 年间，即 50 岁左右时，曾因连续主持和编写完成《中国旅游企业管理大全》和《中国旅游服务质量等级管理全书》两项，总字数 380 多万字的省部级科研项目，过度劳累而陷入亚健康状态。虽未检查出具体毛病，但身体过度虚亏。于是我坚持吃了一段时间的人参、鹿茸片剂和养生保健药品，又加强饮食调养，并坚持每天到公园学习打太极拳和几项健身活动，经过 50 ~ 60 天左右，其身体严重虚亏，过度疲乏的亚健康状况就得到了极大好转，又基本恢复了健康。所以，老年养生要重药物和运动健身等对亚健康症状的调节、调养和调理作用。

（三）老年养生要重视药物对病体的治疗作用

前面我们说过，人到老年容易得病。60 岁以上的老人，没有得过病的人是很少的，70 岁以上而没有得病的人就更是极少数的了。从疾病康复的角度讲，有病就必须及早治疗，就要依靠药物来纠偏。《黄帝内经》说："大毒治病，十去其六，常毒治病，十去其七，小毒治病，十去其八，无毒治病，十去其九。谷肉果菜，食尽养之。"从医学角度看，药物毒性大小与治疗效果并不匹配。老人得病，别等病重了再用猛药。所以，救急之速，必赖于药。故《汉书 · 艺文志》中说："经方者，本草石之寒温，量疾病之深浅，假药味之滋，因气感之宜，辨五苦之辛，致水火之齐，以通闭解结，反之于平。及失其宜者，以热滋热，以寒增寒，精气内伤，不见于外，是所独失也。"所以老年养生，如果身体已经得了疾病，就必须及时治疗，依靠药物来纠正身体内的偏差，帮助病人恢复阴阳平衡。医生则会对症下药，量疾开方，若遇顽症，则会视需"以热滋热，以寒增寒。"即以毒攻毒而促其尽快痊愈，故《尚书·说命》中也讲："药不目眩，厥疾弗疼。"即是说病人服药后，若不产生昏眩糊涂等反应，则药物对顽症痼疾就很难奏效。

总之，老年养生，如果已经得了疾病，就必须重视药物对老人病体的治疗作用。其方法：一是要及时就医、检查、确诊，以确定身体的病状、性质、部位、轻重等。二是要对症开方下药，要既信医，又信药，有尽快治好疾病的良好心态和意念。三是要按时取药、吃药，遵医嘱，绝不随意自己加药、减药、停药、换药，以便尽快康复。四是要配合医生随时体检，检测治疗效果，并视病情变化，配合医生视需调整药物，特别是老年慢性病和一些顽疾固症则更要如此。五是要遵医嘱适当将药物治疗和食疗养生、运动养生、经络穴位养生等结合起来。这样，已经得病的老人病体就一定能够得到及时救治，也一定能够较快康复，恢复老人身心健康。上述五个方面的方法运用，也是我 2001 年两次住院安完五个支架后坚持康复养生的实际体验和做法，确已收到了病体康复的良好效果。

（四）老年养生要信药而又不过分赖药

老年养生要重视药物的作用。特别是有病就要及时救治，用药信药，但药是救急而不是救命。所以要信药而又不过分依赖药物。种瓜得瓜，种豆得豆。一个人今天的健康或疾病大多都是昨天行为的结果，佛家讲究因缘和因果报应。因缘结合才有果。人体得病，病是果，外邪外感入侵，饮食不当，情志失控，生活方式和生活习惯不良等则是缘。所以病是自家生，治疗则要从“因”入手，用药物来纠偏，帮助消除“因”引起扩张和发展的环境和条件以治疗疾病，调节阴阳，使“果”得消。所以，药物是救急不救命的，正因为如此，老年养生要信药又不过分依赖药物。过分依赖药物就会忽视其他养生手段，甚至还会引起药源性疾病，降低防病，抗病的能力。

三　老年养生要掌握食疗对身体养护的分类功效

食物是人体营养的根本来源，是人体健康及其生命力强弱的基本保证。民以食为天，老年养生必须掌握其食疗对身体养护的分类功效。要想保持老年人的健康体质，提高身体的免疫力和抵抗力，延缓衰老进程，首先要重视食疗的分类功效，这种功效又主要表现在三个方面：

（一）老年养生要掌握食疗对体质强健的根本性保养功效

老年人的体质是否强健，是否具有较强的对外邪和疾病的免疫力和抵抗力，是否能够精神饱满从事各种适当活动。首先是由每天涉入的饮食营养的合理程度决定的。人到老年，虽然每天所需要的热量会减少，但必需的营养却是保证健康体质的前提和基础。据联合国粮农组织和世界卫生组织测算推荐，老年人每天需要摄入的热量为：50 ~ 60 岁，11340 千焦，即 2700 千卡，60 岁以上，10080 千焦，即 2400 千卡，70 岁以上，8820 千焦，即 2100 千卡。而这些热量又主要是由食物中的七大营养成分构成的：一是碳水化合物，需每人每天 300 ~ 350 克，占其所需热量的 60% ~ 70%。要粗细粮搭配，少吃糖。二是蛋白质，需每日每公斤体重 1.0 ~ 1.5 克左右。其中，优质蛋白质应占 50% 以上。应以鱼、瘦肉、鸡蛋、豆类和豆制品等为主。三是脂肪。每日每公斤体重要 0.7 克左右，宜以植物类脂肪为主、动物类脂肪为辅。四是维生素。包括维生素 A、维生素 B_1、维生素 B_2、维生素 C、维生素 E 等，老人应主要从绿色、黄色等蔬菜、瓜果、水果、粗粮等中摄入。五是无机盐，包括钙、钠、钾、镁、磷、硫、氯、氮等常量元素。此外，还有铁、碘、铜、锌、锰、钴、钼、硒等14种微量元素。六是膳食纤维，老年人每日需10～24克左右。七是水，水占老人体重的50%左右。每人每天宜饮用1500～2000毫升。总之，上述营养成分都主要是通过各种食物的每天摄入来保证老年人的营养需求和身体素质需要的。它是老人保持体质强健，增强身体免疫力和抵抗力的根本保证。而这些营养的每日摄入又需要通过食疗的配合和烹制来保证供应。所以，老年养生必须十分重视食疗对其体质强健的根本性保养作用。

老年养生要重视食疗对体质强健的根本性作用。其基本方法：一是要坚持食物多样化。每天要主食、副食搭配，粗细兼顾，蔬菜瓜果多样，以一天不少于4～6种菜蔬为宜，而每种食物每天的摄入量又要较少。二是要坚持清淡可口。要少肉食，少油腻，保持新鲜，有利于预防老年性疾病，便于老人消化吸收。三是要饮食有节，即要定时定量、不过饥过饱而食，以八成饱为宜。不偏食，不择食，少食肥甘、胆固醇高的食品。四是不宜过咸。要以清淡为主，防止过咸引起高血压、钾状腺等疾病。五是损益补缺。即要根据老年人身体状况或营养缺陷，适当选一些具有防老抗衰和延年益寿功能的食品，如山药、洋葱、木耳、蘑菇或药膳，以增强老年体质。

（二）老年养生要掌握食疗对预防疾病的保健功效

人到老年，抵抗力和免疫力下降，容易得病。但通过食疗，又可增强体质而预防和减少疾病发生。这是“药补不如食补”的体现。中医认为，药食同源，食物和药物都有四气五味。《神农本草经》说：“药有酸、咸、甘、苦、辛五味，又有寒、热、温、凉四气。”食物也有四气五味的属性，因而也有不同的预防或治疗疾病的作用。特别是老年人，一些食疗方经过历史的长期检验，还可起到抵抗衰老，预防疾病，延年益寿的作用。如人到老年、体质偏虚、阳气不足、形成阳气亏虚、手脚冰凉、怕冷、腰酸膝软等症状，就可试用食疗方当归羊肉煲。

当归羊肉煲：鲜羊肉250克、当归、陈皮各3克，肉桂5克，葱、姜适量。做法是羊肉洗净切块，与陈皮当归同放入砂锅内焖煮至烂，放入肉桂煲10分钟，起锅调味后食用。

中医认为，羊肉性大热，有补阳御风寒，增强机体免疫力的功效。陈皮性温燥，肉桂性热，姜葱也是热性之物，当归有滋阴补血的功效。由此烹制成的当归羊肉煲，就有补阳、补血、调节阴阳的作用。对包括老人在内的阳虚体质的人，都是较好的食疗方。

如果老人出现阴虚体质、形体消瘦、面色潮红、口燥咽干、心中烦躁、手足心热、失眠多梦、大便干、小便黄、多喜冷饮等。则可试用食疗方银耳百合汤。

银耳百合汤：优质银耳 2 个、鲜百合 30 克、大枣 10 枚、枸杞子 2 小匙、冰糖 2 大匙。做法是银耳洗净放清水中泡软，取出撕成小块。枸杞子、红枣洗净，放清水中泡 10 分钟。捞出沥水、去核、与冰糖银耳一起入锅。大火煮开，改小火煮 10 ~ 15 分钟即可。

在这一食疗方中，银耳被誉为“延年益寿”佳品，其药性是补脾开胃、清肠排毒、滋阴润肺。百合是药食两用佳品、性微寒，有滋阴润燥、清火安神功效。红枣可补气养血。枸杞子为名贵药材，是滋补佳品，可补肾生精、养肝、明目安神、令人长寿。老人养生若出现阴虚体质，则银耳百合汤就是很好的食疗佳方。

老人养生如果出现阴虚阳盛，能吃能喝，声音洪亮，眼睛有神，看上去很健康，但已经阴虚加重，埋下疾病的隐患。如失眠盗汗，爱发脾气者，可采用老鸭汤做食疗方。具体配方有多种，介绍三种如下：

老鸭红菇汤：老水母鸭 1 只，红菇 5 ~ 6 朵，黄酒 1 汤匙，盐少许。做法是：鸭处理干净剁成块，红菇去根洗净、温水泡发。鸭切块放开水中氽过，去除血水捞出洗净，与红菇一起放入瓦罐中，加清水，武火煲沸后改文火煲 3 小时左右，至鸭掌皮开肉绽，加入盐和黄酒调味即可。

沙参玉竹老鸭汤：老鸭 1 只，北沙参、玉竹各 60 克，生姜 2 片。做法是老鸭洗净剁块，沙参、玉竹洗净与姜片、老鸭肉一起放入砂锅，清水适量，武火煲沸后改文火煲 3 小时，调味即可。

冬瓜老鸭汤：冬瓜、老鸭肉各 300 克，料酒、葱段各 10 克，盐 60 克，味精 3 克，胡椒粉 2 克，姜片 6 克，香油 3 克，高汤 1000 克。做法是冬瓜洗净去皮，切块，鸭肉剁块洗净。鸭肉先放高压锅中，加高汤烧沸，加入葱段、姜片、料酒煮 20 分钟，放入冬瓜再煮十几分钟。最后用盐、胡椒粉、味精调味，淋上香油即可。

总之，老年养生用食疗方来预防疾病，改善老年人的体质，增强免疫力和身体的抵抗力，延缓衰老，具体的食疗方子有上百种。其内容和方法是十分丰富的。老人养生要重视食疗对预防疾病的保健作用，关键是要根据老年人自己的身体，亚健康体质的实际情况来选择不同的食疗方，其选择的原则和方法是以身体素质或体质需要为基础，坚持损益补缺，以简单、适用、经济的食疗方为主：

（三）老年养生要掌握食疗对疾病治愈的配合调养功效

人到老年，特别是进入 70 岁以上的老年人，没有病不吃药的人是很少的。对于那些已经得病，包括糖尿病、高血压、高血脂、前列腺疾病等老年慢性病的人来说，在依靠药物治疗其疾病时，还必须重视食疗对疾病治愈的配合调养作用。事实上，疾病大多是忧患生于内，劳苦伤其外，生活无规律，感受到外界病邪等导致身体功能失去平衡而产生的。这时，单纯依靠药物还不够，必须同时与饮食、食疗结合。

老年养生要重视食疗对疾病治愈的配合调养作用，其基本方法：一是要掌握药物治疗和食物调养的关系，古语说："药医不死病，医治有缘人。"又说："三分靠药，七分靠养。"这里的养就是食养、调养、静养。其中最重要的就是食养。药物是起主攻病灶，缓解病情，促进病体康复的作用。食疗、食养是起配合治疗，培本固基，去除病源，增强体质的作用。二是要根据病情选择食疗、食养的配方和食品原料，保证所选食物的属性对病体病源有调养治疗的效果。如糖尿病人的食物要多吃苦瓜、大蒜、山药、空心菜、黑木耳、大白菜、洋葱、西兰花等。中风病人的食物要多吃高钾食物，如菠菜、清蒜、大葱、土豆、柑橘等。预防中风要多吃富含类黄酮和西红柿素的食物。如香菜、胡萝卜、南瓜、草莓、西红柿、辣椒、柿子等。消瘦、肿瘤患者可多吃优质蛋白质食物，如鸡鸭肉、兔肉、鸽肉等。得慢性胃病、胃炎的病人要吃比较清淡、较软的食物。如软米饭、面包、包子、混沌、浓肉汤、鸡汤、鱼汤、蔬菜类的冬瓜、黄瓜、西红柿、菠菜叶、小白菜等等。具体食物选择要根据老年人的病情确定。三是要根据病情变化或检测结果，逐步形成具有个性的食谱或食疗验方，坚持较长时间，方能收到良好效果。这是因为老年人的疾病，老年性慢性病较多，不易很快痊愈。食疗和食养也大多是一个长期的过程。如我配合糖尿病和血管硬化疾病的治疗，其食养验方已坚持使用了 15 年。虽然有些调整，但基本的食物没有太大变化，也确实收到了良好效果。

四　药物和食疗结合的老年养生技巧

（一）老年人的药物治病养生技巧

人到老年可能得病的种类很多，因机体老化衰退，免疫力和抵抗力下降，五脏六腑和机体的各个部位都可能得病。从病体治愈的时间来看，则大致可分为三种类型：一是不很严重，短期可以治愈的疾病。如感冒、头痛、一般性气喘、碰伤、摔伤性疾病等。二是较难治愈的比较严重的疾病，如心脏病、肝漏、心血管、脑血管疾病等各种老年慢性疾病。这正如明代医家汪绮石在《理虚元鉴》中所说："如初发病尚清浅，亦有不药而但以静养安乐而自愈。稍重者，需治百日或一年，煎百剂……便可断除病根，至于再发便须三年为期，此三年间，起于色者节欲，起于气者慎怒，起于文艺者抛书，起于劳倦者安逸，起于忧思者遣怀，起于悲观者达观，如是方得根除。至于三发，则不可救矣。"三是可能终身难以治愈的疾病，如遗传性心脏病、肝炎、I 型糖尿病和 II 型糖尿病等。从药物治疗和养生技巧的角度来看，根据本人的长期实际和亲身感受，重点则是要注意以下各项：

1. 确诊病情，对症下药。老年人在养生养老过程中，要依靠药物治病。不管得了什么病，首先必须确诊病情，然后才能对症下药。确诊病情必须在发病初期或感觉发现身体不适有病时，就及时到较好的相关医院就诊。老人有病绝不能拖而不治。其结果必然是小病拖成大病。这正如清代医家陆以湉在《冷庐医话·慎疾》中所说，"凡人少有不适，须当即时调治，断不可忽为小病，以致渐深，更不可勉强支持，使病更增，以贻无穷之害。"对症下药必须找好医生。只有良医而不是庸医才能对症下药。其中，不少老年性疾病还要采用各种医疗手段、仪器仪表检测，才能准确地确定病情和病位。这时针对病情开出药方，才有利于所患疾病的治疗。如我在 2001 年 4 月，因一过性昏迷到北京安贞医院急诊部就诊。初步检查后住院。安贞医院是一家擅长心脑血管疾病医治的三甲医院。我住院后，除每天打点滴调治我的血液外，主要是抽血化验，心脑系统检查、平板运动试验，核磁共振等各种检查。经过 17 天的全面检查后，病情得到确诊，主要患有心脑血管硬化和 II 型糖尿病。现实表现为颈动脉粥样硬化，一侧血管阻塞 75% 以上，一侧血管阻塞 70% 左右。糖尿病则为初始发展期。

在确诊病情的基础上，采取的对症措施是安了2个进口支架，打通颈动脉血管。同时开出治疗药方为：美托洛尔、辛伐他汀、肠溶阿司匹林、立加利仙、丹参滴、蒙诺和黄葵等七种。分早、中、晚三次服用。以治疗我的冠心病。糖尿病则主要服用格列喹酮。同时加六味地黄以养肾脏。其药方服用组合方式是：早上——饭前格列喹酮2片。饭后美托洛尔1片，蒙乐1片。上午10时，六味地黄10粒，丹参滴10粒。中午——饭前糖适平2片，饭后立加利仙1片，辛伐他汀1片。晚上——晚饭前格列喹酮2片，晚饭后美托洛尔1片，肠阿1片，晚9时，六味地黄10粒，丹参滴10粒。这种药方及其服用组合方式，比较适合病情，加之手术效果较好，故使病情得到了缓解。

2. 准时用药、综合治理。药物在老人养生养老过程中，主要作用是在已经得病后，针对病情治疗，促使体内病邪好转，恢复健康。故必须遵照医嘱，准时用药。但在实际生活中，很多老年人常常是刚看完病的短时期内能够按时吃药用药，时间一长或病情略有好转或减轻，就不能准时服用或随意停止用药。这对免疫力和抵抗力都已经降低的生病老人来说，往往是有害的，甚至可能引起疾病的复发或转移。我在治病过程中，就经常出现忘记吃药，推迟吃药，略有好转就想停药、不吃药等不良现象。好在我的夫人对我治病十分重视，每天都事先给我分好药，并催促我每天准时吃药。哪怕是外出开会，讲课出差等，也始终如此。所以我在生病住院后，基本做到了按时吃药。

但是老人得病，药物只起治疗作用。要提高身体的素质或体质，增强免疫力和抵抗力，就要采取多种措施，综合治理。如我在治病期间，就采取了三项综合调治措施：一是配合冠心病、糖尿病的治疗，在饮食上选择了多吃木耳、大蒜、红枣、苦瓜、胡萝卜等蔬菜，减少主食、肉类食品的摄入，戒烟限酒等措施。二是提高肾功能，除每天按时服用六味地黄外，增加了山药、大枣、核桃、鱼类等食品的摄入。三是有计划，有目的地开始了增强体质的打太极拳，步行500~1000米和手、脚配气功等锻炼活动。这些综合治理或调理措施与药物治疗结合，起到了良好的作用。使我得病后不久，不仅很快就重新上班了，还使我重新开始了人生中的先后三次著作高潮，没有因已经有病的身体不适而受影响。

3. 监测病情，适时调治。老年得病，除头痛感冒等一般性疾病外，多以慢性病为主，加之免疫力和抵抗力较弱，其疾病的治疗期大多较长，故需要加强病情变化的监测，以便适时调治或调药，更好地促进身体健康的恢复。如我在住院6个月后，到安贞医院进行了复查，发现除颈动脉外，心血管远端也发现严重阻塞。又住院一周，补安了3个支架，而药物治疗的药方基本没有变化。此后，我在治病养生过程中，就加强了对病情和身体健康指标的监测。其检测内容一是糖尿病的血糖指标，开始是每个月查一次指糖，每三个月化验一次糖化血红蛋白。二是每半年做一次生化全项指标检查，发现指标不合格，就分析原因，适时调整药物。三是视需化验尿蛋白指标。如2005年前后，一段时间的血糖指标皆有上升。就在每天饭前服用格列喹酮的基础上，增加了每天晚饭后服3片盐酸二甲霜瓜，即所请缓释片。服用一段后，发现缓释片效果很好，又将每餐饭前的格列喹酮由2片改为1片。并逐步稳定了这两种药物的用量。再如到2007年前后，我的心脑血管病逐步好转稳定，检查化验后根据各项指标的变化，又调整了部分药物的用药量。即将丹参滴由每天2次，每次10粒改成了每次5粒,将立加利仙和辛伐他汀由每天1次,每次1片改为每次0.5片。同时，由于尿液化验中的蛋白有所增加，快接近超标水平，又增加了起降尿蛋白作用的黄葵每天1次，每次5粒。在血糖、尿液定期化验监测的基础上，为促进毛细血管的流通，预防手部、舌部有时出现的轻微麻木，我又每过2–3年到医院开一次促进毛细血管功能的前列地尔注射液和丹参酮IIA磺酸钠注射液。每开一次静脉点滴注射10次。总之，在老年治病养生过程中，凡是慢性疾病或需要长时间治疗的疾病，都应该定期化验检查和监测病情变化，以便适时调整药物或采取调治措施，才有利于身体健康的恢复。

4病好停药，慢病久治。老年养生过程中，如果所得的是头痛，感冒等比较轻微的一般性疾病，也要及时就医，及时吃药，绝不能小病不治，拖成大病或转成重病。但一般性疾病只要及时吃药治疗，大多能较快治好。病好后即可停药。如果所得的是高血压、高血脂、糖尿病、慢性肝炎、血管硬化、中风等各种疾病或其他慢性病，大多是在短时间内很难治疗的。当然一经发现，也要及时就医，及时吃药。但慢性疾病必然需要久治，少则几年，多则10年以上，有的慢性疾病甚至需要终身治疗、终身吃药。如我所得的心脑血管疾病和II型糖尿病，虽然经过10多年的治疗已有很大好转。也不影响日常生活。但我早已做好了慢病久治的思想准备，决不轻易停药。所以，对于得了“三高”及各种慢性疾病的老年人来说，其养生和治病都是一个漫长的过程，是同步进行的，必须将两者融入自己的日常生活之中。这是需要引起相关老年人十分重视的事情。

5. 药物治疗与养生的心理技巧。坚持药物治疗与养生，主要是针对已经得病，特别是有慢性病的老年人来说的。在这一过程中，我们常常看到两种现象：一是有些人长期有病，常年吃药，被称为“破罐子”。有些人身体强壮，从不吃药，被称为“好罐子”。在他们进入老年养生期后，经常会看到“破罐子”熬过“好罐子”。长期有病的人比没病不吃药的人寿命更长。二是有些人长期自我感觉身体很好，从不吃药，突然得了某种疾病，特别是癌症，没有多久就离开了人世，而另一些同样得了癌症的人，却经过治疗而长时期活得很好。这是为什么呢？其原因可能是多种多样的。其中一个重要的原因就在于他们没有良好的心态，缺少正确对待疾病的心理技巧。简单说来这种心理技巧可以概括为信医信药，安心静心，治病养病。所以老年养生要树立良好的心态，善于运用心理技巧对待疾病，这种心理技巧的基本要点：一是在老年养生过程中，不管自己得了什么病都要正确对待，要冷静而不急躁，要心安而不躁动，要重视而又藐视它。二是要信医信药，要坚信在医生的精心治疗下，什么病都是有可能好转和治愈的。绝不能有治不好会恶化的心态，更不能有“怕死”的心态。在重病或癌症面前，如果泰然处之，即在战略上信医信药，藐视它，战术上积极医治而重视它，什么病都是可能治愈或减轻的。事实上，那些所谓“好罐子”或突发疾病而心态不好的人，之所以很快就死去了。除极少数确是病理原因外，不少人是被自己的不良心态吓死的。三是要始终保持心情愉快。不要因为有病就整天愁眉苦脸、胡思乱想。只有保持乐观的心情和态度，积极配合医生治疗，才有利于药物直达病灶和机体内部气血运行，有利于疾病的治愈或好转。如我在两次住院，先后安了五个支架及其后的治疗中，就完全是按照上述信医信药，安心治病所要求的三个心理技巧来对待的。当然也收到了良好的效果。所以，药物治疗与养生的心理技巧及其三个基本要点，其实是十分重要的，也是老年人最重要的药物治疗与养生技巧之一。

（二）老年人的食疗养病养生技巧

食物是人体营养的根本来源，食疗食养又是老年养生的重要方法。病从口入，食物或饮食不当，特别是不良的饮食习惯，又可能引发各种疾病。当今时代，食疗养生非常火爆，各种养生与食疗的讲座书籍、方法介绍、培训班等五花八门、八仙过海、众说纷纭。这就要求老年人应该熟悉和掌握食疗养病和养生的技巧。根据本人长期实践及其亲身体验，结合中医养生的相关知识，这种食疗养病和养生的技巧主要包括以下各项：

1. 五谷为养，保证身体营养供应。老年养生，不管身体有病无病，首先必须保证身体每天的营养需求和供应。但这并不是说，随着国家富裕和大家生活水平提高，有了条件就可大鱼大肉，多下馆子或多用高级食材。而是仍然要以五谷杂粮和蔬菜瓜果为主，保证营养供应。我们看到，全国统计的百岁以上的长寿老人，70% 以上生活在农村，他们均以五谷杂粮的清淡食品养生，能长命百年，是符合中医食养理论的。俗话说，五谷杂粮最养人。《黄帝内经·素问·藏气法时论》中说："五谷为养，五果为助、五畜为益、五菜为充、气味合而服之，以补精益气。"其中，五谷指粳米、小豆、麦、大豆、黄黍。五果指桃、李、杏、粟、枣。五畜指牛、羊、猪、犬、鸡。五菜指葵、藿、洋葱、韭菜等这些食物在养生中有主养、辅助、补益、补充等等分类功能，皆为饮食之必要，养生之要物，而又保证了营养平衡。故《黄帝内经》又说："谷肉菜果，食养尽之"。即粮食、动物、果菜这些天然食品即可在膳食结构中达到饮食平衡、保证营养供应的目的。我在进入初涉老年期到正常老年期后的近 20 年老年养生期间，就始终坚持了五谷为养，保证身体营养供应的膳食结构，主食以米饭、燕麦、面条等搭配，米饭为主，饭量很少。副食每天吃极少量的猪肉、鱼肉、鸡肉、鸭肉等，每周穿插食用，蔬菜每天不少于 6 种，水果则随季节变化，每天保持一两种。这些肉食蔬菜又穿插烹制，蔬菜为主，肉食辅之。自我感觉其养生效果极好。不仅保证了身体素质，体重和精神良好的稳定性，而且从未发生过饮食不良，营养供应不衡等引起的新的疾病发生。连感冒也很少发生。近 20 年中，感冒的次数也只有 4~5 次左右。

2. 肾心肝脾肺，食疗滋补脏腑强盛要注意重点顺序。老年养生，在保证饮食平衡，每日营养供应条件下，还要重视食疗养生对脏腑健康的养护和调节作用。就要求要根据中医对食品营养功能的认识和五味与五脏的关系来选择，调整五谷、五畜、五菜、五果等食材的花色品种，以便所选择的食材更有利于对心、肝、脾、肺、肾等脏腑器官的调养和保护。这里要特别注意老年养生重在脏腑器官的顺序，基本顺序：首先是肾脏——肾为先天之本。肾藏精，主骨，主水，主人体生、长、壮、老。肾强则精气充盈，生命力旺盛、骨骼坚硬，头发乌黑有光泽。心、肝、脾、肺受其影响也会康健。为此，老年养生就应该首先养好肾。其方法又以食疗为主，运动、经络与穴位按摩调养配合。其次是脾胃——脾和胃为后天之本。脾主运化，输布和气血信息传递。胃主饮食受滞，消化五谷精微。以食疗为主，养好脾和胃，保持脾胃协调，就能保证每天摄入的食物能够得到充分消化，输布而传送到身体的各个部位，从而保证五谷精微和各种营养物质的充分吸收，确保身体与体质康健强盛。第三是心肺——心主血脉运行，统摄人体精神意识。肺主呼吸，司气运。通过食疗，能够提高心肺和肝脏健康水平。同时，中医认为，痰为百病之母，脾为生痰之源，肺是储痰之器。采用食疗方法，养好脾和肺，就可以控制体内痰的生成，增强化痰能力，从而减少由痰引起的各种疾病，包括癌症的发生。

3. 食疗养生要注意五味与脏腑的对应受纳关系。中医认为，食品的味道有酸、苦、甘、辛、咸等五味，五味和五脏又存在对应关系，即酸入肝、苦入心、甘入脾、辛入肺、咸入肾。而五味进入五脏必须平衡。为此，食疗要保证脏腑健康，就不能过食或偏食五味。故《黄帝内经·素问·五脏生成篇》中说："多食咸，则脉凝注而变色；多食苦，则皮槁而毛拢；多食辛，则脉急而爪枯；多食酸，则内脂邹而唇揭；多食甘，则骨痛而发落。"《内经·生气通天论》中也说："味过于酸，肝气以津，脾气乃绝；味过于咸，大骨气劳、短肌、心气抑；味过于甘，心气喘满、色黑、肾气不衡；味过于苦，脾气不濡、胃气乃厚；味过于辛、筋脉沮驰，精神乃尖。"所以，老人要运用食疗技巧，保养和增强肾心肝脾肺等脏腑功能，就要注意食材选择的五味与脏器的受纳关系。绝不过食，偏食，以防机体内五味平衡失调，反而影响身体健康。与此同时，还要针对肾、心、肝、脾、肺等脏腑器官的进补保养需要，分别选用不同食材，形成老年养生的食疗方，或直接选用具有不同补养功效的传统食疗方。其具体食疗方的运用必须根据老人自身的实际需要来确定，并且一个时期只补养 1 ~ 2 种脏腑器官。因为人体的脏腑器官都是密切相关的，如肾脏强盛，心肝脾胃功能也会增强，脾胃养好了，其他脏器也会受益。

4. 老年养病养生的食疗方案例与效果。在脏腑器官的食疗进补和保养方面，有很多成功的例子。我在这方面也有切身体会。我的基本做法是：在保证每日基本营养需要的基础上，首先保养心肾。其食疗方是：

早餐食疗方（1）——黑桃仁少许，大枣 5 枚，黑豆、青豆、黄豆、红豆各 10 粒，花生仁 10 粒，薏米或小米少许。熬粥一碗，与杏仁 10 粒同服，同时服切碎氧化后的大蒜 1 小匙。配合服用六味地黄丸 10 粒。

方中黑桃古称“长寿果”，有养颜、润肌、乌发功效。仁中含不饱和脂肪酸，可降胆固醇，对预防动脉硬化、高血压、冠心病有益。大枣含枣酸、脂肪、维生素C。性甘温，有补中益气、养血安神功效。黑豆色黑入肾经，有较好补肾功效和利水消肿，理气行气、活血解毒作用。青豆、黄豆、红豆等都是豆类植物，富含蛋白质和维生素，钙、磷、铁含量丰富。花生含丰富蛋白质、不饱和脂肪酸、卵磷脂，对补脑健脑有良好作用。此外，小米是五谷之首，性温，有补益脾胃功效。薏米仁则有治湿痹利肠胃，消水肿、健脾益胃、轻身益气作用。加上大蒜的抗菌、降脂、消毒养生和杏仁的降气止咳、平喘、降胆固醇等特殊功效。使这一食疗方比较适合我当时住院后的身体状态，特别是在补脑、健肾、补脾益胃方面发挥了重要作用，与药物配合，促进了我住院后的病体康复。

有一利必有一弊，采用上述食疗方一段时间后，虽然总体效果很好，但因豆类食材有多种，后在尿液化验中发现尿蛋白的含量在逐步上升，已经快接近“十”号了。为此，我与爱人商量，经过咨询医生，改用了第2个早餐食疗方：

早餐食疗方（2）—黑桃仁少许、大枣5枚，百合、茯苓、芡实各5粒，淮山药5片、薏米仁、燕麦片、糯米各少许。熬粥一碗，杏仁10粒。配合六味地黄10粒、丹参滴10粒、黄葵5粒服用。

这一食疗方和前一疗方比较，主要是去除了4种豆类食材，增加了淮山药补肾，改用百合调气益神、再用芡实健脾开胃、益肾固精、去湿宁心，用薏米仁、糯米和燕麦片强化脾胃补益调和，增加营养成分。其作用仍然是健脑、降血脂、血糖和补肾，强化内脏功能。但减少了蛋白质的含量摄入。与药物治疗配合，取得了更好的效果。其表现主要是我的血糖、血脂得到有效控制，肾脏功能强盛、脾胃调和、消化吸收功能极强。所以，70多岁的人，仍然每天精力旺盛，红光满面，精神饱满。可连续运动锻炼6.5个小时而不感觉身体劳累。

午餐固定食疗方——米饭0.5 ~ 1两。木耳炒黄瓜鸡蛋少许，清炒苦瓜1两，炒胡萝卜丝1两、宫保鸡丁或鱼香肉丝少许。菜饭混合搅匀食用。同时加2 ~ 3种新炒的时菜，其中有一种肉菜，同时摄入。

方中的木耳又称“血管清道夫”，有降血脂血压，活血益胃，缓解动脉粥样硬化等功效。黄瓜含丙醇二酸，能抑制糖类物质转化为脂肪，有降糖、防高血压、肥胖等作用。苦瓜降糖功效显著。胡萝卜富含膳食纤维，能缓解肠道对葡萄糖的吸收，调节血糖水平。其所含的胡萝卜素，可增加胰岛素的敏感性。

宫保鸡丁中的大葱、鸡肉，鱼香肉丝中的竹笋、猪肉和米饭等可增加饮食营养。总之，我的午餐固定食疗方，以降低血糖为主要目的，同时降血脂。其营养特点是配合我的糖尿病、心脑血管病治疗，降糖、降脂等主体功能突出，食材品种多样，每种食用量很少，营养平衡效果突出。所以，对于我的疾病治疗具有很好的配合作用。这一配方，已经使用了10多年，也收到了很好的老年养生效果。

午餐变动食疗方——木耳炒山药、清炒豇豆、炒土豆丝、肉炒扁豆、菠菜炒粉丝、韭菜炒鸡蛋、清蒸鱼、水煮肉、炸小黄鱼、白菜粉丝、萝卜鸭架汤、烧鹅、粉蒸肉、爆炒腰花、药酒 1 杯。花生少许。

这种食疗方并不固定，主要是在我每周两天锻炼后的午餐使用。上述食品是经常轮换着形成食疗方的。每次选用的菜在 5 个左右。有的是自家炒的，有的是从联大教工食堂或社会餐馆中买来的。食品的特点是以补肾益精，补气强体为主。故每次只有 1~2 个肉菜或鱼菜。药酒主要是用人参、鹿茸、灵芝、枸杞子、黄芪等经过较长时间泡制而成，每次只喝 1 杯，一般选用的菜每次只能食用很少一部分。未吃完的留到下次午餐配合固定食疗方食用。这种午餐变动食疗方的特点是：花色品种较多，每次变动食用 4~6 种菜，荤素结合，以素为主。注重补肾、强脑、益气和脾胃调节功能的菜点选用，营养充足，平衡。加上药酒的强肾补脑益气功能，其实际效果很好，也发挥了老年养生的良好作用。

晚餐食疗方——苹果、梨或其他水果 1~2 个，南瓜子、西瓜子、葵瓜子或花生少许，温开水 1 杯。

我从 2010 年起，就已基本不吃晚餐。每天以 2 餐为主，每餐只吃八分饱，以减少总体热量摄入，控制体重。所以，晚餐只吃点水果、瓜子。因早餐和午餐的营养比较充分、平衡，加之人到老年，热量消耗越来越少，其营养已经足够。每天的早餐和午餐饭前都会有一点饥饿感，到用餐时感到更香甜可口。所以，其养生效果也是很好的。总之，老年养生食疗，滋补和调养好肾心脾肺等内脏功能，保证其健康强壮是十分重要的，也是老年食疗养生的重要技巧。

5. 食疗养生的食材选择技巧。食疗养生，食材品种极其丰富，有千种以上。有的很贵重，如海参、燕窝、鹿茸、野生甲鱼等，有的很普通。如一般的蔬菜瓜果、鸡鸭鱼肉等。我以为老年食疗养生，其食材选用应以普通食材为主，五谷杂粮、蔬菜瓜果最养人。全国百岁以上的老寿星，95% 以上的老人都是用普通食材来养生的。从我 20 多年老年养生的实际体验中得出的老人食疗所需要的食材选用技巧主要包括三个基本要点：一是要根据身体是否得病来选择食材，用食疗配合疾病的治疗。疾病是老年养生的大忌。一旦生病就会危及身体健康，甚至生命。所以，必须在及时就医，药物治疗的同时，用食疗，食养来配合治病，以减轻病情，促进身体健康尽快得到恢复。这时的食材选用技巧就是在医生指导下，根据所得疾病的类型、名称、部位及其所需要的营养与食材的性、味结合来选择，如糖尿病的关键是降糖，心血管病的关键是降脂、清血与安神，肠胃病则主要是补脾胃、行瘀、润燥、滑肠等。只要所选用的食材的性味与所患疾病调治的要求相匹配就是合理有效的。二是如果身体没有得病，但又年老体弱，这时的食材选择一般是以补肾强肾、调节脾胃的食材为主。只要肾功能强健了，脾胃受纳、消化与输布功能调节保养好了，身体自然会逐渐康复，身强体壮。三是根据身体的感觉和营养欠缺选择食材。人体都有较强的自我调节功能。一般想吃什么了，就是身体缺少什么需要补充了。按照损益补缺的原则，想吃什么就补充什么，也是适宜合理和可行的。如我在上面介绍的几个食疗方的食材选择都是按照这几个要点来确定的。所以收到了良好的效果。

6. 身体监测，食材选择要因需而变。老年人的身体大多是不太稳定的，没有病的可能会得病，得病的经治疗可以康复，也有可能旧病复发或重新得病。为此，老年养生要加强身体的监测，每年做 1 次体检，每半年做 1 次较全面的抽血化验，如患糖尿病、肝病等特殊病者还应 1 ~ 2 个月做 1 次抽检。监测发现身体变化，病情变化，需要调整药物和食疗方时，就要根据食疗配合药物治疗的要求，重新选择或调整食疗或食养所需要的食材。以适应老年养生过程中身体变化的需要。老年养生，各种食疗方和食材的运用，都不是一劳永逸的。吃什么补什么都要适量，不能太过。所以老人食疗养生的食材选择也要因需而变。

7. 有所忌讳和抑制，老年食疗养生的理智选择。食疗养生所烹制的食品，特别是一些药膳，大多都清香可口。老年人在食疗、食养过程中，一定要适可而止、有所忌讳和抑制，以防损害身体健康。唐代著名医家和养生家孙思邈在《千金巽方·养性禁忌》中说："色使目盲，声使耳聋，味使口爽，苟能节宣其宜适，柳扬其通塞者，可以增寿。"意思是说：淫溢的美色使人眼睛迷茫，靡靡之音让人耳聋失聪，肥甘厚味让人口感爽快。如果能在该节制时节制、该宣泄时宣泄、该抑制时抑制、该发扬时发扬，就可以增寿。同时，老年食疗养生还要忌饱、忌醉，防止损身。故孙思邈又说："一日之忌者，暮无饱食，一月之忌者，暮无大醉，终身之忌者，暮常护气，夜饱损一日之寿，夜醉损一月之寿，慎之。”即指一天之中最忌的是晚上吃得太饱，一月之中最忌的是晚上大醉。终身最忌的是晚上张口睡觉，不能保护真气。夜晚太饱损一日之寿，晚上大醉损一月之寿，故要谨慎避免而不为。这些都是老年食疗养生需要引起重视的技巧运用。

五　药物和食疗结合的老年养生注意事项

药物与食疗结合的养生是针对老年人的身体状况和特点来讲的。在这一过程中，除上述内容外，老年养生还应注意以下几点：

1. 老人得病治病期间要特别注意药物与食材性味的匹配和适应性。药物治病、食疗养生。但在老人得病治病期间，食疗的目的就不单纯是养生，而首先是配合药物的治疗而促进疾病好转，尽快恢复健康，而只有食材的性味和药物治病相匹配、关系密切才能达到目的。如得了感冒，必须忌吃生冷、油腻、辛辣、刺激性强的食品。得了糖尿病，必须选择空心菜、胡萝卜、黑木耳、黄瓜、苦瓜等降糖功能强的食材。得了肾病或肾气虚亏，需要补肾时，则要选择淮山药、核桃、黑米、枸杞子、胡麻仁等强肾益精的食材。总之，食材中所含的营养物质是多种多样的。其中，必然有几种是主要的，老年人不管得了什么病而采用药物治疗时，都能找到其性味与之相匹配的食材。由此形成的食疗方或烹制出的食品，才能配合药物发挥功效，促进病体好转，尽快恢复健康。

2. 老年人不管是否得病，食疗食养都要注意膳食平衡，不可偏废。人们所需要的营养物质有碳水化合物，蛋白质、脂肪、维生素、无机盐、膳食纤维和水等七大类，具体品种有几十种。这些都要靠每天的饮食摄入来补充。人到老年身体虚亏，消化吸收能力减弱，体内的营养物质，包括微量元素等容易丧失。所以，人到老年，不管是否得病，其食疗食养都要注意膳食平衡，不能偏食、过食。其营养平衡的方法就是每天除主食外，其蔬菜瓜果要多样化。主食除米面外，也要多样化。样数多了每种食品每天的摄入量就要减少。如我的早餐食疗方（1）中，其品种多达 8 种，早餐食疗方（2）中也有 6~7 种，但每种的数量很少，不少每餐只有 5~10 粒。再如我的午餐食疗方中，蔬菜一般都有 8~10 种以上，而每种的摄入量很少。如从食堂或餐馆买回的一个肉菜，我都会分成 3~4 份，每次只吃 1 份。这样品种多，数量少，不偏食、不过食，既做到了营养平衡，又控制了总体热量摄入。所以对老年养生是极为重要的，希望能够引起重视。

3. 老年养生要注意食疗食养的食材与菜品的新鲜与保鲜性。老年人不管是否得病，都要注重疾病的预防。吃得新鲜卫生，是防止病从口入的重要条件。所以首先要保持食材的新鲜，要尽可能使用当天或前一天从市场上买回的新鲜食材，特别是蔬菜、瓜果和肉类、鱼类等食材。其次是菜品的保鲜性。现代社会的老年人，特别是城市的老年人，大多不和儿女同住。而与老伴单过。在老年养生过程中，要做到膳食平衡，必然要菜点品种多样化。老两口用餐，不管是自己做的或买来的，因人口少，品种多，每天都可能有吃不完的菜品，扔了可惜，必然留到下一顿再吃，这就要注意剩余菜品的保鲜性，一定要存入冰箱，下一顿再重新加热而食用。特别是到了夏天，绝不要贪凉或图省事而吃未经加热的剩余食品，这也是需要引起重视的。

六　部分常用有效的老年养生食疗与药膳验方

老年养生要坚持药物与食疗结合，有病治病，无病预防。其食疗和药膳验方是非常丰富的，关键要结合老年人自己的身体状况和实际需要来选择运用，这是介绍部分常用和有效的验方，有的我用过，有的我未用过，但都是经过前人验证过的，有良好效果，可供参阅。

（一）预防与治疗感冒的食疗与药膳验方

感冒是体弱虚亏的老人容易得的病，特别是在冷热交季或天气变化，日夜温差较大时容易引起感冒。感冒较易医治,但老人治疗不及时,容易引其他疾病。故要加强预防或及时治疗。常用验方为：

1. 姜糖饮——生姜 10 克，红糖 15 克。姜洗净切丝与红糖同入杯中，开水沏冲。趁热服用，可防感冒，已病者饮后卧床盖被出汗，适于风寒型感冒者。

2. 桑叶菊花饮——桑叶 15 克、菊花 10 克、金银花 20 克、连翘 10 克、鲜白茅根 15 克、鲜藿香 20 克、鲜佩兰 20 克、大青叶 10 克、杏仁泥 10 克。加清水一起熬，温服。适合热重，肺气不宣者、防治兼用。

3. 葱豉料酒汤——豆豉 15 克、连须葱白 30 克、料酒 15 克。豆豉煎煮 10 分钟，葱白切碎煎煮 5 分钟。滤出液汤，加料酒，趁热服用，每日 2 次，治风寒型感冒。

4. 石斛生地饮——桑叶 15 克、菊花 10 克、金银花 20 克、鲜白茅根 15 克、鲜佩兰 20 克、鲜芦根 15 克、鲜石斛 15 克、鲜生地黄 10 克。加清水适量，熬煮，滤水温服，适合阴虚热型感冒者。

5. 桑菊薄豉饮——桑叶、菊花各 9 克、薄荷、豆豉各 6 克、芦根 15 克。加清水煎煮，滤汤，开水冲服。一日 3 次，治风热型感冒。

6. 神仙粥——糯米 50 克、生姜 3 片、带须葱白 5 段、米醋 15 毫升。生姜研末，与糯米、葱白一起煮粥，将熟时调入米醋，趁热服用。适用于风热感冒，头痛发热，怕冷酸痛流涕，胃寒呕吐等感冒症状者。

7. 豆豉粥——淡豆豉 15 克、荆芥 5 克、麻黄 2 克、葛根 30 克、山栀子 3 克、生石膏 60 克、姜 3 片、葱白 2 段、大米 100 克。药材一起水煮后取汁，再加入大米煮成粥。日服 2 次，适于高热不退肺热喘急，头痛无汗，烦躁，咽干等感冒症状者。

8. 薄荷粥——薄荷、菊花各 9 克、桑叶、鲜竹叶各 6 克。一同水煎后滤出药汁，加粳米 100 克煮粥。热服每日 2 次，治风热型感冒。

（二）益智健脑与驻颜抗衰的食疗和药膳验方

健忘、迟钝、面色衰老、行动不便，甚至痴呆，都是大脑衰退、气血不通，血管阻塞，人体衰退老化的体现。为此，人到老年要及早采用健老益智、预防和延缓衰老进程的各种措施，以提高人到老年的生活质量。其中，其常用的食疗和药膳方有：

1. 松子抗衰膏——松子仁 200 克、黑芝麻 100 克、料酒 500 克、蜂蜜 200 克、核桃仁 100 克。松子、芝麻、核桃同捣成膏状，入炒锅加料酒同煮 10 分钟，倒入蜂蜜搅匀，熬煮收膏，冷却后装瓶。每日 2 次，每次 1 小汤匙，温开水送服，可益智健老抗衰。

2. 强美灵汤——黑芝麻 60 克，胡桃仁 60 克，北杏仁 20 克、薏米仁 30 克、冰糖 30 克。原料洗净入锅，加清水适量，文火熬 1 个小时，空腹食用，每日早晚各 1 次。有乌发、驻颜抗衰老功效。

3. 姜枣龙眼蜜膏——龙眼肉 250 克、大枣肉 250 克、蜂蜜 250 克、鲜姜末 2 汤匙。龙眼、大枣洗净入锅，加清水煮至熟烂，加入蜂蜜、鲜姜汁，文火煮沸，调匀后装瓶，每日 2 次，每次一汤匙，饭前温开水送服，可益智健脑抗衰。

4. 黄氏鳝鱼汤——黄氏 30 克、鳝鱼 300 克、生姜 1 块、红枣 5 枚、大蒜少许。鳝鱼洗净切成段，入锅加油盐姜片炒至半熟，加入黄氏、红枣、大蒜加清水煮沸，再文火煲 1 小时调味。随午、晚餐喝汤吃鳝鱼肉，有补气养血，健美容颜抗衰功效。

5. 田鸡鱼胶炖枸杞——枸杞子 30 克、田鸡 300 克、猪腰子 1 个、大蒜 5 瓣、鱼胶 30 克。枸杞洗净，田鸡取腿肉去骨，鱼胶开水浸泡，猪腰切开，去脂摸切片。食材入炖盅，加清水文火隔水炖 2 小时，调味即可。随午、晚餐喝汤食田鸡与猪腰子。有补气血，养容颜抗衰功效。

6. 枸杞红枣乌鸡汤——乌鸡 1 只、枸杞 40 克、红枣 20 枚、生姜 2 片。乌鸡洗净切块，过开水捞出沥干，枸杞、红枣、姜片洗净，与鸡肉一起入砂锅加清水，大火烧开后改中火煲 3 小时。随午、晚餐食用。有养颜抗衰老功效。

7. 人参乌鸡汤——乌鸡 1 只、西洋参 5 克、枸杞子 20 克、大枣 10 枚、植物油 25 克、黄酒 5 毫升、盐、味精、白胡椒、姜葱适量。乌鸡切块，加油与姜片、葱花一起爆炒出香味，翻炒后加清汤 1500 毫升，再将洋参、枸杞、大枣、黄酒等食材放入，大火烧开，改中火炖 2 小时，鸡肉熟烂后加入调味料即可食用，是养颜抗衰佳品。

8. 茯苓当归炖乌鸡——乌鸡 1 只、茯苓、当归、枸杞子各 15 克、大枣 5 枚，姜片、味精、鸡精、盐适量。乌鸡切块，沸水烧开去辛，取出入砂锅，与其他食材一起，加清水烧开，改小火炖 3 个小时，最后加入调料调味即可食用。也是养颜抗衰佳品。

9. 二冬参地炖猪脊——天冬 15 克、麦冬 15 克、熟地黄 25 克、猪脊 200 克、人参 10 克。葱、姜、盐、蒜等调味品适量。人参切片，二冬、熟地、猪脊洗净。一起入炖盅，加清水适量，放入姜葱蒜，文火隔水炖 3 小时，调味食用。有滋阴补髓，养颜补气，调治阴虚，内热心烦，治面部暗斑功效。

10. 黄精生地鸡蛋汤——黄精 50 克、生地 50 克、鸡蛋 3 个、冰糖 20 克。黄精生地洗净切片，鸡蛋煮熟去壳，一起入锅加清水。武火煮沸，放入冰糖，文火煲 0.5 小时。喝汤吃蛋，有滋阴养颜，抗衰功效。适于枯槁无华、毛发干枯脱落、面色粗糙者。

（三）预防与治疗高血压、高血脂的食疗验方

高血压、高血脂同时伴有血管硬化、冠心病，易引起中风，是老年人易得的慢性疾病。也很难以治疗，更难以治愈。故应及早采取措施，预防高血压、高血脂病的发生，如果已经发生，常用的食疗方有：

1. 芹菜红枣饮——芹菜 500 克、红枣 10 枚。水煎加白糖代茶饮，可治防高血压症。若配合服用三七粉，则是高血压的克星。

2. 山楂粥——山楂 30~40 克，入砂锅加水煎，取浓汁加入粳米 100 克、砂糖 10 克。一起煮粥，每日 2 次服用，7~10 天为一个疗程。可治高血压症。

3. 莲子糯米粥——莲子 15 克、糯米 30 克、红糖适量，同入锅加水煮沸后改文火熬成黏稠粥。每日早晚空腹食用，10 天一个疗程。可防治高血压。

4. 首乌大枣粥——何首乌 60 克、大枣 3~5 个、粳米 100 克。首乌煎水取浓汁，加粳米、大枣、冰糖适量，一同熬成粥。每日早晚服用，防治高血压。

5. 小豆炖鲫鱼——鲫鱼 1 条 200 克，赤小豆 60 克，姜葱料酒适量。鱼洗净去内脏，与小豆、姜葱料酒一起文火煮熟。食鱼喝汤，对高血脂有疗效。

6. 山楂荷叶饮——山楂 15 克、荷叶 12 克，同煎水代茶饮，可防治高血脂。

7. 芝麻桑葚糊——黑芝麻 60 克、桑葚 60 克、大米 50 克、白糖适量。芝麻、桑葚捣碎，加入大米清水煮成糊状，加白糖调味食用。每日早晚各一次，调治高血脂。

8. 大蒜奶油饮——大蒜榨汁，加奶油适量调匀。饭后服用，每日 3 次，也可直接用大蒜汁或大蒜油丸，一个月为一个疗程，可调治高血脂。

（四）冠心病和脑中风的调治食疗方

冠心病和脑中风都以心脏和脑部的血管和血液疾病为主，也是老人，特别是高龄老人易得的不易治疗的疾病，应及早预防。其常用的食疗方有：

1. 山楂玉米粥——红山楂 5 个、蜂蜜适量、玉米面适量。玉米面熬粥，山楂洗净去核切碎，用蜂蜜调匀，加入玉米面粥中食用，每日 1~2 次，有调治冠心病功效。

2. 海带粥——水发海带 25 克、粳米 50 克、盐、味精、麻油适量。海带洗净切细，与粳米一起熬粥，加盐、味精、麻油调味。每日早晚服用，有调治冠心病功效。

3. 芹菜汤饮——芹菜根 5 个、红枣 10 枚，水煎服，吃枣喝汤，每日 2 次。有降血脂血糖、调治冠心病功效。

4. 葛根粥——鲜葛根适量、粳米 100 克。葛根洗净切碎，加水捣拌后沉淀取粉 30 克，与粳米一齐煮粥。每日早晚服用，有调治冠心病功效。

5. 蒸乌龟——乌龟三小只，冰糖适量。乌龟取血装碗，加清水冰糖蒸熟。每日 1 服，7 天为一个疗程。有预防调治脑中风功效。

6. 荆荷白粟粥——荆芥穗、薄荷叶各 50 克、豆豉 150 克、白粟米 150 克。荆芥、薄荷、豆豉加清水同煮，熬后取汁，加入白粟米，一起煮成粥。每日空腹食用1次，可调治老年中风。

7. 麻芥粥——冬麻子50克、荷叶、荆芥穗各50克、小米150克。麻子炒熟去皮捣碎成仁，薄荷、荆芥加水煎煮取汁，再加入麻仁、小米一起煮粥。每日空腹食用1次，可调治老年中风病。

8. 黄氏蛇肉汤——黄氏50克、南蛇、即蟒蛇、蚺蛇肉200克、盐、姜丝适量。黄氏、蛇肉与姜丝入锅，加清水适量，一起煲汤。饮汤食肉，每日1次，可调治老年中风。

（五）糖尿病和脂肪肝调治的常用食疗方

糖尿病和脂肪肝都是难以治愈的疾病。必须极早预防。中老年人如果已经得了这两种病，首先要以药物治疗为主，同时以食疗方配合。其食疗方很多，常用的有：

1. 冬瓜薯叶汤——冬瓜100克、鲜红薯叶50克。冬瓜切片，薯叶切碎，加清水炖煮，喝汤吃冬瓜。每日1剂，有调治糖尿病功效。

2. 猪胰山药饮——猪胰1副、山药60克、干地黄30克。猪胰洗净切块入瓦锅，加清水适量，放入山药、地黄同煮致烂熟，加盐调味即可。饮汤吃肉，连续服用，可调治糖尿病。

3. 枸杞兔肉——枸杞子15克、兔肉250克。兔肉洗净切块与枸杞子一起入锅，加清水适量，文火炖至烂熟，加盐调味，喝汤吃肉。每日1次，可调治糖尿病。

4. 猪肚豆豉汤——猪肚1具、豆豉、盐、姜适量。猪肚洗净加清水，文火煮烂，用豆豉、葱、盐调味，取出切片。吃肚喝汤，空腹食用调治糖尿病。

5. 鲫鱼绿茶饮——活鲫鱼500克、绿茶叶10克。鲫鱼洗净去内杂，茶叶塞入鱼腹中，上锅蒸熟，不加盐食用，每日1次调治糖尿病。

6. 枸杞猪肝汤——枸杞子15克、猪肝100克。猪肝洗净切片，与枸杞一起入锅，加清水适量，文火炖熟。喝汤吃猪肝，每日2次，随午、晚餐服用，调治糖尿病。

7. 麻油兔肉——兔肉100克、麻油10克。兔肉洗净，抹上麻油入锅，加清水适量煮熟。加盐调味食用，每日1次，调治脂肪肝。

8. 荷叶首乌粥——鲜荷1~2张、首乌15克、粳米50克、冰糖适量。荷叶切碎与首乌一切煎煮，取汁 200 毫升，加入粳米、冰糖熬粥。每日 1 次，调治脂肪肝。

9. 海带(蘑菇)豆腐——海带或蘑菇 50 克、豆腐一块。海带切碎，豆腐切片，加清水一同煮熟或蘑菇洗净撕成丝，与豆腐同煮熟。加盐调味，佐餐食用，每日 1 次，调治脂肪肝。

10. 红枣芹菜饮——红枣 10 粒、芹菜 30 克。煎汤饮用，枣菜同食，每日 1 次，调治脂肪肝。

（六）慢性胃炎与肺心病调治食疗方

慢性胃病，支气管炎和肺心病，包括肺气肿也是较难治愈的疾病。人到老年也要及早预防。如已得病，则应积极治疗。其配合药物的食疗方有：

1. 玉参焖鸭——玉竹、沙参各 20 克，鸭 1 只（200 克），盐、葱、料酒适量。玉竹、沙参洗净切片，水煮 2 次取浓汁 40 毫升。鸭背部劈开，洗净加盐葱料酒上锅蒸至烂熟。然后锅内注入玉参浓汁、料酒、白糖、葱花，文火焖至鸭肉香烂。取出鸭肉切小块，用原汤、鸡油、淀粉勾汁浇上。适用于阴虚引起的慢性胃炎患者。

2. 玉竹山药鸽肉汤——玉竹 15 克、白鸽 1 只、山药 20 克。鸽肉切块，与山药玉竹一同入锅，加清水适量，文火炖 60 分钟，最后用盐、味精调味。适用于慢性萎缩性胃炎和气阴两虚型糖尿病患者。

3. 肉桂粳米粥——肉桂 2 克、粳米 100 克、砂糖适量。肉桂研末，粳米、砂糖一起入锅熬成粥，再加入肉桂末，改文火煮熟。早晚空腹温服，适用于脾胃虚寒引起的慢性胃炎患者。

4. 核桃姜汤——核桃 5 个，干姜适量。姜切片加水煎成汤，核桃取仁，研碎后用姜汤送服。每日 2 次，适用于酸心、吐酸水型胃炎患者。

5. 红枣葶苈粥——红枣 15 克，葶苈 10 克，粳米 100 克。红枣用葶苈洗净纱布包好，与粳米一切入锅，文火熬粥。早晚餐服用，调治慢性支气管炎和肺气肿疾病。

6. 百合蜂蜜汁——干百合 100 克，蜂蜜 150 克。百合洗净，加蜂蜜蒸 1 小时，趁热调匀装瓶。每日早晚服一汤匙，调治气管炎和肺气肿。

7. 粳米牛肺——牛肺叶 200 克，粳米 100 克。牛肺洗净切块，与粳米一起文火炖熟，加入姜汁 15~20 毫升后调匀。每日 2 次，拌调料食用。治肺气肿和气管炎。

8. 白果杏仁花生膏——白果仁、甜杏仁各 100 克，核桃仁、花生仁各 200 克，均捣碎调匀。每日早上取 200 克加水煮沸后打入鸡蛋 1 个，加冰糖适量。调匀温服，连服半年，可调治支气管炎和肺气肿。

（七）老人肾炎和肿瘤化疗的调治食疗方

老年肾病对身体健康影响很大。肾为后天之本，肿瘤则更是比较危险的疾病。老年养生，若得这两种病，要以药物为主治疗，其配合的食疗方有：

1. 鲜芥甘草汤——鲜芥菜 250 克，生甘草 10 克。鲜芥、甘草洗净加水，煮汤饮用，调治小便灼痛。

2. 枸杞百合莲子羹——百合 100 克，莲子、黄花各 50 克，枸杞子 10 克，冰糖适量，清汤一碗。莲子去心煮熟，枸杞、黄花温水浸泡，取出与清汤、百合、莲子一起入锅，煮至烂熟，加冰糖调味。早晚温服，有滋阴补肝肾，调治肾炎功效。

3. 枸杞银耳汤——银耳 10 克、枸杞子、冰糖各 30 克。银耳泡发洗净，枸杞浸泡 3 分钟，与银耳、冰糖一起煮沸后改文火煮至银耳熟烂，即可食用，有滋补肝肾功效。

4. 大麦姜汁——大麦一大碗，姜汁、蜂蜜适量。大麦加水煎汁，加姜汁、蜂蜜调匀。温服，可调治小便淋痛。

5. 参茸炖龟——乌龟 1 只 500 克、人参 10 克、鹿茸 3 克，薏米仁 50 克，姜、料酒、味精、盐适量。乌龟去头爪，内脏洗净切块。人参、鹿茸、薏米用布包好，与龟肉、姜片一起入锅。大火烧开后去沫，加料酒、大油适量，文火炖熟，用盐、味精调味后佐餐食用。调治肿瘤化疗疾病。

6. 枸杞甲鱼汤——甲鱼 1 只 1300 克，枸杞子 30 克，熟地黄 15 克，北黄氏 12 克。甲鱼去头爪、壳，切块，枸杞、地黄、黄氏用布包好，与甲鱼肉一起入锅，加清水煮沸，转文火煲至甲鱼肉烂熟。去药包调味，调治肿瘤患者。

7. 八宝糯米粥——莲子 50 克、党参、白术各 50 克，茯苓、淮山药、芡实、薏米各 50 克、红枣 10 粒。莲子去心，与其余食药材一起入锅，加清水适量，煮 30 分钟，去党参、白术渣。加糯米 100 克，白糖适量煲粥。对肿瘤调治有良好功效。

8. 八宝鸡汤——鸡肉 1000 克切块，当归、白芍、熟地、川芎、白术、甘草各 6 克，党参、茯苓各 10 克。药材用布包好，与鸡肉一起入锅，加姜片，清水适量，大火烧沸，转文火炖至鸡肉烂熟。去药包调味即可食用，调治肿瘤有良好功效。

（八）调和脾胃与缓解疲劳的食疗方

脾为后天之本，主输布，胃是仓廪之官，主受纳。脾、胃不和，五谷精微的受纳，输布、吸收受损，是老人养生的大忌。老人体弱，机体衰老，极易疲乏。以下常用食疗方对老人调和脾胃和缓解疲劳有较好疗效。

1. 糖醋蒜泥——生蒜泥 10 克，糖醋少许。饭前拌食，有醒脾健胃，预防肠道传染病之功效。

2. 山楂拌姜——山楂 20 条，姜 5 克。姜切碎，拌山楂食用，有开胃消食功效。

3. 多宝粥——莲子、白扁豆、薏米仁各 50 克，银耳，绿豆各 20 克，百合 10 克，糯米 100 克。莲子去心，银耳泡开洗净，与糯米和其他食材一起熬成粥。每日早晨温食，疗程 1 月以上，调节脾胃效果良好。

4. 山药茯苓粥——山药、茯苓各 50 克，糯米 250 克。山药、茯苓炒焦，与糯米一起熬成粥、早晚热服。调和脾胃。

5. 双参瘦肉美味汤——人参 10 克，海参 150 克，猪瘦肉 150 克、荷兰豆 50 克、竹笋 60 克，上等鱼露、香油适量，香菇 20 克。海参切小块，香菇切丝，猪肉、竹笋切薄片，人参切小片。食料一起入砂锅，加清水炖煮至猪肉烂熟、加鱼露、味精、香油和盐调味。有大补气血、增进食欲功效。每日食用，适于久病体弱、年老体衰、精神萎靡者。

6. 参灵甲鱼——党参、浮小麦各 15 克、茯苓 10 克、灵芝 6 克、鸭肉 200 克、大腿肉 50 克，红枣 5 粒，葱、姜各 20 克，鸡汤适量。甲鱼切块与其他食材一起入大碗、加入鸡汤，调好味，放蒸锅内蒸煮至甲鱼肉烂熟。吃肉喝汤、有益气健脾、消除疲劳之良好功效。

7. 虫草红枣炖甲鱼——活甲鱼 1 只，冬虫夏草 10 克，红枣 15 克、料酒、鸡汤、姜葱蒜盐等调料适量。甲鱼去内脏剁成块，入锅中煮沸捞出，割开四肢放入汤碗。虫草、红枣放鱼肉上、加料酒、姜葱蒜与鸡汤，上蒸笼隔水蒸 2 小时。佐餐食用，有滋阴益气，补肾固精，抗疲劳功效。老人常用，增强体质，防病延年。

8. 黄精蒸鸡——黄精、党参、山药各 30 克、母鸡 1 只，川椒适量，姜葱蒜等调料适量。母鸡宰杀去内脏，剁成方块，入沸水 3 分钟取出洗净，装入蒸锅内，加入姜、葱、蒜、盐和味精，再加入黄精、党参、山药，一起蒸煮 3 个小时。佐餐食用，有益气补虚、消除疲劳功效。

（九）宁心安神、补精益气而延年的食疗方

心静神宁、气充精固是老年养生、益寿延年所追求的目标。是老年身心健康的重要体现。这需要老年人从运动和食疗两个方面着手才能做到。其常用的食疗方有：

1. 玫瑰枣仁心——猪心 1 个，枣仁 20 克，玫瑰花 10 克。猪心洗净去脂膜，枣仁炒熟后与玫瑰花一起研末。灌入猪心中，再上蒸锅蒸熟，去猪心中药末，切片、拌调料后佐餐食用。有养心血，宁心神功效。

2. 桂圆童子鸡——桂圆肉 30 克，童子鸡 1 只 1000 克、葱、姜、料酒、盐适量。鸡去内脏洗净，入沸水氽煮片刻，捞出放入汤碗。加桂圆、枣仁、玫瑰末，料酒与葱、姜、盐和清水适量，入蒸锅蒸 1 个小时即可。佐餐食用。补气血、安心神，健康老人服用精力更旺盛。

3. 参沙蒸鸡蛋——苏条参或潞党参、淮山药各 30 克，朱砂 6 克，鸡蛋 1 个。参药和山药研成细末，与朱砂一起拌匀。每次取 6 克，装入碗中，加入鸡蛋搅匀，上锅蒸熟。每日早餐时服 1 小碗，连服 15 天以上，有补气益血，安静宁心功效。但患高血压者不宜服用。

4. 松子核桃膏——松子仁、黑桃仁各 30 克，蜂蜜 250 克。松子、核桃水泡去皮，研成末，放入蜂蜜中调匀。每日 2 次，每次 1 汤匙，开水冲服。益精润燥，补脑安神。

5. 玄参猪肝——玄参 15 克、猪肝 500 克，白糖少许，姜、葱、盐等调料适量。玄参煮 30 分钟，放入猪肝同煮 5 分钟，捞出切片，加入葱、姜、白糖、酱油少许，原汤炒猪肝。佐餐食用，滋阴降火，润燥安神效果良好。

6. 参芪红枣乳鸽汤——党参 60 克，黄芪 50 克，红枣 6 粒，乳鸽 2 只。乳鸽去皮和内脏切块，放入砂锅，加清水适量，加入黄芪、红枣、葱花，大火烧开后改文火煲 2 个小时调味。分 2 天食用，10 天为一个疗程。补气健脾，适于久病体弱，面黄少食、气短乏力者，老人常食延年益寿。

7. 参茸枸杞炖乌龟——人参 10 克、鹿茸片 10 克、枸杞子 15 克、乌龟 1 只，300 克左右。乌龟宰杀去内脏切块，同参、茸、枸杞子一起入砂锅，加清水适量，武火煮沸，改文火隔水炖 3 个小时，调味，佐餐食用。补精益髓、益气血。用于腰膝酸软无力，须发早白，遗精盗汗，形容憔悴者有良效。

8. 长寿益元汤——黄芪 25 克、党参 25 克、当归 15 克、肉桂 6 克、茯苓 15 克、枸杞子 15 克、乌骨鸡肉 200 克。乌鸡肉切丝，黄芪、党参、当归、肉桂、茯苓、枸杞用布包好，与鸡肉一起入砂锅，加清水适量，同煮 50 分钟，去药包，加盐、味精等调味。每日一料，5~8 天为一个疗程。补益元气、滋阴养血。对久病体衰、面色无华、年迈体衰者有良效。

9. 强身延寿汤——党参 25 克、白术 10 克、茯苓 15 克、当归 10 克、川芎 6 克、熟地黄 10 克、白芍 10 克、枸杞子 20 克、甘草 6 克、生姜 6 克、红枣 10 枚、乳鸽 1 只。原料洗净，纱布包好，乳鸽去毛、内脏洗净，一同入砂锅，加水适量。武火煮沸，改文火炖煮 2~3 个小时，去药包调味。每日 1 料，有补脾健脾，益气养血功效。对诸虚百损、强身健体、延年益寿、返老还童有良效。

10. 人参炖鸡汤——人参 12 克、老母鸡 1 只、姜、葱、蒜、米酒适量。人参切薄片，鸡宰杀去毛与内脏切块洗净，与人参同入砂锅，加姜、葱、蒜、米酒，清水适量，武火煮沸，去浮膜，改文火炖 2~3 个小时，调味。佐餐食用，大补元气，健脾养胃。对久病体虚，神疲乏力者有良效。

（十）补肾壮阳通经活络食疗方

人到老年，肾虚体弱、经络不畅，是常有的现象。肾为后天之本，补肾壮阳，疏通经络，必然身强体壮，不易得病。常用的补肾壮阳通经活络的食疗方有：

1. 虫草鸡汤——母鸡一只、虫草 25 克、龙眼肉 15 克、大枣 6 粒。鸡宰杀去内脏切块，过开水捞出放入瓦罐内，加入虫草、龙眼、大枣、葱蒜，清水适量，大火烧开，改文火煲三小时，加盐调味。滋补肾肺壮阳。

2. 枸杞红枣乌鸡汤——乌鸡 1 只、枸杞子 40 克、红枣 20 枚，生姜 2 片。乌鸡宰杀，洗净去内脏切块，过开水捞出沥干。红枣、枸杞洗净与鸡肉姜片葱蒜一起入砂锅，加清水适量，大火烧开后改中火煲 3 小时调味。佐餐食用，调补阴阳，益气养颜。

3. 灵芝莲子炖鸡汤——莲子 50 克、灵芝 6 克、陈皮 1 角块、母鸡 1 只。莲子、灵芝、陈皮洗净入砂锅，浸泡 30 分钟，鸡洗净切块过开水，与药材一起煮沸后改文火煲 2 小时调味。大补阳气，久服轻身延年。

4. 虫草炖甲鱼——甲鱼 1 只 500 克，虫草 7 克，红枣 8 枚，姜 10 克，葱 15 克，清汤 1000 克，料酒适量。甲鱼宰杀去内脏、爪尖、嘴尖和尾，入热水浸泡 0.5 小时去白黏膜、刮去黑皮，剁成 4 块，加料酒，清汤与虫草、红枣、姜葱一起入锅炖 3 小时调味。佐餐食用，大补元气。强肾益精。

5. 当归红枣煲老鸭——当归 10 克，老鸭肉 350 克，红枣 50 克，姜 10 克、鸡精 3 克、糖、胡椒粉、盐适量。鸭肉切块过开水与当归、红枣一起入锅，加清水 1500 克，大火烧开后改小火炖 1 小时，最后加入调料调味。补气血壮阳。

6. 羊肉补阳汤——羊肉、羊骨各 500 克，粳米 100 克，菟丝子 10 克，干山药 50 克，肉苁蓉 20 克，核桃仁 15 克，黄酒 8 克，生姜 5 克，胡椒粉 1 克。肉苁蓉、核桃、山药、菟丝子一起装布袋。羊肉切块，羊骨剁成节，沸水中氽后去血水，与粳米、布袋药材一起入砂锅，加料酒、姜片，清水适量。大火烧开，改文火炖、撇出浮沫，至肉烂，加胡椒粉、盐调味。大补肾阳益精气。

7. 枸杞百合莲子羹——枸杞子 10 克、百合 100 克，莲子、黄花各 50 克，冰糖适量，清汤 1 碗。莲子去心煮热，枸杞、黄花、百合温水浸泡与清汤一起入锅同煮至烂熟，加冰糖调味食用。滋补肝肾壮阳。

8. 海马童子鸡——童子鸡 1 只、海马 10 个、料酒 20 克，清汤 500 克。童子鸡洗净放锅中煮 15 分钟，海马温水洗净与鸡、姜葱一起装入清汤碗中，入蒸锅蒸 1.5 小时，扒去葱姜，加味精、盐调味食用。调补肾阳，补气益精。

9. 炸丝瓜——丝瓜 2 根，面粉，玉米粉，泡打粉，番茄酱适量。丝瓜去皮洗净，切成长条，去中间软肉，面粉、玉米粉混合成糊，与泡打粉一起做成脆酱，丝瓜条沾上脆酱放入油锅中炸至外皮酥黄，捞出蘸番茄酱或椒盐食用。有通经活络功效。

10. 蒸丝瓜汁——经霜老丝瓜 1 条，白糖适量，丝瓜洗净取一段 20~30 克，将皮、瓤、籽一起切碎，装入碗中，加适量清水上锅蒸 20 分钟，去皮瓤籽，加白糖一匙调匀。温服，有通经活络功效，可治慢性咽喉炎。

11. 补元汤——人参 15 克，黄芪 5 片，红枣 5 枚，当归 2 片，枸杞子 10 粒。混合一起，加清水适量，煮沸后改小火煮 30 分钟，加冰糖调匀温服。大补元气。

12. 芪苓鲤鱼汤——鲤鱼 1 尾，黄芪 50 克，茯苓 30 克。黄芪茯苓洗净纱布包好，鱼去磷去内脏，与黄芪、茯苓一起入锅，加清水大火煮沸，改小火煮半小时。调味食用，有补阳益气功效。

七　老年养生食材性味食疗歌

老年养生可选用的食材有成百上千种，其性味功能各不相同，且其性味也不是单一的，因而十分复杂。老年养生，无须全都掌握，只要熟知一些普通食材性味即可，2014 年 4 月《营养师》上所登的部分食材性味食疗歌可供老年养生参阅：

饭后生梨化痰液，苹果消食养分高；
杨梅开胃去暑热，益气祛风有樱桃；
香杏生津润脏腑，西瓜解暑止咳妙；
蜜桃爽口益肠胃，酸枣柑橘营养好；
增进食欲数草莓，止咳润肺营养好；
龙眼滋补胜参芪，荔枝全身能入药；
菠萝健骨又止咳，便秘便血吃香蕉；
崩漏止痢食石榴，治疗紫癜煎大枣；
凉血止血有莲藕，粟子补肾强筋好；
紫茄祛风通经络，海带含碘瘀节消；
大蒜杀菌治痢疾，韭菜补肾暖膝腰；
胡椒驱寒又防湿，葱椒姜汤治感冒；
荞麦医治糖尿病，常吃菜花肿瘤少；
红薯食来好处多，香菇营养抗衰老；
白菜通便排毒素，瓜豆消肿又利尿；
番茄补血又润肤，芹菜降压抗衰老；
苦瓜清心又明目，黄瓜降糖清热好；
玉米抑制胆固醇，山楂降压抗衰老；
鱼虾猪蹄伴母乳，禽蛋益智蛋白高；
牛羊猪肝令眼明，牛羊乳奶含钙高；
花生降脂治贫血，健脑乌发吃核桃；
芝麻润肤又乌发，蜂蜜益肤又润燥。

第十二章　运动养生的项目选择和方法运用

一　老年养生运动项目选择

老年养生的内容和方法多种多样，除前面所讲的心理、药物和食疗外，运动养生是其重要内容和方法。本章结合笔者从初涉老年期以来坚持运动养生的实践，介绍其项目选择的原理、依据和部分运动养生的方法运用与效果，这也是我长期坚持运动养生的亲身体验。

（一）生命在于运动，老年养生离不开运动

运动是锻炼身体，增强体质，促进生命健康成长和存续的一种方式。运动的具体项目也是十分丰富的。那么，老年养生为什么离不开运动呢？运动对老年人的身心健康具体有哪些好处呢？

1. 老年养生离不开运动是由人到老年后的身体特点决定的

人体和自然界的各种生物或事物一样，都有一个生长、发育、成熟、衰老的过程。人到老年，其身体的发育、成长、成熟期都已过去，已经逐步进入退化、衰老期。特别是进入 60 岁以后的正常老年期后，其衰老退化的速率还会加快。从生命在于运动的角度来考察，人到老年，要想推迟、延缓其身体衰老和退化的进程，延长身体健康的时段，提高老年生活质量，就离不开运动。因为运动可以促进机体内的气血，津液运动，加速脾胃和内脏的协调，促进人体的消化吸收，加快体内新陈代谢的进程，从而增强体质，预防和减少疾病发生，进而推迟和延续老年机体器官衰老和退化的速率和进程。反之，人到老年，如果不参加运动，饱食终日，无所事事，本来就已开始退化和衰老的机体得不到锻炼，摄入的能量得不到必要的消耗，就可能引起肥胖、糖尿病、高血压、高血脂等各种疾病的发生，也必然会加快人到老年的机体衰老和退化的速率和进程。所以唐代著名医家和养生家孙思邈说："人欲劳其形，百病不能生"。又说："养性者，不但饵药……其兼于百行，百行周备，虽绝药饵，足以遐年。"意思是说，人要预防疾病，就应该经常活动筋骨，加强身体锻炼。人要长寿，主要不是靠药物来维持，而是要经常运动。使身体各器官及血液循环正常，运行无阻。做到这一点，虽不用药物，也可以健康长寿。而这些若要和青壮年比较，则老年人已开始退化和衰老的身体特点对运动的要求就更加突出和重要。当然老人运动要以适度、不过于劳累为度。所以，老年养生离不开运动是由人到老年的身体特点决定的。

2. 运动有利于提升阳气，促进老年机体阴阳平衡，保持健康

中医养生认为,阴平阳秘,阴阳平衡是人体健康的标志。《黄帝内经·素问·生气通天论》中说："阳气者，若天与日，失其所，则折寿而不彰。"若阳气不足，阳气对人体的温煦能力会下降，气血循环会减弱，脏腑功能就会虚衰、外界风寒、湿、燥等也会乘虚而入。人就会得病。如果阳气亏损严重，还可能危及生命。所以阳气是生命的根本。从老年养生的实际情况来看，人到老年、体质下降、机体开始衰老、免疫力和抵抗力不足、身体虚弱、常常出现手脚冰凉、麻木等，这些都是老年阳气不足的表现。要想增强老人的阳气一个重要方法就是坚持运动。动则生阳，运动有利于阳气的升发，有利于提升阳气。阳气升发又有利于促进血液、津液等阴液物质在体内的运行、气化，使之转变成营养物质并输送到身体各处，营养脏腑器官，四肢百骸。由此，老年人的身体也就健康强壮了。反之，老年养生如果不坚持运动，阳气不足，脏腑器官缺少相应的有益刺激，气血就会瘀滞，经络容易被阻塞，就会出现阴阳失衡，因此就可能引起身体不适和疾病的发生。所以,老年养生离不开运动,而运动有利于提升阳气，促进老人身体的阴阳平衡，保持健康。

3. 运动养生，动以养形而不衰是中国传统而有效的养生方法

动以养形，动则不衰是中国传统养生中动形学派的养生思想和养生方法。以动养形最早始于老庄。道家意守丹田的养生方法，实际上是静中有动，以达到运行气血，调和阴阳的目的。后世各派气功多源于老庄。《吕氏春秋》则形成了动形以养生的思想，认为形体的动静盛衰关系着精气神的衰旺存亡。形体动则脾胃健运、精气周流，生命旺盛不衰。著名医学家张仲景在《金匮要略·脏腑经络先后病脉证第一》中说:"四肢才觉重滞,即导引吐纳……勿令九窍闭塞"。即是导引内功运动养生的证明。华佗创立五禽戏，则把导引运动养生推进一步。孙思邈在《千金方》中则说："养生之道，常欲小劳"。"体欲常劳……勿过极"。后来,宋代人创立"八段锦",明清太极拳盛行,近代以来的各种体育运动、体操、健身操等，则将运动养生向前推进了一大步。总之，运动养生，动以养形、动则不衰既是中国传统而有效的养生方法，也是老年养生离不开的重要内容。它

和食疗养生、心理养生、经络穴位按摩等一样，都是极其重要的，对推迟、延缓衰老、退化速率和进程，促进老年身体健康具有十分重要的作用。

（二）老年养生运动项目选择的依据

生命在于运动，老年养生离不开运动，但这并不是说老年养生是可以随意选用各种各样的运动，也不是说老年养生可以无限制地选择各种运动的组合而又三天两头，十分频繁地更换各种运动项目。因为在运动健身的项目选择上，老年人，特别是进入正常老年期即 60 岁以后的老年人是一个特殊的人群。和中青年比较，他们已经没有了随意选择各种运动项目来养生的条件。为此，老年人必须了解运动养生的依据，并据此做好项目选择。这也是我开展运动养生实践的亲身体会。其选择依据是：

1. 根据人到老年后的体质强弱选择

人到老年，因各方面的原因，其体质的强弱是各不相同的。有的人体质强健，有的人一般，有的人体质较弱，具体情况千差万别。从运动养生的项目选择来看，各种运动项目很多，包括田径、球类、水上运动、爬山、骑车等等。每一类又有很多具体项目，而各种运动项目的运动量和体力支出的大小又是各不相同的。中医养生认为：体欲常劳、常动，但忽过量，过极。为此，老年养生就要根据自己的体质强弱来选择其运动养生项目。体质强健者可以选择那些活动量大、体力支出量较大的运动项目。体质较差者可以选择那些慢走、散步、打太极拳、做八段锦等活动量比较轻、缓的运动项目。具体项目的选择要根据每个人自己的实际体质情况来确定。同时，老年人的体质是处于变化之中的。有的人刚退休几年的体质强健，但到 70 ~ 80 岁后，大多数人的体质都变弱了。有的人刚退休时体质较差，但经过良好的心理调节和顽强的运动养生、饮食调节，几年以后，其体质又增强了。为此，老年养生还要根据自身体质的变化情况来选择运动项目。并适时进行必要的调整。具体项目的选择宜少不宜多，一般说来选择 3 ~ 4 个比较稳定的项目即可，而所选项目的运动量可以随体质的变化而调整则是比较好的办法。如我在初涉老年期后的首次得病住院后，为恢复体质、配合疾病治疗，就选择了早晚慢走步行 1000 ~ 1500 步，每周打太极拳 1 ~ 2 次，每周手、腿运动 1 ~ 2 次等 3 ~ 4 运动项目。这些项目选择确定后，10 多年来，至今没有什么大的变化。随着体质的好转和强盛，我只是在每个运动项目的运动时间长短和运动量上适时调整，这种项目选择就收到了极其良好的运动养生效果。

2. 根据人到老年后是否有病的实际选择

人到老年，刚退休时，大多数人都比较健康，但进入 70 岁以后，没有得过病的人极少，特别是常见病，老年慢性病的人较多。80 岁以后，就更是如此了。为此，老年养生要根据自己是否有病的实际情况来选择其运动项目。其选择的方法：一是根据病情轻重程度选择。病情较轻者，并不影响运动养生，但在运动项目的选择上又不能和中青年人或体质较强而无病的老年人一样，可随意选择。相反，他们应选择太极拳、五禽戏、八段锦、快步走等运动量较轻，活动比较舒缓的运动项目。以高血压、高血脂、高血糖、冠心病等慢性病为主的病情较轻者，则可选择慢步走、简化太极拳、体操运动、导引气功等运动量较轻的项目为主。只有那些病情严重，活动不便的人才不宜进行运动。但可选择导引、打坐和气功来锻炼身体，也可选择经络、穴位按摩等来配合疾病的治疗，以促进身体健康的尽快恢复。二是根据病情变化情况来选择运动项目。老人得病后，其病情是处于变化中的。一般性疾病经过积极治疗都会好转或痊愈。病好以后，就可以根据自己的兴趣，爱好选择适当运动养生项目。如果，老人得病后病情加重或已经活动不便了，则应减轻或停止不必要的运动项目。总之，人到老年得病后其运动养生项目选择必须掌握一个基本原则：能动就要轻微运动，不能动了就要停止运动而静养。但运动养生的项目选择都不能过极、过劳，以防对老年人的身体造成伤害。如在上面所提到的我选择的三四个运动项目，首先考虑了与我所得的糖尿病、心脑血管硬化疾病治疗的配合，其次考虑了我的病情和体质好转变化，第三考虑了各个运动项目运动量的适时调整。如我的太极拳运动，开始时每次只打 15 ~ 20 分钟，几年后，体质和病情好转，增加到每次打 45 ~ 60 分钟。最近几年，因体质强健每次的时间已增加到 2.5 个小时。其他几项运动也是如此，所以才收到了极好的养生效果。

3. 根据老年人过去长期形成的个人运动爱好选择

人的一生，从小学——中学——大学到参加工作，都会参加一些体育运动或活动，也会形成一些个人运动爱好。人到老年，这些运动爱好应该成为自己的一份资产。老年养生的运动项目就可以根据自己长期形成的运动爱好选择，再结合进入老年期的体质，是否有病和病情变化等实际而做一些简单的调整即可。这样，有利于发挥老年人过去的运动兴趣和爱好，有利于调动老年运动养生的积极性，也有利于老人所选运动项目的长期坚持，培养运动养生的毅力、恒心和勇气。当然也有一些人在年轻时候就没有形成个人的运动爱好和兴趣，进入老年期后应该怎么办呢？是否还要选择运动项目呢？怎样选择呢？这里我可以谈一点个人的体会。我在年轻时就是一个极不爱好运动的人，上体育课都是不得已而为之，一辈子没有形成过任何一项个人运动爱好项目。但人到老年、特别是生病住院后，深刻反思了自己的得病原因之一就是长期不运动，而出路则只有药物治疗、食疗调节和运动锻炼三者结合才能减轻疾病，增强体质、恢复和促进身体健康。所以，我才选择了打太极拳、撞击树干、手脚运动等 3 ~ 4 个最适合自己身体状况，又有利于配合病体治疗的运动项目而长期坚持，所以才收到了极好的运动养生效果。

（三）本于自身的所选运动项目和日常活动安排

1. 本于自身的所选运动项目

老年养生，不管做什么事情都要从自身的实际情况出发，这是一项最重要、最根本的原则。我根据进入老年后自身的实际情况进行了运动养生的项目选择，其所选运动项目和原因是：

太极拳——主要练习 24 式太极拳。之所以选择这项运动，一是它动作比较简单，柔和，适于我一生不好运动，一辈子没有形成一项个人运动项目爱好的实际，学起来又比较容易、好记。二是我在人生事业鼎盛时期的 20 世纪 90 年代中后期，因过于劳累，身体严重亏损，曾经在公园随中老年人一起学习过一段时期的太极运动。进入老年养生后，练习起来比较顺手。第三，太极拳是一项极其适合老人运动养生的项目，它动作缓慢、柔和，各个动作互相联系，中间没有间断，一气呵成。特别是形动和呼吸运气结合，有利于老年人疏通经脉，促进气血运行，调节脾胃和脏腑功能，这对老人的身体健康是十分有益的。而我的心脑动脉血管硬化、阻塞，就很需要太极拳这样的运动来配合药物治疗，以促进病体康复，所以我选择了这项运动。《抱朴子养生论》中说："心内澄，则真神守其位，气内定，则邪物去其身。常以宽泰自居，恬淡自守，则身形安静，灾害不干。养生之理，尽于此矣"。意思是说：内心清澈平静，则元神就固守其位。真气在体内安定，邪气就会远离身体。常常让自己处于轻松安泰之中，恬淡无欲，清静无为，身体自然安宁、健康，邪气就不会侵犯，这就是延年益寿的道理。经过长期坚持和体验，太极拳运动对老年养生就有上面所说的养生效果。

触穴五脏振动功——俗称撞大树，即后背穴位撞击大树，振动五脏六腑，促进脏腑功能的协调。我之所以选择这项运动，首先与我的糖尿病、高血脂和心脑血管阻塞的治疗配合有关。我的这些疾病主要是脏腑功能的协调运行出了问题，可以通过触穴五脏振动功，配合呼吸运气来与药物治疗结合，促进身体健康，增强体质。其次是这项运动可以触及后背穴位，对打通身体的督脉、保持脉络畅通有效。而后背的穴位又是我们平时进行的经络穴位按摩很难触及的。最后这项运动十分简单好记，所以就选择了这项运动作为老年养生的项目。

托天蹬地摆头功——包括两手轮流托天上举，双脚轮流蹬地，配合头部、颈部灵活摆动等几个简单的动作。我之所以选择这项运动，一是因颈动脉粥样硬化阻塞而安了 2 个支架，必须加强颈部运动来保持头颈部的灵活性，促进血液循环。二是我两次住院后，双腿血管仍有阻塞，血脉不顺畅。步行、爬楼梯都较吃力，必须通过托天蹬地来促进手脚，特别是腿部的气血运行，加速血脉流动。三是要想增强头部血流的灵活性，以预防和减轻脑部供血不足。同时，这种运动项目也是十分简单的，但又确实有效，如我的头和腿部的供血与血流状况，经过长期锻炼，都已得到大大缓解。所以选择了这项运动。

甩手荡腿运气功——包括两手轮流前后摆动，两腿轮流前后踢荡，同时配合呼气运气。之所以选择这项运动，其原因与托天蹬地摆头功基本相同。这两项运动对增强老年人的手脚灵活性，促进血液循环，健脑和血，预防老年痴呆都有良好的效果，其运动方法也是十分简单的。

散步与象棋——散步或步行是最适合老人健身的运动项目之一。它动作简单，只需迈开双腿、摆动两臂、有规律性地向前走动，可快可慢，即能带动全身，促进血液循环。所以，散步行走是我得病后近 10 年的主要运动项目之一。它是一种促进大脑机能发挥、增进智力、预防老年痴呆的良好运动。此外我是比较喜欢象棋的，但以观棋思考为主，最近以来，每周可与他人下两三个小时，而观棋每周则有一两次，它对我调节读书、写作后的心态，变换大脑思维方式，促进心情愉快和身心健康也有良好的作用。

2. 老年养生的日常活动安排

什么是老年养生，其实最简单地说：老年养生就是日常生活。我们不应该刻意去追求养生，而应将养生的各种活动、养生运动融入日常生活中去，成为日常生活的组成部分。从这一角度来看，老年养生的日常活动安排应该以活动充实、紧凑、轻松、每天都有事情可干，而不会感到紧张、劳累或无所事事、空虚、失落为最佳。这样的安排才是最有利于老年养生、延年益寿的。

在长达 16 ~ 17 年的老年养生过程中，我的日常活动安排大致符合上面的要求，基本分为三个阶段：

第一，初涉老年期的事业为主阶段——即首次生病后到 2007 年正式退休前。其每周的活动安排是：①每天按时上班，从事旅游教育或科研工作。主要是上课和写作，但不再熬夜。②每周利用业余时间打 1 ~ 2 次太极拳，每次 30 ~ 45 分钟。③每周利用空余时间做 1 ~ 2 次甩手荡腿运气功和托天蹬地摆头功，每次 30 ~ 45 分钟。④每周 4 ~ 5 天利用早晚外出散步，行走锻炼，每次 1000 ~ 1500 步左右，活动周身促进血脉运行。⑤每周做 1 ~ 2 次触穴五脏振动功，每次 30 分钟左右。⑥每周 1 ~ 2 次利用下午 4：00 以后时间外出下棋或看别人下棋，6：00 左右回家。这一安排活动充实，每天有事可做，又不劳累与空虚，生活、工作、养生活动与每天起居很有规律，对老年养生养老都很有利。

第二，正常老年期工作与养生并重阶段——即 2007 年正式退休后到 2014 年满 70 周岁为止。这一时期是我以事业、工作为主逐步向以养生养老为主的过渡时期。这一阶段，虽然正式退休了，但学院和社会接任的教学工作，特别是专著教材的编著、出版等工作都未停下来。因而，这一阶段的每周日常活动安排基本与上一个阶段相同，其活动内容、项目、日常活动的紧凑充实程度和日常起居的规律性没有变化，只有打太极拳、手脚运动和触穴五脏振动功的每次运动时间都增加了 50% 左右。这一阶段的活动安排既让我完成了人生第 3 次和第 4 次著作高潮近 10 本教材专著的编写出版，没有感到劳累，又较好地取得了养生养老，特别是治疗疾病、增强体质的良好效果。

第三，进入从心所欲之年后的养生养老为主阶段——即 2014 年过 70 周岁后将主要精力放在养老养生的阶段。这一阶段刚开始不久。还会经历很长时间。但从 70 岁前的 12 年左右开始，我的养生养老的日常活动安排就已经固定下来了，基本遵循了充实、紧凑、轻松、规律的原则。其每周 7 天的活动安排是：

①每周三和每周六上午外出锻炼身体，完成上面所选择的 4 项运动健身项目，下午一点多回家用餐后休息。

②每周四一天到单位与退休的老同事一起玩扑克牌或参加学院组织的活动。

充实活力内容加强人际交流。

③每周利用 2 个下午外出看下象棋或直接参加下棋，调节身心、大脑活动、调整心态。

④每周 5 天，每天上午 5:00 ～ 5：30 开始做导引气功和经络穴位按摩，每天 2 ～ 2.5 个小时，配合药物治病与养生，晚上 10：00 左右睡觉。

⑤其余时间，即每周一、二、五、日的白天用于看书、读报、写作和练字。具体安排根据当时的情况和需要确定，同时注意劳逸结合，也是很有规律的。

总之，老年养生的活动安排，即与运动养生有密切关系，又是老年养生各项活动的具体体现。只有做好科学合理的安排，做到充实、紧凑、轻松、规律性结合，才能保证有张有弛、有劳有逸、促进身体健康、精神愉悦、心情舒畅，提高老年生活质量，取得优良养生效果。

二　太极养生的方法运用和身轻体健效果

太极拳是中国人创立的一种传统运动项目，对于养生，包括老年养生有很好的作用。据史料记载，太极拳的创始人是明末武将陈玉廷，他创立了陈式太极拳，后来逐渐分化发展为陈式、杨式、吴式、武式和孙式五大流派。新中国成立后，国家体委又组织、编定了 48 式太极拳、24 式太极拳和 88 式太极拳，丰富了太极拳文化。

（一）太极养生运动的简单经历

太极拳是一种普及面较广，特别适合老年养生的运动项目。我练习太极拳已经有 20 多年的历史，我的方法是与其他运动项目配合，长期坚持不懈，融入日常生活之中。这与任何事情一样都需要毅力和韧性。老年养生的运动项目很多，如果见一个爱一个，学一个丢一个，那就是猴子掰棒子，是没有什么效果的。在 20 多年的太极养生中，我的练习过程大致经历了两个阶段。

1. 以健身为目的的初学练习阶段。这一时期并未自觉地将太极运动与养生结合起来，只是因为 20 世纪 90 年代中期工作过于劳累，身体严重亏虚，只好每天早上到东单公园锻炼，看到一些人在打 24 式太极拳，感觉动作优美、柔和，就跟着练习。开始不会，亦步亦趋，经过一段时间，基本学会了 24 式太极拳各项动作的要领，但并不熟知各个招式的动作名称。后来看书，慢慢知道了，开始利用业余时间个人独立练习。因那时尚未退休，每天的教学、学术活动、专著、教材编写的工作十分繁忙。于是就决定了每周练习 2 次，与其他几项运动项目配合，其目的都是为了恢复严重亏虚的身体。到 2001 年，我因心脑血管严重阻塞住院后，更加感到身体锻炼的重要性，就将打太极拳和其他几项运动项目一起融入了日常生活之中，成为每周定时必做的事情。

这一时期我练习的24式太极拳，都是以起势开头，按照野马分鬃、白鹤亮翅、搂膝拗步等各个招式练习的。从起势到收势共 24 个招式，打完一次只需 10 分钟左右。慢慢感觉运动量不足，于是就打第 2 遍或第 3 遍。再与其他运动项目配合。感觉每次运动完后，周身都比较柔和舒适。但这一时期，我练习的太极运动还是比较机械的，只是学会了招式，但没有和运气、调气结合，也还没有什么变化。当然其健身目的还是达到了。

2. 与运气调气结合的延时改进阶段。老年养生，不管是运动、食疗或其他方法的运用，本于自己，即从自身的实际情况出发，都是最重要的原则。在太极运动养生过程中，经过前一阶段的初学练习，在熟悉和掌握各个招式的基础上，从 2005 年左右起，我开始结合自身实际需要对 24 式太极拳进行简单的改进和调整。一是放慢了各个招式的速度，二是选择了野马分鬃、搂膝拗步、左右倒卷肱、左右揽雀尾、云手、左右下势独立、左右穿梭与海底针等十几个招式重点重复练习。三是各个招式的练习都与运气、调气结合起来。由此，将原来做完一次的 24 式太极拳延长到了一次用时 2 ~ 2.5 个小时，这对调匀呼吸、增强肺活量、打通周身血脉和经络、促进气血运行，发挥了极其良好的作用。

（二）太极养生的方法运用与身轻体健效果

在改进调整 24 式太极运动，重点重复练习与运气调气结合的过程中，我对太极养生的方法运用，主要有以下几点体会和体验：

1. 开合浑圆运气调气结合，疏通心脉，调和气血。开与合都是太极运动的招式。开为阳，合为阴，开为动，合为静。它们都体现在运动招式中，我则重点选用野马分鬃和搂膝拗步两个招式来体验。一开始做起势，就放慢速度，调匀呼吸。转入野马分鬃，我将原来的一左一右再回到左的三步动作延长为 30 步。双手抱拳为合，两手一前一后分开为开。一开一合，缓慢呼吸，换气 5 次，在胸前形成一个气场。动作尽量舒缓、柔和、优美。呼吸匀称，心境平和。30 步距离的动作做完，对疏通心脉极有好处。这时，阳气上升，周身开始发热。经过白鹤亮翅的过渡，转入左右搂膝拗步，我又将原来的一左一右拗步改为连续

30步。这时，动作浑圆与开合结合，一手胸下搂膝，另一手过腰部向上画圆，整体动作是浑圆的。分开来看，搂膝时为开，双手交错时为合，一开一合阴阳相交，浑圆一体。这时最重要的是呼吸调气，这一开一合要换气6次。开时想象气从天外吸入，从胸前慢慢沉入丹田，正好顺任脉下行。合时想象气从天外吸入，从背后慢慢沉入后丹田，正好顺督脉运行。30步动作做完，对疏通任督二脉极有好处。当野马分鬃和搂膝拗步这两个招式做完，阳气带动阴气回升，阴阳平衡，周身已经微微出汗。开合浑圆的招式与运气调气和意念结合，可疏通心脉打通任督二脉，疏通和调和气血运行，促进身心健康。

2. 浑圆卷肱疏肝强肾，增强身体平衡感。搂膝拗步后，经过手挥琵琶的过渡，转入左右倒卷肱。我将原来的一左一右退步卷肱改为连续倒退60步。做这个动作的特点是浑圆与开合紧密结合。每退行一步，双手借腰部之力画大圆时为开，两手相交互搓时为合。一开一合结合起来，其动作是浑圆的。整个招式要缓慢、柔美，每退一步呼吸换气4次。想象中气体要在身体周围形成一个大气场。吸入的气体要缓慢均匀地呼出，右侧动作的一开一合要想象气从前胸沿任脉沉入丹田，左侧动作的一开一合要想象气从后背督脉沉入后丹田。退步慢行，头部眼睛要随左右手的一开一合而转动。从养生学的角度来看，这种浑圆开合而缓慢的退行招式，加之运气、调气和意念，一方面对疏肝理气，增强肾功能有良好作用。因为倒卷肱的动作是舒缓而缠绵劲的，眼睛注意力随手动作不停转换、退步循环往复、移情意性，加之意念中气的运行，所以能疏理肝气，增强肾功能。另一方面，它对增强老年人的身体平衡感也有很好的作用。

3. 升降圆润的气场改善心肺功能。倒卷肱后转入左右揽雀尾，我结合自身实际需要，对这一招式进行了改进和调整。一是将原来的一左一右的2个招式改成了一左一右各30个招式。二是将原来抱拳后姿势较高的转身、双手交叉向前推，改成了抱拳后先转身摆手再回身推手姿势，形成一降一升。三是在推手后加了一个双臂抽回向两侧张开的大鹏展翅，再向前推手的动作，最后回到揽雀尾的结尾。这一修改就变成有左右升降，圆润展翅，身前气场结合的改进型左右揽雀尾。做这一招式的要点是：想象进入一段风景优美，花草树木繁茂的景区，缓慢前行。每行一小段，做左右一个招式。抱拳时姿势放低。转身摆手，分开双腿和回身过程中的升降，身体的姿势都尽量放低。推手后回手张开的大鹏展翅要尽量缓慢，运气调气要配合动作。左右两个揽雀尾加大鹏展翅，每一侧的动作要想像在优美的风景中吸入新鲜空气。换气 6 次。转身推手过程中形成一个运动中的体前气场。回手做大鹏展翅时，气场在胸前扩张，再推手和回身抱拳时，气场变成胸前球状。在运气调气过程中，要想象整个身体处于天人合一，被气场推动，心气平和，呼吸顺畅。新鲜空气不断吸入，浊气随推手、摆手而出去，形成升清降浊过程。经过改进后的左右揽雀尾，融入大鹏展翅后，使我的 24 式太极拳运动达到高潮。从养生学的角度看，改进的招式升降结合、开合结合、动作圆润，呼吸与动作配合，气场在体前运动、内气随躯干和两臂运动浮沉，由此推动和促进心脏跳动加快、气血运行畅通，心脏和肺部功能增强。当循环往复共 60 次的改进型揽雀尾招式完成后，已经是满身汗出、神清气爽、周身灵便、痛快淋漓了。

4. 手脚漫移、气随身转，促进人体精气流通。做完改进型左右揽雀尾，以单鞭过渡转入云手。24 式太极拳的云手只有侧移 3 步动作。我结合自身需要将其改为侧移 60~65 步云手招式。云手的动作比较简单，但我重点是注重调气运气与意念结合。单鞭转入云手时，先是身体重心放低，左手向左伸直，向下向右成圆形向上回手，再右手向右伸直，向下向左成圆形向上回手，双手在胸前像抱着一个因搓动而向侧前滚动的气球，两眼注视着两手搓球的动作而转动，同时侧移一大步。每移出一步，呼吸换气 2 次，体前形成一个气场，然后再重复上面的动作。从养生的角度看，循环往复 60 步的 60 个云手动作做得舒缓圆润，调气运气均匀、缓慢、意念中体前滚动着的球体与气场，随身移动，新鲜空气不断吸入，浊气随双手左右移动而排出，真气沉入丹田。心境平静，由此推动心肺运动协调，气血循环运行，促进人体精气流通，使手脚与周身都很灵便，机体功能处于协调运行的最佳状态，有利促进健康长寿。

5. 正常连续 5 个招式缓解心慌、失眠。云手 60 个招式完成后，是单鞭、高探马、右蹬脚、双峰贯耳、转身左蹬脚等 24 式中正常连续的 5 个招式。这 5 个连续招式我均按 24 式要求操作，动作圆润、舒缓、空通、松散、升降结合，运气自然，有利缓解心慌、失眠，对调养我的颈动脉和心脑血管硬化也有良好作用。

6. 触天摸地升降结合疏通任督二脉。转身左蹬脚后，是左右下势独立。我根据自身锻炼需要，将一左一右各 2 个招式改成了各 30 个。独立姿势则增加了上下伸手拉身动作。做左下势独立时，右手斜上举，左手触摸右手像触天，然后左手与整个身体向下向左运动像摸地，再起身独立做两手一上一下的拉身动作，完成一次调气。然后转入右下势独立、重复触天摸地、一升一降、上下伸手拉身的动作。又一次完成调气动作。每做一个下势独立时，意念中的真气随任脉下行沉入丹田。独立后再换气，做上下伸手拉身时，意念中的真气从头顶经后颈脊柱顺督脉沉入后丹田。在触天摸地升降二势结合的过程中，可以疏通任督二脉，使真气流通，内气充盈。

7. 空通松散循环重复的左右穿梭带走一身浊气。左右下势独立完成 60 个招式后，我将左右穿梭 2 个招式改成了一左一右共 60 个招式。这一穿梭式的特点是空通松散。下式独立后转为左抱拳、胸前空通，再出左脚跨步，身前做出右推左挡的穿梭动作，这时胸前空通与松散结合。运气调气后意念中的胸前气场从抱拳时的球状变成穿梭时左手推出而有弹性的感觉。右推左挡起护身作用，浊气则同左手推出而带走。然后转为右抱拳，重复做左推右挡的穿梭，由此完成一左一右的穿梭动作。这样通过往返重复的左右穿梭，胸前气场的空通松散状态不断循环，意念中的体内真气缓慢沉入丹田，浊气则不断随左推右挡或右推左挡的动作而不断被带走，使身体达到收放自如、轻便灵活的良好状态。

8. 从海底针到收势突出转身搬拦锤，意不断，势相连。做完左右各 30 个穿梭招式后。接着做海底针、闪通臂、转身搬拦锤、如封似闭、十字手和收势等 6 个招式。这时，我又根据自身需要将这 6 个连续的招式改为重复做 6 遍，每遍一气呵成。其中，转身搬拦锤后又加了一个大鹏展翅的动作，再次体验到意念中无限美好的自然风光、天人合一的运气调气境界。然后再做如封似闭，直到收势结束。这连续 6 个招式的特点是做得缓慢、圆润、身心气三者结合，融为一体。意不断，势相连，身虽动，心犹静，最终达到强身健体、心气平和的效果。

（三）太极养生的观念形成

太极养生不仅是太极拳运动，而且更应该形成一种太极养生的观念。我经过 20 多年的太极练习，不求多，只求熟能生巧，并结合自己需要加以改进和调整，增加了太极拳的运动量，延长了运动时间，也逐步形成了自己的太极养生观念。

1. 形神合一的整体练身观念。太极拳运动不管是陈式、杨式、吴式、武式或孙式太极拳，都注重形神合一、调气运气。国家体委编定的 24 式、48 式或 88 式太极拳只不过是综合了五大流派的特点，吸收了各派的长处，但形神合一的整体练身观念是没有变化的。我在练习过程中，逐步体会到这一观念的运用，总是将太极看成一个整体，并将其中的每一个招式，包括因自身需要而改进调整后的招式看成一个小的整体，又在每一个招式的练习过程中，将身、心、气结合起来。通过调气运气达成形神合一的整体效果，从而促进身心健康。

2. 身动气运的导引运动观念。太极拳既是一种练身运动，更是一种练气修身运动。太极拳的一招一式都很优美诱人。但纯粹的一招一式最多只能活动筋骨，只有与调气运气结合起来，才能通过气运、意念的引导，促进体内的精气、气血、精液物质的循行输布。所以，太极养生必须树立一种身不动，气不动、身动气动的导引运动观念。我在 20 多年的练习过程中一开始并没有这种意识，只是简单地咿呀学步。后来，动作开始熟练了，才逐步将运气调气加入其中，逐步形成了身动气动，气随身移的观念。并且在做每一个招式时都要将呼气、吸气、运气结合起来，都要将意念和体内真气运行导引结合起来，从而促进了体内精气、气血的运行和身体健康。

3. 宁心静气的至真至纯观念。太极既是一种运动，也是一种养生文化。太极运动讲究动作要舒缓、圆润、优美动人，但更注重心态必须宁静。在缓慢、柔和、浑圆、开合、升降等运动姿势中，保持宁心静气。其运气、调气、导引气行都是均匀缓慢的。太极者，无极而生变化之符号也。只有保持心态平和、纯真自然，才能通过气运疏通脏腑，协调精气与气血运行。通过长期的太极运动我已较好地养成了这种宁心静气的至真至纯观念。不仅从一开始运动就能宁心静气、心无旁骛，而且运动结束和日常生活中也能做到万事不着急、心平气和、静心，修身养性，保持乐观愉悦的心态。

上述三种太极养生观念的形成，必将进一步得到巩固，指引我未来长期的太极养生活动。

三　触穴五脏振动功让脏腑功能强盛协调

中医认为，人体是一个有机的整体，并将其分为五大系统，以心、肝、脾、肺、肾等五脏为核心，胆、胃、小肠、大肠、膀胱和三焦为六腑，五脏与六腑相表里，又通过经络的联络与皮毛、筋骨、四肢百骸相联系，由此构成人体的大致结构。在这一结构中，五脏系统是关键，五脏功能的强弱和运行的协调程度直接决定和影响人体的健康状况。平时，人体脏腑器官难于直接得到运动锻炼。为此，我结合自身心脑血管与糖尿病治疗的实际需要，选择了触穴五脏振动功来让五脏六腑得到运动锻炼，其运动方法分为三大部位。

（一）双肩后侧触穴振动，让心肝功能强盛

人体双肩后侧是手太阳小肠经和手太阳三焦经经过的部位，这里的手太阳小肠经上分布着肩贞、臑俞、天宗、神风等穴位，手太阳三焦经上分布着天髎、肩髎、巨骨等穴位。这一部位又在上三焦，与人体心脏和肝脏距离最近，经常撞击大有益处。我的运动方法是每周室外运动日，当清早做完太极运动后，走到公园内一株适合的树边，侧身而站。先用右肩后侧撞击树干，所撞击的部位都在平时很难触及的穴位上。每撞一次与运气结合,并配合腹式呼吸,腹部突起，连续缓慢地撞击 150 次，口中配合数数发声，使上三焦右侧心脏和肝脏受到较强烈的振动，又带动五脏六腑同时振动。然后转身，用左肩后侧撞击树干，重复右肩撞击时的动作和运气、调气方法，使左边的心脏与肝脏受到振动而带动脏腑器官振动。由此完成双肩后侧触穴振动的运动过程。双肩各撞击150次左右，用时 10 分钟。

从运动养生的角度看，双肩后侧触穴振动的效果是：①每撞击一次，上三焦的心脏与肝脏受到一次较强的振动，心为“君主之官”，主心脏跳动和血脉运行,统摄人体精神。经常振动可增强心脏搏动功能和血脉运行功能。肝为“将军之官”，肝藏血，调节情志，经常振动可增强肝脏造血藏血功能，使人体气机畅通。②在心肝受到较强烈振动的同时，可带动中三焦和下三焦其他脏腑器官振动，增强其协调运行功能。③在撞击树干的过程中，每次撞击都会刺激手太阳小肠经和手太阳三焦经在双肩后侧的穴位，由此疏通这两条经脉，促进其协调运行。④撞击树干与调气运气，腹式呼吸结合，可起到导引气血运行，促进精气流动的作用。

（二）后背外侧靠穴振动增强双肺功能

人体后背外侧是足太阳膀胱经经过的部位。这里从上到下分布着胃仓、阳纲、魂门、膈关、神堂等众多穴位。这里又是体内双肺所在的部位。撞这一部位及其穴位能刺激足太阳膀胱经和双肺增强其功能。我的方法是：斜侧身站在树干前,先从右边开始,将后背右侧部位用力靠在树干上。同时,左手曲伸向上,右手弯曲向下拉动，尽量让后背右侧从上到下的部位撞击树干，让足太阳膀胱经上部的穴位接触树干。每靠一次与运气结合，配合腹式呼吸，口中发声数数。

连续缓慢用力靠树 150 次，让右肺受到较强烈的振动，同时带动脾、胃等脏腑器官振动。然后转身将后背左侧部位用力往树干上靠，重复后背右侧靠穴时的动作和运气调气方法。使左侧的肺脏受到较强烈的振动，并带动脾、胃等脏腑器官也受到振动，由此完成后背外侧靠穴振动的运动过程。双侧各靠树干 150 次，用时 10 分钟左右。

从运动养生的角度看，后背外侧靠穴振动的作用是：①每次撞击树干都靠在足太阳膀胱经经过的这一部位及其各个穴位上，有利于刺激经脉畅通，增强肾脏、膀胱功能。②经常撞靠这一部位，能使双肺和脾、胃受到振动和刺激。肺为“相傅之官”，主呼吸，节律性强，由此增强肺气，有利于推动气血运行。脾为“谏议之官”，主运化，布散精气，胃为“仓廪之官”，主受纳，化五谷精微。此项运动可增强脾、胃功能，又有利于将五谷精微等营养物质和精气输送到全身。③后背双侧靠穴振动，不仅使双肺和脾胃受到振动和刺激，又可带动小肠、大肠、膀胱等其他脏腑器官，使其更加协调地运行，有利于促进整个身体的健康。

（三）脊柱上下撞击带动五脏振动，脏腑功能协调，强身健体

人体脊柱双侧是足太阳膀胱经上下贯通的部位，脊柱沿线又是督脉经过的路线。这里从上到下密布着几十个穴位，包括足太阳膀胱经上的会阳、腰眼（命门）、肾俞、气海俞、风门、胃俞、脾俞、胆俞、心俞等，脊柱线上的下髎、中髎、上髎、腰阳光、俞门、会阳、灵台等等。经常撞击这一部位及其穴位是大有益处的。我的方法是：做完双肩撞击树干后，背靠树干站好，双脚分开与肩同宽，双手端起，用后背脊柱撞击树干，双手同时前后摆动，调气运气，腹式呼吸，口中数数发声。撞击的顺序是从上到下，再从下到上反复多次。撞击下部时，需双腿膝盖向内靠紧，否则很难撞到腰眼即命门以下的穴位。这一部位的撞击也是 150 次，但前后做两遍，各用时 10 分钟。

从运动养生的角度看，脊柱上下撞击运动的效果是：①这一部位是人体足太阳膀胱经和督脉穿行的场所，穴位密布。从上到下和从下到上的反复撞击，可以通过刺激这些穴位来刺激后背经络和督脉，促进经脉畅通。②这一部位同时又是人体上三焦、中三焦、下三焦的分布场所。五脏六腑的各个器官都集中在这一部位。经常从上到下，从下到上的撞击这一部位，可以使心、肝、脾、肺、肾等五脏和胆、胃、小肠、大肠、膀胱和三焦等六腑都先后多次受到振动，由此可以增强脏腑功能，促进脏腑器官的协调运行。③人体五脏六腑通过经脉与

皮毛、筋骨、四肢百骸互相联系。脊柱上下撞击使五脏六腑功能强盛，脏腑器官协调性增强，经脉气血畅通，必然带动全身，增强人体身心健康。

需要说明的是，触穴五脏振动功是一项较好的脏腑受振而直接促进其功能强盛和协调的运动。俗称后背撞树功。有些人因未掌握这项运动的要领或者道听途说，人云亦云，就认为这项运动不好，会振坏人体五脏六腑，甚至缩短寿命。这种说法都是没有任何根据的。这项运动我已坚持 10 多年，每周 2 次，每次先后重复各做一遍，用时 60 分钟。每一遍都按照上面介绍的部位和方法触穴撞击树干，效果极好。每次锻炼后都感到周身灵便、精神饱满，连续几天都神清气爽，痛快愉悦。至于说振坏五脏六腑是绝对不可能的，人体的脏腑器官和机体一样，绝不会因撞击受振就坏了，就失去其功能了。相反，运动受振使脏腑、经络、机体得到锻炼，只能增强其功能，促进其协调，进而起到强身健体的作用。10 多年来长期坚持这项运动的实践使我对此深有体会。

四　托天蹬地摆头功缓解了我的动脉血管疾病

运动养生的方法多种多样，托天蹬地摆头功是我选择的第三种运动养生项目。它的特点是方法简单、好学、好记，效果良好，特别适于老年养生选用。其具体方法运用包括两个运动项目。

（一）托天调气功促进肩颈气血循环

每周运动日，做完第一遍触穴五脏振动功后，我即开始做托天调气功。其运动方法是：

1. 选好运动场所。一般是在公园选择一处四面能站人的花坛或小景或大树，确定东南西北四个方位与站着运动的位置，以便运动调气，吸入天地四方之新鲜空气。

2. 循环往复运动。运动开始站在所选场所的某一方位，即按东、西、南、北顺序站好，平心静气，双脚分开与肩同宽，闭目平息，先用右手翻掌托天用力上举，重心落在右脚，托天踮脚。然后手从前方放下，再翻掌托天用力上举，重复同一动作。在东边方位托天上举 150 次。然后分别换到南边、西边、北边重复上面的动作。各翻掌托天用力上举 150 次。做完右手再换左手，仍按东、南、西、北方位和次数重复完成上面的动作。这样两只手分别托天上举的次数各为 600 次左右。整个动作要做得稳健、有力、圆润、优美，手臂与上身有灵活舒适感。

3. 调气运气协调。托天调气功除双手托天，运动手臂和颈部外，关键在调气运气协调。其方法是：闭目平息时吸入天地四方清气，托天上举时排出浊气，同时体内真气沉入丹田，不断重复，带动体内气血运行。

从养生的角度看，上述运动虽然简单，但手臂、肩骨都在不停上下升降运动，同时带动颈部、头部、脚部也在运动。与调气、运气配合，手臂升降带动心肺，有利于促进心肺和肩颈等部位的气血循环。促进身体健康，对于我颈动脉和心动脉安支架后的治疗、调养也有很好的配合作用。

（二）蹬地摆头功预防肢体血栓，促进血液循环

每周运动日，做完托天调气功后，开始做蹬地摆头功，其运动方法是：

1. 选好做功地址，蹬地摆头功需轮流单腿站立，故需选择一处有扶手或树枝，又便于站立做蹬腿运动的地方。

2. 蹬地摆头运动。运动开始，侧身站好，平心静气。左手紧握扶手或树枝，左脚站立，右腿抬起，用力向地面蹬去，但不接触地面。右手随右腿上下摆动，头部则时而上下，时而左右，时而前后的随右腿摆动。这时可听见颈椎不断发出的吱吱声响。每蹬一次做一次上面的动作，连续蹬地摆头 600 次。然后侧身换右腿站立，右手紧握扶手或树枝，左腿抬起用力下蹬，重复右脚蹬地时的各项动作，连续重复蹬地摆头 600 次。共用时 0.5 个小时左右。

3. 调气运气配合。在做蹬地摆头功的过程中，甩手与蹬地成一上一下地协调运动，手向上摆时吸气，腿往下蹬时呼出。但意念中想象为清气不断从头部进入，蹬右腿时气从面部顺胸部经任脉沉入前丹田。蹬左腿时，气从脑后顺后脊经督脉沉入后丹田，浊气随蹬腿排出体外。整个运动要做到动作平稳，姿势美观，有力。头、手、腿、脚、气行协调配合良好，有轻松、舒适、灵便的感觉。

从运动养生的角度看，蹬地摆头功动作简单，但头、颈、手臂、腿、脚都能得到很好的锻炼，运气调气与机体运动配合，能升清降浊，促进机体，特别是头颈和腿脚部的血液循环，预防肢体血栓和静脉曲张的形成，对消除疲劳也有良好作用。

（三）托天蹬地摆头功缓解了我的动脉血管疾病

我曾因颈动脉粥样硬化阻塞和心脏远端动脉硬化阻塞安过五个支架。这种疾病的治疗大多是终身的，也需食疗、运动等来配合。从我 10 多年前坚持不懈地选用这两项运动后，通过长期锻炼和食疗与药物的配合，自我感觉收到了

三个效果：一是心脑动脉血管硬化阻塞得到了良好控制，缓解了疾病。手术 10 多年后，血液化验指标恢复了正常，感觉良好，再未复发过同样的疾病。二是缓解了腿部老化进程。人老先老腿，10 多年前手术后，我的右腿发软，爬两层楼梯就气喘，通过长期锻炼，包括坚持不懈的托天蹬地摆头功，这种腿部老化进程得到了缓解，不仅未因年岁增长而加重，反而大大减轻了。三是促进了臂、颈、头、腿等各部位的气血运行，感觉整个身体都更加轻便灵活了。

五　甩手荡腿运气功让人感觉老当益壮

甩手荡腿运气功是我选择的第四种老年养生运动项目，它与前几种运动项目配合，效果很好，让人感觉老当益壮。具体运动方式包括两种，运动方法是：

（一）甩手运气功疏通上身经脉让人身轻灵便

甩手运气功的运动方法很简单。运动开始前选准一个面对树木、花坛或小景的地方站立，双脚分开与肩同宽，闭目面对花草树木。先将右手上下用力甩动，尽量让上下和前后的摆动幅度大一些。手臂上抬时吸气，下摆时呼气。同时意念中想象着眼前花草树木的清气从头顶进入，沿面额、仁中入前胸，顺任脉下行，沉入丹田。动作不断循环，连续甩手运气调气 600 次。然后换左手上下用力甩动，同时运气调气，重复右手甩动时的意念和动作，再连续做 600 次。最后慢慢睁开双眼感觉身上，特别是上身双臂经脉畅通，周身灵便、神清气爽，有一种很舒适的感觉。完成这项运动，每只手要轮流甩动 600 次，用时需 0.5 小时左右。运动时必须心情平静、宁心静气，闭目想象清气运行。细心体验才能有利疏通经脉、促进气血运行。不能心烦意乱或心情急躁，否则，难以达成预期效果。

（二）荡腿调气功促进督脉畅通精神爽

甩手运气功以运动上肢为主，疏通任脉，荡腿调气功以锻炼下肢为主，促进督脉畅通。其运动方法是：

1. 选好运动地点。荡腿运动需要单腿站立，故需选择有扶手、树枝或其他合适的地方，以便站立时能保持身体平衡，运动方便协调。

2. 循环荡腿运动。运动开始，左手紧握扶手或树枝，左腿独立，闭目平息，右腿伸直前后摆动，尽力像荡秋千一样荡起来。右手可同时随右腿的摆动而前后晃动。此一动作连续循环做 600 次。然后转身或换位置，改右腿独立。右手紧握扶手或树枝，左腿伸直荡起，连续循环往复，再做 600 次。睁开双眼，完成全部动作。前后用时需 0.5 小时左右。

3. 运气调气配合。双腿轮流独立和摆动时，腿向前荡时吸气，向后荡时呼出。同时，意念中想象眼前花草树木中的清气从头顶进入，沿后脑顺督脉慢慢沉入后丹田。随着双腿轮流摆荡，意念循环往复，直到荡腿结束。

从运动养生的角度看，荡腿调气功动作虽然简单，但双腿轮流独立，轮流摆动总次数达到 1200 次。双手配合晃动，使人体下肢得到充分锻炼，有利于促进下肢血脉和气血流动，特别是意念中的天地清气不断循环于头顶至后脊下端的督脉，起导引促进经络畅通和气血运行的作用。所以，运动结束，睁开双眼就会有周身舒适，精神爽快的感觉。

六　坚持运动养生的注意事项

老年人的身体与中青年人不一样，特别是进入六七十岁后，大多数人的机体都已逐渐衰老退化，手脚不灵便。运动养生的目的就是要增强体质，延缓衰老退化的进程和速率。为此，老年运动养生，一定要注意以下五个问题。这也是我 10 多年来的切身体会：

1. 运动前要进行必要的准备活动。即每次运动前都要针对所选择的运动项目做 3 ～ 5 分钟的准备活动。以防运动开始后的拉伤、扭伤、不适、创伤等。

2. 每项运动的量度和时间掌控。老年养生，一个项目的运动量大小和用时多少，特别连续多个项目的运动量掌控和时间长短，都必须根据具体运动项目的激烈程度，特别是老年人自身的体质状态和承受能力来确定。最终要以运动结束后不感觉劳累而感觉轻松、舒适为宜。如我现在每个运动日的 4 个项目，连续运动的量度是较强的，时间长达 6 ～ 6.5 个小时，但 10 年前是 2 ～ 3 小时。这一运动量和时长是逐年递增的，现已到顶峰。再过几年到 10 年肯定会随年龄的增长而逐步减轻和缩短连续运动的时间。所以，本于自身实际，不感觉劳累反觉轻松是老人这一注意事项的掌控原则。

3. 运动中的饮水补充。运动养生必然要较快消耗人体的能量和水分，特别是夏季运动更会如此，故必须及时或适时补充水分。如我每周的 2 个运动日都要带 2 大瓶白开水。从运动开始到运动结束的 6 个多小时中，分 6 次饮用完。平均每小时补充一次水分，所以从未感到过口干舌燥或不适，也有利于促进体内的津液尿液循环，有利于身心健康。

4. 按时按量地长期循环运动。老年运动养生最忌讳、最不好的现象是三天打鱼两天晒网。不断地下决心，不断地选项目，不断地放弃停止，是没有什么运动效果的。我的办法是选好项目、长期坚持、不断改进提高，但绝不三天打鱼两天晒网,也绝不做“猴子掰棒子”的事情。总是每周到了运动日就按时前往，按时、按项目、按数量、按质量地完成运动养生项目。当然，这是需要长期与持续不断的毅力，需要决心、毅力和勇气的。

5. 享受的是运动过程与效果体验，而不是表面功夫。老年运动养生是通过运动过程来增强体质。故要乐于享受运动过程的姿势、意念，体会这一过程中的气血、气机运行。享受这些带来的乐趣，从而达到老年运动养生，预防和延缓衰老与退化进程的目的。为此老年运动养生绝不能追求表面功夫，花拳绣腿。也不能只满足运动了的虚荣心，而应重点放在享受运动过程和效果体验上面。

第十三章 老年导引养生术的方法运用与效果

一 导引养生术简介与项目选用

导引是中国古代的一种健身养生方法。它用意念引导动作，配合呼吸，由上而下或由下而上地运气，引导人体气血运行，促进身体健康。现代气功就是在导引基础上发展起来的。

在中医养生流派中，导引术属于动形学派的范畴。它始于老庄。庄子主张静以养生，但并不是绝对的静而不动，而是静中有动。道家以老子理论为基础，创立了意守丹田的养生方法。到汉唐时期，导引术的理论进一步明晰，认为形体的动静盛衰关系着精气神的衰旺存亡。形体动则脾胃健，精气周流，生命力就旺盛，但动又不能过劳，《黄帝内经・素问・上古天真论》提出“法于阴阳，和于数术，饮食有节，起居有常，不妄劳作，故形与神俱”。导引术就是“和于数术”“形与神俱”的养生方法之一。张仲景在《金匮要略》中提出“四肢才觉重滞，即导引吐纳……勿令九窍闭塞”，则进一步发展了导引术的防病功能。后华佗创立五禽戏，宋代创立“八段锦”，则是导引养生术的发展和运用。孙思邈在《千金要方》中提出:“养生之道，常欲小劳”和“体欲常劳，劳勿过极”。故导引养生，是动静结合，以静为主，动则以舒缓，较轻的运动为主。重点是意念引导动作，配合呼吸和运气，引导气血运行而达到健体养生的目的。

导引养生的运动项目多种多样，除比较流行的五禽戏、八段锦、马王堆出土的汉代导引术等外，还有各种以静为主，动静结合的导引养生运动。我根据本人身体状况和实际需要，选择了以下六种导引养生术，长期坚持，收到了很好的健体养生效果。下面分别介绍其方法运用和效果。

二 太极揉腹导引术的方法运用和养生效果

晋代葛洪在《抱朴子》中说“或伸屈，或俯仰，或行卧，或倚立，或踟蹰，或徐步，或吟或息，皆导引也”，由此可知，导引术的方式多种多样。我每天清晨醒来所做的第一项活动就是太极揉腹导引术，已坚持了近 10 年，我的做法和感悟是：

（一）太极揉腹导引术的方法运用

所谓太极揉腹导引术就是将太极拳的舒缓动作，呼吸运气和用意念引导动作的方法运用在揉腹或摩腹上，以此达到健体养生目的。我的基本做法是：

1. 锻炼时间与用时。根据冬季早睡晚起，夏季早睡早起的原则，我每天 5：00 ~ 5：30 分（夏季）或 5：30 ~ 6：00（冬季）即醒，醒来后的第一件事就是做太极揉腹导引术的健身活动。每天均按顺时针方向揉腹导引 100 ~ 200 圈，逆时针方向揉腹导引 100 ~ 200 圈，用时 15 ~ 30 分钟。一般情况下是每天清晨做 200 圈，只有周三或周六要早 6：30 到公园锻炼，或有特殊活动要早出门时，才改做 100 圈。

2. 顺时针方向揉腹导引方法。揉腹导引术根据方向不同，有补和泻两种不同功能，顺时针方向为泻，逆时针方向为补。一顺一逆或一逆一顺各绕脐揉 100 或 200 圈，则为平补平泻，适于一般养生。我的做法是先顺时针方向。身体仰卧，两腿伸直，闭目静心。左手在下，右手按住左手背，按顺时针方向用力，缓慢地以肚脐为中心，揉摩腹部。先小圈，再逐步变大圈，然后再小圈，循环往复。同时移动手指数数，每指 10 圈。意念中手心有一根柔绳与脏腑相连，按摩揉腹时感觉手心在带动脏腑运动。这时，吸气均匀，呼气要慢，主要用“嘘”字呼气法，均匀，缓慢地将体内之气全部呼出，直到肚腹深凹下去为此。随着划圈力度加大，吸气用力，“嘘”气的动作更为缓慢与绵长，体内废气彻底排出。这时会出现几次打嗝，调节体内真气。同时会多次出现打哈欠，调动体内元气或精气，使身体充满活力。开始时，有点口干舌燥的现象也随之消失。当 200 圈揉腹的动作完成时，体内阳气升腾，肚皮、后背、手心、脚心都会出汗。即使大冬天掀开被子做完一只手 100 圈的太极揉腹导引术后，也会手脚心出汗。

顺时针方向揉腹完成后，要反复用“嘘”字呼气功缓慢绵长调节呼吸以消除疲劳，调顺体内真气。然后再揉腹 10 圈，再用左手推搓腹部，方法是按左、中、右三条从上到下的直线，用力从颈下直推搓到下腹，左右各 4 次，中腹 8 次，再左右各斜推 4 次。共推搓腹部 16 次，以调顺和恢复腹部的本来状态。由此完成顺时针方向的太极揉腹导引术全部动作。

3. 逆时针方向揉腹导引方法。做完顺时针方向动作后，仰卧伸腿、闭目静心。右手在下，左手按住右手背，按逆时针方向用力划圈，揉推腹部。方法和动作都和顺时针方向相同，意念与吸气，“嘘”字功呼气也同上。但这时，一般不气再出现“打嗝”或“打哈欠”现象。但意念和“嘘”字功呼气会更强烈，也更缓慢和绵长，由此刺激和激发体内精气，阳气升腾，调动自身的潜能。

逆时针方向做完200圈后，也要调节呼吸，用右手再揉腹10圈最后完成右手推搓腹部20次，方法与目的同上。这就是我近10年来一直坚持不懈地太极揉腹导引术的方法运用。

（二）太极揉腹导引术的养生效果

太极揉腹古称摩腹，揉腹。早在南北朝时期，达摩译的《易筋经》就有摩腹三法的记载。唐代孙思邈在《千金要方》中说：“摸腹上数百遍，则食易消，大益人，令人能饮食，无百病。”从老年养生的角度看，我对太极揉腹的养生效果主要有四点体验：

1. 有利于激发和调动人体精气神。太极揉腹主要是对中脘神厥、气海、关元等穴位的反复揉摩。神厥俗称肚脐，气海又称丹田，都被誉为是人体发动机，是一身元气之本。中脘的关元也是大穴。神厥与十二经脉、五脏六腑、奇经八脉、四肢百骸都息息相关。连续反复地揉摩刺激这些个穴位，能够激发和调动人体自身的能量，即精气神，使人感觉神清气爽，精力充沛，这也是我每天做完太极揉腹的真实感受。

2. 能刺激肝肾，有利于防病祛病。太极揉腹双手在腹部划圈，除神厥、气海外，还有很多穴位，包括承满、梁门、太乙、外陵、大巨等等。意念中真气随手心之绳不断刺激这些穴位，即能刺激肝肾。肝藏血，能使气机畅通。肾藏精，肾精充盛则筋骨强健、精力充沛。故长期揉腹，不断刺激肝肾，使之强健，当然就会有防病祛病效果。

3. 能刺激脾胃，促进消化。太极揉腹，用手掌不断地揉摩，可促进腹腔内部的血液循环，刺激脾胃和体内消化液的分泌，使胃肠蠕动加快，促进食物消化和粪便顺利排出，有利于预防有害物质对胃肠的伤害。

4. 长期坚持，对慢性疾病有一定辅助治疗作用。太极揉腹和与之配合的推搓腹部，在呼吸和意念配合下，使整个腹部都受到刺激，又能促进气血运行，预防口干舌燥。长期坚持对高血压、冠心病、糖尿病、肺心病等慢性疾病也有一定辅助治疗作用。

三　神游吞液导引术的练功方法与神奇效果

明代著名养生家冷谦在《修龄要旨》一书中收录的两首养生歌。第一首《壮颜歌》是讲导引生津吞液可以百日功成，壮颜抗老。第二首《防老歌》是讲导引安神，守住玉关会强身健体，神全气足而益寿延年。

（一）

津液频生在舌端，寻常嗽咽下丹田，
于中畅美无凝滞，百日功成可驻颜。

（二）

抗老防衰别有方，不须身外觅阴阳，
玉关谨守常渊默，气足神全寿更康。

我所长期坚持练习的神游吞液导引术，虽然操作练习的具体方法不完全一样，比诗中所说更细微。其结果，却与诗中所讲有异曲同工之妙。下面介绍其练功方法和神奇效果。

（一）神游吞液导引术的练功方法

神游吞液导引术是用呼吸和意念来推动人体气血运行，吞液固精而达到养生的目的。它基本没有多少肢体的运动。其练功方法分为四个步骤：

1. 选好神游地点及其路线和景点。所请神游是指意念，想象中的一种漫游。故宜选择那些有山有水、花草树木密布、风景优雅、景点连续不断、空气新鲜舒适的地方。如我经常选择的神游地点包括北京香山公园的平台到峰顶、公园进门后到双清别墅、颐和园的后山和昆明湖边。西山八大处的四处到七处沿途。北海公园、广州的越秀公园、流花湖公园、七十二烈士陵园，深圳的莲花山公园、笔架山公园、青青世界、民俗文化村。我老家的周边地区，三亚的天涯海角、南山寺景区等。具体选择可根据本人的亲身体验，并以熟悉的景点为主来确定。

2. 将神游路线分成两段，做好心理准备。路线选好后，可分成前后两段来神游或漫游。正式练功前一定要宁心静气、心态平和，调匀呼吸，最好是取仰卧姿势，闭目养神，然后正式练功。

3. 神游吞液第一阶段导引练功方法。宁心静气后，想象自己进入所选景区神游路线的起点。眼前风景如画，花草树木繁茂，空气清新无比。头朝左边或右边，面对美丽如画的风景猛吸一口天地之精气，憋住不动，用手指连续缓慢地数十个数，让新鲜空气在体内慢慢散开，被脏腑接纳。然后舌抵上腭，用“嘘”字呼气功缓慢，均匀地呼出部分真气。这时口中充满了津液，憋住气将津液徐徐吞下，以意送达丹田。然后再用“嘘”字呼气功缓慢均匀地呼出体内真气，再憋住，口中又会充满津液，再将津液徐徐吞下，送入丹田。再用“嘘”字功呼出气体，再次吞液，如此循环往复，用“嘘”字呼气功反复呼气五次，口吞津液五次。而每次吞液后都用腹式呼吸来补充精气，故五次憋气，五次嘘气而不会感觉体内缺氧缺气。整个吸气、嘘气、吞液的过程要做得缓慢、均匀。眼前的意念和想象是美丽如画的景点中的大量新鲜空气或氧气源源不断地从头顶百会穴进入体内，经任堂穴、天突穴沿任脉沉入丹田，与体内气体交换，又不断地用“嘘”字呼气功排出体外，由此带动体内气血运行。激发人体潜藏的动能和元气。

做完上述导引功后，将头转向另一面美丽如画的风景，重新再猛吸一口天地之精气憋住，舌抵上腭数十个数，然后吞下口中津液。如此再憋气，吞液、嘘气，重复前面的动作。再用“嘘”字功呼气共做五次、吞液五次、憋气五次。如此，即完成神游吞液导引术第一阶段左、右两面一个单元的练功过程。接下来是向前移动，神游到下一个景点，再重复上面一个单元左右两面的练功过程。共做10个单元，要深呼吸20次，“嘘”气吞液和腹式呼吸各100次，才能完成导引术中第一阶段的全部动作。

4. 神游吞液第二阶段导引练功方法。其练功方法与第一个阶段完全相同，也分10个单元，每个单元也分左、右两面的不同风景，也要深呼吸20次，“嘘”气、吞液和腹式呼吸各100次。才能完成第二个阶段的全部动作。两个阶段的导引术做完共需用时30~40分钟。两个阶段每一个单元的吸气、嘘气和吞液方法虽然是相同的，但意念和想象中所面对的景点和风景是各不相同的，由此能够给人带来一种不断变化的新鲜感、舒适感。而不同景点的新鲜空气不断由百会穴进入体内，经任堂穴、天突穴、沿任脉沉入丹田。由此形成源源不断的体内气体交换，再不断地用“嘘”字呼气功将废气排出体外，推动体内气血运行。

在神游吞液导引术两个阶段的练功过程中，一般还会出现两种神奇结果：

一是在舌抵上腭呼气、口中津液不断流动和产生过程中，体内的痰液会不断带出，多次排出体外，这对预防体内瘀结、癌变发生是极其有利的。二是在每个阶段的练功快结束时，眼前头顶会出现一种“开天门”的现象。即闭目意念中的眼前头顶会产生很深远而闪光的洞穴，然后很快消失。这是脑部和体内真气已完全开通，气血十分顺畅的体现。

（二）神游吞液导引术的神奇效果

神游吞液导引术是我在公园和饭店向他人学习练身术。根据自身体验和实际需要，将几种导引方法结合在一起而创立的。经过近 10 年的不断练习和改进，最后形成上述比较稳定的练功方法。每天早上在做完太极揉腹导引术后，即做一遍神游吞液导引术。在每天一遍的长期练习后，确实感受到它所产生的神奇效果。主要表现在四个方面。

1. 有利于促进气血运行，壮颜防老、延年益寿。神游吞液导引术的功法有三个关键点：一是意念中不断变化的风景如画的美景和新鲜空气的不断导入，二是深呼吸后不断地憋气、嘘气、腹式呼吸的运气引起的气体交换，三是口中津液的不断生成和吞下而沉入丹田。这三个关键点都起导引作用，促进体内气血运行、流通，由此即可产生壮颜防老、强身健体、延年益寿的功效。这大概也是我已进入 70 岁后的“从心所欲”之年后，因长期坚持每天练习这种导引术，所以还能够每天精神饱满，红光满面，精力充沛地生活的原因所在吧。

2. 有利于对机体的濡养而固精强体。津液道家称为玉液、琼浆、灵液，认为是人体五脏之精华。《内景经》中说：“口为玉液太和宫。”道家视口中津液为神物，宝物。他们认为：“玉液清水灌灵根，审能修之可长存，”“玉池清水上清肥，灵根坚固老不衰。”神游吞液导引术，每天练功可每天口吞玉液 100~200 次。这些津液沉入丹田，当然会对老年人的机体发挥着很重要的濡养和固精的功效，起到“津液醴泉通六腑，随鼻上下开两耳，窥视天地存童子，调和精华治发齿”的重要作用，这一点通过我的身体力行，是深有体会的，也是客观存在的。

3. 有利于体液循环，吐故纳新而防病祛病。神游吞液导引术，舌抵上腭，用意念想象运气，推动气血运行，使口中不断产生玉液琼浆，又不断吞下，沉入丹田。这就必然促进机体内部的体液循环流动，同时又不断将体内的白痰废液带出，排出体外，推动了吐故纳新的进程。这对防病祛病无疑也会产生重要作用。这些在我的长期实践中都是深有体会的。

4. 有利于强肾补元，调畅百骸。明代著名医家龚居正在其《红烛点雪》中讲到吞津既吞液时说:“津既咽下，在心化血，在肝明目，在脾养生，在肺助气，在肾生精，自然百骸调畅。”中医认为，津液从口腔壁涌出后，经舌根、咽喉、肺转肝脏，进肾经，贮于丹田，再化精还丹，遂成精气。故津液主要有强肾补元的功效，同时还有润泽四肢五脏、滑利关节、补益脑髓的作用。神游吞液导引术，正是借意念中的美景运气调气，导引津液涌出，每日清晨练功，吞液100~200 次，其上述神奇效果是不言而喻的。

总之，神游吞液导引术的神奇功效可概括为强身治本。即从人体自身来挖掘强身健体的途径。这与传说中活了 148 岁的养生老祖宗彭祖提出的“治身之本，要也”“若本充实，岂有病乎”的养生之道是完全一致的。就这点来说，神游吞液导引术还是值得大力推广运用的。

四　齿舌运动导引术的练功方法好处多多

导引术的方法是很多的，身体的各个部位都可能采用导引的方法来得到锻炼。齿舌运动导引术就是这种方法之一。我每天清晨醒来，在做完太极揉腹和神游吞液导引术后的第三项床头练功就做齿舌运动导引术，它包括 5 种导引方法。

（一）叩齿健身导引术的练功方法与作用

热极风生齿不宁，侵晨叩漱自惺惺，

若教运用常无隔，还许他年老复行。

这是明代养生家冷谦收录在《修龄要旨》一书中的导引《健齿歌》。健齿练功方法大多相同，我的练功方法是：做完神游吞液导引术后，仰卧床上，深吸气，舒缓绵长地嘘气，慢慢调匀呼吸，闭目清心。按左重右轻方式，先叩左边牙齿 100 次，意念中不断运气调气，所产生的少量津液缓慢流入丹田。然后再按右重左轻方式，再叩右边牙齿 100 次，运气、津液处理与上面相同。

叩齿健身的作用有三：一是预防牙病。每天叩齿，口腔上下肌肉骨骼和牙齿经常运动，保持气血流通，可防牙病发生，二是有固齿良效。叩齿可让牙根肌肉得到锻炼，牙根牢固，我在 20 世纪 90 年代初，曾掉了一颗牙。从此开始每天叩齿健身，结果满口牙齿越来越坚固，再未发生过松动现象。三是可刺激肾脏，保护肾精。中医认为，肾为“作强之官”，肾藏精主骨髓，牙为骨的表现。

每天叩齿刺激肾脏能强肾保精，肾精充盈则人筋骨强壮、精力充沛。

（二）搅舌强心健身术的练功方法与作用

每天清晨做完叩齿健身术后，调匀呼吸，闭眼静心，用舌头顺口腔壁的右边用力搅动 2 圈为一次，同时运气，带动津液涌出，随即慢慢吞下。再用力搅动 2 圈，重复上面的动作。共做 10 次，搅舌 20 圈。做完右边动作后，调匀呼吸，再用舌头顺口腔壁的左边用力搅动 2 圈。同时运气，带动津液涌出而吞下，重复前面的动作，共做 10 次，搅舌 20 圈，结束练功。

搅舌运气健身术的作用主要表现在三个方面：一是刺激心脏，增强心气。中医认为，心开窍于舌，气和则舌知五味。心气足，则舌头转动灵活、说话流利顺畅。我本身患有心脑血管疾病，每天搅动舌头，刺激心脏，即可增强心脏功能，保持心神旺盛，心气充足。二是锻炼舌部灵活性，预防老年痴呆。中医认为，心开窍于舌，如果每天搅舌，加强舌部锻炼，保持其灵活性，既能刺激心脏，增强其功能，又能预防舌头不灵活，味觉辨别能力下降，说话不流利，不顺畅等老年痴呆现象发生。同时也有预防因心阳不足引起的舌胖嫩、紫暗和心阴不足引起的舌红绛等现象发生。三是搅舌过程中不断吞下津液，可濡养五脏六腑，四肢百骸，促进体内气血运行。这些，在我长期的实践中都有切身体验。

（三）伸舌润唇健身术的练功方法与作用

每天清晨做完搅舌运气健身术后，调匀呼吸，开始做伸舌润唇健身术，其方法很简单。张开口，伸出舌头先贴在右边上唇和下唇，滋润上下唇边，然后收回，沿口腔壁外右边搅动一圈，随即吞下津液，沉入丹田。此后重复上面的动作，共伸舌搅舌 10 次。接着再做左边的动作，也先张开嘴，伸出舌头贴在左边上唇和下唇，滋润上下唇边再收回，沿口腔壁外左边搅动一圈，吞下津液。同样连续做 10 次，完成练功。

伸舌润唇健身术的作用与上面所讲搅舌运气健身术的作用基本相同，这里不再重复。但有一点区别，即通过左右 20 次的伸舌贴唇与搅舌，使口腔内外都得到人体津液的滋润，让人有舒适感。

（四）弹舌运气健身术的练功方法和功效

每天清晨做完伸舌润唇健身术后，开始做弹舌运气健身术，其练功方法是：

1. 选好练功地点。我所创立的弹舌运气健身术的练功地点是与前面所讲神游吞液导引术的练功场所基本一致的。所不同的是：神游吞液导引术所选的场所总是那些风景如画、美不胜收的各种神游路线及其沿线的各种景点。而弹色运气健身术则是神游路线中的某一处最优的景点。这一景点最好是山水合一，意念或想象中的练功者总是依山面水或依山面景而开始练功。练功过程中，美不胜收的风景和人融为一体，处在天人合一的境界。我所选择的练功地点也包括北京香山公园的顶峰、颐和园的后山，老家花朝门的周围、深圳天涯海角的依山傍海边等等。基本与神游吞液导引术的练功地点相同，只是所选地点不移动，是固定不变的景点处。

2. 做好练功准备，正式练功前要仰卧床头，调匀呼吸，闭目想象，意念中自己来到一处优美无比的景点，依山面水，或依山面景坐在或躺在能俯瞰眼前风景如画的景点的某一最好的位置，然后开始。

3. 左侧弹舌导引练功方法。①从身体正中，按纵向上下弹舌运气，横向逐渐向左移动的顺序练功。用手指计数，每数一个数，弹舌运气一下一上再一下三次。然后停住，连续间歇性弹舌三次。再数第二个数，再弹舌运气一上一下再一上三次。第二次停住，连续间歇性弹舌三次。再数第三个数，重复上面的弹舌运气动作，直到数到 5 个数。这时弹舌运气已上下 15 次，完成从身体正中到最左侧 50% 的弹舌导引功法。②弹舌运气时，面对美不胜收的风景，闭目静心。意念中缓慢吸气呼气，天地之精气即含有富氧粒子的新鲜空气不断从头顶百会穴进入，下行时经印堂，承浆穴沿任脉沉入前丹田。这时意念中感觉自己的身体在无限延长，双腿直伸到远端，气出前丹田后，再继续下行，沿已延长的左腿从脚尖排出。③下行之气到最远端，排出时，闭目抬头暗视。意念中远端的天地之精气从脚底涌泉穴进入，沿腿部上行，经长强穴进后丹田。继续弹舌运气，气出后丹田再上行，沿督脉，过大推穴，经后脑部从百会穴排出，④从身体正中逐渐向左移动的弹舌运气的上行和下行路线是不相同的。其后背的运行路线是督脉，足太阳膀胱经内侧线，外侧线和后肋骨内侧和外侧等 5 条线路。其前胸的运行路线是任脉，足厥阴肝经，足阳明胃经、足太阴脾经和前肋骨外侧等 5 条线路。⑤做完从身体正中到最左侧的 50% 弹舌运气功后，再调转方向，从身体最左侧向正中处重复做弹舌运气功。也是用手指计数，每数一个数，弹舌运气一上一下再一上三次。其吸气呼气，弹舌运气，停留和调换气行方向，弹舌运气的路线和次数都和前 50% 的练功方法相同，只有方向相反这一点是不同的。由此完成左侧弹舌导引练功过程。

4. 右侧弹舌导引练功方法。右侧弹舌导引练功方法与左侧方法基本相同，但方向相反。其意念和气行路线也是一下一上再一下。先间歇弹舌三次，意念中天地之精气从头顶进入，弹舌推动精气先从百会穴经任脉下行入前丹田，再沿腿部直到无限延长的身体和脚尖排出。再连续间歇弹舌后，精气从远端脚尖进入，沿腿上行至后丹田，再沿督脉、后脑从头顶排出。如此一下一上的运行路线从正中督脉和任脉开始，逐步向右偏移，直到前胸和后背的最右侧边也用手指数 5 个数，上下运行 15 次。返回，再重复数 5 个数，上下运行 15 次，由此完成右侧弹舌导引练功。

整个左右两侧的弹舌健身练功要做得缓慢、柔和，随着精气的上下运行，头部要不断抬起，闭目中暗视远端脚尖和头顶。弹舌导引中，体内精气运行要舒缓，呼吸绵长，意念不断一上一下转换。随着弹舌调气的深入，身体会逐渐感觉疲乏，直到全身和手心、脚心都已出汗，才能最终完成左右两侧的弹舌导引练功过程。

5. 弹舌运气健身术的练功效果。这种导引术的功效主要表现在三个方面：一是练功过程中舌头不断地弹动，长达 10 分钟左右。由于心开窍于舌，可以不断刺激心脏，增强其功能，有利于推动血脉运行与畅通。二是意念中的天地之精气不断进入体内，在弹舌运气推动下，转化为体内真气，沉入前后丹田，有利于刺激肾脏，增强肾藏精的功能，使人精充气足，神清气爽。三是在弹舌运气过程中，其气行路线从左到右多达 10 条，先后经过任督二脉，足太阳膀胱经，足厥阴肝经、足阳明胃经、足太阳脾经等多条经络，有利于疏通身体的经脉，使全身气血运行通畅。

（五）绕舌息气健身术的练功方法与效果

绕舌息气健身术是齿舌运动导引术中的五种方法的最后一种，其练功方法很简单。在做完弹舌运气健身术后，调匀呼吸，宁息静心。然后张嘴，将舌头尽量长地伸出，先绕左侧口唇一周，缩回口边再绕一圈算一次，连续做 10 次。然后将舌头伸出，再绕右侧口唇一圈，缩回口中，再绕一圈算一次，也连续做 10 次。绕舌过程中，呼吸缓慢、绵长、均匀，内心平静，绕舌产生的口液徐徐吞下，流入丹田。这种健身方法的效果也是刺激心脏，锻炼舌头的灵活性和用口液濡养五脏，与前面所讲叩齿和搅舌的练功效果基本相同。但其宁心静息效果更强，便于结束齿舌运动导引术的全部练功。五种功法练完，共需用时 20

分钟左右。

五 揪贯双耳导引术的练功方法与作用

耳朵是人们听取他人说话，外部声音的重要器官。人到老年不少人会出现耳背、听力下降，甚至耳聋听不见等现象。这是老年人机体衰老退化的反映。揪贯双耳导引术可以预防和减缓这种老年衰老退化进程。较长时期以来，我每天早晨做完齿舌活动导引术后，都会做 2 遍揪贯双耳导引术，用时 10 分钟左右。其练功内容和方法是：

1. 向上揪耳。人体的耳部及周围分布着众多穴位。这些穴位不少与脏腑相通，其中的耳门、听宫、听会、翳风等穴位，则与听力关系密切。揪贯双耳导引术的第一个动作就是向上揪耳。其练功方法是：做完齿舌运动导引术后，取仰卧姿势，调匀呼吸，静心宁气，闭目偏头。举左手从头顶向下，揪住右侧耳朵，从下往上拉动，触摸住从下到上的耳部穴位移动。每揪移一次数一个数，连揪 100 次。然后换右手从头顶向下揪住左侧耳朵，重复前面的动作，连续揪住移动 100 次。揪耳过程中，内心平静，呼吸舒缓、绵长、均匀，细心体会其感受，心情愉悦。

2. 双指贯拉耳孔。做完向上揪耳后，调匀呼吸，接着，双手食指深入左右两个耳眼，尽量内伸、然后迅速用力拉出，耳中发出“嘭”的一声响，使空气拉动刺激耳膜。连续做 20~22 次。再重复一遍。共做 40~44 次。

3. 双掌贯耳。双指贯拉耳后，两只手掌屈伸，盖住左右两耳，内中贯满空气。然后用力，快速用两掌往双耳中贯气。每贯一次，耳中发出沉闷的声响，连续贯气 200 次，让空气振动耳膜和内耳穴位。做完后再重复一遍。共贯气 400 次。

4. 向下揪耳。右手抬起揪住右耳，左手计数，向下揪耳，即从上往下拉动，触摸住耳部的穴位移动。每揪移一次数一个数，连揪 100 次。然后换左手揪住左耳，右手计数，连续揪住向下移动 100 次，完成揪贯双耳导引术的练功过程。

5. 揪贯双耳导引术的练功作用。其主要作用表现在两个方面：一是每天或经常练习这种功法。使耳部肌肉经常得到锻炼，穴位受到刺激，可预防、延缓耳朵听力下降，听不见的衰老退化速率和进程。二是肾开窍于耳，每天或经常练习这种功法，可以不断刺激肾功能，若如此，肾气充足既可强身健体，也对老年人听力减退，耳聋失聪等衰老现象有一定治疗和防患于未然的效果。这种作用，我经过长期坚持练习这种功效，也是有亲身体验和优良实际效果的。

六 头面梳搓导引术的练功方法与效果

头面梳搓都是传统的养生方法，也为历代养生家所推崇。北宋文豪苏东坡说："梳头百余下，敞发卧、熟寝到天明"。南宋诗坛寿星陆游和唐代医家活了100多岁的孙思邈等都很重视。我将头面梳搓作为导引养生术来练习，也已有近10年的历史，自我感觉十分有效。现将其练功方法与效果分别介绍如下。

（一）梳头搓面的练功方法

我每天清晨做完揪贯双耳导引术和穴位按摩后，练习梳头搓面导引术。其练功内容和方法是：

1. 双手梳头。古人梳头多用梳子或篦子，可自梳，有权势者则由太监、侍者、丫鬟等完成，可一天一次或多次。我则主要用双手自己梳头。方法是调匀呼吸，坐在床头，沙发或椅子上，闭目静心。双手五指弯曲成钩爪状。先从前额发际到后发际，连续用力推摩10~14次，再从前发际的左侧到后发际的右侧连续用力推摩10~14次。第三条线是从前发际的右侧到后发际的左侧用力推摩10~14次。第四条线是从发鬓发际向后脑勺再往下到后发际，用力推摩10~14次。第五条线是从两只耳朵边的头发处，双手五指横向用力对着推摩10~14次。由此完成计50~70次，50%的双手梳头。梳头过程中，意念中想象头部气血在随梳头路线而流动。然后调转梳头路线的方向，从后向前按返回路线，再按每条路线连续用力推摩10~14次。共计梳头100~140次。由此完成全部练功过程。梳头过程中可能出现打嗝、头皮发痒发麻，手指上粘满油脂等三种现象。均属正常。

2. 敲头与弹脑。梳头100~140次后，用10根手指头敲击头部。从前额往后脑，从双侧到头顶，尽可能各个部位都敲到，共计敲100次左右。然后双手五指弯曲，用手掌压住双耳，用食指、中指和无名指弹拨后脑，名曰"鸣天鼓"。弹敲100次。然后慢慢睁眼，会有怡神健脑、神清气爽，十分舒适的感觉。

3. 敲面与搓面。这项动作我是在做完眼部按摩后完成的。方法是闭目宁神，静心息气。先用双手10指指肚轻敲面部，包括额头、眉骨、鼻子、颧骨、下巴等50~100次。然后双手成掌，从下巴、颧骨、鼻子两翼到前额，从下往上用力推搓20次，俗称干洗脸。直到面部发热。由此完成头面梳搓导引术的练功过程。

（二）头面梳搓导引术的练功效果

头面梳搓导引术所以受到历代养生家和医生的推崇和重视，关键在于其优良的健身效果。其主要养生效果表现在四个方面：

1. 梳头有利于提升阳气，调顺百脉。《黄帝内经·素问·生气通天论》指出："阳气者若天与日，失其所则折寿而不彰。"故中医认为，阳气是生命的根本。阳气不足，阳气对人体的温煦能力下降，气血循环减弱，脏腑功能就会虚衰，人就易得病。若阳气严重亏损，就会危及人的生命。同时，中医认为，头为一身之主宰，诸阳所会，百脉相通。发为血之余、肾之华。人体十二经脉，七经八脉都会聚于头部。头部有百会、上星、通天、太阳、印堂、风池、神庭等 50 多个穴位。梳头按摩或触摸这些穴位，有利加强头皮经络和全身各器官的沟通，促进诸阳上升，百脉调顺，阴阳和谐。具有疏通经脉，运行气血，清心醒目、开窍宁神、平肝息风的功效。

2. 有利于祛风明目、延缓脑衰。明代《摄生要录》中说："发多梳，去风明目，不死之道也。"《经济总录·神仙导引》也说："梳欲得多，多则去风，血液不滞，发根常坚。"研究表明，梳头和敲头弹脑，使头皮末梢神经受到刺激，可产生电感应，可使大脑皮层、头部神经得到舒展和松弛，有利于中枢神经的调节，加快血液循环，改善和增强头皮和脑细胞的血氧供应，消除大脑疲劳，增强记忆力。延缓大脑衰老进程。坚持梳头，敲头弹脑，对预防高血压、感冒、脑中风、脑动脉硬化和老年性痴呆，也有良好作用。

3. 有利于消除头痛、怡神健脑。中医认为："不通则痛，痛则不通"。头痛，头昏都与血脉不通有关，梳头和敲头，都能疏通头部气血，有通络活血作用。故《摄生要录》中说："发是血之余，一日一次，疏通血脉散风湿。"梳头敲头，特别是"鸣天鼓"，产生生物电流，可直透皮肤到达骨膜，解除血管痉挛，使血脉通畅而头痛、头昏消失，又能怡神健脑。故梳头、敲头与弹脑，对肌肉紧张性头痛，偏头痛、三叉神经痛、神经衰弱性头痛都有良好疗效，也有预防这些病痛和健脑怡神的功效。

4. 有利于驻颜，预防头发早白。《黄帝内经》中说："一日三篦，发须稠密。"《养生方》也说：梳头具有"发不落而生"和"头不白"的功效。研究表明，头皮下有神奇的造发系统。它和头皮层不断地吸收营养和氧气来支持头发生长。经常梳头与敲击头部神经，可促进头部血液循环，满足头发、毛皮的血氧供层，加快细胞新陈代谢，使头发变得乌黑或预防和减少白发。同时，每天干洗脸，敲面和搓面，又能促进面部血液循环，保持面部光泽、红润。所以，头面梳搓导引术还有利于老年人驻颜防衰，保持面部不老，预防和减少头发变白。

七　强肾保阴导引术的练功方法与作用

中医认为，肾为后天之本，肾藏精，主骨血。肾强则身强体健、精力旺盛。强肾保阴导引术则对老年养生大有裨益。其练功内容包括三项，方法是：

1. 兜肾功的导引练功方法。兜肾功并不是直接去触摸人的肾脏，而是触摸肾脏系统最重的阴器部位。其练功方法是：正式练功前，平心静气，调匀呼吸，坐在床上或椅子上或床沿边，闭目会神。用双手轮流从会阴下兜住阴囊或阴器，用力向上提拉，意念中想象精气随双手提拉而向上移动。连续贴肉提拉 100 次。提拉过程中，阴囊与阴器会发热，甚至出微汗，有时会打 2~3 个嗝，有舒适的感觉。

2. 搓阴功的练功方法。做完兜肾功后，调匀呼吸，双掌挟住阴器，来回略为用力搓动。意念中可体验搓动时的舒适快乐感，但一般不要有性欲的意念。否则，阴器会较快勃起，越来越硬，甚至有精液遗出。搓动时要挟住阴茎和龟头，来回搓动 100 次，会有较明显的快感。

3. 提肛功的导引练功方法。提肛功可取站立姿势，较好的是清晨取仰卧姿势。练功时，宁神静气、调匀呼吸、闭目静心。舌抵上腭，深吸一口气，尽量用力将肛门往上提，缩入体内。同时会双腿自然弯曲上提，然后缓慢、均匀地出气或用“嘘”字功排气，使肛门恢复自然，双腿伸直复原。徐徐吞下口中产生的津液，沉入丹田。左手同时计一个数。再连续重复同样的动作，做 10 次提肛，吞 10 次津液。做完偏左动作，换右手计数，重复偏右提肛吞液动作，再做 10 次提肛和吞液。练功过程中，意念中想象腰肾处有一团火，随着提肛，体内有一股真气在上下流动，直到练功结束。

4. 强肾保阴导引术的作用。强肾保阴导引术是一种传统的导引养生方法，也为历代养生家所推崇。其作用或功效主要表现在三个方面：一是增强肾功能，强健体魄。中医认为肾藏精，包括先天遗传的精气和后天五谷精微转化而来的精气。兜肾功，搓阴功和提肛功，都能直接刺激阴器，进而刺激肾脏，增强其功能，而使肾精充盛。自然也就能强健体魄，提升人体精气神。二是保护阴器，人体阴器是容易衰老的。《黄帝内经·上古天真论》中说：女子“五七，阴明脉衰，面始焦，发始堕，六七，三阴脉衰于上，面皆焦，发始白，七七，任脉虚，太冲脉衰少，天癸竭，地道不通，故形坏而无子也。”男子则“五八，肾气衰，发堕齿槁，六八，阳气衰竭于上，面焦，发鬓斑白，七八，肝气衰，筋不能动，八八，天癸竭，精少，肾脏衰，形体皆极，则齿发去。”由此可见，人体的阴器和肾功能，女子 35 岁，男子 40 岁就开始衰退了。但如果加强营养，注重运动，特别是每天或定时练习强肾保阴导引术，包括兜肾、搓阴和提肛功，即可使阴器和肾脏得到保护，延缓其衰老进程和速率。这对老年养生无疑是很重要的。本人通过长期练功，早已深有体会，亲自感受到其重要作用。三是预防或防治前列腺疾病。前列腺肥大、发炎或其他疾病是人到老年易得的疾病。我在 65 岁左右时就曾有过这方面的病状。主要表现是尿频、尿不尽，严重时一个夜里要起来 6~7 次，而小便时又哩哩啦啦，2~3 分钟尿不完。为此，我加强了身体锻炼，除坚持前面介绍的运动养生和导引养生外，每天坚持练提肛功，定时练习兜肾功和搓阴功，使前列腺、会阴、阴部等不断受到刺激，推动血液，气血运行畅通。结果，上面的病状已彻底好转，在我每天半夜要补充一大瓶白开水的前提下，也只起夜一两次。不管是白天或夜里，再也没有哩哩啦啦尿不尽的病状了。

第十四章　穴位按摩养生术的方法运用与功效

一　学习掌握一些老年穴位按摩养生术的相关知识

穴位是人体自带的一种天然大药房，每一个穴位就是一味灵丹妙药。妙就妙在它具有有病治病、无病预防的神奇功能，人的身体中有几百个穴位，其中最重要的就400~500个左右，它们时刻为我们的健康保驾护航。但前提条件是我们必须学习和掌握一些穴位按摩养生术的相关知识和方法。这是老年养生需要引起重视的。

（一）人体穴位构成的相关知识

穴位中医称为腧穴。腧与“输”通，简作“俞”。“输”有传输、输注的意思，“俞”有气血流存的含义。“穴”是孔隙。故腧穴或穴位是指人体脏腑经络之气转输或输注于体表的分肉腠理和骨节交会的特定孔隙。腧穴或穴位不是孤立于体表的点位，而是与体内脏腑有密切联系，互相“输通”的特殊部位。“输通”是双向的，从内而外，反映病情，从外而内，接受刺激。人体的穴位构成主要有三大类：

第一大类—十四经穴

十四经穴是指归属于十二经脉十任脉与督脉，有固定名称和位置的穴位。这类穴位很多，是人体腧穴中的主要穴位。如中府穴、云门穴、天府穴、列缺穴、太渊穴、鱼际穴、少商穴、内关穴、足三里、合谷穴、劳宫穴等等。这些穴位都分布在12经脉和任脉与督脉的线路之上，故称十四经穴。

第二大类—经外穴

经外穴是指十四经穴以外的有固定名称、位置、主治功效的穴位。故又称经外奇穴，简称奇穴。如太阳穴、鱼腰穴、四神聪穴、内迎香穴、涌泉穴、二白穴、八风穴、腰眼穴、独阴穴等等。

第三大类—阿是穴

阿是穴是指没有固定名称、固定位置和固定疗效的穴位。但有压痛点，即按压其穴位时有疼痛感的腧穴。故又称天应穴、不定穴。如按摩足三里下1~2寸处，会有明显疼痛，这里就是阿是穴。阿是穴的来源在《千金要方》中说：“吴蜀多行灸法，有阿是之法。言人有疼痛，即令捏其上，若果当其处，不问孔穴，即得便快或痛处，是云阿是，多刺皆验，故曰阿是。”

（二）人体经络构成的相关知识

人体的经络是很复杂的。它遍布全身，是气血运行，联系脏腑和全身各部位的通道，也是人体功能的调控系统。经络包括经脉和络脉两大部分。其中，纵行的干线称为经脉，由经脉分出，网络全身各部位的分支叫络脉。两者在人体表面纵横交错，主要的有十二经脉，十二经别、奇经八脉、十五络脉、十二经筋、十二皮部及许多孔络、浮络等等。其中最重要的经络构成包括：

第一，十二经脉

十二经脉是人体最重要的 12 条纵行的经脉。它们内属于脏腑，外络于肢节，互为表里。属脏为里，属腑为表，是人体气血运行的通道和经络系统的主体。十二经脉按阴阳和走向可分为四组：

1. 从手部走到头部的手三阳经——手阳明大肠经，手少阳三焦经和手太阳小肠经。

2. 从胸部走到手部的手三阴经——手太阴肺经、手厥阴心包经和手少阴心经。

3. 从头走到脚的足三阳经——足阳明胃经、足少阳胆经和足太阳膀胱经。

4. 从脚走到胸部的足三阴经——足太阴脾经、足厥阴肝经和足少阴肾经。

第二，奇经八脉

“奇经”是指不属于脏腑，没有表里关系，另行别道的经脉，共有八条。它们交错循行于十二经脉之间。其作用一是沟通十二经脉之间的联系，二是对十二经脉的气血有蓄积和渗灌的调节作用。奇经八脉具体构成是督脉、任脉、冲脉、带脉、阴维脉、阳维脉、阴跷脉、阳跷脉等。其中，最重要的是任督二脉。任脉总督一身之阴经，故称“阴脉之海”，督脉总督一身之阳经，故称“阳脉之海。

第三，十五络脉

十五络脉是指从十二经脉和任脉、督脉、脾之大络分出，走向不同方向，又与其他十二经脉联系或散布于胸、腹部的 15 条络脉。包括手太阴之别络，手阳明之别络、足阳明之别络、足太阴之别络等等。它们与十二经脉、奇经八脉等在人体内共同构成纵横交错的网络系统。人体的主要穴位大都分布在十二经脉和这些经络上，由此形成沟通内外，联络肺腑，保持气血运行畅通的人体复杂结构。

（三）人体特定穴位分布的相关知识

特定穴位是指那些治疗保健效果较好，临床与按摩养生运用较多，在定位、分布和作用上明显相关的一些穴位。其中，最主要的特定穴位分布是：

1. 五腧穴，指十二经脉在人体肘膝关节以下的五类重要经穴，分别是井（木）、荥（火）、输（土）、经（金）、合（水）。其中，井穴可用于治疗神志昏迷，荥穴可用于治疗热病，腧穴可用于治疗关节疼痛，经穴可用于治疗喘咳，合穴可用于治疗六腑病症等。故《难经·六十八难》中说："井主心下满，荥主身热，输主体重节痛，经主喘咳寒热，合主逆气而泄"。

2. 十二原穴，指十二经脉位于腕、踝关节附近各有一个重要经穴。它们是脏腑原气经过和留止的重要部位，共 12 个，故称十二原穴。《黄帝内经·灵枢·九针十二原》中说："五脏有疾也，当取之十二原。"故 12 原穴是治疗脏腑疾病，调整脏腑经络虚实的重要穴位。其穴位在十二经脉上的名称与分布可参见下表 14–1

表 14–1 十二原穴分布表

经属	经名	穴位	位置	经名	穴位	位置	经名	穴位	位置
手三阴经	太阴肝经	太渊	手腕外侧	少阴心经	神门	手腕内侧	厥阴心包经	大陵	手腕横纹中间
手三阴经	阳明大肠经	合谷	双手虎口	太阳小肠经	腕骨	神门下 1 寸	少阳三焦经	阳池	手腕背面中间
足三阴经	太阴脾经	太白	脚掌内侧上	少阴肾经	太溪	脚踝骨内侧	厥阴肝经	太冲	肺面拇指内凹处
足三阳经	阳明胃经	冲阳	脚背腕弯处	太阳膀胱经	京骨	脚掌外侧	少阳胆经	丘墟	脚外踝尖斜下处

3. 八会穴。指脏、腑、气、血、筋、脉、骨、髓等精气所会聚的腧穴。八

会穴与所属脏器组织的生理功能有密切关系。如章门为脏之会穴，因五脏皆禀于脾，故为脾之募穴；中脘为腑之会穴，因六腑皆禀于胃，故为胃之募穴。膻中为气之会穴，因其宗气之所聚，故为心包之募穴。膈俞为血之会穴，因其位于心肝俞穴之间，心主血，肝藏血之故也。大杼为骨之会穴，因其近于椎骨故也；阳陵泉为筋之会穴，因其位于膝下，膝为筋之府也；太渊为脉之会穴，因其为手太阴经之原，居于寸口为脉之大会也，绝骨为髓之会穴，因其属于胆经，胆主骨所生病，骨生髓故也。所以，凡与八者有关的病症均可选用八会穴来治疗和预防。八会穴与经脉的关系参见表 14–2

14–2 八会穴与经脉关系表

八会名	穴位名	所属脏器
脏会	章门	脾经募穴
腑会	中脘	胃经募穴
气会	膻中	心包经募穴
血会	膈俞	膀胱经穴
筋会	阳陵泉	胆经合穴
脉会	太渊	肺经腧穴
骨会	大杼	膀胱经穴
髓会	绝骨（悬钟）	胆经穴

4. 八脉交会穴。是指奇经八脉中的八脉与十二经脉的气血交会相通的八个腧穴，故称八脉交会穴。这八个穴位均分布在人体肘膝以下。奇经八脉中的八脉和十二经脉中的八个穴位存在相互交会的关系。如公孙通过足太阴脾经入腹，会于关元穴，与冲脉穴相通。内关通过手厥阴心包经起于胸中，与阴维脉相通。八脉交会穴的经属，所通八脉及会合部位可参见表 14–3

表 14-3 八脉交会穴的交互关系表

经属	八穴	所通八脉	会合治疗部位
足太阴脾经	公孙	冲脉	胃、心、胸部
手厥阴心包经	内关	阴维	
手少阳三焦经	外关	阳维	目外眦颊、项、后耳、肩部
足少阳胆经	足临泣	带脉	
手太阳肠经	后溪	督脉	目内眦、项、耳、肩胛
足太阳膀胱经	申脉	阳跷	
手太阴肺经	列缺	任脉	胸、肺、膈、喉咙
足少阴肾经	照海	阴跷	

八脉交会八穴，穴位按摩时可采用上下相应配合的穴位，其配合关系为：①公孙配内关，治胃、心、胸部病症和疟疾。②后溪配申脉，治内眼角、耳、项、肩胛部位病症和发热恶寒等表证。③外关配足临泣，治外眼角、耳颊、颈部病症及寒热往来症。④列缺配照海，治咽喉，胸膜、肺病和阴虚内热等。无病时按摩又可预防这些相应部位的相关疾病。

5. 六腑下合穴，指可预防和治疗六腑病症的 6 个腧穴，《灵抠·邪气脏腑病形》中说："胃合于三里，大肠合于巨虚上廉，小肠合于巨虚下廉，三焦合于委阳，膀胱合于委中，胆合于阳陵泉。" 这六个穴位都分布在下肢膝盖前后的以下部位，故称下合穴或六腑下合穴，它们都是治疗六腑病症的重要穴位。《黄帝内经·素问·咳论》中说："治腑都治其合。" 如足三里治胃脘痛，下巨虚治泄泻，上巨虚治疗肠痛，痢疾，阳陵泉治疗厥症，委阳，委中治疗三焦气化失常而引起的癃闭，遗尿等。

（四）人体穴的重要作用知识

人体穴位大多密布于经络之上，它们有三个特点：一是穴位都是经络之气输注于体表的部位，二是穴位又是疾病反映在体表的部位，三是穴位也是针灸、按摩、推拿、气功等疗法的施术部位。正因为如此，穴位对人体，特别是老年人的按摩养生具有重要的作用。

1. 近治作用。凡是腧穴，均可通过针灸、按摩、推拿等治疗该穴所在部位及邻近组织器官的疾病。

2. 远治作用。在十四经腧穴中，特别是十二经脉在四肢肘，膝关节以下的腧穴，不但能治疗近处局部病症，而且能治疗本经循行所涉及的远隔部位的组织、器官，脏腑的病症，甚至具有治疗全身疾患的作用。

3. 特殊作用。某些穴位对机体的不同状态可以起到双向良性调整的作用。如泄泻时，针刺天枢穴能止泻，便秘时，针刺天枢穴又能通便。同时，腧穴的治疗作用还具有相对的特异性。如大椎穴能退热，至阴穴能矫正胎位等。

4. 预防作用。中医认为治未病是医疗和养生的最高境界。一些重要穴位，特别是十二经脉和任督二脉上的腧穴，根据其穴位功能，如果经常按摩，适时针灸、艾灸，既可以治疗相关疾病，又可以疏通经脉、气血的通道，促进气血运行，激发体内潜能。还具有消除疲劳，调节体内信息，增强体质、健美防衰，延年益寿等功效。

（五）穴位按摩的神奇功效知识

人体穴位作用的激发和发挥的方法是多种多样的，有针灸、按摩、推拿、艾灸、针刺放血、拔罐、刮痧等。其中针灸、推拿、艾灸、针刺放血等大多需要医生或掌握相关技术的他人完成。对老人，特别是进入正常老年期以后的老人养生来说，最简便，最实用，最可行的方法是穴位按摩，特别是无须他人的自我按摩养生术的运用，具有比较神奇的功效，其神奇功效的主要表现是：

1. 祛寒除痹、改善气血。经常按摩相关穴位，可以改善体内循环，扩张毛细血管，促进血液循环；调整肺部功能，增加肺活量；促进胃肠消化液的分泌。同时，还可以增加白细胞的数量，增强白细胞的吞噬能力，从而提高人体特别是老年人的抗病能力和免疫力，清除血液中的有害物质，降低胆固醇等。

2. 通经活络，舒活筋骨与消肿止痛。老年养生经常按摩相关穴位，可以促进身体局部血液和淋巴液的循环，从而改善肌肉的营养状况，增强机体组织的新陈代谢能力，最终起到舒筋活血，通经活络，消肿止痛等养生效果。

3. 放松肌肉，驻颜防衰。经常按摩穴位可以促进人体肌肉的收缩和伸展运动，增强肌肉的弹性，缓解肌肉紧张状态，使肌肉组织放松，从而大大改善局部血液循环和营养供应。这就可以预防和延缓老年机体和肌肉的衰老退化速率和进程，保持肌肉活力，也可以改善肌肉酸痛、乏力、能力下降等。

4. 改善老人精神状态。老年养生因各种原因，有时会出现精神状态不佳。

通过穴位按摩可以改善自主神经系统功能，改善大脑血液供应，缓解疲劳，抑制老年人的头昏焦虑，注意力不集中，记忆力减退等。经常按摩经络上的穴位，还能帮助保护老人机体平衡，振奋精神，灵活关节，消除疲劳。也能预防和减少疾病，调节内脏功能等。

5. 补血养血，滋补全身健康。血液是人体健康的滋补剂，它不断将各种营养物质输送到身体需要的各个部位。血液靠脾胃运化而成。同时肝藏血，肝具有储存血液和调节血量的功能。从穴位按摩的角度讲，足三里和三阴交都是胃经和脾经上的重要穴位，血海刚是人体气血的海洋，膈俞穴是八会穴中的血之会，是治疗血病的主穴，肝俞穴则能增强肝脏的藏血和调节血量的功能。因此，经常按摩刺激这些穴位，既能健脾和胃，益气生血，促进气血升化，又能促进藏血、养血与活血，从而滋补老年全身肌体健康，是老年穴位按摩养生方法的特定效用。

6. 大补元气，提高老年生命活动原动力。人体中的气海、膻中和足三里都是激活、补养血气的大穴。它们与膈俞穴和三阴交配合还能气血同补。人到老年，特别是 70~80 岁以后，最容易出现的就是元气不足，血气亏虚。如果经常按摩刺激这些穴位，一方面可以大补元气，同时还能气血双补，使老年人气血充足，精力充沛，进而达到提高老年生命活动原动力和人到老年生活质量的目的，这也是老年穴位按摩养生的特定功效。

总之，人体穴位是改善和促进人体健康，特别是老年健康的大宝库，是人体自然携带的养生大药房。人到老年要运用穴位按摩养生术，就需要学习和掌握一些这方面的相关知识，以指导自己的养生实践。以上内容就是我多年来学习掌握这些相关知识的切身体会，它对我运用穴位按摩养生术来促进身体健康也发挥了重要的引导作用。

二　眼部穴位按摩养生的方法运用和效果体验

眼睛是心灵的窗口，人到老年必须重视眼部健康，保护好视力，预防青光眼、白内障、老花眼的发生和视力严重下降，预防因看不清、看不到光明的世界而可能引起的各种问题。为此，我的穴位按摩养生术的运用是在清晨做完老年导引养生术后，从眼部按摩开始的。其方法运用和效果简介如下：

（一）眼部按摩的穴位选取与组合

人体身上的穴位很多。预防或治疗某一部位疾病的穴位也不是单一的。眼部保健按摩的穴位，我主要选取的是①承泣穴和四白穴。②鱼腰穴和丝空穴。③眼明穴和攒竹穴。眼眶周围穴位。这些穴位有的对眼睛健康起保健作用，有的对白内障、青光眼起预防和缓解作用，有的可降低眼压、缓解眼部疼痛和疲劳。

（二）眼部穴位按摩的方法运用

1. 承泣穴和四白穴

准确位置——承泣穴在面部，目正视时的瞳孔直下，即眼球与眶下缘之间处。四白穴则在承泣穴正下方 0.1 寸左右。它们之间的距离十分接近，可用中指指腹同时按摩。

按摩方法——仰卧床上，调匀呼吸，闭目静心。用双手中指指腹，同时按在承泣穴和四白穴上。按先顺时针，后逆时针方向，轻轻揉转。各 50 次。心里默默数 1、2、3……一直到 100 圈后睁眼，眨几下眼睛即可。每天清晨按摩 1 次，用时 1~2 分钟。

主要功效——经常按摩承泣穴，可预防和治疗目赤肿痛、夜盲近视、角膜炎、眼睛疲劳，迎风流泪、老花眼、白内障等多种眼部疾病，经常按摩四白穴，可提高眼睛视力，预防眼部疾病和黑眼圈。

2. 鱼腰穴和丝竹空穴 + 上眼球

准确位置——鱼腰穴位于额部，瞳孔直上的眉毛正中间。丝竹空穴位于眉毛的尾部。它们之间的位置是分离的，要分别按摩。

按摩方法——按摩承泣穴和四白穴后，闭目、平心、静气。先用双手中指指腹按住丝竹空穴，仍按先顺时针，后逆时针方向轻轻揉转，各 50 次，默数 1、2、3……直到 100，再睁眼转动几下。然后闭目宁神将手指移动到鱼腰穴，按上面的方法再按 100 圈。也可用双手五指按摩鱼腰穴 20~30 次。我的方法是先用中指指腹按摩鱼腰穴下面的眼眶上眼球，轻揉转动 100 次，再用五指捋擦鱼腰穴 20~30 次。

主要功效——经常按摩丝竹空穴，有镇定安神、疏风通络的作用。能预防和治疗目赤肿痛，眼睑下垂、近视、急性结膜炎、面瘫和三叉神经痛等。经常按摩鱼腰穴和眼眶上眼球，也有预防和治疗近视、青光眼、角膜炎等功效。

3. 睛明穴和攒竹穴

准确位置——睛明穴在面部内眦角稍上方的凹陷处，攒竹穴位于眉毛内侧边缘凹陷处。两个穴位距离十分接近，可同时按摩。

按摩方法——按完丝竹空穴后，闭目静心。用右手大拇指和食指指尖轻轻捏动鼻梁尾部两侧的睛明穴和攒竹穴。一边捏动一边转圈一边数 1、2、3……直到 100。然后换左手用同样的方法捏转睛明穴和攒竹穴 100 次。用时 1 ～ 2 分钟。

主要功效——经常按摩这两个穴位，能提高眼部血液供应，使眼睛变得明亮清澈。因为这两个穴位都在足太阳膀胱经上，膀胱经之血由这两个穴位提供给眼部。故经常按摩此二穴，有明目的良好功效。

4. 眼周穴位与肌肉推擦方法。眼睛周围的穴位和肌肉是联系在一起的。推擦眼周穴位和肌肉，可以激活毛细血管的气血运行，强化上述6个穴位按摩功效。我的推擦方法是先选取五条推擦线路，它们是睛明穴上下、迎香穴上下、鼻梁骨上下、承泣穴上下、印常穴上下。然后在这五条线路上，用食指和中指指腹用力上下推擦。每次上下推擦都会使穴位和肌肉受到刺激。同时闭眼，静心平气，每条线推擦 20 次。共 100 次。

5. 眼眶周围轻捋。做完推擦动作后，闭眼用拇指外的四指指腹在眼眶及周围从上向斜下方轻轻捋擦 100 次，可以将眼部按摩的六七个穴位一一触摸和刺激到，从而使眼部肌肉得到松弛，有轻松、舒适的感觉。

（三）眼部按摩的效果体验

我运用穴位按摩养生术和运用导引养生术的时间都没有运动养生的时间长，只有 4 ～ 5 年的时间。经过每天清晨一次按摩的长期坚持，其主要效果是眼睛的视觉功能保持良好。从 50 多岁因长期写作看书而得的老花眼，20 多年没有向严重方向发展，没有患白内障、青光眼、角膜炎等各种眼疾。虽然现已 70 多岁了，但仍然没有黑眼圈、眼部皮肤松弛、眼睑衰老、退化等迹象。自我感觉眼睑皮肤光泽红润，两眼有神，精力充沛，与我在 50 多岁时的眼部健康和皮肤光泽度基本没有太大区别。这大概就是我长期坚持眼部穴位按摩养生的效果和体验吧。

三　面部穴位按摩养生术的方法运用与功效体验

面部除眼睛外还分布着口、鼻、耳等重要器官，这里有大量穴位。老人穴位按摩养生，不可能像专业人士一样，分类逐一介绍预防各种器官疾病的每一个穴位。同时，穴位在预防和治疗疾病上面的功能大多是复合的，即同一个穴位往往可以分别防治好几种病症。为此，我就主要从面部保健综合效果的角度来进行穴位按摩，也收到了良好效果。其方法运用介绍如下：

（一）面部按摩的穴位选取与组合

人体面部穴位很多，各种穴位按摩的功能效果各不相同，我主要选取了八组穴位：①神庭穴与上星穴；②迎香穴与巨髎穴；③颊车穴、瞳子髎和听会穴；④率谷穴、角孙穴和头维穴；⑤太阳穴、听宫穴和丝空穴；⑥上关穴、耳门穴和球后穴；⑦耳和髎、听会穴和翳风穴；⑧地仓穴和承浆穴。这八组穴位基本都分布在人体面部。包括左右耳侧。是面部器官穴位按摩保健的主要穴位。

（二）面部穴位按摩的方法运用

1. 神庭穴与上星穴

准确位置——神庭穴位于前额正中发际上 0.5 寸处。上星穴位于神庭穴再上 0.5 寸，即前额发际上 1 寸处。这两个穴位紧连在一起，可以同时按摩。

按摩方法——每天清晨仰卧床上，闭目宁神，调匀呼吸。用一只手的食指或中指指腹和指肚按住神庭穴和上星穴，上下来回揉搓，力度适中，做 100 次。也可以顺时针方向揉转 100 次。用时 0.5 ～ 1 分钟。

主要功效——这两个穴位都属督脉，是督脉与足太阳膀胱经的交会穴。经常按摩可宁神醒脑，降逆平喘。对神经神智方面的疾病有防治作用，也能预防和治疗惊悸、失眠、头痛、头昏目眩、目赤肿痛和鼻衄、目翳、中风等。

2. 迎香穴和巨髎穴

准确位置——迎香穴在鼻孔两旁 0.5 寸、瞳孔直下方。巨髎穴在瞳孔直下、平鼻翼下缘处，紧靠迎香穴外一点。

按摩方法——可以用中指指腹按住穴位揉动转圈。我的方法是每天在做眼周搓擦时，用双手食指和中指的指腹和指肚同时按住这两个穴位，用力上下搓擦 20 ～ 40 次。到鼻梁与两侧有发热感为止。

主要功效——经常按摩这两个穴位，可提高鼻子的嗅觉灵敏度，开通鼻窍，清热息风，明目退翳，也有防治口眼歪斜、面痛、鼻衄、牙痛、鼻炎、鼻窦炎等功效。

3. 颊车穴、瞳子髎和听会穴

准确位置——颊车穴在面颊部下颌角上方一横指处。瞳子髎在面部目外眦外侧 0.5 寸凹陷处。听会穴在面部耳屏间切迹与下颌骨髁突之间的凹陷中。

按摩方法——仰卧宁神，闭目静心。用双手大拇指按在颊车穴上，中指按在瞳子髎穴上，食指按在听会穴上。以中指为主，揉转穴位。每按 10 次，重心从中指转移到食指，再转移到大拇指，而后又回到中指。循环转动，但三指始终在三个穴位上揉转。同时默数 1、2、3……直到 100。按摩时，有时有胀酸感，有时会打几个嗝，然后有舒适感。每天清晨按摩一遍。

主要功效——颊车穴主要防治牙痛、面部水肿等，瞳子髎和听会穴主要预防和治疗耳部和眼部方面的疾病，有防衰功能。经常按摩这三个穴位，可以达到疏通面部气血、开窍聪耳、消除面部水肿、预防牙痛、发炎等效果。

4. 率谷穴、角孙穴和头维穴

准确位置——率谷穴位于耳尖上方 1.5 寸处。角孙穴在折耳郭向前、耳尖直上入发际处。头维穴位于头侧部、额头发际上 0.5 寸、头正中线旁开 4.5 寸处。

按摩方法——做完颊车、瞳子髎和听会穴按摩后。双手中指移到率谷穴上，无名指按在头维穴上，食指按在角孙穴上。均用指腹按揉转动，重心在三个指头上循环转换，但三指均不离开穴位。一边按摩一边数 1、2、3……直到 100。用力适中，有酸胀感，有时也会打嗝，做完后有舒适、轻快感觉。

主要功效——率谷穴的主要功效是预防和治疗因风寒暑湿引起的偏头痛，角孙穴主治清火泄热，而头维穴则以舒缓头痛、止呕吐为主。经常按摩这三个穴位，既可以清除寒暑邪气邪毒，又能预防头昏目眩、偏头痛、口腔上火、生疮等，是面部保健的按摩良方。

5. 太阳穴、听宫穴和丝竹空穴

准确位置——太阳穴位于眼角外侧一横指、即 1 寸凹陷处，也是眼角和眉毛端点两条延长线的交叉点。听宫穴在耳屏前，下颌骨髁状突后，张口时呈凹陷之处。丝竹空穴则位于眉毛尾部用手按时有凹陷的地方。

按摩方法——清晨做完率谷、角孙穴组合按摩后，双手中指移到太阳穴上，食指按住听宫穴，无名指按住丝竹空穴。用指腹揉转，重心以中指为主，也要每 10 次循环转换重心一次。同时默数 1、2、3……直到 100。每日清晨做一遍，可达到同时按摩三个穴位的效果。

主要功效——太阳穴是人体大穴，又称“经外奇穴”。可同时防治头部、眼部、耳部、面部等多种疾病。听宫穴则以防治耳部疾病为主，丝竹空穴属于眼部保健穴位。经常同时按摩这三个穴位能解除眼部和大脑疲劳、振奋精神、止痛醒脑、保持听力，促进眼部和面部血液循环、恢复视力等。

6. 上关穴、耳门穴和球后穴

准确位置——上关穴位于面部颧弓上缘中央凹陷中。耳门穴位于耳屏上切迹与下颌骨髁突之间的凹陷中。球后穴位于面部眼眶下缘外1/4与内3/4交界处。

按摩方法——清早做完太阳、听宫穴组合按摩后，将中指移到上关穴，食指按住耳门穴，无名指按住球后穴，用指腹按揉这三个穴位。先以中指为主，重点循环转换，三指不离穴位，默数1、2、3……直到100。每数一个数按揉一圈，每日清晨做一遍。

主要功效——上关穴是足少阳胆经之穴位，耳门穴为手少阳三焦经之穴，球后穴是经外奇穴。经常按摩这三个穴位可以防治耳鸣、耳聋、牙痛等病，也有清火、活血、保持面部皮肤等功效。

7. 耳和髎、听会穴和翳风穴

准确位置——耳和髎穴位于头部鬓发后缘的耳郭根前方，颞浅动脉后缘，属于少阳三焦经。听会穴在耳屏间切迹与下颌骨髁突之间的凹陷中，翳风穴位于耳垂后方的乳突下端前方凹陷处。

按摩方法——早晨做完上关、耳门、球后三穴组合按摩后，将双手食指、中指和无名指移到耳部。用食指腹按住翳风穴，中指腹按住听会穴，无名指按住耳和髎。三指同时用力按揉转动，重心从上往下，再从下往上转换，每10圈转换一次重心，但三指不离三个穴位。默数1、2、3……直到100为止。每天清晨按摩一遍，按摩时会有酸胀感，有时会打1～2个嗝，按后有舒适感。

主要功效——翳风穴是手少阳三焦经和足少阳胆经的交会穴，天部的阳热风气由本穴输向头之各部。耳和髎属于少阳三焦经。听会穴属足少阳胆经。经常按摩这三个穴位，可以益气升阳、活血化瘀、改善面部肌肉、纠正嘴眼歪斜和预防耳鸣、耳聋等效果。

8. 地仓穴和承浆穴

准确位置——地仓穴位于面部口角外侧，上直对瞳孔的位置。承浆穴则在面部嘴下颊唇沟正中凹陷处。

按摩方法——早晨做完耳和髎、听会和翳风三穴组合按摩后，用双手中指腹部按住地仓穴，先按逆时针方向，再按顺时针方向各按揉转动50圈，共100圈。嘴角和牙龈会有轻微酸胀感，做完后嘴唇会有轻快感。然后用一只手的中指按住承浆穴，食指和无名指轻按住两边，上下揉动，默数1、2、3……直到100。按摩中有轻微酸胀感，也可揉动转圈100次。

主要功效——地仓穴是胃经、大肠经、任脉和阳跷脉的交会穴，承浆穴是任脉和足阳明胃经的交会穴。前者可预防和治疗口角歪斜、流涎、面痛、牙痛、三叉神经痛和面部神经麻痹，后者可预防和治疗口喝、牙龈肿痛、口舌生疮、流涎等。故经常按摩这两个穴位是防治老年面部及口腔、牙齿疾病、延缓衰老退化的良方。

（三）面部按摩的效果体验

我所选取的面部穴位共有 21 个，分为 8 组，每组穴位每天早上按摩一遍，用时 20 ~ 25 分钟，已坚持了 4 ~ 5 年。这些穴位能够全面预防和治疗面部皮肤、神经、眼、耳、口、鼻等各种器官的相关疾病。经过长期坚持我体验到的主要效果：一是确实起到了面部疾病，包括眼、耳、口、鼻各部位疾病的预防，使我至今没有发生过口眼歪斜、耳聋鼻炎等各种病症，延缓了面部器官的衰老进程。二是对面部神经，包括眼、耳、口、鼻等器官的神经系统起到了保健和预防的作用，因而也未发生过面部及器官麻痹、面瘫等疾病。三是对面部皮肤起到了较好的保健效果。因此，虽然现已 70 多岁了，但面部皮肤没有松弛，也没有皱纹，始终保持着光泽、紧凑、皮肤油亮、满面红光。自我感觉与我 50 多岁时的面部没有太大的差别，这大概也与我长期坚持面部 8 组 20 多个穴位每天按摩的养生方法和效果密不可分吧。

四　头部穴位按摩养生术的方法运用和效果体验

（一）头部按摩的穴位选取与组合

头部是人体大脑和眼、耳、口、鼻等重要器官的所在地，是老人养生保健的重点部位。除面部穴位按摩外，头部保健养生可采用梳头搓面的导引方法和穴位按摩两种。其中，梳头搓面的导引方法已在上一章中介绍过了。这里主要介绍头部穴位按摩的养生方法。从老年头部保健养生的角度看，其穴位有两种：一是位置在头部的穴位，二是位置不在头部，但对头部有重要保健作用的穴位。我根据自己老年养生的实际情况，将两者结合起来，选取的穴位组合是：①大钟穴和天柱穴；②率谷穴和太阳穴；③解溪穴和列缺穴；④风池穴和风府穴；⑤百会穴和前顶穴；⑥神庭穴和上星穴。

（二）头部穴位保健按摩的方法运用

1. 大钟穴和天柱穴

准确位置——大钟穴位于脚跟区，内踝后下方的跟骨上缘，跟腱附着前缘凹陷中。天柱穴位于颈后区，横平第二颈椎棘突上际，斜方肌外缘凹陷中。

按摩方法——这两个穴位搭配每周（4）和周（日）早上按摩两次。大钟穴的按摩方法是清晨坐在床上，两脚向内曲放，双手大拇指按住大钟穴，用指腹先顺时针，后逆时针方向，揉按转圈，各50次，用力适中，默数1、2、3……直到100。天柱穴的按摩方法是坐在床上或站立姿势，双手食指和中指按在天柱穴上，以中指为主，用力上下推搓100次。

主要功效——大钟穴是肾经络穴，按摩刺激它可以补充肾气、贤气充足、气化，精注于脑，能醒神健脑，让人才思敏捷，可延缓老人大脑衰退。天柱穴是足太阳膀胱经穴，膀胱经走后脑，按摩刺激它，并与大钟穴按摩配合，肾气和膀胱经气血通过大脑会让人感到头脑清醒。故清代年逾百岁还才思敏捷、创作不衰的诗人胡行之说："大钟天柱按摩，便是醒神健脑丸"。

2. 率谷穴和太阳穴

准确位置——参见上题《面部穴位按摩方法运用》中的4和5。

按摩方法——与面部穴位按摩配合，每日早晨做一遍。两个穴位的按摩均取坐姿，闭目宁神，用中指指腹按住穴位，适度用力按揉，各100次，有酸胀感。

主要功效——这两个穴位都是预防和治疗偏头痛的特效穴位，经常按摩刺激，无头痛时能疏通经络，提神醒脑，让人感觉头部轻松。患病时则有治疗效果。

3. 解溪穴和列缺穴

准确位置——解溪穴在双脚踝关节前面中央凹陷中，拇长伸肌腱与趾长伸肌腱之间。列缺穴在腕掌侧远端横纹上1.5寸，拇短伸肌腱与拇长展肌腱之间，拇长展肌腱沟的凹陷中。

按摩方法——每周四和周日清晨按摩2次。解溪穴的按摩方法是坐在床上，双脚内曲平放，闭目宁神，用双手食指或中指用力按压，有酸胀感，上下按压揉动100次。列缺穴则主要用食指指腹按压穴位，按先顺时针，后逆时针方向，揉动各50次，共100次，有胀痛感。

主要功效——这两个穴位都有预防和治疗头昏目眩的功效。解溪穴属阳明胃经，位置虽在脚面，但人体的气血循环都是先到脚部再上升到头部，如此循环。按摩解溪穴，能使脚部气血供应充足，像喷泉一样上涌，使大脑气血充足。而列缺穴按摩刺激，除防治头痛、口眼歪斜外，还能防治气喘、咽喉肿痛等。

4. 风池穴和风府穴

准确位置——风池穴在颈后枕骨下，胸锁乳突肌上端与斜方肌上端之间的凹陷中。风府穴在颈后枕外隆突直下，两侧斜方肌之间凹陷中。

按摩方法——每日清晨做完提肛导引术后，按摩这两个穴位。取坐位，调匀呼吸，闭目宁心。用双手食指按住两侧风池穴，中指按住中间风府穴，用力上下揉动。也可先按风池穴，再按风府穴。两个穴位都上下揉动 100 次。一般会连续打 2 ~ 4 嗝，按后有舒适感。

主要功效——风池穴属足少阴胆经和阳维脉之会穴，风府穴是督脉上的重要穴位。前者可预防和治疗头晕、头痛、失眠、落枕等，后者除防治头痛、眩晕外，还有防治项颈强痛、咽喉痛、肚痛、目痛、癫狂、痴呆等功效。故经常按摩这两个穴位，是头部保健养生的良好药方。

5. 百会穴和前顶穴

准确位置——百会穴位于头顶正中线与两耳尖连线的交会点，前顶穴在前发际正中直上 3.5 寸处。

按摩方法——每日清晨做完风池与风府穴按摩后，按摩这两个穴位。方法是取坐姿或站姿。用一只手的食指按住百会穴，中指分开按住前顶穴，以食指为主，用力前后揉动这两个穴位，默数 1、2、3……直到 100，有轻微胀痛感。

主要功效——这两个穴位都属督脉，其性属阳，又阳中寓阴，能通达阴阳脉络，连贯周身经脉，对调节阴阳平衡有重要作用。经常按摩这两个穴位，特别是百会穴，能预防和治疗心悸、失眠、健忘、头痛、眩晕、耳鸣、中风、痴呆、脱肛、腹泻等。

6. 神庭穴和上星穴。这两个穴位的准确位置、按摩方法和主要功效已在上题《面部穴位按摩的方法运用与功效》之 2–1 中做了介绍，这里不再重复。

（三）头部按摩的效果体验

我所选择的头部穴位共 6 组 12 个。按摩过程是与梳头搓面导引术配合完成的。除个别穴位外，大多是每天清晨按摩一次，这些穴位能全面预防和治疗头部晕眩、口眼歪斜、中风等各种疾病，又能提神醒脑、预防老年痴呆、保护脑神经等。经过长期坚持按摩，我体会到的实际效果首先是治好我三年前刚要出现的健忘，开始嘴角流涎，头部皮肤有时发麻等可能的老年痴呆症。现在这些症状早已没有踪影。其次是较好地保持头脑清醒，思维敏捷，两年前我先后完成了《餐饮管理》第四版、《前厅与客房管理》第二版的修订出版。今年上半年，我又撰写了15万多字的《禁怀宽如海 养生法古今》的自传体性质的老年养生专著，就是头部按摩养生效果的最好证明。至于其他效果，都最终通过这两个方面的效果体现出来。这里就不再重复介绍了。

五　手部穴位按摩养生术的方法运用与效果体验

手部，特别是手腕及其以下的穴位众多。这些穴位有的以近治作用为主，有的以远治和特殊作用为主。作为老年按摩保健养生，不可能每天对每个穴位都进行按摩。我根据自己的身体状况，主要选取了每天按摩和每周按摩两次的穴位，其穴位按摩的方法和效果是：

（一）手部三组穴位每天按摩的方法运用与效果

1. 内关穴与合谷穴

准确位置——内关穴在手腕横纹上2寸，长肌腱与桡侧腕屈肌腱之间。合谷穴在手背虎口处，第1掌骨与第二掌骨之间，约平第2掌骨中间点。

按摩方法——每天清晨做完头部按摩后，即开始做内关穴与合谷穴按摩。内关穴的按摩方法是卧床闭目，宁心静气，用右手大拇指指腹按住左手内关穴，顺手臂斜内侧方向用力来回揉搓，有胀痛感。默数1、2、3……直到100。然后换左手拇指指腹按住右手内关穴，用同样方法按揉100次。合谷穴的按摩方法是:①用右手按左手合谷穴。先大拇指在上、食指中指在下，以合谷穴为中心，沿虎口从外到内，用力捏拿50次。然后大拇指在下、食指和中指在上，反方向用力捏拿50次。合计100次。有酸痛感。实际着力点是合谷穴捏拿20 ~ 30次，合谷穴周边的阿是穴捏拿70 ~ 80次。②用左手按右手合谷穴。方法同上，也是正反两面各捏拿50次，合计捏拿100次。使合谷穴及周边有酸痛感的阿是穴都受到刺激。

主要功效——内关穴为手厥阴心包经的络穴和八脉交会穴之一，是人体按摩养生的大穴位。经常按摩可预防和治疗头痛、心悸、胸闷胸痛、胃痛、呕吐、失眠、中风、偏头痛等。合谷穴为手阳明大肠经原穴，经常按摩可预防和治疗头痛、目赤肿痛、咽喉肿痛、鼻衄、牙痛、口眼歪斜、耳鸣、耳聋、热痛、腹痛、便秘等。合谷穴也是人体按摩养生的大穴位。我坚持每天按摩一遍。

2. 阳池穴和养老穴

准确位置——阳池穴在腕背横纹中，指伸肌的尺侧缘凹陷中。养老穴在腕背横纹上 1 寸，尺骨桡侧凹陷中。

按摩方法——每天清晨做完内关与合谷穴按摩后，先按阳池穴。方法是用右手食指或中指腹按住左手背部阳池穴，先顺时针方向按揉转动 50 圈，再逆时针方向按揉转动 50 圈。按摩时指腹有细小骨刺感觉，内心有舒适感。后用左手食指或中指腹按住右手背阳谷穴，用同样的方法按揉转动各 50 圈。然后按摩养老穴，方法也是用右手食指或中指腹按住左手背养老穴，先顺时针，后逆时针方向各按揉转动 50 圈。接着用左手食指或中指腹按住右手背养老穴，用同样的方法，按揉转动各 50 圈。按摩时有轻微胀痛感和舒服感。

主要功效——阳池穴为手少阳三焦经穴，主要预防和治疗头痛、目赤肿痛、耳聋、喉痹、疟疾、手脚冰凉等。与人体元气关系密切，支配全身血液循环和激素分配。经常按摩可振奋元阳，迅速畅通气血，温和身体，缓解手脚冰凉。养老穴属手太阳小肠经穴，主要预防和治疗目视不明、耳背不闻、肩臂疼痛、手脚不能自如等老年病症，故称养老穴。经常按摩，能疏经通络，聪耳明目，对缓解和延迟老年器官退化、预防和治疗高血压、动脉硬化、颈椎病、老年痴呆、头昏眼花、记忆减退、手指麻木等都有一定作用。所以，阳池穴和养老穴也是老年按摩养生的大穴。

3. 劳宫穴和少府、鱼际穴

准确位置——劳宫穴在掌心横平第 3 掌指关节近端第 2、3 掌骨之间，偏于第三掌骨处。少府穴在手掌横第 5 掌指关节近端、第 4、5 掌骨之间。鱼际穴在手外侧，第 1 掌骨桡侧中点赤白肉际处。

按摩方法——每日清晨做完阳池、养老穴按摩后，用右手大拇指按住左手劳宫穴，用力推揉 10 次，再转到少府穴和鱼际穴各推揉 10 次，再转回劳宫穴。如此在手心及这三个穴位之间循环推揉转动，到 100 ~ 120 次。然后用左手大拇指按住右手劳宫穴，用同样移动循环的方法，再用力推揉 100 ~ 120 次。按摩时手心有轻松感，内心有舒适感。

主要功效——劳宫穴属手厥阴心包经之“荥穴”。少府穴为手少阴心经。鱼际穴属手太阴肺经荥穴。同时按摩这三个穴位对心肺等脏腑的血气循环大有益处，特别是劳宫穴可清心热、泻肝火、调血润燥，安神和胃，通经去温，息风凉血。而鱼际穴还能泻体内肺经之气，预防和治疗咽喉、气管疾病。

（二）手部三组穴位每周两次的按摩方法与效果

1. 神门穴与太渊穴

准确位置——神门穴在腕掌侧远端横纹尺侧端，尺侧腕屈肌腱的挠侧缘。太渊穴在桡骨茎穴与舟状骨之间，拇长展肌腱尺侧凹陷中。

按摩方法——每周一、二两日清晨，做完每日正常按摩后，先按神门穴，方法是用左手大拇指腹按住右手神门穴，用力来回搓推 100 次，穴位有肿痛感。再换右手大拇指腹按住左手神门穴，用同样方法推搓 100 次。接着按摩太渊穴，两手大拇指腹轮流互相用力推压和揉转太渊穴各 100 次，方法与按摩神门穴相同，按摩时，穴位有酸痛感。

主要功效——神门穴为手少阴心经的腧穴和原穴，太渊穴则是手太阴肺经的原穴。经常按摩这两个穴位，对心肺系统的气血运行很有好处。可预防和治疗健忘、失眠、痴呆、癫狂、心痛、心烦、惊悸、腕背痛、胸肋痛等病症，也有清心健脑、行气和血、润肺顺气等功效。

2. 后溪穴和腕骨穴

准确位置——后溪穴位于手掌尺侧，第 5 掌指关节后的远侧，掌横纹头赤白肉际处。腕骨穴在手腕尺侧，第 5 掌骨底与沟骨之间的凹陷处。

按摩方法——每周一、二两日清晨做完神门与太渊穴按摩后，先按后溪穴。方法是左手弯曲放松，用右手食指中斜靠在左手后溪穴上，用力来回推动，默数 1、2、3……直到 100。再换右手弯曲放松，用左手食指中侧靠在右手后溪穴上，用同样方法用力推压 100 次。接着按摩腕骨穴。方法是用右手食指按在左手腕骨穴上，用力上下推压，有酸痛感，默数 100 次。然后换左手食指腹压在右手腕骨穴上。用力上下推压 100 次。

主要功效——后溪穴属手太阳小肠经腧穴和八脉交会穴之一，腕骨穴也属太阳小肠经。经常按摩这两个穴位，可预防和治疗头项僵痛、腰背痛、目赤肿痛、咽喉肿痛、落枕、耳聋、手指和肘臂挛痛等，效果良好。

3. 手三里和曲池穴

准确位置——手三里穴在前臂肘横纹下 3 寸，阳溪和曲池连线上。曲池穴则在尺泽与肱骨外上髁上连线的中间点。

按摩方法——每周一、二清晨做完后溪和腕骨穴按摩后，先按手三里穴，方法是躺在床上，宁神静息。左手弯曲放于胸前，右手食指和中指按在左手三里穴位上，斜向用力来回推揉，默数 1、2、3……直到 100。然后右手弯曲，换左手食指和中指按在右手三里穴上，用同样方法推揉100次。穴位肌肉有痛感。接着按摩曲池穴。方法是右手弯曲放胸前，左手食指按在右手曲池穴上，按先顺时针，后逆时针方向，用力按压转圈，各 50 次，直到 100 次。然后换左手弯曲，右手食指按住左手曲池穴，同样按压转圈 100。穴位有酸胀痛感。

主要功效——手三里穴和曲池穴都是手阳明大肠经合穴，经常按摩此二穴，可预防和治疗手臂痹痛、上肢不遂、瘫痪麻木、热病头痛、眩晕、腹痛、吐血、腹泻、牙痛、颊肿、痢疾、咽喉肿痛等。

（三）手部穴位按摩的效果体验

手部穴位很多，我主要选取了每天清晨按摩一遍的三组穴位和每周两天按摩一次的三组穴位。经过长期坚持，自我感觉的主要效果，除每组穴位按摩的功效外，主要是预防我的手部麻木、疲软，眼、耳、口、鼻等面部疾病的发生，特别是预防和减轻了我头部和心脑血管方面的疾病。从而保持了身体健康的稳定性，提高了老年养生过程中的生活质量。

六　胸腹穴位按摩养生术的方法运用和效果体验

胸腹是人体五脏六腑的寄宿之所，是足阳明胃经、足太阳膀胱经、足少阳胆经、足少阴肾经、足太阴脾经、足厥阴肝经等经脉和任脉的穿行路径。胸腹布满了大量的穴位。老年穴位按摩养生，不可能逐一按摩这些穴位。为此，我结合自己的身体状况，只选取了自觉比较重要的穴位作为老年穴位按摩养生来运用。

（一）胸腹按摩养生的穴位选取

老年胸腹穴位按摩的目的主要是调节、调顺内脏器官，包括心、肝、脾、肺、肾和小肠、大肠、胆、三焦等的功能，保持气血畅通，预防胸腹、心、肺、气血等疾病发生。为此，我结合老年胸腹穴位按摩养生的实际需要，重点选取了以下几组穴位：①中府穴和云门穴；②膻中穴和中腕穴；③神阙穴和天枢穴；④气海穴和石门穴；⑤关元穴和曲骨穴。

（二）胸腹所选穴位按摩的方法运用与功效

1. 中府穴和云门穴

准确位置——中府穴在胸侧横平第 1 肋间隙、锁骨下离外侧正中线旁开 6

寸。云门穴在锁骨下离凹陷中肩胛骨喙突内缘、前正中线旁开 6 寸。

按摩方法——每周四、五两日清晨做完每日正常按摩后，同时按摩中府穴和云门穴。按摩方法是仰卧床头，宁心静气，闭目。先用左手食指、中指腹按住右边云门穴和中府穴，同时用力按揉转动。默数 1、2、3……直到 100。然后换右手食指和中指腹按住左边云门穴和中府穴，用同样方法和力度按揉转动 100 圈。按摩时云门穴有胀痛感，中府穴有酸痛感。

主要功效——中府穴和云门穴都是手太阴肺经的起始穴，云门穴还与足太阴脾经交会，均为中气所聚，又为脾之募穴，脏气结聚之处。经常按摩这两个穴位，特别是中府穴，能够预防和治疗咳嗽、气喘、胸痛、肩背痛，对呼吸系统疾病，如支气管炎、肺炎、肺结核、支气管扩张等也有良好效果，是打通肺经，止咳平喘、清泻肺热、健脾补气的良方。

2. 膻中穴和中腕穴

准确位置——膻中穴在胸部正中线两乳头连线中点。腕中穴在腹部前正中线脐上 4 寸处。

按摩方法——每周四、五两日清晨做完中府和云门穴按摩后，先按摩膻中穴。方法是仰卧床头，闭目静心，用一只手中指腹按住膻中穴，另一只手计数，用力揉动转圈。顺时针方向 50 圈。逆时针方向 50 圈。接着按摩中腕穴。方法是用另一只手按住中腕穴，按顺时针和逆时针方向各按揉转动 50 圈。

主要功效——膻中穴和中腕穴都属任脉上的主要穴位，经常按摩此二穴，能预防和治疗胸腹部疾病，包括腹胀、腹泻、腹痛、腹鸣、吞酸、呕吐、心悸、咳嗽等，对一般胃病、食欲不振、乳腺炎、缺乳症等也有一定疗效。

3. 神阙穴和天枢穴

准确位置——神阙穴即肚脐，实际位于肚脐正中。天枢穴位于腹部横平脐中，正中线旁开 2 寸。

按摩方法——每周四、五两日清晨做完膻中和中腕穴按摩后，先按摩神阙穴。方法是仰卧床上，闭目宁神，用右手中指腹按住神阙穴，用力适中，先顺时针方向转动 50 圈，后逆时针方向转动 50 圈。有舒适感。接着按摩天枢穴，方法是用双手中指按住肚脐两边天枢穴，先顺时针，后逆时针方向各按揉转动 50 圈。

主要功效——神阙穴是人体任脉上的要穴，有温阳救逆、利水固脱的作用。经常按摩，可使人体真气充盈，精神饱满，腰肌强壮。同时对腹痛肠鸣、水肿、泻痢、脱肛等有独特的预防和治疗效果。天枢穴是胃经腧穴和大肠经募穴，是大肠经之气汇聚之处。又处人身中点，如天地交合之处。升清降浊之枢纽。经常按摩，能预防和治疗便秘、肠胀、肠泻、消化不良、恶心欲吐等胃肠病。对月经不调、痛经等也有较好疗效。

4. 气海穴和石门穴

准确位置——气海穴位于下腹脐中下 1.5 寸，前正中线上。石门穴则在脐中下 2 寸，前正中线上。

按摩方法——每周四、五两日清晨做完神阙和天枢穴按摩后，先按摩气海穴。方法是仰卧、闭目静心，用右手中指腹按住气海穴，先顺时针后逆时针方向按揉转动各 50 圈。接着换左手指腹按住石门穴，用同样的方法各按揉转动 50 圈。均有舒适轻快感。

主要功效——气海是人体任脉上的大穴，是人身真气生成之所。石门是任脉水湿之关卡，又是三焦经的募穴。两穴都处丹田所在部位。按摩气海穴有温阳益气、扶正固本、培元补虚的功效，可以预防和治疗遗精、阳痿、滑精、遗尿、腹痛、泄泻、便秘、形体羸瘦、脏器衰惫乏力等。按摩石门穴可驱寒湿之气，也能预防腹胀、泄泻、痢疾、小便不利、疝气、水肿、遗精、阳痿、闭经、节下和崩漏等。两穴都有大补元气和补肾功能。

5. 关元穴和曲骨穴

准确位置——关元穴在下腹脐中下 3 寸，前正中线上。曲骨穴在下腹部耻骨联合上缘、前正中线上。

按摩方法——每周四、五清晨做完气海和石门穴按摩后，先按摩关元穴。方法是仰卧，闭目静心。用右手中指腹按住关元穴，按先顺时针，后逆时针方向，适度用力按压转动各 50 圈。然后换左手中指腹按住曲骨穴，用同样方法按压转动各 50 圈，按摩时，穴位有舒适轻快感。

主要功效——关元穴为任脉之要穴，又是小肠经募穴和足三阴经在任脉上的交会穴。有培补元气、导赤通淋作用。可培元固本，补益下焦。经常按摩可预防和治疗泌尿、生殖器官疾病，也可防治神经衰弱、失眠、手足冰冷、精力减退、肥胖羸瘦等。曲骨穴也属任脉，经常按摩可调节冲、任二脉和肝经、缓解性疲劳、性压抑、性紧张等。并可防治疝气、小腹肿满、小便淋沥、遗尿遗精、阳痿、月经不调、赤白带下、痛经、腰痛等症。两穴都有较强的补肾功能。

（三）胸腹穴位按摩的效果体验

人体胸腹穴位众多，我所选取的 5 组 10 个穴位，其主要功能大致包括三个方面：一是培元固本，大补元气。二是补肾强肾。增强体质。三是补气益气，预防肠胃和腹部疾病。经过多年长期坚持，我深感这三个方面的功效都已得到较好的发挥，其表现是进入 70 多岁后，自我感觉每天精力充沛、精神愉悦，较好地体现出精充、气足、神旺的精神状态。已有 10 多年没有出现过腹部、肠胃、肾脏等方面疾病和精力不足、腰酸失眠等方面的疾病了。这大概与我长期坚持胸腹和全身按摩有着较为密切的关系吧。

七　腿脚穴位按摩养生术的方法运用与效果体验

腿脚是支撑人体器官、赖以行走活动的主体部位。人体腿脚通过筋骨、经脉和穴位与大脑和五脏六腑有着密切的联系。腿脚，特别是膝盖以下的穴位众多。老年穴位按摩养生，不可能每天按摩腿脚上的每一个穴位。为此，我结合自己的健康养生需要只选取了部分穴位来坚持按摩。

（一）腿脚按摩的穴位选取

老年按摩养生，腿脚穴位选取是很重要的。人们常说：人老先老腿。选好穴位，可以预防和延缓老人机体，包括腿脚衰老的速率和进程。腿脚穴位按摩就其功效来说，也有近治功效、远治功效和特殊功效三种。我根据自己的身体状况和实际需要。重点选取了以下几组穴位来坚持按摩：①血海穴和膝阳关穴；②足三里和阳陵泉穴；③解溪穴和冲阳穴；④太冲穴和公孙穴；⑤脚底涌泉与相关穴位及六个反射区。

（二）腿脚所选穴位按摩的方法运用和主要功效

1. 血海与膝阳关穴

准确位置——血海穴在股前区，髌底内侧端上 2 寸，股内侧肌隆起处。膝阳关穴在膝部，股骨外上髁后上缘、股二头肌腱与髂胫束之间的凹陷中。

按摩方法——每周日和周一清晨做完每日正常穴位按摩后，按摩血海和膝阳关穴。方法是取坐姿，双腿弯曲自然放在胸前，双手置于膝部。大拇指按血海、中指按住膝阳关，双手同时用力捏拿这两个穴位。默数 1、2、3……直到 100。捏拿时双穴都有酸痛感。做完后有舒适感。有时可能会打几个嗝。

主要功效——血海是足太阳脾经腧穴，为脾经所生之血的聚集之所，是气血输注出入的重要穴位。膝阳关穴属足少阳胆经。经常按摩这两个穴位，特别是血海，有引血归经、生血活血和化瘀功效。可预防和治疗贫血、气逆、腹胀、风疹、瘟疹、皮肤瘙痒、神经性皮痒、膝关节痛和女人月经不调、闭经、痛经、崩漏、带下等。

2. 足三里和阳陵泉穴

准确位置——足三里在小腿前外侧、犊鼻下 3 寸、犊鼻与解溪连线上。阳陵泉穴在小腿内侧、胫骨内侧髁下缘与胫骨内侧缘之间的凹陷中。

按摩方法——每周日、周一清晨做完血海和膝阳关穴按摩后，先按摩足三里穴。方法是取坐姿，双腿弯曲自然放在胸前，弯腰，双手中指和食指按住足三里，用力上下推揉，默数 1、2、3……直到 100。按摩时有胀痛感，有时会连打几个嗝，有舒服顺气感。接着将双手中指移到小腿内侧阳陵泉穴上，先顺时针，后逆时针方向用力揉动转圈各 50 次，共 100 次。穴位有痛感，迁动两肋下胆经处有酸胀感。

主要功效——足三里为足阳明胃经合穴，人体下肢最重要的保健穴位。主要功能是大补元气，气血，能调节机体免疫力，调理脾胃、补中益气、生化阴血、缓解阴虚、疏通气血。对糖尿病引起的肢体主梢循环障碍有缓解作用。经常按摩，对预防和治疗胃痛、呕吐、噎膈、腹胀、腹泻、消化不良、中风、心悸癫狂、乳痛等都有良好效果。阳陵泉为足太阴腧穴和筋会之穴。《黄帝内经》中说：“……筋急，阳陵泉立下”，故有防治下肢冷痹麻木、清热化温、疏肝利胆功效。经常按摩，可预防和治疗下肢痿痹，膝髌肿痛、脚气、肩痛、黄疸、口苦、呕吐、胁肋疼痛、小儿惊风等病症。故此二穴均为老年穴位按摩养生之大穴。

3. 解溪穴和冲阳穴

准确位置——解溪穴位于脚踝关节前面中央凹陷中，拇指长肌腱与趾长伸肌腱之间。冲阳穴在足背第 2 跖骨基底部与中间楔伏状骨关节处，可触及足背动脉。

按摩方法——每周日、周一清晨，做完足三里和阳陵泉穴按摩后，先按摩解溪穴。方法是坐在床头或矮凳上，双腿弯曲放平或自然放在胸前，弯腰用双手中指腹按住解溪穴，用力按压推动 100 次。接着将双手中指向下移动到冲阳穴上，用同样力度按压推动 100 次。

主要功效——解溪穴、冲阳穴都是足阳明胃经之腧穴。“解”是散的意思，“溪”即溪流，意指体内血液。故解溪穴能疏通脚部气血供应，预防和治疗头晕目眩、偏头痛。冲阳穴谓之原穴。《黄帝内经·灵枢·九针十二原》中说，“五脏有疾也，当取之十二原”。故按摩刺激冲阳穴能预防和治疗肠胃和胃经上的各种疾病。故这两个穴位还能预防和治疗腹痛、腹胀、消化不良等。

4. 太冲穴和公孙穴

准确位置——太冲穴在足背、第 1、2 跖骨间，跖角底结合部前方凹陷中，或触及动脉搏动处。公孙穴在跖区，第 1 跖骨底的前下缘赤白肉际处。

按摩方法——每周日、周一做完解溪和冲阳穴按摩后，按摩太冲穴和公孙穴，方法可分开按摩或同时按摩。分开是取坐姿，用双手中指按住太冲穴，用力推压 100 次，有轻微痛感。接着用双手大拇指压住公孙穴，用力揉搓转动 100 次，有明显酸痛感。同时按摩方法是取坐姿后，双手大拇指按住公孙穴，双手中指按住太冲穴，用力按压拿捏 100 次。

主要功效——太冲穴为足厥阴肝经之原穴？高血压与肝经有很大关系。经常按摩此穴，能疏肝理气、平肝潜阳。肝气条达、血归于肝而不伤体。有助于降低和控制血压，并能预防和治疗头痛、眩晕、耳鸣、目赤肿痛、咽痛、中风、小儿惊风、月经不调、痛经、闭经、崩漏带下、胁痛腹胀、下肢痿痹、足跗肿痛等。公孙穴则是八脉交会穴，通过足太阴脾经入腹，会于关元，与冲脉想通。按摩可预防和治疗胃、心、胸部的各种病症，如胃痛、消化不良、心闷、憋气、胸腹疼痛等，还可预治疟疾。

5. 涌泉与脚底脚趾

准确位置——涌泉穴位于足底前部凹陷处，第 2、3 趾趾缝纹头端与足跟连线的前 1/3 处。脚底和脚趾还有 6 个反射区，分别是双脚大拇指及周围的小脑反射区、大脑发射区、三叉神经反射区、双脚五趾的额窦反射区、脚背与小指的内耳迷路反射区和脚底与脚掌相交处的耳朵反射区。

按摩方法——每日清晨早饭前按摩。方法是盘腿坐在床头或沙发上。左手扶住右脚用右手拇指：①用力按推脚底中央部分 10 次；②拇指移到涌泉穴用力按推 10 次；③用拇指在脚底偏后的耳朵反射区用力划圈按推 10 次；④用拇指在脚底靠后跟处用力按推划圈 10 次；⑤大拇指移到脚底内侧沿的公孙、太白、大都和隐白穴方向用力来回推搓 10 次；⑥用拇指在前掌处用力转动推搓 10 次；⑦用右手拇指、食指、中指在上，左手拇指、食指和中指在下，抱住右脚拇指连脚背、脚趾、指腹一起来回推擦 20 次；⑧双手移到第 2 脚趾用同样方法来回推擦脚趾脚面 10 次；⑨双手移到右脚中趾，用同样方法推擦 10 次；⑩双手移到右脚无名趾，用同样方法推擦 10 次；⑪双手移到右脚小趾上，再用同样方法推擦 10 次；⑫然后，从右脚小脚趾返回。按前面顺序的相反方向，分别逐一推擦按摩小脚趾、无名趾、脚中趾、脚食趾、大拇趾、脚前掌、脚内侧等各处反射区和涌泉穴，共计按摩推擦涌泉穴和脚底脚趾等 6 各反射区共 240 次。接着用右手扶住左脚，用左手拇趾按上面① ~ ⑪的顺序和着力点，再按摩推擦 120 次。然后路线返回再推揉 120 次。也是按摩推擦左脚的涌泉穴和脚底、脚趾和 6 个反射区共 240 次。双脚按摩推擦共 480 次。用时 5 ~ 8 分钟左右。

主要功效——涌泉穴为足少阴肾经的首穴。按摩此穴能预防和治疗神经衰弱、精力减退、倦怠感、失眠、多眠症、高血压、晕眩、焦躁、糖尿病、过敏性鼻炎、肾病和妇科病及更年期综合征等。同时，脚底除小脑、大脑、三叉神经反射区等六个反射区外，其脚掌、脚心、脚底、脚趾等不同部位的经脉、穴位都与人体的心、肝、脾、肺、肾等器官密切相连。按摩时，五脏六腑等器官如有病状，在脚底都会有所反映。故经常按摩脚底及各个反射区，对预防心、肝、脾、肺、肾等五脏六腑及脑部疾病都有良好效果。它既是老年按摩养生的重要部位，也是社会上各种足疗馆招揽顾客按摩养生的主要部位。

（三）腿脚穴位按摩的效果体验

腿脚是支撑人体的主要器官。从上到下有很多穴位，也是足阳明胃经、足太阴脾经、足少阳胆经、足厥阴肝经、足太阳膀胱经和足少阴贤经等 6 条经络进入腹部的必经之地。我所选择的 5 组 9 个穴位和脚底脚趾等反射区大多是最重要的穴位。长期坚持按摩，我体验到的主要效果大致表现在三个方面：一是培元固本、补充元气、补益肾气、疏通腿脚经脉和气血，使我出院后出现的腿部血脉阻塞，连上过街天桥都要站歇 2 ~ 3 次的腿部疾病得到了大大缓解。已经基本痊愈了。二是预防了五脏六腑，包括胸痛、腹痛、心痛、肠胃等方面疾病，使其功能得到了增强。三是预防了脑部，包括大脑退化、血脉不通、语言和思维障碍等方面的疾病发生。四是因为上述预防效果，自我感觉是延缓了身体机能，包括大脑、神经、五脏等的衰老和退化速率和进程。故人虽已到 70 多岁，不仅心理和精神状态的感觉像 50 ~ 60 岁的人，而且自我感觉身体器官，特别是头部和内脏也还在 50 ~ 60 岁左右。这肯定是由我长期重视老年养生的结果，但也与我长期坚持全身穴位按摩养生的方法运用有着必然的联系！

第十五章　人生阅历三段论所得到的启迪

人的一生，从出生到离开人世，除少数因各种原因而早逝者外，一般人都会经历三个主要阶段：一是身体人格成长与知识经验学习积累的阶段，二是谋生立命与事业人生的奋斗阶段，三是追求健康长寿的养老养生阶段。故又可称为人生三段论。我的一生，从1944年农历四月二十八日来到这个世界，已经走过了70多个春秋，从出生到1972年12月，即28岁前，是我身心成长与知识经验的准备阶段。从1972年12月正式参加工作到2007年4月正式退休，是我谋生立命和事业人生的奋斗阶段。从2007年，特别是2014年70岁以后至今，是我追求健康长寿的老年养生阶段。这一阶段才刚刚开始，自我感觉身心和精神心理都很健康，离生命的终点还有很长的路程。但人生在世的三大阶段我都已经经历和涉足，并已总结出了“读书方见道，成才历苦寒”“盛世碧云天，逢时凌云飞”和“禁怀宽如海，养生法古今”的三段经历。未来的余生不会再有多少事业的追求，而只会适当用脑做事和继续运用自己创立的养生经验和技巧，力求健康长寿、颐养天年。为此，回顾我的具有一定传奇色彩的一生，总结经验教训，得出人生启迪，就是这本回忆录最后的任务。我所经历的一生阅历与启迪主要包括在以下三个阶段中。其主要经验和启迪是：

一　身心成长与知识经验的学习与准备阶段

人的一生，从婴儿到青少年，直到参加工作的谋生立命时为止，大致要经历20～25年左右的时间。这一时期是人生最重要的打基础的阶段，其好坏将直接决定和影响人的一生。这一时期所谓好坏的内容主要包括三个方面：一是身体发育和成长的好坏，二是心理和人格成长培育与养成的好坏，三是知识经验包括阅历、教训的学习与积累的程度。由于各方面的原因，不同的人，在这三个方面的差别是很大的。我从出生到谋生立命，因“文化大革命”的耽误，直到28岁才正式参加工作。出生时因客观原因，被送给他人抚养，面临死神的召唤，使幼小的身体受到极大损伤。青少年时期，既有身心发育茁壮成长及其后的风华正茂刻苦学习和“为外交官梦想而苦读”的幸福和快乐，又经受了所谓“三年自然灾害”的饥荒考验，“文化大革命”中的风雨人生和被打成

“五一六”反革命骨干分子的痛苦和折磨。回忆我的身心成长与知识经验学习准备的青少年时期，正反两个方面的历程及其所经历的酸甜苦辣。所得到的基本启示是：

1. 身体发育和健康成长是青少年时期的首要任务

有句老话说：“身体是革命的本钱”。身体发肤，受之父母。身体健康，后天之功。青少年时期是人的身体发育和健康成长的最重要时期，也是广大青少年的首要任务。如果青少年时期的身体发育和健康状况没有引起重视，发生问题，使身体严重受损或留下残疾，或过于肥胖，或智力低下等，既是他本人一辈子的痛苦，也会给社会和家庭带来沉重负担。所以青少年时期就必须重视身体发育和健康成长。这里重点是要重视和解决好四个方面的问题：一是父母要有优生优育的观念和科学知识。优生就是父母要身体健康，科学合理受孕怀孕，以农历月十三到十六日的望日受孕为好。优育就要科学养育。二是要保证婴幼儿和青少年时期的营养和饮食供应充足、多样、平衡而不过量，确保身体发育和健康成长需要，但又绝对不该让孩子胡吃海塞而过于肥胖。三是从懂事开始，就应该养成热爱劳动，经常锻炼的良好习惯。四是如果身体因各种原因出现疾病，包括感冒、发烧等，一定要及时就医，及时治疗，以防小病不治转成大病，留下健康隐患。这一点在我所经历的一生中，有一些人，孩子生病高烧，父母未引起重视，积极工作而不去请假给孩子看病，使孩子未及时治疗而留下终身残疾。而父母的行为反而被上升宣传为忘我工作的先进典型。这种对工作与孩子健康成长的歪曲错误认识和误导宣传早就应该结束了。我在幼儿时期就曾因故使幼小的身体严重受损。但很快就回到了父母身边，受到较好的关爱和照顾，逐步恢复了健康，从此再未受到过大的伤害。所以，一个人在青少年时期的首要任务就是要保证身体发育正常，健康成长，这也是未来进入社会的立身之本，应该引起高度重视。

2. 心理健康和人格健全是青少年成才的重要条件

心理是指人的思想感情等内心活动，是大脑反映客观现象的过程。人格则是指人的性格、气质和能力等的总和。两者都是以人的身体，特别是大脑发育为依托的。但又受人们的家庭关系、学校教育、社会环境、所接触的人和事等各种复杂因素的影响。事实上，青少年是否能够成才，在很大程度上取决于他是否具有健康的心理和健全的人格。不难想象，一个人的心理不健康、人格不健全、内心阴暗、偏执、不能正确客观地对待社会和他人、心胸狭窄、爱走极端、脾气暴躁或冷漠等等，又怎么能成长为优良之材呢？所以，心理健康和人格健全又是青少年要想成才的重要条件。培养青少年人的健康心理和健全人格，重点要注意三个方面的问题：一是父母要尽可能让孩子总在自己的身边成长，而不分离，为孩子的健康心理和人格养成创造良好的家庭环境。要关爱而不溺爱，要管教又要让孩子自由、活泼地成长。在言行举止、做人做事等方面要成为孩子最好的榜样和教师。二是从小要让孩子受到良好的教育。从小学到中学，甚至大学，都要既重视知识和学业，又重视孩子的心理和人格成长。三是本人在成长过程中一定要有一颗积极上进、追求进步的心态。要和品学兼优或较好的同龄人交朋友而不是相反。在这方面，回忆我的青少年时期，虽然大部分时间都在经济落后的四川老家，但良好的家庭环境，父母关爱及其优良的言传身教，长期受到共产党的正统教育和自己始终保持积极上进的良好心态，都对我的健康心理和健全人格的培育和养成发挥了重要的作用。这也是我在人生事业的奋斗中能够做出一定成绩的重要原因之一。

3. 知识和经验的学习和积累是未来成才立命的本钱

青少年时期知识和经验的学习和积累都是为进入社会，参加工作和人生事业奋斗做准备的。古语说，“少壮不努力，老大徒伤悲”，就是告诫人们，青少年时期必须刻苦学习科学文化知识，学习和积累人生阅历和经验。《论语·雍也》中孔子曾说：“知之者不如好之者，好之者不如乐之者。”意思是说：懂得学习的人不如喜爱学习的人，而喜爱学习的人不如以学习为乐趣的人。所以，人在青少年时期就应该在知识和经验的学习和积累上养成“知——好——乐”的三层境界。首先是“知之”，就是“知道学”，懂得学习的重要。进而要“好之”，就是我爱学，喜欢学习科学文化知识和人生经验。最后要达到“乐之”，就是对学习有浓厚的兴趣，以学习为乐事。这是学习的最高境界。只有这样，通过进入学习的最高境界，刻苦努力，才能“积土成山，风雨兴焉，积水成渊，蛟龙生焉，积善成德，而神明自得，圣心备焉”。从而为青少年今后的成才立命积累下丰富的本钱。我在青少年时期，特别是从初二年级到大学阶段，虽算不上学习的最优者，但“知之”“好之”和“乐之”的三重境界还是基本具备的。一是对以书本为主的科学文化知识的学习一直比较认真和刻苦，学习成绩也是比较好的。特别是对哲学、政治经济学等文科知识的学习更是如此。二是参加社会实践，包括学校组织的各种实践活动，参加“文化大革命”，到部队农场接受再教育等等，都始终注意从正反两个方面学习社会知识，吸取经验教训。特别是在被打成“五一六”反革命分子，背负严重冤假错案而抗争的8年多时间中，仍能认真思考学习，而没有丧失对党和国家的信任和热爱。三是注重在正反两个方面的学习中认真思考问题，学到了观察问题、分析问题、迅速找到问题实质的能力。四是在学习过程中注重了口头和笔头表达能力的培养。特别是将思想、观点、解决问题的方法迅速变成文字、文章的能力。这些都是我在青少年时期的知识和经验学习和积累方面的切身体会，也是我后来谋生立命的本钱。由此我得出的人在青少年时期成才的启迪是：

青少年成才 = 健康身体 + 正常心理 + 健全人格 + 知识经验 + 阅历教训积累

二　谋生立命与事业奋斗的基本成功阶段

人的一生，从参加工作到正式退休或70岁后以养老养生为主时止，大致要经历35 ~ 40多年左右的时间，这一时期是人们进入社会谋生立命和事业奋斗的黄金阶段。其间，有的人成功了，有的人失败了，有的人是好坏参半，绝大多数人虽有一定人生事业的成功，但均以平凡、平庸、随大流，波澜不惊为主。但凡成功人士，其事业奋斗的基本历程大多是：**充分发挥自己的能力、智能和情商，看准和抓住机遇，力避挫折和风险、抗击不幸和可能的灾难，紧紧瞄准不断变换的奋斗目标，脚踏实地，坚韧不拔，百折不挠地紧跟时代步伐，顽强奋斗不止，日积月累，最终取得谋生立命和事业成功**。我的一生从28岁正式参加工作，到63岁退休，70岁起基本放下事业以养老养生为主，经历了42年。其中，当过8年中学教员，虽教学内容掌握和教学方法运用还都轻松自如，但在“四人帮”“知识无用”的时代背景下，除被评为过一次“优秀班主任”外，大多是平庸无奇的，也无所谓事业的成功。其余36年，主要在北京联大旅游学院从事旅游教育和科研工作，先后发表过60多篇论文，主持完成了2项省部级研究课题，参与或独立完成了另外2项省部级课题，完成了两部“十五”“十一五”国家级重点规划教材的编著，最早主编并公开出版了11部旅游管理专著，较早自编、主编和参编出版的旅游专业教材25本。各种著述和主编字数 2600 多万字。其中个人独立完成 1600 多万字，被誉为中国旅游管理科学的开拓者和奠基人、中国和北京联合大学旅游学院的著名专家和教授。但又被打成过“五一六”反革命骨干分子，遭受过近 10 年的冤案打击。在正教职称上，还受到了长达 10 多年的打击、压制和迫害才最终解决。应该说，我的一生在事业上是成功的。在遭遇上是跌宕起伏的，至于一生成功的感悟和原因，已在第八章之二《挫折中得到的人生成功感悟》和之八《人生事业的自我评估》中介绍过了，这里不再重复。

近代著名学者王国维先生在《人间词话》中说:“古今成大事业、大学问者，必经过三种之境界:‘昨夜西风凋碧树,独上高楼,望尽天涯路’,此第一境也。‘衣带渐宽终不悔，为伊消得人憔悴’，此第二境也。‘众里寻他千百度，蓦然回首，那人却在灯火阑珊处’，此第三境也。”我不是成大事业、大学问者，但在谋生立命与事业奋斗基本成功这一点上，却与王国维先生的“人生三重境界”论基本相同。我所经历的人生三重境界及其启示是：

1. 要登高望远，勘察形势和路径，有明确方向和目标——这就是我的“昨夜西风凋碧树，独上高楼，望尽天涯路”。

这三句词出自晏殊的《雀踏枝 · 槛菊愁烟兰泣露》。本意是登上高楼，尽是昨夜西风带来的肃杀秋景。西风落叶、山高水长案书何处？但王国维却解读为人生的第一境界是要有“望尽天涯路”那样志存高远的追求，要耐得住“昨夜西风凋碧树”的冷清和“独上高楼”的寂寞。也就是说，一个人进入社会，要想做出一番事业，成就较大的学问，首先要登高望远，勘察形势和路径，树立远大目标，明确奋斗方向。而这一切，都是寂寞、冷清的。是需要智慧、能力、勇气和毅力的。在这方面，我虽不是完全自觉的，但自参加工作后，就能注意观察形势，看到机遇而积极努力却是客观的事实。还在天津农场接受再教育时，我就树立了要志存高远、为远大目标而奋斗的思想。虽然目标不具体，接着又被打成“五一六”反革命骨干分子，带着冤假材料，教了 8 年中学。但这种志存高远的奋斗精神却没有熄灭。到 1980 年调入北京联大旅游学院，从事高等旅游教育和科研工作，看清了改革开放的大好形势和中国旅游事业及其教育和科研快速和蓬勃发展的时势造英雄的良好机遇，就紧紧抓住不放，脚踏实地地将人生目标具体化、人格化。然后集中自己的全部智慧、能力、毅力和勇气去为此而奋斗。哪怕其具体工作，特别是企业管理、旅游专业知识的学习和旅游科研的具体工作，常常是冷清和寂寞的，也在所不惜。这就是我人生事业追求的第一境界。

2. 要有坚强的意志、百折不挠、抗击风险和挫折、为目标而艰苦奋斗的精神和能力——这就是我感悟到的“衣带渐宽终不悔，为伊消得人憔悴”。

这两句话出自柳永的《凤栖梧·伫倚危楼风细细》。意思是说，要有一种锲而不舍的坚强意志和执着追求精神，即便是“衣带渐宽”也不后悔，“人憔悴”了也不放弃。这就是王国维先生解读的为远大目标而奋斗的人生第二境界。它是人生第一境界的继续和发展，也为我的人生奋斗经历所完全证实。我在树立了为中国旅游教育和科研事业而奋斗的人生目标后，从 1980 年至 2007 年正式退休的 27 年间，虽然被讥讽为“教不了大学”、干不了实事，若在饭店，连班组长也当不了的“无能之辈”。七年后，因贡献突出，先后被破格晋升为旅游管理专业的讲师和副教授时，又被指责为“骄傲自满，目中无人”追求个人名誉地位的，“成名成家”的“狂妄分子”“不可重用”之人。当我不求重用，一心要用实际成果来报答党和国家，促进旅游事业的发展而做出重大贡献，被誉为“中国旅游管理科学的开拓者和奠基人”的过程中，累白了头发，累花了眼睛，又因劳累过度而 2 次住院，真的为奋斗目标而“消得人憔悴”时，却又遭到了“功名不使上景钟”，不让晋升教授职称的长达 13 年的打击、压制和迫害。直到那几个心术不正、嫉贤妒能的当权小人死去或退休，才解决了正教职称，使党和国家的知识分子政策在我身上得到了落实。但我终不后悔，永不言弃，也决不向内心丑恶的当权小人低头或请客送礼而求职称解决。而是更加努力和刻苦地工作。正教授职称解决后又经历了我人生中的三次著作高潮，为中国旅游管理科学的发展做出了实实在在的贡献。这就是我用实际行动所诠释的人生目标奋斗的第二境界。

3. 要坚持不懈，在挫折和磨难中不断探索前进，逐渐成熟去取得最后成功——这就是我体验到的“众里寻他千百度，蓦然回首，那人却在灯火阑珊处”。

这三句词出自辛弃疾的《青玉案·元夕》，本意是说在元宵节的夜晚游玩赏灯，车水马龙中，作者站在熙熙攘攘的街头，在芸芸众生中千百度寻找意中人，“蓦然回首，那人却在灯火阑珊处”。王国维先生将此解读为人生奋斗的第三境界。它是第一和第二境界，即远大奋斗目标和百折不挠、顽强奋斗、历经挫折和磨难，最后逐渐成熟，终于取得成功的必然结果。应该说，我的人生历程也经历了这种人生第三境界的愉悦和快乐。它体现在我的人生目标逐步完成，即众多论文、专著和教材的陆续发表和出版过程中，体现在自己的论文和作品被几十万、上百万人阅读和使用，让他们获得专业知识和精神享受的过程中。所以，我的人生事业虽然取得了成功，但我并没有沾沾自喜，也没有狂妄自大。而总是在学问上有一种如履薄冰、永无止境的感觉。这大概也是我的一生经过无数挫折、众多磨难、坚持不懈、取得成功、已逐渐成熟的表现吧。我在一生事业成功面前的心境更多的是在天津农场接受再教育时所阅读的一篇长文《奋斗》中的一段话。抄录如下，以反映我的真实心境和切身感悟：

“我们不要羡慕那些名垂千古的名誉，要羡慕那些名垂千古的事业，名誉并不能给人以智慧，更不能给人以实际利益。唯有事业才能让人类富裕起来。不要让别人念颂我们的名字，要让别人享受我们的劳动。享受我们的劳动比念颂我们的名字要幸福千百倍。”由此我所得到的人生事业成功的重要启迪是：

事业成功 = 明确的方向和目标 + 较强的能力、智商和情商 + 永无止境的苦干奋斗精神 + 百折不挠的毅力和韧劲 + 承受风险与挫折的能力。

三　力求健康长寿的养老养生渐入佳境阶段

养老养生是人生经历三段论的最后归属。若从 55 ~ 60 岁的退休年龄算起，按北京市的人均寿命 81.2 岁计算，大致要经历 21 ~ 26 年，若按很多人活到 90 岁以上，则要经历 31 ~ 36 年以上的时间。比人生事业奋斗的上班时间还要长。根据中医理论，养生是人的终身之事，又以老年养生为主。而老年养生的年龄界限，按中医养生观点应该从 45 ~ 59 岁的初涉老年期算起。这时人们都未退休，大多处在人生事业的鼎盛时期。所以，人们真正将追求健康幸福、延年益寿作为人生的主要事业和任务，大多还是在 55 ~ 60 岁以后的事情。对于以脑力劳动为主的各类专家学者来说，他们往往都在 70 岁以后才逐步放下事业，将养老养生作为最重要的事业，融入自己的日常生活中。总之，养老养生，对不同类型、不同年龄、不同体质、不同人生经历的人来说，其态度和重视程度都是十分复杂而各不相同的。但人们都要经过力求健康长寿的养老养生阶段，则毫无疑问，都是相同的。

我对养生的重视是从初涉老年期，即 57 岁时因生病住院后开始的。但那时还是我人生事业的鼎盛时期。此后，又经历了长达 10 多年的以事业为主向以养生养老为主的转换过程，直到将要进入“不惑之年”，才真正放下事业追求，转入以养老养生为主。但在这一转换过程中，我始终将养生养老放在相当重要的位置。在不影响事业，即完成三次著作高潮写作任务的同时，我总是合理利用时间，不断学习老年养生的科学理论和知识，转换和培养老年养生的心理和心态，不断实践食疗与药物结合、运动与引导术和按摩养生结合的各种养生方法，并将这些方法运用和融入日常生活之中，收到比较良好的效果。在此基础上，又总结出了“禁怀宽如海，养生法古今”的养老养生经验。对我来说，虽然这一阶段才开始不久，但经过较长时期的学习与实践，已使我对老年人应该怎样养老养生才有健康幸福的晚年？怎样养生才有利于延年益寿、颐养天年也有了较深刻的认识。所以我的养老养生已经渐入佳境，正进入更高境界。由此得到的人到老年、力求健康长寿的养老养生阶段的人生启迪是：

健康长寿＝寡欲静心＋平和心态＋食疗与药物结合保养＋适宜运动＋导引和按摩养护＋适当用脑与做事＋持之以恒的态度和毅力。

人生经历三段论对任何人来说都是十分复杂的，也是各不相同的。国民党元老、著名书法家于右任先生生前有一副对联，上联是“不思八九”，下联是“常想一二”。横批是“如意”。我的这本人生经历三段论的《传奇人生》已经全部完成了，除必要的交代人生波折以反映全貌、防止断档外，基本上体现了“不思八九，常想一二”的精神，也算是“如意”吧。我的一生既有成功，也有失败，既有辉煌，也有悲伤，是跌宕起伏的。而这一切在改革开放、民族复兴的大潮中、在历史的长河中都会成为“是非成败转头空”的过去。那就让我用明代词人杨慎先生的《临江仙》作为本书的结束吧——

滚滚长江东逝水，浪花淘尽英雄。
是非成败转头空。青山依旧在，
几度夕阳红。

白发渔樵江渚上，惯看秋月春风，
一壶浊酒喜相逢。古今多少事，
都付笑谈中。

第十六章　科研工作的个人著作年谱

第一部分　学术论文与专业文章年谱

1982 年

2 月 ~12 月，旅游文章。2 月 1 日，在北京日报发表《历史上北京的旅馆》。4 月 6 日，在旅游报（中国旅游报的前身）发表《独具特色的地中海俱乐部》。8 月 1 日，在旅游报发表《欧洲国家礼节种种》，12 月 1 日，仍在旅游报发表《台湾曹族少年节》。这些都是我当时在努力学习经济学、管理学与旅游专业知识，参加饭店实习考察的同时，抽空撰写的旅游专业小文，合计 0.25 万字。

10 月 16 日，在《经济研究参考资料》上发表《旅游商品的特点及其价格资金运动》。首次比较全面系统地提出并阐述了旅游商品（即以旅游路形成的旅游产品）的价值原理、价值构成和价格形成过程，在旅游业界引起较强烈反响，计 1.2 万字。

12 月，在《财贸工作研究》上发表《试论客房商品的性质》。运用恩格斯理论，首次阐述了饭店客房商品的概念、内涵、性质和特点。为我后来的《饭店客房管理》教材提供了理论依据，计 0.5 万字。

1983 年

1 月，在北京旅游经济学会办的《旅游学刊》发表《近年来旅游科学学术研究综述》。首次对旅游学术研究的动态、主要观点、特点、发展趋势做出了阐述。计 0.5 万字。

3 月，在《西北大学学报》发表《旅游饭店经营管理必须重视经济效果》。结合在国有饭店的考察实习，针对事业单位长期存在的“不计成本，实报实销”管理思想和问题，首次论述了饭店经营管理经济效益的重要意义、影响因素、途径方法和考核指标。在饭店业内人士申引起了较大反响。计 0.5 万字。

7 月，在《财贸经济资料》发表《旅游资源商品的价值构成》。运用马克思的价值原理，站在全新的角度论述了旅游资源怎样变成商品，变成后的商品分类，不同旅游资源商品的价值构成。包括历史价值、现实价值、开发价值等，并由此提出了其价值构成模型，在一定程度上为旅游资源的开发提供了理论基础。计 0.8 万字。

10 月，仍在《财贸经济资料》发表《我国旅游管理体制的改革》。针对当时旅游管理职权不清，尚未将旅游业当作经济事业来办和“事业单位，企业管理”中存在的问题，最早提出了要进旅游管理体制改革的原因，意义和政策建议。0.45 万字。

11 月 7 日，在《经济研究参考资料》发表《北京建国饭店考察报告》。首次阐述了建国饭店的由来、管理体制、经营方针、科学制度和程序、科学管理方法和优良经济效益。最后提出了改革开放、走合资合作道路的必要性、正确性、可行性和建国饭店科学管理方法和经验值得推广的建议，后引起了长达 4 年的全国学“建国”的活动，计 3.6 万字。

1984 年

1~5 月宣传“建国”文章。1 月，在《经济信息月刊》发表《旅游饭店的佼佼者》。2 月，在《管理现代化》上发表《北京建国饭店经营管理方法考察》。5 月 7 日在《世界经济导报》上发表《建国效益从何而来》。这些文章都是为配合当时开展的“全国学建国”的活动而写的宣传性稿件，对活动的开展起了一定的促进作用。合计 0.75 万字。

3 月，在《世界经济》第 3 期上发表《试论国际旅游市场的动向和特点》，首次根据世界经济重心东移阐述了国际旅游市场的重心变化及其动向与特点。计 0.45 万字。

5 月，在二外学报《学丛》发表《旅游资源商品的价值构成和价值补偿》。分析了旅游资源作为商品时的历史价值、现实价值、价值转移和价值补偿的基本模式。计 0.8 万字。

6~7 月，历史研究性文章。6 月，在专著《北京经济史话》中发表《由会馆、驿站发展起来的旅馆业》和《北京的地方餐馆和风味小吃》。

7 月，在《财贸经济资料》发表《北京的地方餐馆》。均属历史研究性文章，计 0.65 万字。

8 月，在《经济研究参考资料》发表重要论文《我国国际旅游市场的战略结构》。首次阐述了当时以入境旅游为主的我国国际旅游市场战略结构的概念、建立依据、战略结构模式及其对策建议。在学术界引起较大反响，后成为研究北京旅游战略规划的重要参考。计 1.2 万字。

9月，在《现代日本经济》上发表《从日本旅游政策和管理体制看我国旅游事业的发展》。在介绍日本经验与做法的基础上，首次提出了将旅游业纳入国民经济计划、调整旅游发展方针、重视国内旅游发展、改革旅游管理体制、包括行政管理体制、地方与部门管理体制、旅游企业管理体制改革的重要政策建议。引起了专家学者的广泛重视，这些改革建议后来大都得到了采纳和实施，其中的大部分思想也被后来北京制定旅游战略规划时所吸收和采纳。计0.6万字。

10月，在北京旅游经济学会所办的《旅游学刊》第4期上发表《客房的价格、成本、利润及盈亏分析》。首次运用损益分析原理对客房盈亏模型的建立和运用进行了探讨。后成为我在饭店、客房、餐饮管理等教材中运用定量方法的基础。计0.8万字。

1985年

1月，在《财贸经济》第1期发表《旅游外联管理体制必须改革》。针对当时集中外联，地方没有积极性的弊端，论述了外联管理体制改革的必要性，提出了统一外联和地方自主外联结合的建议。不久，国家旅游局就进行了外联管理体制改革。计0.5万字。

2月，在《未定稿》第2期发表《从我国国情出发，借鉴日本发展旅游的经验》。在介绍日本旅游发展及其政策的基础上，分析了我国国情，提出了改革旅游行政管理，企业管理体制等政策建议。计1.2万字。

4月5日，在《经济信息报》发表《从饭店大王到希尔顿国际公司》。介绍了希尔顿事业的发展和主要经验。计0.15万字。同月，在《经济管理》第4期发表《客房经营业务的盈亏分析》。运用损益原理和模型，分析了客房经营的盈亏变化，提出了管理对策。计0.8万字。

4月10日，在《经济研究参考资料》发表《建国饭店体制改革的经验和我国饭店旅馆企业的经济体制改革》。在阐述建国饭店科学合理管理体制的基础上，分析了当时我国饭店在管理体制上存在的问题、原因，提出了领导体制、经济管理制度、财务管理制度改革的对策建议，引起广泛反响。计3.6万字。

5月14日，在《中国商业报》发表《饮食服务企业管理基本知识》一书的《国家统考复习大纲》。它是1983年3月开始，我参加商业部饮食服务局组织的全国经理（厂长）统考工作，任该书主编和出题判卷负责人的一项成果。计2.5万字。

7月，在《领导科学》杂志发表《北京建国饭店的经营诀窍》，配合当时掀起的全国学建国热潮，宣传建国饭店的经验和科学管理方法。计0.6万字。

9月9日，在《经济研究参考资料》同任果一起发表《客房浮动价格管理的优化方法》。运用决策树原理与技术，对客房价格浮动管理的优化方法进行了探讨。计1.1万字。

11月，在《西北大学学报》发表《建立国际旅游市场战略结构，迎接远东旅游中心的到来》。根据国际经济和旅游业重心东移的动向，阐述中国旅游业发展的市场对策建议。计0.5万字。

11月29日，在《经济研究参考资料》发表《威尔逊的战略眼光和假日旅馆公司的经营特色》。介绍了假日集团的发展及其主要特色与经验。计0.2万字。

1986年

1月，在《经济研究参考资料》发表《联合起来是我国饭店行业打入国际市场的必由之路》，在国内首次阐述了饭店行业联合，走集团化道路的作用、途径，提出了发展饭店集团的对策建议。计0.6万字。

2月，在《旅游论坛》(《旅游学刊》的前身）发表《联合起来是我国饭店行业改革的方向》，再次探讨饭店集团化改革的方向，推动我国饭店管理改革的发展。不久国家旅游局即正式开展了这方面的改革工作。计0.5万字。

3月，在《旅游论丛》第1期发表《建国饭店的领导体制和成功之路》，主要配合第二批全国学建国活动，宣传建国饭店的管理经验。0.5万字。

4月，在《旅游论坛》(《旅游学刊》的前身）发表《广州地区饭店经营特点和我国饭店转轨变型》，以到广州实地考察资料为依据，总结出其饭店管理经验和特点，首次提出我国饭店必须从经验型管理到科学化管理，从运动式管理到规范化管理，从事业型管理到企业化管理的三大转变，在行业中引起较大反响。计0.6万字。

5月，在《经济研究参考资料》发表《国际饭店企业管理的历史发展和我国饭店管理的转轨变型》。以国际饭店管理的历史经验为基础，再次论述我国饭店管理的转轨变型，促进饭店从当时事业单位性质向企业性质的转变。计0.8万字。

7月，在《未定稿》发表《北京旅游事业的进一步发展》。根据1985年初参加北京市旅游战略规划研究工作的体会，阐述了北京旅游事业的发展动态、问题及其在指导思想、发展方针、管理体制等方面的改进建议。计 1.2 万字。

1987 年

3 月，在《未定稿》第 5 期发表《北京国际旅游市场的进一步开发》。是参加北京旅游规划研究工作中的市场研究成果，提出了进一步开发北京国际旅游市场的对策建议。计 1.06 万字。

2 月，北京市旅游局人事处委托学院印制我写出的旅游经济专业职称统考指定教材《实用饭店企业管理学》的《饭店管理统考复习大纲》。我被聘为职称评审委员会副主任，并负责饭店管理课程的干部培训、考试出题和判卷工作，至 1992 年基本告一段落。大纲计 4.5 万字。

6 月，在《旅游学刊》第 2 期发表《旅游战略规划中的几个理论问题》。论述了旅游战略研究中的国际性、全国性、区域性、地方性等的层次研究，以城市为中心的纵深产业结构、国家和地区的市场战略结构、经营战略中的方针政策和宏观控制、管理体制的设计等五个重大关系问题，为战略规划研究提供了总体思路，也是参加北京旅游战略规划的经验总结。计 0.8 万字。

7 月，在《经济研究参考资料》发表《旅游战略规划中供求比例关系的探讨》。首次论述了战略规划中未来发展的供求规律、供求原则、探讨了饭店床位、民航运力、铁路运输、车辆运力、副食品供应等与客源开发增长之间的比例关系和模型，为地区旅游战略规划的制定提供参考依据。计 1.4 万字。

8 月，在《经济信息报》发表《世界旅游事业的发展趋势》，同月，在《旅游学刊》第 3 期用北京旅游学院长城饭店实习小组的名义发表《加强旅游院校实习管理，培养旅游专业人才》。总结了带学生实习的经验，分析了存在问题，提出了改进建议。计 0.6 万字。

9 月，在《旅游研究》第 3 期发表《北京国际旅游市场的战略结构和战略对策》，是参加北京旅游战略规划研究中的专题研究成果。计 1.5 万字。

1988 年

3 月，在《旅游学刊》第 1 期发表由饭店总经理李通、齐彦宗署名的《越管越好、越管越新、越管越科学——民族饭店的系统管理》。文章由我代笔，从全局角度介绍了饭店系统管理的方法及其所取得的高达 62.5% 的利润率效果，引起饭店业界的广泛重视。计 0.6 万字。

4 月 6 日，在中国旅游报发表《民族饭店系统管理模式介绍》，主要介绍了该饭店运用系统科学原理所建立的模式和管理方法及其效果，推广国有饭店先进经验。计 0.15 万字。

8 月和 9 月，在《未定稿》第 17、18 期发表《世界旅游业的发展趋势和我国旅游战略规划思考》。在分析世界旅游业的趋势、特点基础上，提出制定我国旅游战略规划需要注意和解决的一些重要问题。计 1.5 万字。

9 月，在《旅游研究》第 3 期发表《科学管理是国营老饭店的根本出路》，通过民族饭店系统管理方法介绍，阐述了国有饭店推行科学管理的必要性和方法途径。计 0.6 万字。

11 月，在《经济研究参考资料》发表《我国饭店业发展的回顾与展望》和《统计分析在饭店管理中的运用》。前者回顾了饭店发展过程，趋势和展望，提出需要注意的问题，后者阐述了统计分析在饭店管理中的重要作用、运用方法和注意事项。2 篇文章计 1.35 万字。

12 月，在《旅游学刊》第 4 期发表由饭店总经理滕更新署名的《搞好经营承包，深化企业改革》的文章。该文是我应邀到北京回龙观饭店考察后，为饭店写的经验总结性论文，故用饭店总经理名义发表，该文引起饭店同业人士的广泛反映。计 0.6 万字。

1989 年

8 月，由英士先生任编审、李庚任主编的《北京旅游发展战略》一书由燕山出版社出版发行。该书是 1985~1987 年我所参加的北京旅游战略规划研究工作的成果汇总。我作为课题负责人之一。书中收录了我的两篇论文。均已发表。文章为 :《北京旅游发展战略基本研究方法浅析》《北京国际旅游市场的战略结构和战略对策》。我因个人遭遇方面的原因，已将主要精力转到教材，有关科研项目与著作的写作上去了。此后，每年发表的学术论文已很少了，甚至整年也没有。

1990 年

6 月，在《旅游学刊》第 2 期发表《困难与希望同在，挑战与机遇并存——回龙观饭店危机管理调查》。主要介绍了回龙观饭店运用危机管理方法渡过难关，取得优良经济效益的成功经验与做法。计 0.6 万字。

1991 年

4 月，在《旅游通讯》（中国旅游协会主办）发表《当前旅游业面临的困难和对策思考》。分析了中国旅游业面临的困难表现、原因和加强宣传推广，发挥国家和地区整体推销能力等对策建议。计 0.5 万字。

6 月，在《旅游调研》第 6 期发表《旅游企业集团发展道路的探讨》。主要对旅游企业集团的现状、存在问题和发展方式进行了阐述。重点论述了输出管理技术和人才、参股控股、租赁经营等的道路与方法。计 0.5 万字。

1992 年

2 月，在《旅游通讯》发表《宾馆和涉外餐馆厨房生产管理改革的探讨》。阐述了传统饭店与餐馆厨房按照 1：1 比例设计的大而全、小而全的厨房配备与管理上存在的各种弊端，提出了建立中心厨房和卫星厨房的改革及其方法建议。计 0.55 万字。

4 月，在《旅游学刊》发表《饭店行业的竞争格局及其对策思考》。针对当时客观存在的合资与国营、个体与集体、集团与单体饭店、外国与中国饭店集团等多重竞争，分析其利弊、优劣进而提出了改革发展的对策建议。计 0.5 万字。

9 月，个人论文集《旅游经济与管理探讨》由经济管理出版社出版发行。共收录了我 19 篇论文，其中有几篇是首次发表，记述如下：

1.《旅游资源商品的二重性初探》。写于 1982 年 12 月，首次论述了旅游资源商品的特点、它的使用价值和交换价值，体现在商品中的劳动二重性。有较强的理论性和一定深度与新意。计 1.13 万字。

2.《北京旅游事业战略思想和战略方针的探讨》，写于 1986 年 6 月，是参加北京旅游战略规划研究的成果。论述了战略思想和方针的意义，确立战略思想和方针的客观依据、战略思想 和战略方针的内容表述与运用。计 1.5 万字。

3.《饭店企业经济预测的理论方法与案例》，写于 1986 年 12 月，主要阐述了经济预测在饭店管理中的重要作用，怎样做好经济预测和各种常用的预测方法与案例，首次为饭店企业的定量管理提供了理论基础，并举出了方法运用的具体例子。计 1.8 万字。

1993 年

9 月，在《旅游学刊》第 3 期发表《高等旅游教育人才培养的探讨》。针对高等院校旅游教育中存在问题进行分析，提出了专业知识与实践结合的方法建议。计 0.5 万字。

1996 年

4 月，完成《北京国际旅游专家评估预测指标分析》。文章是参加李庚主持的 1996~2010 年北京旅游战略规划研究的子课题，主要阐述了采用专家预测法对北京国内旅游发展的预测分析方法和结果。计 2.5 万字。

8 月，完成《1996~2010 年北京旅游购买力与客源市场规划研究》。文章也是北京旅游战略规划研究的子课题。主要从旅游购买力的角度分析了北京旅游市场的类型、客源市场预测和发展规划，为战略规划的总体报告提供依据。计 7.5 万字。

1997 年

10 月，受北京市旅游局和首旅集团委托，完成《北京市饭店管理公司管理模式》。主要介绍饭店集团的组织模式、人力资源，业务管理和质量管理、财务与审计的模式和操作方法。计 1.8 万字。

1999 年

11 月，在《中国旅游要览》发表《中国星级饭店管理工程模式探讨》。将饭店管理模式当作一项管理工程，介绍其领导模式、组织模式、人员管理、前厅、客房、餐饮等部门管理模式的内容和操作方法。计 1.4 万字。

2001 年

6 月，在《旅游学院科研周论文集》发表《中江之旅酒店管理公司的企业文化和企业精神》，是 1999 年 ~2001 年在中江之旅酒店管理公司为企业总结的内部文件，曾多次在公司管理人员培训班上宣讲与推广。计 1.2 万字。

2003 年

4 月，在学院《科研周论文集》发表《从金钥匙服务到酒店优质服务体系的运行与管理》。原是 2002 年为北京 XX 饭店副总经理写的一篇专题论文，主要从饭店金钥匙服务引申到全店质量管理体系的建立、运行与控制方法。实用性较强，对饭店质量管理有参考价值。计 1.2 万字。

2004 年

5 月，在《中国营养》杂志上发表《培养管理营养师队伍是我国营养健康事业发展的必由之路》。文章是为配合旅游学院餐饮系当时办营养专业而写的。主要论述了管理营养师的作用，需求缺口和培养建议。发表前曾在昆明中国学生营养与健康高层论坛上由系主任王美萍发言宣讲。计 0.9 万字。

8 月，在《旅游学刊》4 期发表《中国餐饮市场发展趋势与对策》。主要论述了餐饮市场的特点、三大发展趋势和未来发展方向与对策，曾引起比较广泛的反应。计 0.65 万字。

2005 年

3 月，在《人力资源与人才战略会刊》（中国旅游饭店协会办）发表《餐饮市场人才需求的偏离错位与对策措施》。主要阐述了人才培养与企业需求和使用的脱节错位，分析了原因，进而提出了改进建议。计 0.8 万字。

6 月，在《中国旅游饭店》发表《ZD 管理在饭店服务质量管理中的运用》（合写）。主要阐述了 ZD 管理的由来、特点，在饭店质量管理中的运用方法，有很强的实用性。计 0.5 万字。

7~8 月，在《中国旅游饭店》第 7 期和第 8 期连载《中国饭店集团管理的亚健康分析和对策措施》。在阐述中国饭店集团分类、管理现状的基础上，分析了存在的 10 种亚健康问题和原因，进而提出了改进措施。文章在业内产生了较大影响。计 1.4 万字。

12 月，在《旅游学刊》增刊发表《小康社会餐饮市场应用型人才培养模式探讨》，结合旅游学院走应用型大学的办学道路和餐饮专业办学实际，提出了应用型人才培养的标准、办学方针、政策、模式和方法。计 0.8 万字。

上述专业文章和论文共 72 篇，71.89 万字。其中，公开发表 62 篇，52.39 万字。在当时引起业界重视的重要学术论文 47 篇，42.89 万字，其中，在省部级以上单位主办的重要学术刊物和国家一级学术刊的上发表的学术论文 36 篇，32.96 万字。

第二部分　旅游专业教材编著年谱

1986 年

3 月，商业部饮食服务局和教育司共同组织的国家经理统考教材《饮食服务企业管理基本知识》以商业部的名义出版。该书为商业部全国统编教材，由我和天津商业学院的周寿田先生任总撰，该书编写大纲、教材体例、章、节内容结构由我起草，经周寿田先生审阅和编写工作会议专家讨论，商业部教育司审定后确定。我和周寿田先生对全书初稿进行了修改、补充和完善，后成为国家厂长、经理统考的指定教材。全书共十章，本人承担并完成第三章《饮食服务企业的经营管理》、第五章《饮食服务企业的质量管理和卫生管理》及第六章《饮食服务企业的设备管理和技术管理》。全书 27.2 万字，本人完成 9.6 万字。

1987 年

2 月，全国第一本公开出版的《饭店客房管理》专业教材在广东旅游出版社出版发行。该书 1982 年完成内部试用教材打印稿，经过校内外 5 年试用，填补了当时国内旅游管理教材研究空白，开创了客房管理教材先例。全书 24 万字，本人完成正文和附录三以外的 21 万字。

2 月，国家旅游局教育司组织编写的第一本饭店管理专业教材《旅游饭店管理》由中国旅游出版社出版发行。邓观利主编，我承担并完成了该书第三章《总服务台的经营与管理》、第四章《旅游饭店客房管理》和第六章《旅游饭店综合服务设施管理》的编写。该书填补了当时饭店管理教材的空白，开创了饭店管理专业教材的先河。全书 28 万字，本人参编完成了 6.22 万字。

1989 年

2 月，全国第二本公开出版的饭店管理专业教材《实用饭店企业管理学》分上、下册由中国财政经济出版社出版发行。该书由中国著名经济学家于光远先生题词，北京市政府政策研究室副主任、北京旅游战略规划（1985~2000）研究小组负责人于英士先生作序。全书采用理论、方法和案例结合，定性管理和定量分析结合的方法，比较全面地介绍了饭店企业和各主要部门的各种管理理论、方法和案例。首次将案例教学的内容引入了专业教材，在旅游管理专业教材的研究方面同样具有开拓与奠基性的作用。全书 80.3 万字，由我独立完成。

1998 年

4 月，全国高等院校旅游类专业统编教材《餐饮管理》一书由高等教育出版社出版。该书是 1992 年我在主讲饭店管理、客房管理的同时，接手《餐饮管理》专业课教学任务后编写的。1994 年完成内部试用教材的编写和打印，经过 4 年内部使用，到 1998 年改为全国统编教材，用《餐饮管理》的书名正式出版。到 2000 年，高教出版社在国际交流中，该书被台湾一家出版社购买版权，用繁体字在台湾出版发行。此后该书在海内外旅游业及旅游教育界引起了广泛影响。全书 27 万字，由本人独立完成。

2002 年

7 月，《餐饮管理》一书纳入高教社“面向 21 世纪旅游管理专业教学内容和课程体系改革计划"，经修改后再次出版，定为第一版。2005 年 5 月，该书出第二版，被评选为"十五"国家级规划教材和"北京市高等教育精品教材"和"北京联合大学校级精品教材"。2008 年，该书出第三版，被评选为"十一五"国家级规划教材。2013 年，该书出第四版。第 30 次印刷，全书 37 万字，本人独立完成。

2003 年

3 月，《新编酒店客房管理》教材由广东旅游出版社出版发行。该书是由我主编的"面向 21 世纪酒店职业经理人培训教材"之一。全书共 12 章 47 节 40 万字，由我独立完成。

2004 年

1 月，《新编现代酒店管理学》由广东旅游出版社出版。也是"面向 21 世纪酒店职业经理人培训教材"之一。全书共 13 章 52 节 38 万字，由我独立完成。

5 月，《新编酒店餐饮管理》由广东旅游出版社出版，仍为上述系列教材之一。全书共 13 章 50 节 36 万字，本人完成第 1、2、4、5、8、12 和 13 章，计 21.32 万字。其余章节由北京联大旅游学院田彤和刘捷二位老师完成，我修改全书。

5 月，《新编酒店财务管理》由广东旅游出版社出版，仍为上述系列教材之一。该书由北京联大旅游学院教师章晓盛、黄丽丽合编。我作为系列教材主编，曾对书稿进行了系统审阅和修改。全书 23 万字，本人补充、替换文字 5 万字左右。

7 月，《新编酒店优质服务专业知识》由广东旅游出版社出版，仍是上述系列教材之一。全书共 9 章 55 节 25 万字，本人完成第 1、2、6、7、9 章，计 12.14 万字。

10 月，《餐饮管理》——"全国高等院校旅游专业统编教材"由旅游教育出版社出版。内容与我在高教社出版的书籍有交叉雷同之外，基本上属于出版社之间的市场竞争行为。全书 12 章 42 节 31.1 万字。

2005 年

5 月，由我任主编，王晖、田彤、刘捷、许荣华、菊迎迎等人共同编写的国家级教材《餐厅与宴会服务实训》由中国劳动与社会保障出版社出版发行。主要针对高职高专酒店管理专业，将餐厅和宴会服务分为 7 个模块、50 个实训课题，分别介绍其服务技能和实训方法。27.2 万字。本人承担全书修改、补充与完善，并完成5万字编写。

11月，由我主编的“面向21世纪酒店职业经理”的系列培训教材《新编酒店商品和康乐设施管理》由广东旅游出版社出版。该书由我和刘宝民、廉月娟合编。全书共14章48节36万字，本人承担并完成第1~5章计11.47万字的编写，同时完成全书文字的修改、补充和完善。

2006年

8月，《前厅与客房管理》专业教材由北京大学出版社出版发行。该书是出版社组织的“21世纪经济与管理规划教材——旅游管理系列”的教材之一。全书共12章44节36万字，由本人独立完成。

2007年

1月，《餐饮企业市场准入管理——筹划开一家赚钱的餐馆》由北京大学出版社出版发行。该书是我筹划的“21世纪餐饮企业职业经理人和旅游院校餐饮专业系列教材”（以下简称餐饮系列教材）之一。共6本。全书共10章33节，每节一个案例，34.6万字，本人完成34万字。

3月，“餐饮系列教材”之一《餐饮企业行政总厨管理——餐饮优质产品生产的技术保证》由北京大学出版社出版。全书共10章37节43万字，本人承担并完成第1、2章和第3章第3节、第7章第1、3节和37个案例，计16.25万字的编写任务，同时完成全书文字的修改、补充和完善。

9月，《餐饮企业人力资源管理——打造企业的核心竞争力》由北京大学出版社出版。该书共9章34节40.5万字。本人完成第1、3、7、9章和第2章部分稿件，计11.5万字的编写和全书文字的修改、补充和完善。其余各章节由李爱军先生编写。

2008年

1月，餐饮系列教材《餐饮企业总经理管理——现代餐饮企业的领军人物》出版，全书共9章43节。每节1个案例，共43万字，本人承担并完成第1、2、6、9章和43个案例与点评，计23.88万字的编写，并完成全书文字的修改、补充和完善。

3月，餐饮系列教材《餐饮企业楼面经理管理》由北京大学出版社出版，共8章28节41.4万字。初稿由刘宝民写出，我承担全书文字的修改、补充、调换，完成5万字的编写任务。

2009 年

4 月，餐饮系列教材《餐饮企业市场营销管理》由北京大学出版社出版。该书共 10 章 36 节 38.3 万字，本人承担并完成了第 1~5 章和第 10 章共 24.42 万字的编写任务，同时完成了全书文字的修改、补充和完善。至此，由我任执行主编的 6 本系列教材出齐。

5 月，由高等教育出版社组织的高职高专旅游专业全国统编教材《饭店管理概论》出版发行。该书共 9 章 30 节 35 万字，由我独立完成。2010 年，该书转变为国家“十一五”规划教材。

2010 年

10 月为北京电视大学承担的教育部“一村一名大学生”计划——农业观光专业完成专业课教材《客房与餐饮管理》，由中央电视大学出版社出版发行，我为主编，于芙蓉参编最后一章 2 万字左右。全书 25 万字，本人完成书稿体例结构、章节目编写、起草和第 1~7 章共 23 万字左右的编写任务，并完成远程电视课程 28 个单元的录像讲授任务。

2012 年

9 月，酒店管理 5G，即第 5 代系列教材《现代酒店人力资源管理》由广东旅游出版社出版发行。我任主编，全书共 9 章 35 节 32 万字，本人完成全书体例、章节内容设计和编写提纲。并完成 1~4 章 15 万字的文字编写和全书 32 万字的修改、补充和完善。

9 月酒店管理 5G 系列教材《现代酒店市场营销管理》由广东旅游出版社出版，我任主编。全书共 9 章 32 节计 30 万字，本人完成全书体例章节设计和编写提纲，并完成 1~4 章 14.5 万字的编写工作和全书文字修改。

2013

2 月，酒店管理 5G 系列教材《现代酒店设备管理》由广东旅游出版社出版，我任主编。全书共 9 章 27 节，计 30 万字，本人完成全书体例设计、编写提纲。并完成 1~4 章 14.5 万字的编写工作和全书文字修改。

2 月，酒店管理 5g 系列教材《现代酒店财务管理》由广东旅游出版社出版。全书 9 章 33 节，由我独立编写，计 35 万字。

上述教材共 27 本。本人主编总字数 895.82 万字。个人独立完成的总字数 632.2 万多字。

第三部分　旅游研究专著年谱

1987

12 月，国内第一本研究饭店企业管理的普及型专著《饭店旅馆管理常识读本》由新华出版社出版发行。它是以我 1984~1987 年所讲饭店企业管理专业课的讲义为基础，修改而成的。该书填补了当时国内饭店管理的研究空白。全书共 12 章 36 节 21 万字，由我独立完成。

1992 年

1 月，《中国旅游企业管理大全》由经济管理出版社正式出版发行。该书 1990 年开始组织编写，纳入国家旅游局管理司的工作计划，由我负责全书文字组织编写，袁宗堂副司长负责政策把关。

全书由我起草编写计划和编写方案、篇章结构和专题条目。经袁宗堂司长审阅，再组织专家学者和企业管理人员讨论，提出修改意见，最后由我和袁宗堂司长修改定稿后组织编写。并组成了由 70 多位专家、主管官员和企业高中级管理人员及大学教授的审编委员会和 90 多人的编写委员会。先后召开过 15 次书稿审定会，最后由我和袁司长进行全面系统地修改、补充、完善和政策把关。该书出版，吴学谦部长题词，国家旅游局局长刘毅题写书名，副局长何光暐、管理司长贾德炳、袁宗堂任审编委员会主任，蔡万坤、袁宗堂任主编。全书共 8 篇 44 章，280 多个专题、1200 多个条目 220.2 万字。本人承担完成第一篇 1~4 章 200 多个条目，80 多万字的编写，并承担全书 200 多万字的文稿组织、修改与完善工作。

《中国旅游企业管理大全》出版，填补了旅游管理科学研究的空白，为各类旅游企业管理科学的研究奠定了基础。至今尚无同样全面系统的同类书籍出版。

4 月，国内第一本系统总结中外合资饭店科学管理经验，国家领导人万里、李鹏、刘毅等题词的实用型专业书籍《经营与管理——改革开放大潮中的北京建国饭店》由经济管理出版社正式出版发行。该书由建国饭店总经理陈军任主编，我任副主编。全书根据国务院批转国家旅游局关于推广北京建国饭店经营管理方法有关事项的请示的通知精神，以建店 10 周年为契机，比较全面系统地总结了建国饭店科学管理的经验。全书共 5 篇 52 个专题 67.4 万字。本人承担了全书编写的体例结构设计，完成了第一篇 14 个专题的建国饭店及各部门科学管理经验与方法的文字编写。计 14 万字，同时完成全书文字的修改与完善。

9 月，国内最早公开出版的旅游业方面的个人论文集《旅游经济与管理探索》由经济管理出版社出版。该书收录了我 1982~1988 年发表的 19 篇学术论文。其中，有 3 篇是在论文集中首次发表，计 24.6 万字。

1993 年

9 月，《饭店宾馆优质服务知识》由航空工业出版社出版发行。我任主编，北京西苑饭店总经理李通任副主编。该书由国家旅游局局长刘毅同志作《加强软件建设，提高旅游服务质量》的序言，是首次由具有专业理论知识的旅游院校教授和具有丰富实践经验的企业管理专家结合，共同编写的专业书籍。全书 29.7 万字，本人承担全书内容体系、章节提纲的起草，并完成 10.7 万字的编写任务和全书文字修改。

11 月，大型涉外工作专业知识用书《中国涉外知识全书》由中国社会科学出版社出版。杨发金、王景荣等任主编，我和王洪滨、齐建国等任常务副主编。全国人大常委会副委员长陈慕华、国家旅游局局长刘毅题词，是国内公开出版的最全面、最系统的涉外工作专业工具书。全书分为外交、经济、对外经贸、政党交往、军事、文化等 31 篇，370 多个专题、3000 多个条目，共 360 多万字。本人主要承担并完成了全书体例、专题、条目的顺序编排和 200 万字左右的文字编辑工作。

1994 年

7 月，《兆龙国际酒店管理公司管理规范》一书由经济管理出版社出版。北京兆龙饭店总经理陈旭华任主编，我任副主编。该书是 1993 年陈旭华总经理请我帮助组织编写的，前后召开过 6~7 次专题会议，饭店成立了各部门经理参加的编写组。我起草了全书的编写体例和提纲，全书共三篇 30 章 76 万字。本人承担并完成了第一篇第一章不足 2 万字和第三篇《酒店服务质量管理标准》共 8 章，合计 18.8 万字的编写任务和全书 25 万字左右的修改。

1995 年

8 月，《新大都饭店管理大全》一书由经济管理出版社出版发行。饭店总经理石路明任主编，我和董淑敏、郝新明任副主编。是国内最早总结国有饭店改革和科学管理方法的实用专业性书籍。该书出版由李鹏、田纪云、邹家华、吴学谦、陈慕华、王丙乾等国家领导人分别题词。全书系统总结了饭店及各部门的岗位职责、考核标准、规章制度、工作程序、管理表格、操作方法等。全书共 53 万多字，本人承担并完成了第一章、第二章 2 万字左右的文字编写和 10 万多字的文字编辑与修改工作。

10 月，由国家旅游局旅行社饭店管理司纳入工作计划而组织编写的中国最早的旅游服务质量标准管理的专业书籍《中国旅游服务质量等级管理全书》由经济管理出版社正式出版发行。该书是 1992 年纳入国家旅游局工作计划，1993 年基本完成的。我起草了编写计划、体例结构，篇、章、专题和条目，请贾司长审阅，并组织专家学者和企业管理人员讨论，最后确定了编写提纲和进度计划。由我负责文字组稿，贾司长负责标准审阅和政策把关，后因贾德炳司长工作调动而受影响。到 1995 年，魏小安任国家旅游局管理司司长后才重新组织专家学者和企业管理人员召开质量标准和书稿审定会议，组织正式出版。

该书出版，由刘毅、刘国光和于光远任高级顾问，何光暐局长任审编委员会主任，魏小安、钟海生、贾德炳任常务副主任，组成了 70 多人的审编委员会。同时由参加文字编写的 60 多人组成了编写委员会，由魏小安、钟海生、贾德炳和我任主编，我兼任执行主编。刘毅局长题写:“建立旅游服务质量标准，规范旅游服务市场行为”的题词，何光暐局长作序。

该书共 5 篇 28 章、98 个专题、1200 多个条目、149.6 万字。我承担并完成了第一篇的 1~4 章的文字编写，为该书提供了旅游服务质量等级管理的理论基础，同时完成了第二篇第 3 章部分质量标准的起草。个人完成的总字数 20 万字，编辑修改字数 130 万字。

1997 年

9 月，《北京新兴宾馆管理规范》一书由中国经济出版社出版发行。宾馆总经理、副总经理王国军、黄松和任主编，我任执行主编。该书按照三星级饭店标准，比较全面系统地总结了军队系统质量、效益双优型饭店，北京旅游紫金杯优秀企业——北京新兴宾馆科学的管理经验和方法。书稿是 1995 年王国军总经理邀请我到饭店考察，决定组织编写的。饭店成立了各部门经理参加的编写班子。我起草了书稿体例、编写提纲，稿件统一交给我编辑、修改、完善。最后交王国军总经理审阅。全书 4 篇 30 章 71 万字，我承担并完成了第三篇共 9 章和第一篇第 1 章部分文字的编写工作。个人完成总字数 23 万字，主编修改

65 万字。

1998 年

8 月,《中国旅游饭店业务管理实用经典全书》由中国经济出版社出版发行。我任主编，徐梓鑫、李享、刘哲等任副主编，袁宗堂先生任顾问，何若泉先生作序。全国 60 多位饭店总经理、副总理和高中级管理人员及院校专家教授参加编写和审编工作。该书共 8 篇 68 章、250 个专题 2500 多个条目，计 222.18 万字。本人承担并完成了全书编写计划、体例结构、篇章、专题和条目的起草设计工作、全书稿件的组织、修改和完善，同时完成了第一篇、第五篇、第六篇各章及专题条目的文字编写，合计 104.13 万字。

2 月春节刚过，应邀到中江之旅酒店管理公司担任技术总监，让我为公司编写一部内部使用、并用于拓展公司业务的专业书籍《中江之旅酒店公司管理模式与规范》。主要用于公司输出管理技术、规范公司下属酒店业务经营和管理行为。到 2000 年,以公司内部的酒店和各部门管理《工作手册》的形式出书,分为公司酒店总经理室、客房部、餐饮部、工程部、财务部《工作守则》印制。本人完成全套 5 本书稿 42 万字编写。

1999 年

12 月,《山东贵都大酒店管理模式与规范》一书由经济管理出版社出版发行。陈进行任名誉主编，酒店总经理孙兆兰任主编，我任执行主编。该书是 1997 年时任常务副总经理的王秀强同志邀请我到饭店暗访考察，总结获得全国百优饭店光荣称号的经验而编写的。经过考察和多次召开专题会议，我提出了编写内容、体例结构建议、起草了编写提纲，经王秀强总经理审阅后组织编写，各部门稿件经我统一编辑、修改、补充和完善。我主要承担了第 1 篇共 8 章酒店及各部门管理经验的总结和附录(原为第三篇)酒店服务质量管理的体系、标准、检查控制方法的编写工作。稿件基本完成后，因酒店总经理的人事变动而暂停。该书共计 57.5 万字。本人承担并完成 10 万字的编写任务。

12 月，完成《北京友谊宾馆管理模式与规范》的编写工作。此项工作是 1998 年应宾馆总经理王小朋和副总经理董俊发的邀请而开始的。宾馆成立了以正副总经理为首的编写班子，文字工作由我全面负责。开始，根据宾馆改革意图和方案，是按友谊宾馆集团的组织模式编写的。经过近一年的努力稿件完成后，又要求按宾馆及各部门管理的组织形式修改。直到 1999 年的 12 月，将最后完成的全部稿件交给宾馆，准备出版。但不久宾馆总经理发生人事变动。书稿未能正式出版。这套模式与规范共 80 多万字。后在宾馆内部使用。编写费用付了 8 万元。因人事变动未能出版，重新修改的 2 万元费用也未给我。

2000 年

10 月，完成《北京王府井大饭店管理模式与规范》的编写工作。此项工作 1999 年初应饭店总经理助理兼办公室主任王伟先生的邀请而开始的，具体联系由王伟负责。经过 8 个多月的努力，完成体例结构、章节内容和全部文字的编写工作，达到出版水平。稿件于 2000 年 10 月交给王伟，准备出版。但因王府井大饭店产权发生变动，总经理同时换人，未能出版。这套模式与规范总字数 65 万多字，编写合同约定给我的 8 万元编写费用也只给了 6.5 万元。

2003 年

2002 年 4 月，应邀为北京功德福餐饮集团公司编写《北京功德福餐饮有限公司管理模式和与规范》，内容按集团公司体制分《公司管理体制与经营方针》《公司高层管理模式与规范》《公司各部门管理模式与规范》等。到 2003 年 4 月完成，交集团公司内部使用。全稿共 48 万字左右，按协议付给我编写费用 3 万元。

2008 年

10 月，由我和勒星编著的《餐馆老板案头手册》由人民邮电出版社正式出版发行。该书共 12 章 47 节，逐项列出了成功经营餐馆必知必做的 217 项工作内容及其操作方法。全书体例结构、章节条目由我设计与起草，共 50 万字，个人完成 8 万字的编写工作和 50 万字的修改、补充和完善。

2010 年

1 月，《餐饮企业财务运行与管理研究》由经济日报出版社出版发行。该书共 9 章 36 节 21 万字。我作为参编人员，承担并完成第 2 章 2.5 万字的编写任务。

5 月，《饭店餐馆集团管理实务》在高等教育出版社出版。该书共 8 章 31 节 39 万字。分别阐述了饭店餐馆集团管理的基本原理、集团领导核心与制度打造、集团战略与预算目标管理、集团企业的旗舰建设、集团预订中心的管理技术和方法、集团规模拓展的管理技术和方法、集中采供管理技术和方法、集团品牌营销的管理技术和方法。这些都是其他集团管理的同类书籍没有专题论述过的。从理论和实务操作结合的角度来考察，该书出版填补了这方面的空白，在一定程度上具有开创性质，也具有较强的理论性、实用性和可操作性。

2013 年

8 月，集现代酒店总经理所需专业知识、能力、550 多项工作内容和方法技术的创新型专著《酒店总经理案头手册》——成功管理酒店的必备知识、能力和必做工作。由广东旅游出版社出版发行。该书共 16 章、81 节、557 个细项、85 万字。本人完成 58 万字和全书修改、补充与完善。全书章节内容和编写提纲也由本人起草。

上述专著共 20 部。个人主编的总字数 1535.08 万字，独立完成的总字数 676.93 万字。其中，公开出版发行的专著 16 部，总字数 1300.08 万字，个人独立完成 435.73 万字。

从 1980 年开始从事旅游专业教学与科研工作到 2013 年，我所发表的论文，编写的教材与专著总字数 2602.79 万字。其中，公开发表的论文 62 篇，52.39 万字；出版的教材专著 50 多部，计 2546 多万字。其中，个人独立完成 1660 多万字。

第四部分　退休后的部分著述年谱

2008 年

3 月，完成《关于〈餐饮管理〉的点滴回忆》文章主要讲述了作者所编著的国家级规划重点教材和北京市级精品教材的编著、出版发行与建设情况。全文介绍了该教材 1990~1998 年纳入学院教学计划的内部使用，1998~2002 年前的公开出版和 2000 年在国际交流展销会上被海外出版社选中而签约出版，引起海内外广泛重视，2002~2008 年被选定为“十五”，“十一五”国家级规划教材和 2004 年，2005 年先后被评选为北京联合大学校级精品教材和北京市高等教育精品教材的发展历程及其后的修改再版建设情况。文章 0.8 万字，被收入纪念北京联合大学 [大学分校] 建设 30 周年之《学旅情游》一书之中。

5 月，为北京联合大学 [大学分校] 建设 30 周年校庆，完成《我主持的两项省部级研究课题》。全文先介绍了 1990~1992 年作者所主持的国家旅游局《中国旅游企业管理》研究课题的申请获批，全国发文，工作开展，内容和编写提纲，篇章专题与条目的形成、编写过程、内容审定、修改出版的组织工作和作者与国家旅游局管理司司长贾德炳先生主持的《中国旅游服务质量等级管理》课题的研究过程，国家行业质量标准制定、等级管理的质量检查、质量评定与管理方法等课题的完成和出版发行等。同时还介绍了这两项课题成果发表和使用情况。全文 1.2 万字，发表在北京出版社出版的《学旅情游》一书中，反映了北京联大旅游学院的科研能力和实际水平。

5 月，为庆祝校庆 30 周年完成《我参加的一项科研课题》。文章首先介绍了应邀参加省部级研究课题“北京旅游发展战略”的情况与原因。接着介绍了作者在其中成为总体战略核心组成员及其参与完成的总课题建设和两个分课题内容，最后介绍了课题成果发布获得北京市哲学、社会科学和政策研究优秀成果一等奖及成果运用情况。文章 0.8 万字，也收入北京出版社出版的《学旅情游》一书中，反映了北京联大旅游学院教师的科研能力和水平。

2009 年

1 月，完成《改革开放大潮中探索中国旅游管理科学的建立与发展》。文章收入 2009 年旅游教育出版社出版的《旅游高等教育研究》一书中。全文以作者的亲身经历与实践为中心，分八个部分介绍作者探索中国旅游管理科学的建立和发展的历程。一是引子：沐浴改革开旅大潮的光辉，介绍了探索旅游管理科学建立发展的概况，二是入行学道探寻从事旅游科研工作的途径和支点，主要介绍了作者专业基础知识的学习路径、方法和效果。三是解破麻雀配合全国学建国的重大改革政策的出台和推广。主要介绍了作者首次完成重要旅游科研项目的成果及其对在全国饭店业中推广建国饭店科学管理的重大作用。四是潜心攻关，打下中国饭店企业科学管理的研究基础，主要介绍了作者最早编写《饭店客房管理》，《实用饭店企业管理学》国家“十五”“十一五”规划教材《餐饮管理》和《中国旅游饭店业务管理经典全书》等教材和专著的过程，重要成果及对中国旅游管理科学建立所发挥的重要作用。五是开拓前进填补中国旅游管理科学的研究空白。重点介绍了作者主持国家旅游局重要课题“中国旅游企业管理研究”和“中国旅游服务质量标准制定与等级管理研究的经历、工作内容和研究战果”。六是拓宽领域完成餐饮企业管理丛书组织编著，主要介绍了作者组织并担任主编的餐饮企业市场准入管理、市场营销管理、人力资源管理、企业总经理管理、行政总厨管理和楼面经理管理等 6 本系列教材的工作内容和学术成果。七是总结提高推动旅游企业及其集团化管理的实践发展。主要介绍了作者参加并主持总结北京建国饭店、兆龙饭店、山东贵都大酒店等先进管理模式与经验，编著出版中国饭店餐馆集团管理等的工作，推广集团管理的成果。

八是情深似海，在探寻中国旅游管理科学的建立和发展过程中的几点感悟。全文 31000 多字。全面总结了作者根据中国旅游事业发展需要，成为中国旅游管理科学的开拓者和奠基人的发展历程和主要科研成果，并反映了理论结合实践是旅游科研的必由之路的切身体会。

2013 年

8 月，在北京教育系统关心下一代工作委员会组织的“老少共话中国梦”活动中。点评北京联大旅游学院余文燕同学的《我的梦想》一文。同时完成《用实干兴邦的精神实现出彩人生的中国梦》。文章在点评余文燕同学欲成为教师的梦想而引入人生梦想和中国梦课题的基础上，重点介绍了作者一生中四次追求的多彩人生的中国梦历程和目标，进而阐述了多彩人生梦想要用实干兴邦的精神来创造的亲身实践和深刻体验。文章 0.6 万字，收录在北京教育系统公关委组织出版的“老少共语中国梦”征文选《共筑梦想，绽放青春》一书。

10 月，在北京联大旅游学院退休党支部组织的退休党员教授专家开展的坚持三个自信学习活动中,结合学习习近平总书记的讲话精神。完成专题论文《中国政治领导制度的深层思考》文章首先阐述了中国政治领导制度是以中国共产党为核心的中华民族先锋集团领导体制和这一制度的性质。接着揭露了新自由主义对中国政治制度的 4 点质疑和原因分析，批判了新自由主义政治主张的 4 项严重危害。进而论述了中国政治领导制度的正当性与合法性，中国政治领导集团承担的历史使命和需要坚持的五大治国理念。最后提出了四点改进治理的政策建议。文章 1.2 万字，充分显示了作者的制度自信和爱国爱党情怀。

2014 年

9 月，在坚持“三个自信”的学习活动中，结合学习习近平主席关于中国道路的论述，完成《中国道路的目标模式及其世纪挑战的思考》。文章从现实和历史经验及中国梦的远大目标出发提出了中国道路目标模式的基本架构及其保障体系，中心体系和达成体系等三大体系的内容构成。进而又从 4 个方面提出了迎接挑战实现中国道路目标模式的 11 项对策措施与建议。全文充分显示了作者的道路自信理念，情怀和爱国报国之心。

2015 年

3 月，完成《叹终身误》和《咏腐败源》两首诗歌创作。前者揭露了个别人的唯心政策打击压制优秀人才，使“无数英才误终身”的丑恶。后者揭示了中国官场腐败的根源，歌颂了习近平主席及其集体领导打虎天绳的功绩。

6月，完成长篇叙事诗《中国梦组歌》的创作。全诗共七节124行。一节《梦之源》10行。讲述中国梦的来源与近代演进。二节《梦成影》12行。叙述了新中国成立初的经济建设热情和随后“阶级斗争”与“文革”中的中国梦破灭。三节《梦业基》12行。讲述了改革开放、市场经济、建设发展打下的中国梦的经济基础。四节《梦临门》22行。叙述了中国经济高速发展的同时，在经济结构、经济指标、自由主义，官场腐败，道德文明等方面存在的问题和习近平主席“拨云破礁”而指出中国梦的目标梦想即将来临。五节《梦指路》16行，进一步叙述中国梦的方向路径与精神力量。六节《践梦行》34行。讴歌习近平及其党中央带领全国人民践行中国梦的各项措施和实现小康进而实现中国梦的奋斗精神。七节《梦成真》，18行。讲述实现中国梦，中国成为世界一流强国、国富民强的美好前程和愉悦心境。全诗是一首实现伟大中国梦的优美赞歌。

2016年

2~3月，完成长篇叙事诗《打虎天绳赞歌》的创作。全诗共六节230行。一节《贪腐律》16行。提示了中国历史朝朝代代贪腐、官逼民反而夭亡的历史规律。二节《建国治》18行。叙述了新中国成立初的廉政治理和“文革”的悲剧结果。三节《贪律现》56行。描述了改革开放以经济建设为中心的大好形势背后的贪污腐败，卖公文圈地，买官卖官，行贿受贿等从上到下的各种官场严重腐败的丑恶行为的再次出现。四节《贪之源》46行。从马列不兴，信仰缺失、空谈误国，党不治党，官不管官，物欲横行等各方面揭露了官场腐败的原因和上梁不正下梁歪，君昏官贪的本质。五节《贪腐害》32行。揭露了官场严重腐败对党和国家及其政治、经济、文化、思想道德等所带来的严重危害。六节《打虎灭蝇赞》，62行。讴歌赞扬习近平总书记及其党中央打虎灭蝇的方针政策，党记法纪措施、打击行为及其大快人心的效果。全诗是一篇扶正去邪、反腐倡廉、讨伐严重贫腐行径的激文。